AF883045

§ 69 SGB V und der Wettbewerb in der gesetzlichen Krankenversicherung

Daniel Al-Talal

§ 69 SGB V und der Wettbewerb in der gesetzlichen Krankenversicherung

PETER LANG
Frankfurt am Main · Berlin · Bern · Bruxelles · New York · Oxford · Wien

Bibliografische Information der Deutschen Nationalbibliothek
Die Deutsche Nationalbibliothek verzeichnet diese Publikation in der Deutschen Nationalbibliografie; detaillierte bibliografische Daten sind im Internet über http://dnb.d-nb.de abrufbar.

Zugl.: Düsseldorf, Univ., Diss., 2011

Umschlaggestaltung:
Olaf Glöckler, Atelier Platen, Friedberg

Gedruckt auf alterungsbeständigem,
säurefreiem Papier.

D 61
ISBN 978-3-631-61577-5

© Peter Lang GmbH
Internationaler Verlag der Wissenschaften
Frankfurt am Main 2011
Alle Rechte vorbehalten.

Das Werk einschließlich aller seiner Teile ist urheberrechtlich geschützt. Jede Verwertung außerhalb der engen Grenzen des Urheberrechtsgesetzes ist ohne Zustimmung des Verlages unzulässig und strafbar. Das gilt insbesondere für Vervielfältigungen, Übersetzungen, Mikroverfilmungen und die Einspeicherung und Verarbeitung in elektronischen Systemen.

www.peterlang.de

Vorwort

Die vorliegende Arbeit wurde im Sommersemester 2010 von der Rechtswissenschaftlichen Fakultät der Heinrich-Heine-Universität zu Düsseldorf als Dissertation angenommen. Literatur und Rechtsprechung konnten bis zum September 2010 berücksichtigt werden. Die Disputation wurde am 09. Februar 2011 abgehalten.

Mein Dank gilt meinem Doktorvater, Herrn Prof. Dr. *Johannes Dietlein*, der die Anfertigung dieser Arbeit durch seine wertvollen Anregungen stets gefördert hat. Bedanken möchte ich mich auch bei Herrn Prof. Dr. *Klaus Hansmann* für die zügige Erstellung des Zweitgutachtens.

Darüber hinaus möchte ich mich ganz herzlich bei meiner Familie und meinen Freunden bedanken. Auch sie haben durch ihre fortdauernde Unterstützung in vielfältiger Weise zu der Fertigstellung der Arbeit beigetragen. Aus diesem Kreise besonders hervorzuheben sind dabei meine Freundin *Ina-Maria* sowie *Susanne* und *Rasmus*.

Besonders herzlicher Dank gebührt meiner Mutter *Silvia*, der ich diese Arbeit widme. Ihre uneingeschränkte Förderung meiner Ausbildung und ihre liebevolle Unterstützung hat die Anfertigung der vorliegenden Arbeit erst ermöglicht.

Düsseldorf, im März 2011

Inhaltsverzeichnis

Literaturverzeichnis

Albers, Marion, Gleichheit und Verhältnismäßigkeit, in: Juristische Schulung (JuS) 2008, S. 945–949.

Andersen, Hanfried; *Grabka*, Markus, *Schwarze*, Johannes, Beitragssatz, Kassenwettbewerb und Gesundheitsreform. Eine empirische Analyse, in: Jahrbücher für Nationalökonomie und Statistik 2007, Band 227, S. 429–450.

Axer, Peter, Kontinuität durch Konsequenz in der Sozialversicherung, in: *Deupenheuer*, Otto (Hrsg.), Staat im Wort – Festschrift für Josef Isensee, Heidelberg 2007, S. 965–982. (Zitiert als: *Axer* in: FS Isensee, S.)

–, Einbeziehung der PKV in die GKV – Standard- und Basistarif als Gegenstand der Sicherstellung in der vertragsärztlichen Versorgung, in: Medizinrecht (MedR) 2008, S. 482–492.

–, Finanzierung und Organisation der gesetzlichen Krankenversicherung nach dem GKV-Wettbewerbsstärkungsgesetz. Zu verfassungsrechtlichen Fragen der Errichtung eines Gesundheitsfonds und eines Spitzenverbandes Bund, in: Zeitschrift für Arztrecht, Krankenhausrecht, Apotheken- und Arzneimittelrecht (GesR) 2007, S. 193–200.

Baake, Pio; *Kuchinke*, Björn; *Wey*, Christian, Die Anwendbarkeit der Wettbewerbs- und Kartellvorschriften im Gesundheitswesen, in: Wirtschaft und Wettbewerb – Zeitschrift für deutsches und europäisches Wettbewerbsrecht (WuW) 2010, S. 502–513.

Badtke, Fabian, Die kartellrechtliche Bewertung des „AOK-Modells" beim Abschluss von Rabattverträgen, in: Wirtschaft und Wettbewerb – Zeitschrift für deutsches und europäisches Wettbewerbsrecht (WuW) 2007, S. 726–737.

Bahr, Daniel, Für ein einfaches, transparentes und leistungsgerechtes Gesundheitswesen, in: Die Krankenversicherung (KrV) 2009, S. 130–131.

Baltzer, Johannes, Das Sozialrecht als Wettbewerbsordnung, in: Die Sozialgerichtsbarkeit (SGb) 2007, S. 573–579 (Teil I) und S. 638–644 (Teil II).

Bamberger, Georg; *Roth*, Herbert, Kommentar zum Bürgerlichen Gesetzbuch, 2. Auflage, München 2008. (Zitiert als: *Verfasser* in: Bamberger/Roth, §, Rn.)

Bartram, Dirk; *Broch*, Uwe, Zwischen den Gesundheitsreformen – Kartellrechtlicher Regulierungsbedarf aus Sicht der forschenden Arzneimittelhersteller, in: Pharma Recht (PharmR) 2008, S. 5–10.

Baumeister, Hubertus; *Strauß*, Jantje, Hippokrates als Dienstleister gemäß den Vorgaben des Europäischen Gerichtshofes – Die Vergabe von integrierten Versorgungsverträgen im Lichte des EuGH-Urteils vom 11.06.2009, Rs. C-300/07 –, in: Neue Zeitschrift für Sozialrecht (NZS) 2010, S. 247–253.

Bechtold, Rainer, Gesetz gegen Wettbewerbsbeschränkungen – Kommentar, 5. Auflage, München 2008. (Zitiert als: *Bechtold*, §, Rn.)

Becker, Ulrich, Das Wettbewerbsstärkungsgesetz – eine verfassungsrechtliche Bewertung, in: Zeitschrift für das gesamte Medizin- und Gesundheitsrecht (ZMGR) 2007, S. 101–112.

Becker, Ulrich; *Kingreen*, Thorsten, SGB V – Gesetzliche Krankenversicherung, Kommentar, München und Regensburg 2008. (Zitiert als: *Verfasser* in: Becker/Kingreen, §, Rn.)

–, Der Krankenkassenwettbewerb zwischen Sozial- und Wettbewerbsrecht – Zur geplanten Ausdehnung des GWB auf das Handeln der Krankenkassen, in: Neue Zeitschrift für Sozialrecht (NZS) 2010, S. 417–423.

Bernhardt, Dirk, Grundfragen der Anwendbarkeit des Wettbewerbs- und Kartellrechts im Recht der GKV – Regulierung des Vertragswettbewerbs im Leistungserbringungsrecht, in: *Felix*, Dagmar (Hrsg.), Auswirkungen des GKV-WSG auf Versorgungsstruktur und Wettbewerbsordnung, Berlin 2008, S. 89–110. (Zitiert als: *Bernhardt* in: Auswirkungen des GKV-WSG auf Versorgungsstruktur und Wettbewerbsordnung, S.)

Bill, Christian, Gesetzliche Krankenversicherung und Wettbewerb im Lichte des GKV-Gesundheitsreformgesetzes 2000, in: Die Sozialgerichtsbarkeit (SGb) 2000, S. 359–361.

Bitter, Melanie, Das GKV-Wettbewerbsstärkungsgesetz (GKV-WSG) im Überblick, in: Zeitschrift für Arztrecht, Krankenhausrecht, Apotheken- und Arzneimittelrecht (GesR) 2007, S. 152–160.

Blankart, Charles; *Fasten*, Erik; *Schwintowski*, Hans-Peter, Das deutsche Gesundheitswesen zukunftsfähig gestalten, Berlin 2009.

Boecken, Winfried, Rechtliche Schranken für die Beschaffungstätigkeit der Krankenkassen im Hilfsmittelbereich nach der Publizierung des Vertragsrechts – insbesondere zum Schutz der Leistungserbringer vor Ungleichbehandlungen, in: Neue Zeitschrift für Sozialrecht (NZS) 2000, S. 269–277.

Boetius, Jan, „Gegen die Wand" – Der Basistarif der Gesundheitsreform bricht Europa- und Verfassungsrecht, in. Zeitschrift für Versicherungsrecht, Haftungs- und Schadensrecht (VersR) 2007, S. 431–440.

Bogs, Harald, Das Grundrecht der Berufsfreiheit im Spiegel des Arztsystems, in: *Becker*, Bernd (Hrsg.) Festschrift für Werner Thieme. Zum 70. Geburtstag. Köln 1993, S. 715–731. (Zitiert als: *Bogs* in: FS Thieme, S.)

Bornkamm, Joachim, Hoheitliches und unternehmerisches Handeln im Visier des europäischen Kartellrechts – Der autonome Unternehmensbegriff der Art. 81, 82 EGV, in: *Müller*, Gerd (Hrsg.), Festschrift für Günter Hirsch zum 65. Geburtstag, München 2008. (Zitiert als: *Bornkamm* in: FS Hirsch, S.)

Böge, Ulf, Der Markt der Krankenhausleistungen aus Sicht des Bundeskartellamts, in: *Klauber*, Jürgen; *Robra*, Bernt-Peter; *Schellschmidt,* Henner (Hrsg.), Krankenhaus-Report 2006, Schwerpunkt: Krankenhausmarkt im Umbruch, Bonn 2006, S. 35–48. (Zitiert als: *Böge* in: Krankenhausreport 2006, S.)

Brixius, Kerstin; *Esch*, Oliver, Rabattverträge im Lichte des Vergaberechts, Frankfurt am Main 2007.

Bruckenberger, Ernst; *Klaue*, Siegfried; *Schwintowski*, Hans-Peter, Krankenhausmärkte zwischen Regulierung und Wettbewerb, Berlin 2005.

Bruhn, Heiner, Das Gesetz gegen Wettbewerbsbeschränkungen – Überblick über den wettbewerbsrechtlichen Rahmen unternehmerischen Handelns, in: Deutsches Steuerrecht (DStR) 1994, S. 1539–1543.

Burgi, Martin, Hilfsmittelverträge und Arzneimittel-Rabattverträge als öffentliche Lieferaufträge?, in: Neue Zeitschrift für Baurecht und Vergaberecht (NZBau) 2008, S. 480–486.

Butzer, Hermann, Verfassungsrechtliche Aspekte zum GKV-Modernisierungsgesetz 2004 (GMG), in: Medizinrecht (MedR) 2004, S. 177–188.

–, Bundesverfassungsgericht und duales Krankenversicherungssystem, in: Medizinrecht (MedR) 2010, S. 283–290.

Bühring, Christian; *Linnemannstönns*, Heike, § 127 SGB V n. F. – Ausschreibung, Rahmenvertrag oder Einzelvereinbarung?, in: Medizinrecht (MedR) 2008, S. 149–152.

Byok, Jan, Auftragsvergabe im Gesundheitssektor, in: Zeitschrift für Arztrecht, Krankenhausrecht, Apotheken- und Arzneimittelrecht (GesR) 2007, S. 553–559.

–, Die Entwicklung des Vergaberechts seit 2008, in: Neue Juristische Wochenschrift (NJW) 2008, S. 559–565.

–, Die Entwicklung des Vergaberechts seit 2009, in: Neue Juristische Wochenschrift (NJW) 2010, S. 817–823.

Cassel, Dieter; *Ebsen*, Ingwer, *Greß*, Stefan; *Jacobs,* Klaus; *Schulze*, Sabine; *Wasem*, Jürgen, Weiterentwicklung des Vertragswettbewerbs in der gesetzlichen Krankenversicherung. Vorschläge für kurzfristig umsetzbare Reformschritte, Gutachten im Auftrag des AOK-Bundesverbandes, vorgelegt im Juli 2006. (Zitiert als: *Cassel* et al., Weiterentwicklung des Vertragswettbewerbs in der gesetzlichen Krankenversicherung. Vorschläge für kurzfristig umsetzbare Reformschritte, S.)

Daubenbüchel, Rainer, Wahltarife – Wettbewerbselement im Solidarsystem aus aufsichtsrechtlicher Sicht, in: Recht und Politik im Gesundheitswesen (RPG) 2007, S. 95–103.

Denninger, Erhard; *Hoffmann-Riem*, Wolfgang; *Schneider*, Hans-Peter; *Stein*, Ekkehart (Hrsg.), Kommentar zum Grundgesetz der Bundesrepublik Deutschland –Alternativkommentar. (Zitiert als: *Verfasser* in: AK-GG, Art., Rn.)

Dieterich, Thomas; *Müller-Glöge*, Rudi, Erfurter Kommentar zum Arbeitsrecht, 10. Auflage, München 2010. (Zitiert als: *Verfasser* in: EKA, Art., Rn.)

Diekmann, Thomas J.; *Wildberger* Nils, Wettbewerbsrechtliche Ansprüche im Rahmen von § 69 SGB V, in: Neue Zeitschrift für Sozialrecht (NZS) 2004, S. 15–19.

Diekmann, Thomas J.; *Wildberger* Nils; *von Quast*, Alexander, Rechtswegzuweisung nach § 51 Abs. 2 SGG bei unlauterem Wettbewerb gesetzlicher Krankenkassen, in: Neue Zeitschrift für Sozialrecht (NZS) 2005, S. 187–192.

Dieners, Peter; *Heil*, Maria, Das GKV-Wettbewerbsstärkungsgesetz – Stärkung oder Einschränkung des Wettbewerbs im Arzneimittelmarkt? (Teil 1), in: Pharma Recht (PharmR) 2007, S. 89–95.

Dreher, Meinrad, Öffentlich-rechtliche Anstalten und Körperschaften im Kartellvergaberecht – Der Auftraggeberbegriff vor dem Hintergrund von Selbstverwaltung, Rechtsaufsicht und Finanzierung durch Zwangsbeiträge, in: Neue Zeitschrift für Baurecht und Vergaberecht (NZBau) 2005, S. 297–304.

Dreher, Meinrad; *Hoffmann*, Jens, Der Auftragsbegriff nach § 99 GWB und die Tätigkeit der gesetzlichen Krankenkassen, in: Neue Zeitschrift für Baurecht und Vergaberecht (NZBau) 2009, S. 273–282.

Dreier, Horst (Hrsg.), Grundgesetz-Kommentar, 12. Auflage, Tübingen 2008. (Zitiert als: *Verfasser* in: Dreier, Art., Rn.)

Ebsen, Ingwer, Selektives Kontrahieren in der GKV unter wettbewerbsrechtlichen Gesichtspunkten, in: *Wille*, Eberhard; *Albring*, Manfred (Hrsg.), Paradigmenwechsel im Gesundheitswesen durch neue Versorgungsstrukturen, Frankfurt am Main 2004, S. 57–79. (Zitiert als: *Ebsen* in: Paradigmenwechsel im Gesundheitswesen durch neue Versorgungsstrukturen, S.)

–, Kartell- und vergaberechtliche Aspekte des vertraglichen Handelns der Krankenkassen in: Die Krankenversicherung (KrV) 2004, S. 95–100.

Eeckhoff, Johann; *Bünnagel*, Vera; *Kochskämpfer*, Susanna; *Mezel*, Kai, Die Bürgerprivatversicherung – Ein neuer Weg im Gesundheitswesen, Tübingen 2008. (Zitiert als: *Eeckhoff* et al., Die Bürgerprivatversicherung)

Eichenhofer, Eberhard, Richtlinien der gesetzlichen Krankenkassen im Gemeinschaftsrecht, in: Neue Zeitschrift für Sozialrecht (NZS) 2001, S. 1–7.

–, Sozialrecht der Europäischen Union, 3. Auflage, Berlin 2006.

Emmerich, Volker, Kartellrecht, 10. Auflage, München 2006.

Engelmann, Klaus, Das schwierige Verhältnis von Sozialrecht und Wettbewerbsrecht – § 69 SGB V, in: Neue Zeitschrift für Sozialrecht (NZS) 2000, S. 213–221.

–, Einführung: „Wettbewerb und soziale Krankenversicherung“ – Zur Notwendigkeit einer öffentlich-rechtlichen Wettbewerbsordnung, in: Vierteljahrsschrift für Sozialrecht (VSSR) 1999, S. 167–176.

Epping, Volker; *Hillgruber*, Christian, Grundgesetz – Kommentar, München 2009. (Zitiert als: *Verfasser* in: Epping/Hillgruber, Art., Rn.)

Epping, Volker; *Lenz*, Sebastian, *Leydecker*, Philip, Grundrechte, 3. Auflage, Berlin 2007.

Erlenkämper, Arnold; *Fichte*, Wolfgang, Sozialrecht, 2. Auflage, Berlin 2007. (Zitiert als: *Verfasser* in: Erlenkämper/Fichte, Sozialrecht, S.)

Esch, Oliver, Rechtsfragen der Erbringung und Vergütung rettungsdienstlicher Leistungen, Frankfurt am Main/Berlin/Bern/Brüssel/New York/ Oxford/Wien 2005.

Eykmann, Melanie, Verfassungsrechtliche Anforderungen an die öffentlich-rechtlichen Gewährleistungen im Gesundheitswesen, Hamburg 2007.

Finkenbusch, Norbert, Die Träger der Krankenversicherung – Verfassung und Organisation, 5. Auflage, Sankt Augustin 2003.

Franken, Andreas, Die privatrechtliche Binnenstruktur der integrierten Versorgung, §§ 140a–h SGB V – Zugleich ein Beitrag zum Anwendungsbereich von § 69 SGB V sowie der Normen des UWG und GWB im Bereich der gesetzlichen Krankenversicherung, Berlin 2003.

Frenz, Walter, Krankenkassen im Wettbewerbs- und Vergaberecht, in: Neue Zeitschrift für Sozialrecht (NZS) 2007, S. 233–236.

Fröck, Mathias, GKV im Wettbewerb: Eine Analyse ausgewählter Aktionsparameter, Berlin 2004.

Gabriel, Marc, Vergaberechtliche Vorgaben beim Abschluss von Verträgen zur integrierten Versorgung (§§ 140a ff. SGB V), in: Neue Zeitschrift für Sozialrecht (NZS) 2007, S. 344–352.

Gabriel, Marc; *Weiner*, Katharina, Arzneimittelrabattvertragsausschreibungen im generischen und patentgeschützten Bereich: Überblick über den aktuellen Streitstand, in: Neue Zeitschrift für Sozialrecht (NZS) 2009, S. 422–425.

Gassner, Ulrich, Kartellrechtliche Re-Regulierung des GKV-Leistungsmarkts, in: Neue Zeitschrift für Sozialrecht (NZS) 2007, S. 281–286.

–, Kartellrecht und GKV, in: Zeitschrift für die gesamte Versicherungswissenschaft (ZVersWiss) 2008, S. 411–424.

–, Nationaler Gesundheitsmarkt und europäisches Kartellrecht, in: Vierteljahresschrift für Sozialrecht (VSSR) 2000, S. 121–148.

Gaßner, Maximilian; *Ahrens*, Michaela, Anwendbarkeit der Regeln der Fusionskontrolle des GWB bei der Vereinigung gesetzlicher Krankenkassen, in: Die Sozialgerichtsbarkeit (SGb) 2007, S. 528–535.

Gaßner, Maximilian, Neuregelung des Insolvenzrechts der Krankenkassen – Bewertung der Regelungen des GKV-WSG und des GKV-OrgWG aus Ländersicht, in: Zeitschrift für Arztrecht, Krankenhausrecht, Apotheken- und Arzneimittelrecht (GesR) 2009, S. 121 – 124.

Geisler, Markus; *Temming*, Felipe, Der Anspruch auf angemessene Vergütung von Rettungs- und Transportleistungen im Rahmen des § 133 SGB V, in: Neue Zeitschrift zum Sozialrecht (NZS) 2005, S. 125–128.

Gerlinger, Thomas, Mehr Staat – mehr Wettbewerb – Das GKV-Wettbewerbsstärkungsgesetz, in: Die Krankenversicherung (KrV) 2007, S. 86–89.

Gitter, Wolfgang; *Schmitt*, Jochem, Sozialrecht, 5. Auflage, München 2001.

Gitter, Wolfgang; *Oberender*, Peter, Möglichkeiten und Grenzen des Wettbewerbs in der Gesetzlichen Krankenversicherung, Baden-Baden 1987.

Gitter, Wolfgang; *Hauser*, Heinz; *Henke*, Klaus-Dirk; *Knappe*, Eckhard; *Männer*, Leonhard; *Neubauer*, Günter; *Oberender*, Peter; *Sieben*, Günter, Vorschläge zur Strukturreform der Gesetzlichen Krankenversicherung, herausgegeben von der Robert Bosch Stiftung, Bayreuth 1988. (Zitiert als: *Gitter et al.,* Vorschläge zur Strukturreform der Gesetzlichen Krankenversicherung, S.)

Glassen, Helmut (Hrsg.), Frankfurter Kommentar zum Kartellrecht, Loseblattsammlung, Erscheinungsbeginn 1958, 45. Ergänzungslieferung. (Zitiert als: *Verfasser* in: Frankfurter Kommentar, §, Rn.)

Goodarzi, Ramin; *Schmidt*, Karsten, Die Ausschreibung vertragsärztlicher Leistungen nach dem SGB V, Neue Zeitschrift für Sozialrecht (NZS) 2008, S. 518–524.

Greß, Stefan; *Höppner*, Karin; *Marstedt*, Gerd; *Rothgang*, Heinz; *Tamm*, Marcus; *Wasem*, Jürgen, Kassenwechsel als Mechanismus zur Durchsetzung von Versicherteninteressen, in: *Braun*, Bernhard; *Greß*, Stefan; *Rothgang*, Heinz, *Wasem*, Jürgen (Hrsg.), Einfluss nehmen oder aussteigen, Theorie und Praxis von Kassenwechsel und Selbstverwaltung in der Gesetzlichen Krankenversicherung, S. 20–91. (Zitiert als: *Greß* et al., Kassenwechsel als Mechanismus zur Durchsetzung von Versicherteninteressen, S.)

Grote, Joachim; *Bronkars*, Caroline, Gesundheitsreform und private Krankenversicherung – wirtschaftliche Konsequenzen für Versicherer und Versicherte, in: Versicherungsrecht (VersR) 2008, S. 580–589.

Groth, Andy, Einstweiliger Rechtsschutz in Streitigkeiten der Grundsicherung für Arbeitsuchende, in: Neue Juristische Wochenschrift (NJW) 2007, S. 2294–2298.

Gundel, Jörg, Europarechtliche Probleme der Bürgerversicherung, in: Europarecht (EuR) 2004, S. 575–589.
Haft, Fritjof, Reformbedarf beim System der gesetzlichen Sozialversicherung, in: Zeitschrift für Rechtspolitik (ZRP), S. 457–462.
Hajen, Leonhard, Wettbewerb der Krankenkassen untereinander, in: *Felix*, Dagmar (Hrsg.), Auswirkungen des GKV-WSG auf Versorgungsstruktur und Wettbewerbsordnung, Berlin 2008, S. 9–50. (Zitiert als *Hajen* in: Auswirkungen des GKV-WSG auf Versorgungsstruktur und Wettbewerb, S.)
Hajen, Leonhard; *Paetow,* Holger; *Schumacher*, Harald, Gesundheitsökonomie, 3. Auflage, Stuttgart 2006.
Hankel, Wilhelm; *Schachtschneider*, Karl Albrecht; *Emmerich-Fritsche*, Angelika, Revolution der Krankenversicherung. Prinzipien, Thesen und Gesetz, im Auftrag der Vertragsärztlichen Bundesvereinigung (Hrsg.), Berlin 2002.
Hartmann, Peter; *Suoglu*, Bingül, Unterliegen die gesetzlichen Krankenkassen dem Kartellvergaberecht nach §§ 97 ff. GWB, wenn sie Hilfsmittel ausschreiben?, in: Die Sozialgerichtsbarkeit (SGb) 2007, S. 404–414.
Hayek, Friedrich August von, Der Wettbewerb als Entdeckungsverfahren, Tübingen 1968.
Hänlein, Andreas, Sozialrecht als Wirtschaftsrecht, in: Neue Zeitschrift für Sozialrecht (NZS) 2003, S. 617–624.
Heermann, Peter*; Hirsch,* Günter, Münchener Kommentar zum Lauterkeitsrecht, Bayreuth/München 2006. (Zitiert als: *Verfasser* in: MüKo-Lauterkeitsrecht, §, Rn.)
Heistermann, Franz, Kartellrechtliche Bewertung der Wettbewerbsordnung im Gesundheitswesen, in: Zeitschrift für das gesamte Medizin- und Gesundheitsrecht (ZMGR) 2007, S. 112–118.
–, Im Spannungsfeld von Wettbewerbs- und Sozialrecht – Fusionskontrolle bei Krankenhäusern und Krankenkassen, in: Recht und Politik im Gesundheitswesen (RPG) 2007, S. 104–120.
–, Im Spannungsfeld von Wettbewerbs- und Sozialrecht – Fusionskontrolle bei Krankenhäusern und Krankenkassen, in: *Felix*, Dagmar (Hrsg.), Auswirkungen des GKV-WSG auf Versorgungsstruktur und Wettbewerbsordnung, S. 165–186. (Zitiert als *Heistermann* in: Auswirkungen des GKV-WSG auf Versorgungsstruktur und Wettbewerb, S.)
Hefermehl, Wolfgang; *Köhler*, Helmut; *Bornkamm*, Joachim, Kommentar zum Gesetz gegen den unlauteren Wettbewerb, 27. Auflage, München 2009. (Zitiert als: *Verfasser* in: Hefermehl/Köhler/Bornkamm, §, Rn.)
Heinze, Meinrad; *Schmitt*, Jochen (Hrsg.), Festschrift für Wolfgang Gitter zum 65. Geburtstag, Wiesbaden 1995. (Zitiert als: *Verfasser* in: FS Gitter, S.)

Hertwig, Stefan, Öffentliche Unternehmen und Einrichtungen im europäischen Beihilfe- und Vergaberecht, in: Vergaberecht (VergabeR) 2008, S. 589–600.

Heßhaus, Matthias, Ausschreibungen durch die gesetzlichen Krankenkasse, in: Vergaberecht (VergabeR) 2007, S. 333–342.

Heuvels, Klaus, Mittelbare Staatsfinanzierung und Begriff des funktionalen Auftraggebers, in: Neue Zeitschrift für Baurecht und Vergaberecht (NZBau) 2008, S. 166–168.

Hiddemann, Till-Christian; *Muckel*, Stefan, Das Gesetz zur Modernisierung der gesetzlichen Krankenversicherung, in: Neue Juristische Wochenschrift (NJW) 2004, S. 7–12.

Hirsch, Günter (Hrsg.), Münchener Kommentar zum europäischen und deutschen Wettbewerbsrecht, Band 2 (Kartellrecht), München 2008. (Zitiert als: *Verfasser* in: MüKo-Wettbewerbsrecht, Band, §/Art., Rn.)

Hossenfelder, Silke; *Lutz*, Martin, Die neue Durchführungsverordnung zu den Artikeln 81 und. 82 EG-Vertrag, in: Wirtschaft und Wettbewerb (WuW) 2003, S. 118–129.

Hölzl, Franz-Josef; *Eichler*, Jochen, Rechtsweg für die Überprüfung der Vergabe von Rabattverträgen – Alia iacta est: Der Gesetzgeber hat gewürfelt, in: Neue Zeitschrift für Verwaltungsrecht (NVwZ) 2009, S. 27–32.

Hömig, Dieter, Grundgesetz für die Bundesrepublik Deutschland, 8. Auflage, Baden-Baden 2007. (Zitiert als: *Verfasser* in: Hömig, Art., Rn.)

Hösch, Ulrich, Arzneimittelvertrieb durch Internetapotheken, in: Gewerbearchiv (GewArch) 2003, S. 453–462.

Hufen, Friedhelm, Staatsrecht II – Grundrechte, Mainz 2007.

–, Das Urteil des Bundesverfassungsgerichts zur Privaten Krankenversicherung – Ein Freibrief für den Gesetzgeber?, in: Neue Zeitschrift für Sozialrecht (NZS) 2009, S. 649–652.

–, Grundrechtsschutz der Leistungserbringer und privaten Versicherer in Zeiten der Gesundheitsreform, in: Neue Juristische Wochenschrift (NJW) 2004, S. 14–18.

Immenga, Ulrich; *Mestmäcker*, Ernst-Joachim, Wettbewerbsrecht, Band 1 – Kommentar zum europäischen Kartellrecht, 4. Auflage, München 2007. (Zitiert als: *Verfasser* in: Immenga/Mestmäcker, Band 1, Art., Rn.)

–, Wettbewerbsrecht, Band 2 – Kommentar zum deutschen Kartellrecht, 4. Auflage, München 2007. (Zitiert als *Verfasser* in: Immenga/Mestmäcker, Band 2, §, Rn.)

Ipsen, Jörn, Staatsrecht II – Grundrechte, 11. Auflage 2008.

Isensee, Josef, Wahltarif „Krankenhauskomfort" – Chefarztbehandlung und Ein-/Zweibettzimmer als Wahlleistungen der Kassen – Sicht des Sozial- und des

Verfassungsrechts, in: Neue Zeitschrift für Sozialrecht (NZS) 2007, S. 449–455.

Jarass, Hans; *Pieroth*, Bodo, Grundgesetz für Bundesrepublik Deutschland – Kommentar, 10. Auflage, München 2009. (Zitiert als: *Verfasser* in: Jarass/Pieroth, Art., Rn.)

Jarass, Hans, Folgerungen aus der neueren Rechtsprechung des BVerfG für die Prüfung von Verstößen gegen Art. 3 I GG, in: Neue Juristische Wochenschrift (NJW) 1997, S. 2545–2550.

Jaeger, Renate, Die Reformen in der gesetzlichen Sozialversicherung im Spiegel der Rechtsprechung, in: Neue Zeitschrift für Sozialrecht (NZS) 2003, S. 225–230.

Jestaedt, Egbert, Probleme um die Abgrenzung der Sozialgerichtsbarkeit gegenüber den Kartellbehörden, in: Neue Juristische Wochenschrift (NJW) 1995, S. 1527–1529.

Kaeding, Nadja, Ausschreibungspflicht der gesetzlichen Krankenkassen oberhalb der Schwellenwerte, in: Pharma Recht (PharmR) 2007, S. 239–246.

Kamann, Hans-Georg; *Gey*, Peter, Wettbewerbsrecht im deutschen Gesundheitswesen – Grenzen der Integrierten Versorgung und der Kooperation von Krankenkassen, Leistungserbringern und pharmazeutischer Industrie, in: Pharma Recht (PharmR) 2006, S. 291–297.

Kerres, Martin; *Lohmann*, Heinz, Der Gesundheitssektor: Chance zur Erneuerung, Wien 1999.

Kerssenbrock, Graf Trutz, Einseitiges Preisdiktat der Krankenkassen oder zulässiges Verhalten zur Kostendämpfung im Gesundheitssystem? – Überlegungen zum Umgang der Krankenversicherer mit Leistungserbringern mit nicht preisregulierten Medizinprodukten, in: Neue Zeitschrift für Sozialrecht (NZS) 2010, S. 82–85.

Keßler, Wolfgang, Die gesetzliche Krankenversicherung als Ausnahmebereich im deutschen und europäischen Wettbewerbsrecht im Lichte der neueren Rechtsprechung, in: Wettbewerb in Recht und Praxis (WRP) 2006, S. 1283–1287.

–, Die gesetzliche Krankenversicherung im Spiegel der normativen Wettbewerbsordnung – Weiterungen und Restriktionen, in: Wettbewerb in Recht und Praxis (WRP) 2007, S. 1030–1035.

Kingreen, Thorsten, Europarechtliche Kontrollmechanismen bei der Erfüllung des Versorgungsauftrages der gesetzlichen Krankenkassen, in: *Voit*, Wolfgang (Hrsg.), Gesundheitsreform 2007 – rechtliche Bewertung und Handlungsoptionen, 10. Symposium von Wissenschaft und Praxis [10. Marburger Gespräche zum Pharmarecht], Baden-Baden 2008, S. 151–163. (Zitiert als: *Kingreen* in: Gesundheitsreform 2007, S.)

–, Die Entscheidung des EuGH zur Bindung der gesetzlichen Krankenkassen an das Vergaberecht, in: Neue Juristische Wochenschrift (NJW) 2009, S. 2417–2419.
–, Das Sozialvergaberecht, in: Die Sozialgerichtsbarkeit (SGb) 2008, S. 437–444.
–, Soziale und private Krankenversicherung: Gemeinschaftsrechtliche Implikationen eines Annäherungsprozesses, in: Zeitschrift für Europäisches Sozial- und Arbeitsrecht (ZESAR) 2007, S. 139–149.
–, Die Entwicklung des Gesundheitsrechts 2007/2008, in: Neue Juristische Wochenschrift (NJW) 2008, S. 3393–3399.
–, Wettbewerb und Wettbewerbsrecht im Gesundheitswesen, in: Zeitschrift für das gesamte Medizin- und Gesundheitsrecht (ZMGR) 2005, S. 163–168.
–, Wettbewerbsrechtliche Aspekte des Gesundheitsmodernisierungsgesetzes, in: Medizinrecht (MedR) 2004, S. 188–197.
Kirchhoff, Guido, Die Rechtsnatur von Verträgen zwischen gesetzlichen Krankenkassen und Leistungserbringern gemäß §§ 69 ff. SGB V, in: Die Sozialgerichtsbarkeit (SGb) 2005, S. 499–508.
Klaue, Siegfried; *Schwintowski*, Hans-Peter, Grenzen der Zulässigkeit von Wahltarifen und Zusatzversicherungen in der gesetzlichen Krankenversicherung, Berlin 2008.
Klees, Andreas, Welcher Unternehmensbegriff gilt im GWB?, in: Europäisches Wirtschafts- und Steuerrecht (EWS) 2010, S. 1–7.
Klöck, Oliver, Die Anwendbarkeit des Vergaberechts auf die Beschaffungstätigkeit der gesetzlichen Krankenkassen, in: Neue Zeitschrift für Sozialrecht (NZS) 2008, S. 178–185.
Kluckert, Sebastian, Gesetzliche Krankenkassen als Normadressaten des Europäischen Wettbewerbsrecht, Berlin 2008.
Knispel, Ulrich, Neuregelungen im Leistungserbringungsrecht der GKV durch das GKV-OrgWG, in: Zeitschrift für Arztrecht, Krankenhausrecht, Apotheken- und Arzneimittelrecht (GesR) 2009, S. 236–241.
–, EG – Wettbewerbswidrige Festbetragsfestsetzungen und Arzneimittelrichtlinien?, in: Neue Zeitschrift für Sozialrecht (NZS) 2000, S. 379–385.
–, Auswirkungen der Neuregelung der Rechtsbeziehungen der Krankenkassen und ihrer Verbände zu den Leistungserbringern durch das GKV-Gesundheitsreformgesetz 2000, in: Neue Zeitschrift für Sozialrecht (NZS) 2001, S. 466–474.
–, Doppelter Rechtsweg für die Klagen gegen die Mitgliederwerbung einer Krankenkasse, in: Neue Zeitschrift für Sozialrecht (NZS) 2008, S. 129–131.

Koenig, Christian, Die gesetzgeberische Bindung an den allgemeinen Gleichheitssatz – Eine Darstellung des Prüfungsaufbaus zur Rechtssetzungsfreiheit, in: Juristische Schulung (JuS) 1995, S. 313–320.

Koenig, Christian; *Engelmann*, Christina; *Hentschel*, Kristin, Die wettbewerbsrechtliche Beurteilung von Werbemaßnahmen gesetzlicher Krankenkassen – am Beispiel der werbenden Ankündigung von Modellvorhaben, in: Wettbewerb in Recht und Praxis (WRP) 2003, S. 831–838.

Koenig, Christian; *Klahn*, Daniela, Ausschreibungen im Bereich der Hilfsmittelversorgung der gesetzlichen Krankenversicherung (§ 127 Abs. 2 S. 2 SGB V) – Wettbewerbliche Leistungserbringung oder gnadenlose Kostensenkung?, in Vierteljahresschrift für Sozialrecht (VSSR) 2005, S. 183–210.

Koenig, Christian; *Klahn*, Daniela, *Schreiber*, Christina, Die Ausschreibungspflicht von Rabattverträgen gem. § 130a Abs. 8 SGB V nach den Vorgaben des europäischen Vergaberechts, in: Zeitschrift für Arztrecht, Krankenhausrecht, Apotheken- und Arzneimittelrecht (GesR) 2007, S. 559–568.

Koenig, Christian; *Sander*, Claude, Vertragsverletzung durch Rechtswegzuweisung?, in: Europäische Zeitschrift für Wettbewerbsrecht (EuZW) 2000, S. 716–722.

Koenig, Christian; *Schreiber*, Christina, Das undenkbare Denken: Nur ein staatlich unabhängig regulierter Selektivvertragswettbewerb zieht die GKV aus dem Sumpf des Korporatismus!, in: Zeitschrift für Arztrecht, Krankenhausrecht, Apotheken- und Arzneimittelrecht (GesR) 2010, S. 127–130.

Krieger, Gerd, Die Behandlungsverweigerung bei Kassenpatienten, insbesondere wegen unzureichender Honorierung, in: Medizinrecht (MedR) 1999, S. 519–523.

Krogull, Jutta, Wettbewerbsstrukturen im Selbstverwaltungssystem der gesetzlichen Krankenversicherung, München 2008.

Kruse, Jürgen; *Hänlein*, Andreas, Sozialgesetzbuch V – Gesetzliche Krankenversicherung, Lehr- und Praxiskommentar, 3. Auflage, München 2009. (Zitiert als: *Verfasser* in: LPK-SGB V)

Kuhlen, Lothar, Die verfassungskonforme Auslegung von Strafgesetzen, Mannheim 2006.

Kulartz, Hans-Peter (Hrsg.); *Brauer*, Eva, Kommentar zum GWB-Vergaberecht, 1. Auflage, Neuwied 2006. (Zitiert als: *Verfasser* in: Kulartz, §, Rn.)

Kulartz, Hans-Peter; *Kus*, Alexander; *Portz,* Norbert, Kommentar zum GWB-Vergaberecht, 2. Auflage, München 2009. (Zitiert als: *Verfasser* in: Kulartz/Kus/Portz, §, Rn.)

Langen, Eugen; *Bunte*, Hermann-Josef, Kommentar zum deutschen und europäischen Kartellrecht, Band 1 – Deutsches Kartellrecht, Band 2 – Europäisches

Kartellrecht, 10. Auflage, München 2006. (Zitiert als: *Verfasser* in: Langen/ Bunte, 10. Auflage, Band, §, Rn.)

Langen, Eugen; *Bunte*, Hermann-Josef, Kommentar zum deutschen und europäischen Kartellrecht, Band 1 – Deutsches Kartellrecht, Band 2 – Europäisches Kartellrecht, 11. Auflage, München 2010. (Zitiert als: *Verfasser* in: Langen/ Bunte, 11. Auflage, Band, §, Rn.)

Langheid, Theo; *Wandt*, Manfred, Münchener Kommentar zum Versicherungsvertragsgesetz, 1. Auflage, München 2010. (Zitiert als: *Verfasser* in: MüKo-VGG)

Lehmler, Lutz, Das Recht des unlauteren Wettbewerbs – eine systematische Darstellung, Neuwied 2002.

Leibholz, Gerhard; *Rinck*, Hans; *Hesselberger*, Dieter, Grundgesetz für die Bundesrepublik Deutschland – Kommentar an Hand der Rechtsprechung des Bundesverfassungsgerichts, Loseblatt-Ausgabe, Köln. (Zitiert als: *Verfasser* in: Leibholz/Rinck/Hesselberger, Art., Rn.)

Leisner, Walter, Sozialversicherung und Privatversicherung – dargestellt am Beispiel der Krankenversicherung, Berlin 1974.

Liessem, Verena; *Steinmeyer*, Heinz-Dietrich; *von Laer*, Carlo, Die Anwendbarkeit von Wettbewerbs- und Kartellrecht auf gesetzliche Krankenkassen, Beitrag des Wissenschaftlichen Beirats der Betrieblichen Krankenversicherung, Essen 2007.

Lietz, Christine; *Natz*, Alexander, Vergabe- und kartellrechtliche Vorgaben für Rabattverträge über patentgeschützte Arzneimittel, in: Arzneimittel & Recht (A&R) 2009, S. 3–10.

Lübbing, Thomas; *Klasse*, Max, Kartellrechtliche Schranken beim Abschluss von Rabattverträgen, in: Arzneimittel und Recht (A&R), S. 51–57.

Lüdemann, Jörn, Die verfassungskonforme Auslegung von Gesetzen, in: Juristische Schulung (JuS) 2004, S. 27–30.

Lüdtke, Peter-Bernd; *Binder*, Stefan, Sozialgerichtsgesetz – Handkommentar, 3. Auflage, Baden-Baden 2009. (Zitiert als: *Verfasser* in: HK-SGG, §, Rn.)

Loewenheim, Ulrich; *Meessen*, Karl M.; *Riesenkampff*, Alexander (Hrsg.), Kartellrecht – Kommentar zum deutschen und Europäischen Kartellrecht, Band 1 und Band 2, 2. Auflage, München 2009. (Zitiert als *Verfasser* in: L/M/R, Band, §, Rn.)

Luxenburger, Bernd; *Wölk*, Florian, Mitgliederwerbung gesetzlicher Krankenkassen zwischen Konkurrenz und Kooperation, in: Zeitschrift für das gesamte Medizin- und Gesundheitsrecht (ZMGR) 2008, S. 111–124.

Mangoldt, Hermann von (Begr.); *Klein*, Friedrich; *Starck*, Christian (Hrsg.), Kommentar zum Grundgesetz, Band I, 5. Auflage, München 2005. (Zitiert als: *Verfasser* in: v.Mangoldt/Klein/Starck, Art., Rn.)

Manssen, Gerrit, Die Neufassung des § 51 Abs. 2 SGG und die Zuständigkeit ordentlicher Gerichte für Wettbewerbsfragen, in: Die Sozialgerichtsbarkeit (SGb) 1992, S. 339–342.

–, Das Kassenarztzulassungsrecht des SGB V i. d. F. des GSG: Einfachrechtliche Ausgestaltung und verfassungsrechtliche Problemstellungen, in: Zeitschrift für Sozialhilfe und Sozialgesetzbuch (ZfSH/SGB) 1994, S. 1–18.

Marco, Volker, Private Krankenversicherung, 2. Auflage, München 2010.

Marx, Fridhelm; *Hölzl*, Franz-Josef, Viel Lärm um wenig, in: Neue Zeitschrift für Bau- und Vergaberecht (NZBau) 2010, S. 31–34.

Maydell, Bernd Baron von; *Ruland*, Franz; *Becker*, Ulrich, Sozialrechtshandbuch, 4. Auflage, Baden-Baden 2008. (Zitiert als: *Verfasser* in: SRH, S.)

Maydell, Bernd Baron von; *Karl*, Beatrix, Das Angebot von Zusatzversicherung. Dürfen gesetzlichen Krankenversicherungen Zusatzversicherungen anbieten, Rechtsgutachten 2003.

Maunz, Theodor; *Dürig*, Günter; *Herzog*, Roman (Hrsg.), Grundgesetz – Kommentar, Band I, Art. 1 bis 5, 53. Lieferung, München 2009. (Zitiert als: *Verfasser* in: Maunz/Dürig, Art., Rn.)

Mestmäcker, Ernst-Joachim, Die Abgrenzung von öffentlich-rechtlichem und privatrechtlichem Handeln im Wettbewerbsrecht, Neue Juristische Wochenschrift (NJW) 1969, S. 1–9.

Meyer-Ladewig, Jens; *Keller*, Wolfgang; *Leitherer*, Stephan, Kommentar zum Sozialgerichtsgesetz, 9. Auflage, München 2008. (Zitiert als: *Verfasser* in: Meyer-Ladewig/Keller/Leitherer, §, Rn.)

Meyer-Lindermann, Hans-Jürgen, Anmerkung zu OLG Dresden, Urteil vom 23.08.2001 – U 2403/00, in: Juristische Rundschau (JR) 2002, S. 284–285.

Michael, Lothar, Grundfälle zur Verhältnismäßigkeit – Dritter Teil, in: Juristische Schulung (JuS) 2001, S. 866 – 870.

Kozianka, Wolfgang; *Millarg*, Ivo, Die Verkürzung des effektiven Rechtsschutzes gegen untergesetzliche Einsparmechanismen durch das GKV-Gesundheitsreformgesetz 2000, in: Pharma Recht (PharmR) 2001, S. 138–146.

Möschel, Wernhard, Gesetzliche Krankenversicherung und das Kartellrecht, in: Juristen Zeitung (JZ) 2007, S. 601–606.

Musil, Andreas, Wettbewerb in der staatlichen Verwaltung, Tübingen 2005.

–, Viel Lärm um nichts? – Die Auswirkungen der Gesundheitsreform auf die Grundrechte der privaten Krankenversicherungsunternehmen, in: Neue Zeitschrift für Sozialrecht (NZS) 2008, S. 113–118.

Mühlhausen, Karl-Heinz, Der Mitgliederwettbewerb innerhalb der gesetzlichen Krankenversicherung, Baden-Baden 2002.

Müller, Friedrich; *Christensen*, Ralph (Hrsg.), Juristische Methodik, 8. Auflage, Berlin 2002.

Müller, Sandra, Divergierende Rechtsprechung zu Rabattverträgen gemäß § 130a Abs. 8 SGB V, in: Zeitschrift für Arzneimittelrecht und Arzneimittelpolitik (A&R) 2007, S. 195–198.

Münch, Otto von (Begr.); *Kunig*, Philip (Hrsg.), Grundgesetz-Kommentar, Band I, 6. Auflage, München 2009. (Zitiert als: *Verfasser* in: v.Münch/Kunig, Art., Rn.)

Neumann, Daniela, Verbannung des Kartell- und Wettbewerbsrechts aus der gesetzlichen Krankenversicherung?, in: Wirtschaft und Wettbewerb – Zeitschrift für deutsches und europäisches Wettbewerbsrecht (WuW) 1999, S. 961–967.

–, Kartellrechtliche Sanktionierung von Wettbewerbsbeschränkungen im Gesundheitswesen, Baden-Baden 2000.

Oberender, Peter; *Zerth*, Jürgen, Wettbewerb in der gesetzlichen Krankenversicherung: Perspektiven nach dem GKV-WSG, in: Die Betriebskrankenkasse (BKK) 2008, S. 202–210.

Oberender, Peter; *Hebborn*, Ansgar; *Zerth,* Jürgen, Wachstumsmarkt Gesundheit, 2. Auflage, Stuttgart 2006.

Oberender, Peter, Reform des Gesundheitswesens durch Zulassung marktwirtschaftlicher Steuerungselemente: Diagnose und Therapie unter besonderer Berücksichtigung der Gesetzlichen Krankenversicherung, in: Hamburger Jahrbuch für Wirtschafts- und Gesellschaftspolitik, 1986, S. 177–199.

Odersky, Walter, Kartellrechtliche Kontrolle des Handelns der öffentlichen Hand, in: Wege und Verfahren des Verfassungslebens. Festschrift für Peter Lerche zum 65. Geburtstag, *Badura*, Peter; *Scholz*, Rupert (Hrsg.), München 1993, S. 949–963. (Zitiert als: *Odersky* in: FS Lerche, S.)

Oesterreich, Jens, Versicherungspflicht oder Versicherungsfreiheit – Das deutsche Gesundheitssystem auf dem Weg in die Verfassungswidrigkeit?, Marburg 2007.

Orlowski, Ulrich; *Wasem*, Jürgen, Gesundheitsreform 2007 (GKV-WSG) – Änderungen und Auswirkungen auf einen Blick, Heidelberg 2007.

Peikert, Peter; *Kroel*, Mark, Das Gesundheitsreformgesetz 2000 und die Auswirkungen auf kartellrechtliche Streitigkeiten zwischen Leistungserbringern und den Institutionen der gesetzlichen Krankenversicherung und Dritten, in: Medizinrecht (MedR) 2001, S. 14–21.

Penske, Marco, Finanzierung der gesetzlichen Krankenversicherung – Probleme und Reformoptionen, Frankfurt 2006.

Pester, Rüdiger, Die wettbewerblichen Rechtsbeziehungen im Mitgliederwettbewerb der gesetzlichen Krankenkassen – Rechtsweg, materiellrechtliche Grundlagen, Folgen von Rechtsverstößen, Hamburg 2005.

Pfaff, Anita; *Busch*, Susanne; *Rindsfüßer*, Christian, Kostendämpfung in der gesetzlichen Krankenversicherung, Frankfurt a. M. / New York 1993.

Pieroth, Bodo; *Schlink*, Bernhard, Grundrechte – Staatsrecht II, 25. Auflage, Heidelberg 2009.

Pietzcker, Jost, Das schwierige Verhältnis von Sozialrecht und Wettbewerbsrecht – § 69 SGB V, in: *Boecken*, Winfried; *Ruland*, Franz; *Steinmeyer*, Heinz-Dietrich (Hrsg.), Sozialrecht und Sozialpolitik in Deutschland und Europa – Festschrift für Bernd Baron von Maydell, Neuwied 2002, S. 531–547. (Zitiert als: *Pietzcker* in: FS von Maydell, S.)

–, Zu den Voraussetzungen des Anspruchs auf Gleichbehandlung nach Art. 3 I GG, in: Juristen Zeitung (JZ) 1989, S. 305–310.

Piper, Hennig; *Ohly*, Ansgar, Gesetz gegen den unlauteren Wettbewerb – Kommentar, 4. Auflage, München 2006. (Zitiert als: *Piper/Ohly*, §, Rn.)

Pitschas, Rainer, Die Gesundheitsreform 2007 – Verfassungskonformer Einstieg in den Systemwechsel der GKV, in: Zeitschrift für Arztrecht, Krankenhausrecht, Apotheken- und Arzneimittelrecht (GesR) 2008, S. 64–77.

Pfeiffer, Doris, Auswirkungen des Wettbewerbsstärkungsgesetzes auf die Versorgung aus Sicht der Kassen, in: Zeitschrift für das gesamte Medizin- und Gesundheitsrecht (ZMGR) 2007, S. 119–122.

Pfohl, Andreas, *Sichert*, Markus, Der Gesundheitsfonds: Sondervermögen des Bundes oder der Krankenkassen?, in: Neue Zeitschrift für Sozialrecht (NZS) 2009, S. 71–79.

Poctas, Michael, Herstellung von Wettbewerb als Verwaltungsaufgabe, in: Veröffentlichungen der Vereinigung Deutscher Staatsrechtslehrer (VVDStRL), Band 69 (2009), S. 255–287. (Zitiert als: *Poctas* in: VVDStRL 69, S.)

Prehn, Annette, Der Wahltarif Kostenerstattung nach § 53 Abs. 4 SGB V – bereits jetzt ein Auslaufmodell?, in: Zeitschrift für Arztrecht, Krankenhausrecht, Apotheken- und Arzneimittelrecht (GesR) 2009, S. 230–236.

Preis, Ulrich, Der Arzt zwischen grundrechtlicher Freiheit und staatlicher Bindung, in: Medizinrecht (MedR) 2010, S. 139–149.

Quaas, Michael, Vertragsgestaltungen zur integrierten Versorgung aus der Sicht der Krankenhäuser, in: Vierteljahrsschrift für Sozialrecht (VSSR) 2004, S. 175–195.

–, Zur Berufsfreiheit des Freiberuflers, insbesondere der Ärzte, in: Medizinrecht (MedR) 2001, S. 34–37.

Quaas, Michael; *Zuck*, Rüdiger, Medizinrecht, 2. Auflage, München 2008.

Ramsauer, Ulrich, Soziale Krankenversicherung zwischen Solidarprinzip und Wettbewerb, in: Neue Zeitschrift für Sozialrecht (NZS) 2006, S. 505–511.

–, Der Risikostrukturausgleich in der gesetzlichen Krankenversicherung – verfassungswidrig? Plädoyer für eine Korridorlösung, in: Neue Juristische Wochenschrift (NJW) 1998, S. 481 – 487.

Reiter, Heinrich, Die Rechtsnatur der Beziehungen der gesetzlichen Krankenkassen untereinander und zu deren Leistungserbringern, in: *Franßen*, Everhardt (Hrsg.); *Sendler*, Horst, Bürger, Richter, Staat – Festschrift für Horst Sendler, Präsident des Bundesverwaltungsgerichts, zum Abschied aus seinem Amt, München 1991, S. 519–531. (Zitiert als: *Reiter* in: FS Sendler, S.)

Richter, Hans Jürgen, Sozialgerichte als ausschließliche Instanz für die GKV, in: Der Kassenarzt 1999, S. 22–24.

Richter, Ronald, Gesundheitsreform – Das GKV-Wettbewerbsstärkungsgesetz, in: Deutsches Steuerrecht (DStR) 2007, S. 810–815.

Rieger, Reinhard, Grenzen verfassungskonformer Auslegung, in: Neue Zeitschrift für Verwaltungsrecht (NVwZ) 2003, S. 17–22.

Rittner, Fritz; *Kulka*, Michael, Wettbewerbs- und Kartellrecht, Eine systematische Darstellung des deutschen und europäischen Rechts, 7. Auflage, Heidelberg 2008.

Rixen, Stefan, Sozialrecht als öffentliches Wirtschaftsrecht, Tübingen 2005.

–, „Pay for Performance“: Normative Parameter der qualitätsfördernden Vereinbarungen nach § 136 Abs. 4 SGB V, in: Medizinrecht (MedR) 2009, S. 697–701.

Reile, Anke, Gestaltungsoptionen von Krankenkassen bei staatlichen Systemvorgaben, Berlin 2007.

Reimers, Lutz, Die Gesundheitsreform 2006 aus wirtschaftspolitischer Sicht, in: Wirtschaftsdienst 2006, S. 588–594.

Rolfs, Christian; *Kreikebohm*, Ralf; *Giesen*, Richard; *Udsching*, Peter, Beck'scher Online-Kommentar Sozialrecht, 15. Edition, München 2009. (Zitiert als: *Verfasser* in: BeckOK SGB V, §, Rn.)

Roth, Wulf-Henning, Rabattvereinbarungen zwischen Krankenkassen und Pharmaunternehmen, in: *Felix*, Dagmar (Hrsg.), Auswirkungen des GKV-WSG auf Versorgungsstruktur und Wettbewerbsordnung, Berlin 2008, S. 111–164. (Zitiert als: *Roth* in: Auswirkungen des GKV-WSG auf Versorgungsstruktur und Wettbewerbsordnung, S.)

–, Zum Unternehmensbegriff im deutschen Kartellrecht, in: Hilty, Reto (Hrsg.), Schutz von Kreativität und Wettbewerb – Festschrift für Ulrich Loewenheim zum 75. Geburtstag, München 2009, S. 545 – 570. (Zitiert als: *Roth* in: FS Loewenheim, S.)

–, Kartellrechtliche Aspekte der Gesundheitsreform nach deutschem und europäischem Recht, in: Gewerblicher Rechtsschutz und Urheberrecht (GRUR) 2007, S. 645–659.

–, Zum Unternehmensbegriff im europäischen Kartellrecht, in: *Brinker*, Ingo (Hrsg.), Recht und Wettbewerb – Festschrift für Rainer Bechtold zum 65. Geburtstag, München 2006, S. 393–409. (Zitiert als: *Roth* in: FS Bechtold, S.)

Röbke, Marc, Besteht eine vergaberechtliche Ausschreibungspflicht für Rabattverträge nach § 130 a VIII SGB V?, in: Neue Zeitschrift für Verwaltungsrecht (NVwZ) 2008, S. 726–730.

Rüffer, Wilfried; *Halbach*, Dirk; *Schimikowski*, Peter; Versicherungsvertragsgesetz – Handkommentar, Baden-Baden 2009. (Zitiert als: *Verfasser* in: HK-VVG, §, Rn.)

Rürup, Bert; *Albrecht*, Peter, Das deutsche Gesundheitswesen nach den Reformen von 2007, in: *Merz*, Friedrich (Hrsg.) Wachstumsmotor Gesundheit 2008, S. 122–147. (Zitiert als *Rürup/Albrecht* in: Wachstumsmotor Gesundheit, S.)

Rybak, Christian, Rechtsstaat am Verhandlungstisch, Berlin 2006.

Sachs, Michael, Grundgesetz – Kommentar, 5. Auflage, München 2009. (Zitiert als: *Verfasser* in: Sachs, Art., Rn.)

–, Der Gleichheitssatz als eigenständiges subjektives Grundrecht, in: *Wendt*, Rudolf (Hrsg.), Staat, Wirtschaft, Steuern – Festschrift für Karl-Heinrich Friauf zum 65. Geburtstag, München 1996, S. 281–309. (Zitiert als: *Sachs* in: FS Friauf, S.)

–, Die Maßstäbe des allgemeinen Gleichheitssatzes – Willkürverbot und sogenannte neue Formel, in: Juristische Schulung (JuS) 1997, S. 124–130.

Sauter, Herbert; *Ellenbrock*, Tatjana, Wettbewerbsstärkung durch das GKV-Wettbewerbsstärkungsgesetz (GKV-WSG)?, in: Zeitschrift für Arztrecht, Krankenhausrecht, Apotheken- und Arzneimittelrecht (GesR) 2007, S. 497–503.

Scheffler, Arndt, Anmerkung zu EuGH, Urteil vom 11. Juli 2007, C-2005/03P (FENIN), in: Europäische Zeitschrift für Wirtschaftsrecht (EuZW) 2006, S. 601–603.

Schiller, Herbert, Kollektiv- und Selektivvertrag: Zwei Vertragssysteme im Überblick, in: Bayrisches Ärzteblatt 2008, S. 62–63.

Schlarmann, Hans; *Buchner*, Reimer, Auswirkungen des Sechsten SGG-Änderungsgesetzes auf vertragsärztliche, krankenhausrechtliche und sonstige Streitigkeiten aus dem SGB V, in: Neue Juristische Wochenschrift (NJW) 2002, S. 644–646.

Schlegel, Rainer; *Voelzke*, Thomas; *Engelmann*, Klaus, juris PraxisKommentar-SGB V, Kassel 2008. (Zitiert als: *Verfasser* in: jurisPK-SGB V, §, Rn.)

Schliersky, Utz, Öffentliches Wettbewerbsrecht, Berlin 1997.

Schlegel, Rainer, Wettbewerbsrechtliche Schranken eines selektiven Vertragswettbewerbs in: *Pitschas*, Rainer, Gesetzliche Krankenversicherung und Wettbewerb – Auf dem Weg zu einer wirklichen Gesundheitsreform, Frankfurt 2008, S. 23–48. (Zitiert als: *Schlegel* in: Gesetzliche Krankenversicherung und Wettbewerb, S.)

Schmehl, Arndt; *Wallrabenstein*, Astrid, Steuerungsinstrumente im Recht des Gesundheitswesens, Band 1: Wettbewerb, Tübingen 2005. (Zitiert als: *Verfasser* in: Steuerungsinstrumente im Recht des Gesundheitswesens, Band 1: Wettbewerb, S.)

Schmidt, Klaus, GKV-Wettbewerbsstärkungsgesetz – Analyse einer Mogelpackung, in: Der Kassenarzt 2007, S. 12–15.

Schmidt, Tillmann, GKV-WSG: Die Relativierung klassischer Sozialversicherungsmerkmale in der GKV durch veränderte Beitragsbemessung und Wahltarife – Mögliche Auswirkungen auf die Anwendbarkeit des europäischen Wettbewerbsrechts, das Vorliegen von Sozialversicherung i. S. d. Art. 74 Abs. 1 Nr. 12 GG sowie die Rechtfertigung von Grundrechtseingriffen, in: Zeitschrift für Arztrecht, Krankenhausrecht, Apotheken- und Arzneimittelrecht (GesR) 2007, S. 295–302.

Schmidt-Bleibtreu, Bruno; *Hofmann*, Hans; *Hopfauf*, Axel, Kommentar zum Grundgesetz, 11. Auflage, Köln 2008. (Zitiert als: *Verfasser* in: S/H/H, Art., Rn.)

Schmiedl, Wolfgang, Das Recht des Vertrags(zahn)arztes auf angemessene Vergütung in Zeiten der Budgetierung, in: Medizinrecht (MedR) 2002, S. 116–122.

Schnapp, Friedrich, Privatversicherungsrechtliche Elemente in der gesetzlichen Krankenversicherung – Verfassungsrechtliche Bewertung, in: Zeitschrift für das gesamte Medizin- und Gesundheitsrecht (ZMGR) 2005, S. 6–14.

–, Zur Frage des Rechtsweges bei der Klage eines Kassenarztes gegen eine Kassenärztliche Vereinigung. Anmerkung zum Urteil des BGH vom 05.11.1998 – I ZB 50/98 – , in: Die Sozialgerichtsbarkeit (SGb) 1999, S. 320–322

Scholz, Rupert, Sozialstaat zwischen Wachstums- und Rezessionsgesellschaft, Karlsruhe 1981.

Schricker, Helmut, Wirtschaftliche Tätigkeit der öffentlichen Hand und unlauterer Wettbewerb, 2. Auflage, München 1987.

Schulin, Bertram, Verfassungsrechtliche Grenzen bei der Umgestaltung des Sozialstaats im Bereich der Gesundheitsleistungen, in: Vierteljahrsschrift für Sozialrecht (VSSR) 1997, S. 43–57.

Schwarz, Theo H., Die Anwendbarkeit des kartellrechtlichen Unternehmensbegriffes auf die Beschaffungstätigkeit der Öffentlichen Hand in: Der Betriebsberater (BB) 1973, S. 1283–1287.

Schwerdtfeger, Gunther, Die Neufassung des § 69 SGB V im Gesetzentwurf „GKV-Gesundheitsreform 2000“ – ein rechtsstaatlicher Rückschritt ohne sachliche Rechtfertigung – Materiellrechtliche Ausscheidung des deutschen Wettbewerbs- und Kartellrechts als rechtsstaatlicher Rückschritt, in: Die pharmazeutische Industrie (pharmind) 2000, S. 105–110.

Schütze, Joachim, Kartellrechtliche Beurteilung von Beschaffungskooperation im Gesundheitswesen, Althergebrachtes oder neue Problemfelder?, in: Arzneimittelrecht und Arzneimittelpolitik (A&R) 2006, S. 253–256.

Sodan, Helge, Private Krankenversicherung und Gesundheitsreform 2007 – verfassungs- und europarechtliche Probleme des GKV-Wettbewerbsstärkungsgesetzes, Berlin 2006.

–, Grundgesetz, Beck'scher Kompakt-Kommentar, München 2009. (Zitiert als: *Verfasser* in: Sodan, Art., Rn.)

–, Das GKV-Wettbewerbsstärkungsgesetz, in: Neue Juristische Wochenschrift (NJW) 2007, S. 1313–1320.

–, Gesundheitsreform 2006/2007 – Systemwechsel mit Zukunft oder Flickschusterei?, in: Neue Juristische Wochenschrift (NJW) 2006, S. 3617–3620.

–, Die Hilfsmittelversorgung in der gesetzlichen Krankenversicherung nach dem GKV-Wettbewerbsstärkungsgesetz, Rechtsgutachten erstattet im Auftrag des Bundesverband Medizintechnologie e. V., Berlin 2007.

–, „Gesundheitsreform“ ohne Systemwechsel – wie lange noch?, in: Neue Juristische Wochenschrift (NJW) 2003, S. 2581–2584.

–, Das Beitragssicherungsgesetz auf dem Prüfstand des Grundgesetzes, in: Neue Juristische Wochenschrift (NJW) 2003, S. 1761–1766.

–, Freie Berufe als Leistungserbringer im Recht der gesetzlichen Krankenversicherung, Berlin 1997.

–, Selektives Kontrahieren in der GKV unter wettbewerbsrechtlichen Gesichtspunkten, in: *Wille*, Eberhard; *Albring*, Manfred (Hrsg.), Paradigmenwechsel im Gesundheitswesen durch neue Versorgungsstrukturen, Frankfurt am Main 2004, S. 45–55. (Zitiert als: *Sodan* in: Paradigmenwechsel im Gesundheitswesen durch neue Versorgungsstrukturen, S.)

Sodan, Helge; *Adam*, Jörg, Zur Geltung des Kartellrechts im Rahmen der Leistungserbringung für die gesetzliche Krankenversicherung – § 69 S. 1 SGB V als Bereichsausnahme für das Gesundheitswesen?, in: Neue Zeitschrift für Sozialrecht (NZS) 2006, S. 113–120.

Sormani-Bastian, Laura, Vergaberecht und Sozialrecht, Frankfurt 2006.

Spellbrink, Wolfgang, Einstweilige Rechtsschutz in Grundsicherungsstreitigkeiten nach dem SGB II, in: Sozialrecht Aktuell 2007, S. 1–5.

Spieß, Hans-Jürgen, Rechts(weg)fragen bei der Zulassung von Heil- und Hilfsmittelerbringern nach dem Gesundheitsreformgesetz, in: Die Sozialgerichtsbarkeit (SGb) 1989, S. 5–10.

Statistisches Bundesamt, Statistisches Jahrbuch 2009. Für die Bundesrepublik Deutschland, Wiesbaden 2009.

Steiner, Michael, Der neue § 127 SGB V oder – Das Gesetz zur Stärkung des Wettbewerbsrechts?, in: Zeitschrift für Arztrecht, Krankenhausrecht, Apotheken- und Arzneimittelrecht (GesR) 2007, S. 245–249.

Steinmeyer, Heinz-Dietrich, Kartellrecht und Krankenversicherung, in: Soziale Sicherheit und Wettbewerb, Wiesbaden 2001, S. 101–122. (Zitiert als: *Steinmeyer* in: Soziale Sicherheit und Wettbewerb, S.)

Stelkens, Ulrich, Verwaltungsprivatrecht, Berlin 2005.

Stelzer, Dirk, Gesetzliche Krankenversicherung und deutsches/europäisches Wirtschaftsrecht –Teil 1, in: Die Sozialversicherung (SozVers) 2000, S. 141–156.

Stern, Klaus, Das Staatsrecht der Bundesrepublik Deutschland, Band I: Grundbegriffe und Grundlagen des Staatsrechts, Strukturprinzipien der Verfassung, 2. Auflage, München 1984. (Zitiert als: *Verfasser* in: Stern-Staatsrecht, Band I, S.)

Stern, Klaus; *Sachs*, Michael, Das Staatsrecht der Bundesrepublik Deutschland, Band III: Grundlagen und Geschichte, nationaler und internationaler Grundrechtskonstitutionalismus, juristische Bedeutung der Grundrechte, Grundrechtsberechtigte, Grundrechtsverpflichtete, 2. Auflage, München 1988. (Zitiert als: *Verfasser* in: Stern-Staatsrecht, Band III, S.)

Stern, Klaus; *Sachs*, Michael; *Dietlein*, Johannes, Das Staatsrecht der Bundesrepublik Deutschland, Band IV: Die einzelnen Grundrechte – Der Schutz und die freiheitliche Entfaltung des Individuums, München 2006. (Zitiert als: *Verfasser* in: Stern-Staatsrecht, Band IV, S.)

Stolz, Bernhard; *Kraus*, Phillip, Sind Rabattverträge zwischen gesetzlichen Krankenkassen und pharmazeutischen Unternehmen öffentliche Aufträge nach § 99 GWB?, in: Vergaberecht (VergabeR) 2008, S. 1–10.

–, Ausschreibungspflichtigkeit von Verträgen zur hausarztzentrierten Versorgung, in: Medizinrecht (MedR) 2010, S. 86–94.

Storr, Stefan, Der Staat als Unternehmer, Tübingen 2001.

Sträter, Burkhard; *Natz*, Alexander, Rabattverträge zwischen Krankenkassen und pharmazeutischen Unternehmen, in: Pharma Recht (PharmaR) 2007, S. 7–13.

Stumpf, Christoph, Wettbewerb im Sozialrecht?, in: Wettbewerb in Recht und Praxis (WRP) 2008, S. 286–291.

Thüsing, Gregor, Wahltarife nach § 53 Abs. 4 bis 6 SGB V n. F. im Lichte des Verfassungsrechts – (Teil 1, Auswirkungen der Neuregelungen), in: Neue Zeitschrift für Sozialrecht (NZS) 2008, S. 449–455 .

–, Wahltarife nach § 53 Abs. 4 bis 6 SGB V n.F. im Lichte des Verfassungsrechts – (Teil 2, Verfassungsrechtliche Würdigung), in: Neue Zeitschrift für Sozialrecht (NZS) 2008, S. 510–518.

Thüsing, Gregor; *Kämmerer*, Jörn Axel, Vertragsfreiheit und Wettbewerb in der privaten Krankenversicherung – Verfassungsrechtliche und europarechtliche Grenzen für die Umsetzung der Gesundheitsreform. Gutachterliche Stellungnahme im Auftrag des Verbands der privaten Krankenversicherung e. V., Bonn und Hamburg 2006.

Triepel, Heinrich, Staatsdienst und staatlich gebundener Beruf, in: Festschrift für Karl Binding, Bd. II, 1911, Neudruck 1974, S. 1–85. (Zitiert als: *Triepel* in: FS Binding, S.)

Ullmann, Eike, UWG – Gesetz gegen den unlauteren Wettbewerb, juris Praxis-Kommentar, 2. Auflage, Saarbrücken 2009. (Zitiert als *Verfasser* in: jurisPK-UWG, §, Rn.)

Umbach, Dieter; *Clemens*, Thomas, Grundgesetz – Mitarbeiterkommentar und Handbuch, Band I, Heidelberg 2002. (Zitiert als: *Verfasser* in: Umbach/Clemens, Art., Rn.)

Uwer, Dirk, Der rechtliche Rahmen der Insolvenz von Krankenkassen, in: Zeitschrift für Arztrecht, Krankenhausrecht, Apotheken- und Arzneimittelrecht (GesR) 2009, S. 113–121.

Van de Gronden, Johan, Das Gesundheitswesen im Spannungsfeld von Nationalstaat und EU-Binnenmarkt, Stuttgart 2007.

Vogt, Axel, Fusionen in der gesetzlichen Krankenversicherung, in: Die Krankenversicherung (KrV) 2009, S. 170–173.

Voit, Wolfgang, PKV und GKV – Wettbewerb im Basistarif unter gleichen Voraussetzungen?, in: *Voit*, Wolfgang (Hrsg.), Gesundheitsreform 2007 – rechtliche Bewertung und Handlungsoptionen; 10. Symposium von Wissenschaft und Praxis. [10. Marburger Gespräche zum Pharmarecht], S. 73–84. (Zitiert als: *Voit* in: Gesundheitsreform 2007, S.)

Voßkuhle, Andreas, Theorie und Praxis der verfassungskonformen Auslegung von Gesetzen durch Fachgerichte. Kritische Bestandsaufnahme und Versuch einer Neubestimmung, in: AöR Bd. 125 (2000), S. 177–201.

Vöcking, Johannes, Beiträge zur Insolvenzproblematik – aus Sicht der Beteiligten und Betroffenen, in: Zeitschrift für Arztrecht, Krankenhausrecht, Apotheken- und Arzneimittelrecht (GesR) 2009, S. 138–141.

Wagner, Karin; *Ackerschott*, Stefanie; *Lenz*, Immo, Effekte und Potentiale der Integrierten Versorgung – Ergebnisse einer Evaluationsstudie, in: *Wagner*,

Karin., *Lenz*, Immo (Hrsg.), Erfolgreiche Wege in die Integrierte Versorgung, Stuttgart 2007, S. 308–332.

Wallrabenstein, Astrid, Versicherung im Sozialstaat, Tübingen 2009.

Wallrabenstein, Astrid; *Bourcade*, Kay, Verfassungsrechtliche Fragen an die Reform der PKV, in: Medizinrecht (MedR) 2008, S. 415–422.

Walter, Ute, Neue gesetzgeberische Akzente in der hausarztzentrierten Versorgung, in: Neue Zeitschrift für Sozialrecht (NZS) 2009, S. 307–313.

Waltermann, Raimund, Sozialrecht, 7.Auflage, Heidelberg 2008.

Weber, Gerd, Kundenbindung durch *Wahltarife* – Neue Möglichkeiten im Krankenkassen-Marketing, in: Gesundheits- und Sozialpolitik (GuS) 2007, S. 54–63.

Weiner, Katharina, Das Ausschreibungsregime für Verträge über die hausarztzentrierte Versorgung (§ 73b SGB V) und die besondere ambulante ärztliche Versorgung (§ 73c SGB V), in: Zeitschrift für Arztrecht, Krankenhausrecht, Apotheken- und Arzneimittelrecht (GesR) 2010, S. 237–244.

Werner, Ulrich, Das Vertragsarztrecht nach der Gesundheitsreform, München 2008.

Wigge, Peter; *Harney*, Anke, Selektivverträge zwischen Ärzten und Krankenkassen nach dem GKV-WSG – Rechtliche Rahmenbedingungen für den Vertragswettbewerb im Gesundheitswesen, in: Medizinrecht (MedR) 2008, S. 139–149.

Wigge, Peter, Rechtliche Kontrollmechanismen bei Kooperationsverträgen – Anwendbarkeit des Kartell- und Wettbewerbsrecht nach dem GKV-WSG in: *Voit*, Wolfgang (Hrsg.), Gesundheitsreform 2007 – rechtliche Bewertung und Handlungsoptionen; 10. Symposium von Wissenschaft und Praxis [10. Marburger Gespräche zum Pharmarecht], S. 116–136. (Zitiert als: *Wigge* in: Gesundheitsreform 2007, S.)

–, Kartellrechtliche Streitigkeiten von Leistungserbringern vor den Sozialgerichten?, in: Neue Zeitschrift für Sozialrecht (NZS) 2000, S. 533–536.

Wille, Marion; *Koch*, Erich, Gesundheitsreform 2007, Kassel 2007.

Winkel, Rolf, Mehr Risiken als Chancen: Die neuen Wahl-Tarife der gesetzlichen Kassen, in: Sozial Sicherheit (SozSich) 2007, S. 110–112.

Zimmermann, Markus, Sozialversicherung und Privatversicherung im Kompetenzengefüge des Grundgesetzes, Berlin 2009.

Zok, Klaus, Beitragssatzkenntnis und Wechselbereitschaft in der GKV – Ergebnisse von Repräsentativumfragen bei GKV-Mitgliedern im Zeitverlauf, in: WIdO-Monitor 2006, S. 1–7.

Zweifel, Peter; *Hauser*, Heinz, Krankenversicherung unter Wettbewerbsbedingungen: Zur Rolle des Äquivalenzprinzips, in: Zeitschrift für die gesamte Versicherungswissenschaft (ZVerWiss) 1987, S. 301–307.

A. Einleitung

I. Bedeutung des Gesundheitswesens

Das Gesundheitswesen im Allgemeinen sowie der Bereich der gesetzlichen Krankenversicherung im Speziellen gehören seit jeher zu den wichtigsten Märkten der Bundesrepublik Deutschland. Die herausgehobene Bedeutung folgt dabei vor allem aus zwei Faktoren.

1. Persönliche Bedeutung

Da die alte Volksweisheit *„Die Gesundheit ist das höchste Gut"* für die meisten Mitglieder der deutschen Gesellschaft bis heute Bestand hat, kann das persönliche Interesse jedes Einzelnen an einem funktionierenden Gesundheitswesen nicht hoch genug eingeschätzt werden. Auch wenn man bisweilen Gegenteiliges vermuten könnte, besteht dieses Interesse umso mehr, seitdem die so genannten „Wohlstandskrankheiten", wie etwa Karies, Herz- und Gefäßkrankheiten, Gicht, Übergewicht, Untergewicht, Diabetes, Bluthochdruck, Neurosen sowie manche Allergien und Krebsarten, in der Bevölkerung Einzug gehalten haben und stetig zunehmen.[1] Hierbei handelt es sich um Krankheiten, welche hauptsächlich durch den Lebensstil, die Verhaltensweisen und Umweltfaktoren, die in einem Industrieland vorherrschend sind, verursacht werden.

Hinzu kommt, dass die Krankenversicherung in Deutschland durch die Gesundheitsreform 2007 zu einer allgemeinen *Pflichtversicherung* ausgestaltet wurde[2], so dass diese inzwischen für *Jedermann* von erheblichem, insbesondere auch einem finanziellen Interesse ist. Auf die durch § 5 Abs. 1 Nr. 13 SGB V eingeführte Auffangversicherung als eine Reaktion auf die stetig steigende Zahl

1 Vgl. Mitteilung der Kommission an den Rat und das Europäische Parlament – Fortschrittsbericht 2007 zur Strategie für nachhaltige Entwicklung vom 22.10.2007 (dort: S. 9, Punkt 3.5), KOM (2007), 642 endg., zuletzt eingesehen am 14.07.2010 unter: *http://ec.europa.eu/sustainable/docs/com_2007_642_de.pdf.*

2 *Kingreen* in: NJW 2008, 3393 ff.

an Personen ohne Versicherungsschutz[3] kann der Bürger nicht verzichten.[4] Flankiert wird die Regelung des § 5 SGB V von der in § 193 Abs. 3 VVG normierten Versicherungspflicht insbesondere für diejenigen Personen, die nicht schon der gesetzlichen Versicherungspflicht unterliegen. Im Zusammenhang mit dem für die privaten Versicherer statuierten Kontrahierungszwang (vgl. § 12 Abs. 1b VAG i. V. m. § 193 Abs. 5 VVG) im durch die Gesundheitsreform 2007 neu eingeführten Basistarif (vgl. § 12 Abs. 1a VAG) soll verhindert werden, dass ein potentiell versicherungsloser Teil der Bevölkerung zu einem Kostenrisiko für die Allgemeinheit wird.[5]

Aus vorgenannten Erwägungen besteht sowohl ein besonderes gesellschaftliches als auch ein gesteigertes individuelles Interesse daran, eine kostengünstige, effektive, transparente, gerechte, demografiefeste und gleichzeitig qualitativ hochwertige Gesundheitsversorgung der Gesellschaft zu gewährleisten.

2. Wirtschaftliche Bedeutung

Darüber hinaus folgt die immense Bedeutung des Gesundheitswesens auch aus der enormen wirtschaftlichen Relevanz dieses Sektors. Laut Angaben des *Statistischen Bundesamtes* beliefen sich die Ausgaben für Gesundheit in der Bundesrepublik Deutschland im Jahr 2007 auf insgesamt 252 Mrd. Euro.[6] Damit entsprachen diese Ausgaben ca. 11 % des gesamten Bruttoinlandsprodukts 2007 (2.423 Mrd. Euro[7]). Es entstanden durchschnittliche Pro-Kopf-Kosten in Höhe von über 3.000 Euro.[8] Aus den vorliegenden statistischen Daten lässt sich ferner entnehmen, dass zwischen den Jahren 1995 und 2007 die Gesundheitsausgaben kontinuierlich von 186 Mrd. auf nunmehr 252 Mrd. Euro, das heißt um 26,2 %

---

3 Der Entwurf eines Gesetzes zur Stärkung des Wettbewerbs in der gesetzlichen Krankenversicherung vom 24.10.2006, BT-Drucks. 16/3100, S. 94, ging für 2003 von etwa 188.000 Personen aus; vgl. hierzu auch *Orlowski/Wasem*, Gesundheitsreform 2007, S. 9.

4 SG Dresden, Urteil vom 23.04.2008, Az.: S 25 KR 653/07; zu den Normen und Einzelheiten der allgemeinen Versicherungspflicht für gesetzlich Versicherte vgl. *Kingreen* in: NJW 2008, 3393 ff.

5 Vgl. *Marko* in: HK-VVG, § 193, Rn. 1; Bericht des Ausschusses für Gesundheit vom 01.02.2007, BT-Drucks. 16/4247, S. 66.

6 Das Statistische Jahrbuch 2009, Kapitel 9 (Gesundheitswesen), S. 236, zuletzt eingesehen am 14.07.2010 unter: *http://www.destatis.de/jetspeed/portal/cms/Sites/destatis/SharedContent/Oeffentlich/AI/IC/Publikationen/Jahrbuch/Gesundheit,property=file.pdf.*

7 Bruttoinlandsprodukt 2007 für Deutschland, S. 5, zuletzt eingesehen am 14.07.2010 unter: *http://www.destatis.de/jetspeed/portal/cms/Sites/destatis/Internet/DE/Presse/pk/2008/Bruttoinlandsprodukt/Pressebroschuere__BIP2007,property=file.pdf.*

8 Das Statistische Jahrbuch 2009, Kapitel 9 (Gesundheitswesen), S. 237.

gestiegen sind.[9] Die größten Ausgabenträger des Gesundheitswesens waren im Jahre 2007 mit knapp 145 Mrd. Euro die gesetzlichen Krankenkassen. Auf sie entfiel ein Kostenanteil von 57,6 % am gesamten Gesundheitsmarkt, was einem Anteil von ca. 5,5 % des jährlichen Bruttoinlandsproduktes entspricht.[10]

Ferner gehört das Gesundheitswesen in Deutschland auch zu den wichtigsten Beschäftigungszweigen. Rund 11 % aller Beschäftigten in der Bundesrepublik arbeiten in der Gesundheitsbranche.[11] Vor allem aufgrund der vorgenannten Umstände ließ sich in der deutschen Gesundheitspolitik der letzten Jahrzehnte eine ansteigende gesetzgeberische und regulatorische Einflussnahme erkennen, die der Bedeutung des in Finanznöte geratenen öffentlichen Gesundheitswesens Rechnung tragen sollte.[12]

II. Die Rolle der gesetzlichen Krankenversicherung auf dem öffentlichen Gesundheitsmarkt

Wie oben bereits angedeutet, ist gerade der Markt der gesetzlichen Krankenversicherung von besonderer Relevanz. Denn die gesetzliche Krankenversicherung als Institution nimmt die Rolle des Hauptakteurs auf dem öffentlichen Gesundheitsmarkt ein. Ihre zentrale Stellung, die sie auch zum Schwerpunkt dieser Arbeit macht, ergibt sich zum einen aus der Tatsache, dass im Jahre 2006 insgesamt 70,4 Millionen Bürger, also über 85 % der Gesamtbevölkerung, unter dem Schutz der gesetzlichen Krankenversicherung standen[13], und zum anderen aus der konkreten Ausgestaltung der derzeitigen Leistungsstruktur im so genannten vertraglichen „Beziehungsdreieck" des Gesundheitsrechts.[14]

---

9 Das Statistische Jahrbuch 2009, Kapitel 9 (Gesundheitswesen), S. 236.

10 Das Statistische Jahrbuch 2009, Kapitel 9 (Gesundheitswesen), S. 236.

11 Das Statistische Jahrbuch 2009, Kapitel 9 (Gesundheitswesen), S. 258. Eine detaillierte Aufstellung von Daten und Fakten zum Gesundheitsstandort Deutschland findet sich bei *Wille/Koch*, Gesundheitsreform 2007, S. 3 ff.

12 *Oberender/Zerth* in: Die BKK 2008, 202, 203.

13 Der Sozialbericht für Deutschland 2008, Kapitel 9, S. 271, zuletzt eingesehen am 14.07.2010 unter: *http://www.destatis.de/jetspeed/portal/cms/Sites/destatis/Internet/DE/Content/Publikationen/Querschnittsveroeffentlichungen/Datenreport/Downloads/Datenreport2008,property=file.pdf.*

14 Siehe zum gesundheitsrechtlichen Beziehungsdreieck: *Becker/Kingreen* in: Becker/Kingreen, § 69, Rn. 4 ff.; vgl. auch das 18. Hauptgutachten der *Monopolkommission* – 2008/2009 – vom 14.07.2010, Mehr Wettbewerb, weniger Ausnahmen, S. 442 (fortan zitiert als: *Monopolkommission*, 18. Hauptgutachten, S.), zuletzt eingesehen am 16.07.2010 unter: *http://www.monopolkommission.de/haupt_18/mopoko_volltext_h18.pdf.*

Nach wie vor ist das deutsche Gesundheitswesen durch eine grundsätzlich bipolare Versicherungsordnung[15] geprägt, die im Wesentlichen durch ein Nebeneinander von privater und gesetzlicher Krankenversicherung gekennzeichnet ist. Während die private Krankenversicherung grundsätzlich auf dem Versicherungsprinzip beruht, bedeutet die gesetzliche Krankenversicherung hingegen vor allem auch ein „Stück staatlicher Fürsorge".[16] Von diesem Grundsatz wurde mit der Einführung des Basistarifs und des Kontrahierungszwangs in die private Krankenversicherung sowie der Schaffung bestimmter Wahltarife in der gesetzlichen Krankenversicherung eine Ausnahme geschaffen, die jedoch an späterer Stelle aufgegriffen und behandelt wird (siehe Abschnitt C.). Bei den deutschen gesetzlichen Krankenkassen handelt es sich um Körperschaften des öffentlichen Rechts (§ 4 Abs. 1 SGB V), die eine öffentliche Aufgabe erfüllen und vom Solidargedanken des gesetzlichen Krankenversicherungssystems geprägt werden. Die gesetzlichen Krankenkassen sind die Träger der gesetzlichen Krankenversicherung in der Bundesrepublik Deutschland.[17] Die solidarische Institution der gesetzlichen Krankenversicherung hat nach § 1 Abs. 1 S. 1 SGB V die Aufgabe, die Gesundheit der Versicherten zu erhalten, wiederherzustellen oder ihren Gesundheitszustand zu bessern. Sie ist dem Bereich der Sozialversicherung zuzuordnen und gilt als ihr ältester Zweig.[18] Als Teil der Sozialversicherung ist auch die gesetzliche Krankenversicherung durch eine Kombination von Versicherungs- und Sozialprinzip gekennzeichnet.[19] Die staatliche Fürsorge wird durch gesetzliche Regelungen verwirklicht, die einen auf dem Solidarprinzip basierenden Ausgleich innerhalb der Solidargemeinschaft herbeiführen. Diese Rege_lungen enthalten einen besonderen, sozialen Umverteilungsschlüssel für die finanziellen Belastungen.[20] Die Beitragshöhe orientiert sich in der gesetzlichen Krankenversicherung grundsätzlich nicht am versicherten Risiko des Einzelnen, sondern an seiner subjektiven Leistungsfähigkeit, die sich vor allem am Einkommen orientiert (§ 3 S. 2 SGB V).[21]

---

15 Begriff bei *Leisner*, Sozialversicherung und Privatversicherung, S. 164.

16 BVerfGE 11, 105, 114; 76, 256, 265; 102, 68, 89; 103, 172, 185; BVerfG, NJW 2000, 2496 ff.; kritisch hierzu *Sodan* in: NJW 2003, 1761, 1765, der vor einer Überdehnung der Solidarität warnt und fordert, dass die Leistung stets dem Beitragsaufwand der Versicherten entsprechen sollte.

17 Siehe hierzu ausführlich *Finkenbusch*, Die Träger der Krankenversicherung, S. 1 ff.

18 *Rybak*, Rechtsstaat am Verhandlungstisch, S. 44.

19 BVerfGE 11, 105, 114; 14, 312, 317; 48, 346, 358; 59, 287, 297; 102, 68, 89; 103, 172, 185; siehe hierzu auch *Haft* in: ZRP 2002, 457, 458; *Gitter/Schmidt*, Sozialrecht, S. 2; *Waltermann*, Sozialrecht, S. 35.

20 Vgl. *Kingreen* in: ZESAR 2007, 139, 140; *Axer* in: GesR 2007, 193 ff.

21 Siehe hierzu nur BVerfGE 103, 172, 185.

Ein besonderer Ausdruck des Solidargedankens in der gesetzlichen Krankenversicherung ist die kostenfreie Mitversicherung bestimmter Familienangehöriger, zum Beispiel der eigenen Kinder (§ 3 S. 3 SGB V). Die Grundversorgung der Gesellschaft mit Gesundheitsleistungen im Rahmen der staatlichen Fürsorge wird daher als „Grundaufgabe des Staates“[22] bezeichnet. Als Folge der Wahrnehmung dieser staatlichen Grundaufgabe ist auch die Leistungsstruktur im öffentlichen Gesundheitswesen eine besondere. Es handelt sich dabei um ein System von Leistungsbeziehungen zwischen mehreren Akteuren: den gesetzlich Versicherten, den gesetzlichen Kassen, Ärzten und sonstigen Leistungserbringern. Zu Letzteren zählen beispielsweise die Pharmaunternehmen, Krankenhäuser und Hilfsmittellieferanten. Aufgabe und Ziel der vom Versicherten erwählten Krankenkasse ist es, generell Gesundheitsrisiken abzudecken und gemeinsam mit den anderen gesetzlichen Kassen solidarisch die Grundversorgung der Gesellschaft durch Gesundheitsleistungen zu gewährleisten. Um diese Aufgabe zu erfüllen, sollten sie als „Agenten“ oder „Sachwalter“ ihrer Versicherten auf dem Gesundheitsmarkt tätig werden, um so eine kostengünstige und dennoch effektive sowie qualitativ hochwertige Versorgung ihrer Versicherten zu gewährleisten.[23]

III. Finanzierungsschwierigkeiten im System der gesetzlichen Krankenversicherung

Dieser Aufgabenstellung konnte die gesetzliche Krankenversicherung als Gesamtsystem aufgrund der sich aus der demografischen Entwicklung der Gesellschaft, dem medizinisch-technischen Fortschritt und dem stetigen Ausgabenwachstum ergebenden Versorgungsproblematik bereits Ende der siebziger Jahre nicht mehr leistungsgerecht nachkommen.[24] Erforderlich wurden Maßnahmen

22 BVerfGE 68, 193, 209; 102, 68, 89; 103, 172, 185; 115, 25, 43.

23 Siehe für eine detaillierte Darstellung der Leistungsstruktur das Gutachten des *Wissenschaftlichen Beirats* beim Bundesministerium für Wirtschaft und Technologie „Mehr Wettbewerb im System der gesetzlichen Krankenversicherung“ vom 13.05.2006, S. 4–7 (fortan zitiert als: *Wiss.-Beirat*, Gutachten, S.); vgl. auch *Kingreen* in: ZESAR 2007, 139, 140; *Axer* in: GesR 2007, 193 ff.

24 Vgl. zur nachteiligen demographischen Entwicklung und den daraus resultierenden Finanzierungsproblemen *Blankart/Fasten/Schwintowski*, S. 14; zur Entwicklung der Ausgaben der gesetzlichen Krankenversicherung bis zum Jahr 1984 vgl. *Gitter/Oberender*, Möglichkeiten und Grenzen des Wettbewerbs in der Gesetzlichen Krankenversicherung, S. 15; für die Entwicklung der Ausgaben in den Jahren 1998 bis 2007 siehe OECD Health Data 2009, Statistiken und Indikatoren für 30 Länder, Stand: November 2009, abgedruckt bei *Monopolkommission*, 18. Hauptgutachten, S. 434.

zur Kostendämpfung im Gesundheitswesen.[25] Diese hatten jedoch nur wenig Erfolg.[26] Konsequenz der jahrelangen enormen Finanzierungsschwierigkeiten im System der gesetzlichen Krankenversicherung waren nachteilige Auswirkungen auf Effizienz und Qualität der Gesundheitsleistungen. Dies führte zu einer steigenden Unzufriedenheit mit dem öffentlichen Gesundheitssystem innerhalb der Bevölkerung.[27] Die einzelnen gesetzlichen Krankenkassen waren nicht länger in der Lage, den stetig steigenden Ausgaben der Gesundheitsversorgung durch Erhebung einkommensabhängiger Beiträge und sonstiger Finanzierungsmechanismen[28] gleichwertige Einnahmen entgegenzuhalten. Obschon sowohl die Beitragssätze als auch die Beitragsbemessungsgrenze stetig erhöht wurden[29], waren die Mittel, die zur Finanzierung des Systems der gesetzlichen Krankenversicherung zur Verfügung standen, nicht ausreichend.[30] Hauptgrund hierfür ist bis zum heutigen Tage die nachteilige demografische Entwicklung („*Vergreisung*") in der Bundesrepublik Deutschland, die durch eine deutlich verlängerte Lebenserwartung bei abfallender Geburtenrate gekennzeichnet ist. Daneben steht der kostenintensive technische Fortschritt der medizinischen Versorgung, den das Gesundheitssystem in erster Linie in Form von Produktinnovationen erfährt.[31]

IV. Reaktionen des Gesetzgebers

Der Gesetzgeber erkannte die vorgenannten Probleme und die daraus folgende Notwendigkeit zur Kostensenkung und Kosteneinsparung im System der gesetz-

---

25 Siehe hinsichtlich der gesetzgeberischen Maßnahmen in den Jahren 1977 bis 1986 im Einzelnen *Pfaffs/Busch/Rindsfüßer*, Kostendämpfung in der Krankenversicherung, S. 35 ff.; grundsätzlich *Sodan* in: NJW 2007, 1313, 1313.

26 So *Gitter/Oberender*, Möglichkeiten und Grenzen des Wettbewerbs in der Gesetzlichen Krankenversicherung, S. 31 m. w. N, die die unternommenen Versuche des Gesetzgebers im Jahre 1987 als gescheitert ansahen.

27 Eine Studie der *Continentale-Versicherung* aus dem Jahre 2006 ergab, dass 79 % der Gesamtbevölkerung unzufrieden mit dem öffentlichen Gesundheitssystem sind. Zuletzt eingesehen am 09.11.2009 unter: *http://www.continentale.de/cipp/continentale/custom/pub/content,lang,1/oid,2102/ticket,guest.*

28 Ausführlich hierzu *Penske*, Finanzierung der Gesetzlichen Krankenversicherung – Probleme und Reformoptionen, S. 21 ff.; *Axer* in: GesR 2007, 193 ff.; *Abschnitt F. IV.* dieser Arbeit.

29 Zwischen 1991 und 2008 erhöhte sich der durchschnittliche Beitragssatz der gesetzlichen Krankenkassen von 12,53 % auf 14,6 % des beitragspflichtigen Einkommens, vgl. *Monopolkommission*, 18. Hauptgutachten, S. 434.

30 Vgl. die Zusammenstellung bei *Oberender/Hebborn/ Zerth*, Wachstumsmarkt Gesundheit, S. 33 ff.

31 Vgl. *Monopolkommission*, 18. Hauptgutachten, S. 438.

lichen Krankenversicherung bereits frühzeitig.[32] Gleichwohl war es trotz zahlreicher Reformen lange fraglich, wie ihnen *wirksam* entgegengetreten werden könne.[33] Der Gesetzgeber begann mit dem Gesetz zur Strukturreform im Gesundheitswesen (fortan: GRG 1989) aus dem Jahre 1989[34] eine grundlegende (wettbewerbliche) Reformkette, die in dem Gesetz zur Stärkung des Wettbewerbs in der gesetzlichen Krankenversicherung (fortan: GKV-WSG) im Jahre 2007[35] ihren vorläufigen Höhepunkt fand. Der Gesetzgeber entschied sich in den Gesundheitsreformen der jüngeren Vergangenheit[36], zur Lösung der Finanzierungsprobleme der gesetzlichen Krankenversicherung einer in der Literatur bereits lange proklamierten Forderung nachzukommen[37] und setzte zunehmend auf die Einführung von Wettbewerbselementen in das öffentliche Gesundheitssystem, um so einen für den Krankenversicherungsmarkt heilsamen wettbewerblichen Eigenmechanismus auszulösen.[38] Man hegte die Hoffnung, das System der gesetzlichen Krankenversicherung würde sich bei Einführung wettbewerblicher Strukturen selbst finanziell regenerieren können.

1. Einführung von Wettbewerbselementen

Der Gesetzgeber stand vor der Aufgabe, den staatlich stark regulierten öffentlichen Gesundheitsmarkt so zu reformieren, dass er sich auf der einen Seite als

32 Vgl. Regierungsentwurf eines Gesetzes zur Strukturreform im Gesundheitswesen vom 15.06.1988, BT-Drucks. 11/2493, S. 1, sowie Beschlussempfehlung des Bundestagsausschusses für Arbeit und Sozialordnung zum Regierungsentwurf vom 14.11.1988, BT-Drucks. 11/3320, S. 288 ff.

33 Denn die bis zum Jahre 1988 vorherrschende gesetzgeberische Praxis, eine Kostendämpfung über staatliche und verbandsmäßige Regulierungen und Interventionen zu erreichen, hatte wenig Erfolg gezeigt, vgl. hierzu *Gitter/Oberender*, Möglichkeiten und Grenzen des Wettbewerbs in der Gesetzlichen Krankenversicherung, S. 31 m. w. N.

34 Gesundheits-Reformgesetz vom 20.12.1988, BGBl. I S. 2477.

35 Gesetz zur Stärkung des Wettbewerbs in der gesetzlichen Krankenversicherung (GKV-WSG) vom 26.03.2007, BGBl. I S. 378.

36 Hier sind insbesondere das Gesetz zur Reform der gesetzlichen Krankenversicherung ab dem Jahr 2000 (fortan: GKV-GRG 2000) vom 22.12.1999, BGBl. I S. 2626, sowie das GKV-WSG 2007 gemeint.

37 *Oberender* in: Hamburger Jahrbuch für Wirtschafts- und Gesellschaftspolitik, S. 177 ff.; *Zweifel/Hauser* in: ZVersWiss 1987, 301, 316; *Gitter et al.*, Vorschläge zur Strukturreform der Gesetzlichen Krankenversicherung, S. 129; *Gitter/Oberender*, Möglichkeiten und Grenzen des Wettbewerbs in der Gesetzlichen Krankenversicherung, S. 31 ff.

38 Vgl. *Wallrabenstein*, Versicherung im Sozialstaat, S. 297, die die Schaffung von Wettbewerb in der gesetzlichen Krankenversicherung als gesetzgeberisches „Grundanliegen" seit der Gesundheitsreform von 1993 bezeichnet.

„wettbewerbstauglich" darstellt, aber auf der anderen Seite die grundgesetzlich vorgeschriebenen sozialstaatlichen Elemente, die sich vor allem im Solidargedanken der gesetzlichen Krankenversicherung niederschlagen, aufrechtzuerhalten.[39] Die Elemente Wettbewerbstauglichkeit und Sozialstaatlichkeit, welche grundsätzlich unverträglich miteinander sind[40], musste der Gesetzgeber in verfassungsgemäßer Weise gegeneinander austarieren. Dieser „Herausforderung" steht er noch bis zum heutigen Tage gegenüber.

a) Nutzen des Wettbewerbs für das öffentliche Gesundheitswesen

Die Etablierung bzw. Ausweitung eines nachhaltigen und vielschichtigen[41] Wettbewerbs in das öffentliche Gesundheitswesen wird als notwendig angesehen, um die langfristige Finanzierbarkeit des Gesamtsystems der gesetzlichen Krankenversicherung zu gewährleisten.[42] Insbesondere die Einführung von Wettbewerb zwischen Marktakteuren, die zuvor keinem Wettbewerbsdruck ausgesetzt waren, wird langfristig eine Steigerung von Effizienz und Qualität der Gesundheitsleistungen zur Folge haben, wodurch wiederum die intendierte Kos-

---

39 Siehe hierzu *Wüstrich*, Wettbewerb und soziale Krankenversicherung, S. 57 ff.; *Gitter/Oberender*, Möglichkeiten und Grenzen des Wettbewerbs in der Gesetzlichen Krankenversicherung, S. 35.

40 Vgl. *Monopolkommission*, 18. Hauptgutachten, S. 440; *Wüstrich*, Wettbewerb und soziale Krankenversicherung, S. 61, bezeichnet die soziale Krankenversicherung als „Fremdkörper innerhalb der normativ vorgeschriebenen marktwirtschaftlichen Ordnung"; so auch *Becker/Kingreen* in: NZS 2010, 417, 419, die von „gegensätzlichen Handlungsprinzipien" im Sozial- und Kartellrecht sprechen.

41 *Wüstrich*, Wettbewerb und soziale Krankenversicherung, S. 77 ff., ging im Jahre 1994 von „drei Ebenen des Wettbewerbs" aus, wobei er in Versicherte, Krankenkassen und Leistungserbringer aufteilte. Infolge der Tatsache, dass die Freiheit der Kassenwahl heute eine Selbstverständlichkeit ist und auch der Leistungsumfang vom Versicherten zumindest mitbestimmt werden kann, erscheint die Ebene der Versicherten für sich gesehen nicht mehr von großer Relevanz zu sein. Vielmehr ist mittlerweile der im Folgenden als systemübergreifender Wettbewerb bezeichnete Wettbewerb zwischen den gesetzlichen Kassen und den privaten Versicherern als dritte Ebene hinzugekommen.

42 Vgl. zuletzt *Monopolkommission*, 18. Hauptgutachten, S. 441 (explizit Ziffer 1054); so schon *Wiss.-Beirat*, Gutachten, S. 2 und 7; siehe allgemein jedoch instruktiv zur Effizienzsteigerung durch Wettbewerb sowie zu dem Gedanken der Gemeinwohlerfüllung durch Wettbewerb *Poctas* in: VVDStRL 69, S. 265 ff., insbesondere S. 269 ff.; aus ökonomischer Sicht *Blankart/Fasten/Schwintowski*, Das deutsche Gesundheitswesen zukunftsfähig gestalten, S. 46; vgl. bereits im Jahre 1987 *Gitter/Oberender*, Möglichkeiten und Grenzen des Wettbewerbs in der Gesetzlichen Krankenversicherung, S. 31 ff.

tensenkung eintreten wird[43]. Denn effektive und qualitativ hochwertige Gesundheitsleistungen, gleich welcher Art, erhöhen die Wahrscheinlichkeit, dass ein- und dieselbe Gesundheitsleistung von einem Versicherten nicht mehrfach wahrgenommen werden muss.[44] Die Gefahr einer wiederholten Kostenbelastung eines oder verschiedener Versicherungsunternehmen wird somit reduziert. Das „Steuerungsinstrument" Wettbewerb lässt sich an verschiedenen Stellen des öffentlichen Gesundheitswesens installieren.[45]

aa) Systeminterner Wettbewerb

Zunächst ist ein nachfrageseitiger Wettbewerb der gesetzlichen Kassen um Mitglieder dazu geeignet, eine Steigerung von Effizienz und Qualität der Gesundheitsleistungen zu bewirken. Demnach ist ein solcher Wettbewerb wieder zu forcieren. In diesem Bereich lassen sich insbesondere gesteigerte Preis[46]- und Leistungsanreize als entscheidende Wettbewerbsparameter identifizieren.[47] Ein verstärkter nachfrageseitiger Wettbewerb zwischen den gesetzlichen Krankenkassen um Mitglieder hat zahlreiche Vorteile. Befinden sich die gesetzlichen Kassen nämlich in einem freien Wettbewerb um Mitglieder, wird hierdurch der Anreiz für sie geschaffen, ihre Ressourcen besser einzusetzen und langfristig die Ausgaben zu senken, um die hierdurch erzielten Kostenersparnisse in Form von Beitragssatzsenkungen oder gar Beitragsrückzahlungen an die Versicherten weitergeben zu können.[48] Die hierdurch entstehenden Preissignale werden die Versi-

---

43 Diese positiven Auswirkungen des Wettbewerbs – Steigerung der Effizienz und Qualität der Gesundheitsleistungen – erkennen grundsätzlich auch *Becker/Kingreen* in: NZS 2010, 417, 419, wobei sie den Wettbewerb im Gesundheitssystem nicht als Ziel an sich, sondern stets im engen Zusammenhang mit der Erfüllung der staatlichen Aufgabe der gesetzlichen Kassen sehen wollen.

44 Treffend formuliert daher die *Monopolkommission* in ihrem 18. Hauptgutachten, S. 441: „Wettbewerb zwingt die Akteure zu einer qualitativ hochwertigen Versorgung, zum effizienten Einsatz von Produktionsmitteln und ist Garant für medizinische, technische und administrative Innovationen".

45 Siehe zum Begriff und den Steuerungsinstrumenten *Rixen* in: Steuerungsinstrumente im Recht des Gesundheitswesens, Band 1: Wettbewerb, S. 111 ff.

46 Dass im derzeitigen Finanzierungssystem durch den vereinheitlichten Beitragssatz im Zusammenhang mit der Möglichkeit zur Erhebung von Zusatzbeiträgen jedoch ineffiziente Preissignale gesetzt werden, belegt die Analyse der *Monopolkommission*, 18. Hauptgutachten, S. 473 ff.

47 Vgl. *Reile*, Gestaltungsoptionen von Krankenkassen bei staatlichen Systemvorgaben, S. 106; *Fröck*, Die GKV im Wettbewerb, S. 88; *Krogull*, Wettbewerbsstrukturen im System der gesetzlichen Krankenversicherung, S. 64; die *Monopolkommission*, 18. Hauptgutachten, S. 473, sieht den „Preis" als zentralen Wettbewerbsparameter an.

48 Vgl. *Wiss.-Beirat*, Gutachten, S. 7; inzwischen erfolgt dieser Preiswettbewerb nicht mehr über den Beitragssatz, sondern durch die Erhebung oder Nichterhebung von Zusatzbeiträgen (§ 242 SGB V).

cherten dazu veranlassen, sich der Krankenkasse anzuschließen, die ihnen das beste *Preis-Leistungsverhältnis* im Hinblick auf die von ihnen benötigte Versorgung anbietet. Durch ein intensiveres Bemühen der gesetzlichen Kassen, die vorhandenen Ressourcen optimal einzusetzen, werden sie – ein sinn- und planvolles Wirtschaften vorausgesetzt – an Attraktivität bei den Versicherten gewinnen und diese langfristig an sich binden können. Schließlich wird durch einen intensivierten Kassenwettbewerb auch eine umfangreichere Information der Versicherten über die zahlreichen Wahlmöglichkeiten gewährleistet.[49] Das erhöhte Informationsniveau steigert die Wechselbereitschaft der Versicherten ebenfalls. Mithin werden die Kassen sowohl ihre Effizienz als auch ihre Qualität[50] steigern müssen, um sich im Mitgliederwettbewerb durchzusetzen. Daher wird eine nachhaltige Kostensenkung bei dennoch hoher Qualität die wünschenswerte Folge eines solchen nachfrageseitigen bzw. systeminternen Wettbewerbs sein. Daneben kommen als mögliche Wettbewerbsparameter im systeminternen Wettbewerb der gesetzlichen Kassen auch satzungsmäßige Mehrleistungen sowie Ermessensleistungen eines individuellen Leistungsprogrammes in Betracht.[51]

bb) Systemübergreifender Wettbewerb

Des Weiteren ist auch der Wettbewerb zwischen gesetzlichen Kassen und privaten Versicherern um die „freiwillig Versicherten“[52] ein wichtiger Faktor. Er ist dazu geeignet, Einnahmen, Einsparungen und Effizienzsteigerungen im gesamten Gesundheitssystem zu veranlassen. Der vor dem GKV-WSG schon bestehende systemübergreifende Wettbewerb um die „freiwillig Versicherten“ Mit-

49 So auch *Baake/Kuchinke/Wey* in: WuW 2010, 502, 510. Dass das Informationsniveau der gesetzlich Versicherten grundsätzlich zu niedrig ist, belegt auch die Studie von *Greß et al,* Kassenwechsel als Mechanismus zur Durchsetzung von Versicherteninteressen, S. 20 ff.

50 Ein weiterer Aspekt ist der durch Wettbewerb veranlasste Anreiz zu innovativem Handeln. Sinnvolle Innovationen sind dazu geeignet, den Status Quo zu verbessern und die Qualität der Gesundheitsleistungen zu steigern. Insofern wird der Wettbewerb auch teilweise als „Entdeckungsverfahren“ bezeichnet, vgl. *Becker/Kingreen* in: NZS 2010, 417, 418, unter Bezugnahme auf *v.Hayek*, Der Wettbewerb als Entdeckungsverfahren, S. 3.

51 Vgl. hierzu ausführlich *Krogull*, Wettbewerbsstrukturen im Selbstverwaltungssystem der gesetzlichen Krankenversicherung, S. 65 ff.; *Mühlhausen*, Der Mitgliederwettbewerb innerhalb der gesetzlichen Krankenversicherung, S. 186.

52 Der Begriff des „freiwillig Versicherten“ erscheint aufgrund der oben beschriebenen Versicherungspflicht aller Personen zunächst missverständlich. Hiermit sind jedoch diejenigen Personen gemeint, die es sich aufgrund der gesetzlichen Regelungen aussuchen können, ob sie in die gesetzliche Krankenversicherung eintreten oder sich einer privaten Versicherung anschließen wollen.

glieder ist durch die Einführung des Wahltarifs „Kostenerstattung" (§ 53 Abs. 4 SGB V) weiter verschärft worden.[53] Freiwillig gesetzlich Versicherte können durch Abschluss dieses Tarifes nunmehr in einer gesetzlichen Krankenkasse einen Status erlangen, der dem eines Privatversicherten gleichkommt.[54] Zwar können auch die gesetzlich Pflichtversicherten den Wahltarif „Kostenerstattung" wählen und quasi Privatpatientenstatus erreichen, jedoch besteht hier keine direkte Konkurrenzsituation zu den privaten Versicherern, da diesen Personen der Beitritt in das private Krankenversicherungssystem ohnehin per Gesetz verwehrt ist.[55] Im Bereich der Pflichtversicherten ist der Tarif „Kostenerstattung" allerdings ein Differenzierungskriterium im oben beschriebenen systeminternen Wettbewerb zwischen den gesetzlichen Kassen. Gleichwohl besteht zwischen den von den privaten Versicherern angebotenen Zusatztarifen (dies sind die so genannten „Chefarzt- und Einzelzimmertarife) und den nunmehr im gesetzlichen Versicherungssystem vorgesehenen Wahltarifen mit Zusatzleistungen (gemeint sind hier § 53 Abs. 5 und 6 SGB V) ein unmittelbarer Wettbewerb um sämtliche Versicherte.[56]

Ein Vorteil des nunmehr zwischen den beiden Versicherungsformen etablierten Wettbewerbs liegt in der hierdurch bewirkten mittelbaren Indienstnahme der privaten Krankenversicherungen in die sozialstaatliche Aufgabenerfüllung.[57] Bisher wurde diese Indienstnahme durch die *strikt* bipolare Versicherungsordnung verhindert. Zwar wird die Bipolarität der Krankenversicherungsordnung grundsätzlich aufrechterhalten, gleichwohl rücken infolge der durch die Gesundheitsreform 2007 erfolgten gesetzlichen Veränderungen die Systeme der gesetzlichen und privaten Krankenversicherung näher aneinander heran bzw. greifen sogar ineinander über (vgl. hierzu Abschnitt E. II. 2. b) ee)). Es entsprach auch dem ausdrücklichen Willen des Gesetzgebers, im Bereich der Wahltarife den

---

53 Vgl. hierzu *Wallrabenstein*, S. 302; zur Konkurrenzsituation zwischen GKV und PKV siehe *Schmidt* in: GesR 2007, 295, 299.

54 *Thüsing* in: NZS 2008, 449, 450.

55 Vgl. *Thüsing* in: NZS 2008, 510, 512; ein anschaulicher Überblick über die Wettbewerbsfelder zwischen PKV und GKV findet sich bei *Boetius* in: MüKo-VVG, Einführung in die Krankenversicherung, Rn. 116 ff.; ein ausführlicher Überblick zum in der GKV versicherten Personenkreis findet sich bei *Fischer* in: Erlenkämper/Fichte, Sozialrecht, S. 305 ff.

56 Vgl. *Thüsing* in: NZS 2008, 510, 511; so auch *Schmidt* in: GesR 2007, 295, 302; *Klaue/Schwintowski*, Grenzen der Zulässigkeit von Wahltarifen und Zusatzversicherungen in der gesetzlichen Krankenversicherung, S. 68.

57 In der Literatur wurde eine Annäherung der Systeme der PKV und GKV bereits vielfach angedacht, siehe hierzu *Mühlenbruch* in: Steuerungssysteme im Recht des Gesundheitswesens, Band 1: Wettbewerb, S. 50; *Isensee* in: FS Gitter, S. 401 ff.; *Jaeger* in: NZS 2003, 225, 229.

Wettbewerb zwischen gesetzlicher und privater Krankenversicherung[58], insbesondere außerhalb des Pflichtversicherungssektors, zu fördern.[59] Der Nutzen eines solchen „versicherungssystemübergreifenden" Wettbewerbs um Mitglieder bzw. Kunden ist derselbe wie der des oben beschriebenen „systeminternen" Wettbewerbs um Mitglieder. Nämlich die Steigerung von Effizienz und Qualität der Gesundheitsleistungen in diesem Bereich und die dadurch bedingte Kostensenkung sowie ein erhöhtes Einnahmepotential für die gesetzlichen Krankenkassen. Darüber hinaus kann auch eine Steigerung der Attraktivität der gesetzlichen Krankenkassen für die „freiwillig Versicherten" und hierdurch eine langfristige Bindung dieser Versicherten an das gesetzliche Krankenversicherungssystem bewirkt werden.[60] Da es sich bei freiwillig Versicherten meist um besserverdienende Personen handelt, profitiert dann das Gesamtsystem der gesetzlichen Krankenversicherung von den Beiträgen dieser Versicherten.[61]

cc) Wettbewerb zwischen den Leistungserbringern

Schließlich ist die Einführung und Ausweitung von Instrumentarien, die den Wettbewerb zwischen den einzelnen Leistungserbringern im Gesundheitswesen etablieren, vorteilhaft und daher für kommende Reformen eine Ausweitung dieser Wettbewerbsmechanismen ebenfalls wünschenswert.[62]

Da sowohl die gesetzlichen Krankenkassen als auch die privaten Versicherer die Gesundheitsleistungen nicht selbst erbringen, steht und fällt die Effizienz und Qualität ihrer Leistungen mit der Qualität der Leistungen der tatsächlichen Dienstleister, also der so genannten Leistungserbringer. Mit der oben beschriebenen Einführung und Ausweitung wettbewerblicher Strukturen zwischen den Krankenkassen muss daher die Möglichkeit einhergehen, in Teilbereichen frei mit denjenigen Leistungserbringern kontrahieren zu können, welche die erforderlichen Gesundheitsleistungen am effizientesten und hochwertigsten erbringen. Nur wenn es den Kassen freisteht, im Bereich der Leistungserbringung selektive Verträge zu schließen, haben sie auch die Möglichkeit, die hierdurch erzielten Vorteile, beispielsweise günstige Konditionen oder qualitativ hochwertigere

58 Vgl. zur Wettbewerbssituation zwischen GKV und PKV bei Wahltarifen *Schmidt* in: GesR 2007, 295, 299; *Becker* in: ZMGR 2007, 101, 103.

59 Entwurf eines Gesetzes zur Stärkung des Wettbewerbs in der gesetzlichen Krankenversicherung vom 24.10.2006, BT-Drucks. 16/3100, S. 2 und explizit S. 109.

60 Vgl. hierzu *Winkel* in: SozSich 2007, 110, 110; zu den Wahltarifen als Mittel der Mitgliederbindung vgl. *Weber* in: GuS 2007, 54, 55.

61 *Thüsing* in: NZS 2008, 449, 452.

62 So auch *Monopolkommission*, 18. Hauptgutachten, S. 459, die den „konsequenten Ausbau einer Wettbewerbsordnung für die selektivvertragliche Versorgung" fordert.

Leistungen, an die Versicherten durch individuelle Vertragsgestaltungen weiterzugeben.[63] Auch die Leistungserbringer werden nur dann dazu angereizt, ihre bzw. die Effizienz und Qualität ihrer Leistungen zu steigern, wenn sie sich einem ausreichenden Wettbewerbsdruck ausgesetzt sehen und ihnen im Fall der „Schlechtleistung" der Auftragsentzug droht.[64] Folglich besteht nur in einer solchen selektivvertraglich geprägten Wettbewerbsordnung für die Leistungserbringer der nötige Anreiz, dem Patienten auf dem Behandlungsmarkt eine hochwertige und dennoch kostengünstige Versorgung zukommen zu lassen. Die Erweiterung einzelvertraglicher Möglichkeiten eröffnet somit auch bei den Leistungserbringern zusätzliche Wettbewerbspotentiale, welche sich dann wiederum die gesetzlichen Kassen in ihrem Wettbewerb um Mitglieder zunutze machen können.[65] Denn ausgehend vom Wettbewerb um Mitglieder, haben die Kassen wiederum den Anreiz, eine möglichst attraktive Kombination aus Versicherungsbeitrag und Versorgungsleistung anzubieten.[66] Bezeichnend ist, dass das Bundessozialgericht bereits im Jahre 2001 erkannt hat, dass „*ein wesentliches Instrument zur Erreichung größtmöglicher Wirtschaftlichkeit in der Versorgung der Versicherten (...) gerade der Wettbewerb unter den verschiedenen Leistungserbringern* [ist]".[67]

Der oben erwähnte Wettbewerbsdruck auf die Leistungserbringer wird durch Hilfsmittel- bzw. Selektivverträge, welche die Kassen mit den Hilfsmittellieferanten und sonstigen Leistungserbringern schließen können, erreicht. Ihre Ausweitung ist daher voranzutreiben. Individualvereinbarungen gesetzlicher Krankenkassen mit ärztlichen Leistungserbringern in diesem Sinne sind beispielsweise: Strukturverträge (§ 73a SGB V); Verträge zur Sicherstellung der hausarztzentrierten Versorgung (§ 73b SGB V); Verträge zur Umsetzung der besonderen ambulanten ärztlichen Versorgung (§ 73c SGB V) und integrierte Versorgungsverträge (§ 140 SGB V). Darüber hinaus besteht für die Kassen z. B. die Möglichkeit, mit Krankenhäusern Verträge über die ambulante Behandlung gemäß § 116b SGB V zu schließen. Die Hilfsmittelverträge zwischen den gesetzlichen Kassen und den Hilfsmittelherstellern sind in § 127 SGB V geregelt. Sowohl auf die Funktionsweise als auch auf den Nutzen einiger dieser Verträge wird an späterer Stelle (Abschnitt F. II.) ausführlicher eingegangen. Vorläufig

63 Vgl. *Monopolkommission*, 18. Hauptgutachten, S. 442.

64 Vgl. für den Krankenhaussektor *Kerres/Lohmann*, Der Gesundheitssektor: Chance zur Erneuerung, S. 18, die die Notwendigkeit zur Gewährleistung wettbewerbsfähiger Preise und eines entsprechenden Qualitätsmanagements erkennen; ebenso *Monopolkommission*, 18. Hauptgutachten, S. 442.

65 Wohl auch in diese Richtung argumentierend *Baake/Kuchinke/Wey* in: WuW 2010, 502, 508.

66 Vgl. *Monopolkommission*, 18. Hauptgutachten, S. 459.

67 BSGE 89, 24, 32.

festgehalten werden kann, dass der selektive Vertragswettbewerb im Bereich der Leistungserbringung ein weiteres notwendiges Instrument ist, welches stets im Zusammenhang mit den anderen oben genannten Wettbewerbsmechanismen gesehen werden muss. Denn der wünschenswerte Leistungswettbewerb der gesetzlichen Kassen um Mitglieder wird unter anderem auch durch einen Wettbewerb der Leistungserbringer um Aufträge der gesetzlichen Kassen veranlasst. Die Krankenkassen, die die attraktivsten Leistungserbringer an sich binden, werden ihrerseits an Attraktivität bei den Versicherten gewinnen können.

Resümierend festgestellt werden kann, dass ein intensiver Wettbewerb im öffentlichen Gesundheitswesen, gleich zwischen welchen Akteuren, zu einer effizienteren sowie hochwertigen Gesundheitsversorgung führen wird und nur so langfristig die intendierte Kostensenkung im Gesamtsystem der gesetzlichen Krankenversicherung erreicht werden kann.[68]

b) Gefährdung des wettbewerblichen Nutzens durch falsche Regulierung

Der vorbezeichnete Nutzen, den ein sorgsam installierter bzw. weiter zu installierender Wettbewerb zwischen den Akteuren des öffentlichen Gesundheitswesens mit sich bringen kann, wird sich jedoch nur einstellen, wenn eine entsprechende Regulation der Marktkräfte gewährleistet ist.[69]

Wie zuvor (Abschnitt a)) dargestellt, haben insbesondere die zunehmenden selektivvertraglichen Möglichkeiten der Krankenkassen einen gesteigerten Wettbewerbs- und Leistungsdruck sowohl auf Seite der Kassen als auch auf der Seite der Leistungserbringer zur Folge. Zwar werden hierdurch in positiver Weise Effizienzpotenziale erschlossen, allerdings hat dieser Leistungsdruck auch eine negative Kehrseite. Für die Marktakteure besteht nämlich zunehmend der Anreiz, sich durch individuell oder kollektiv wettbewerbsbeschränkendes Verhalten Vorteile am Markt zu verschaffen.[70] Der installierte Wettbewerb, dem im öffent-

---

68 Vgl. hierzu die empirische Studie aus dem Jahr 2007 über Art und Intensität des Krankenkassenwettbewerbs seit Einführung der Kassenwahlfreiheit von *Andersen/Grabka/Schwarze*, Beitragssatz, Kassenwettbewerb und Gesundheitsreform. Eine empirische Analyse, in: Jahrbücher für Nationalökonomie und Statistik, Band 227, Heft 5/6, S. 429–450; in diesem Sinne auch *Blankart/Fasten/Schwintowski*, Das deutsche Gesundheitswesen zukunftsfähig gestalten, S. 155, die der Meinung sind, dass „auch der Teil der gesetzlichen Krankenversicherung, der immer noch reguliert wird, für die Kräfte des Wettbewerbs freizugeben ist.

69 *Kingreen* in: SGb 2008, 437, 444; *Becker/Kingreen* in: NZS 2010, 417, 417.

70 Vgl. *Monopolkommission*, 18. Hauptgutachten, S. 484; auch *Becker/Kingreen* in: NZS 2010, 417, 423, weisen zu Recht auf das Problem der sich konzentrierenden Marktmacht sowie auf die sich hieraus ergebende Gefahr eines einseitigen Vertragsdiktats im öffentlichen Gesundheitssektor hin.

lichen Sektor oftmals eine eigenständige Steuerungsfunktion zugesprochen wird[71], bedarf also seinerseits wiederum der Kontrolle.

Wettbewerb wird grundsätzlich durch wettbewerbsschützende Normen reguliert. Dies ist zum Schutz aller Marktteilnehmer notwendig und sinnvoll. Allerdings stellt sich die Frage, wie es sich mit der wettbewerblichen Regulation auf einem Markt verhält, der trotz der Etablierung von Wettbewerbskomponenten noch stark durch sozialstaatliche Elemente geprägt ist und so ohnehin schon – auf einer anderen Ebene – vom Staat gesteuert wird.[72] So sind die gesetzlichen Krankenkassen zwar kraft sozialrechtlicher Anordnung (§ 4 Abs. 3 SGB V) zur Zusammenarbeit verpflichtet, gleichwohl werden sie vom Gesetzgeber zu immer intensiverer Konkurrenz angehalten.[73] Im untrennbaren Zusammenhang mit der Einführung von Wettbewerb in das System der gesetzlichen Krankenversicherung steht somit die Frage der Anwendbarkeit wettbewerbsschützender Regelungen, namentlich dem GWB und UWG, auf sämtliche relevanten Rechtsbeziehungen in diesem System.[74]

Kernproblem in diesem Kontext ist der schon im Titel dieser Arbeit erwähnte § 69 SGB V, der in der Rechtspraxis zahlreiche Unwägbarkeiten hervorgerufen und daher in der Literatur eine breite Diskussion ausgelöst hat. Dabei verdient § 69 SGB V deswegen besondere Beachtung, da diese Regelung als „*Schlüsselnorm*" für die Anwendbarkeit des deutschen Wettbewerbsrechts im Gesundheitswesen angesehen wird.[75] Dies gilt sowohl für die Beziehungen der gesetzlichen Krankenkassen untereinander als auch in ihren Beziehungen zu den anderen Akteuren im Gesundheitswesen. Erst die Existenz des § 69 SGB V schließt die Anwendbarkeit des deutschen Wettbewerbsrechts zu großen Teilen aus, da es sich nach der heute ganz herrschenden Meinung bei § 69 SGB V um eine *echte teilweise Bereichsausnahme* des deutschen Wettbewerbsrechts im Bereich der Rechtsbeziehungen des gesetzlichen Krankenversicherungssystems handelt.[76]

---

71 Vgl. zum Wettbewerb als Steuerungsinstrument öffentlicher Einrichtungen *Musil*, Wettbewerb in der staatlichen Verwaltung, S. 1 ff.

72 Vgl. *Becker/Kingreen* in: NZS 2010, 417, 417; *Kingreen* in: MedR 2004, 188, 189.

73 So *Becker/Kingreen* in: NZS 2010, 417, 419.

74 Vgl. *Bundeskartellamts (BKartA)*, Stellungnahme zum Entwurf eines Gesetzes zur Stärkung des Wettbewerbs in der gesetzlichen Krankenversicherung vom 28.11.2006, Ausschussdrucks. 14(0129/131), S. 3 (fortan: *BKartA*, Stellungnahme vom 28.11.2006, S.); 17. Hauptgutachten der *Monopolkommission* 2006/2007 vom 19.08.2008, BT-Drucks. 16/10140, S. 337 (fortan: *Monopolkommission*, 17. Hauptgutachten, BT-Drucks. 16/10140, S.); gemeinsame Stellungnahme der *BAH, BPI, VFA* zum GKV-OrgWG vom 17.09.2008, BT-Drucks. 16(14)0410(34), S. 1.

75 Vgl. *Gassner* in: ZVersWiss 2008, 411, 417.

76 BSGE 89, 24, 24; BGH, NJW-RR 2006, 1046, 1046; LSG Hessen, Beschluss vom 01.06.2010, Az.: L 1 KR 89/10 KL; *Monopolkommission*, 18. Hauptgutachten, S. 491; *BKartA*, Stellungnah-

2. Folgen der Bereichsausnahme § 69 SGB V für den Wettbewerb

Es stellt sich die Frage, welche Auswirkungen der Ausschluss von weiten Teilen des deutschen Wettbewerbsrechts im Bereich der gesetzlichen Krankenversicherung für den angestrebten und erhofften Wettbewerb im öffentlichen Gesundheitswesen hat. Dies wird für die verschiedenen Regelungsbereiche unterschiedlich beantwortet. Bereits vor der endgültigen Beschlussfassung zur Gesundheitsreform 2007 forderte vor allem das Bundeskartellamt die ersatzlose Streichung des § 69 SGB V.[77] Die Argumentation des Bundeskartellamtes (siehe hierzu Abschnitt B. III. 2.) basiert vor allem auf der Überlegung, dass Wettbewerb nur funktionieren kann, soweit sich die Akteure auf dem umkämpften Markt an bestimmte „Spielregeln" zu halten haben. Diese „Spielregeln" bieten gerade das GWB und das UWG.

Plakativ formuliert: Ohne Wettbewerbsrecht entsteht kein effektiver, das heißt langfristig kostensenkender Wettbewerb, sondern allenfalls ein kurzfristiger Wettbewerb, der zwar zunächst dazu geeignet ist, die gewünschte Kostendämpfung zu beschleunigen, jedoch später eine Oligopolbildung zur Folge haben kann, welche dann zu einem Preisdiktat durch die mächtigen Kassen führen würde.[78] In einer Marktordnung, in der Güter und Kapitalströme primär durch Wettbewerb geprägt werden, bilden Monopole und auch Oligopole jedoch erhebliche Störfaktoren.[79] Eine hierdurch bedingte Konzentration von Marktmacht hätte sodann eher die Eindämmung des installierten Wettbewerbs als seine Intensivierung zur Folge.[80] Der gesetzgeberische Verzicht auf die Anwendbarkeit von Wettbewerbsrecht im Bereich der gesetzlichen Krankenversicherung bei gleichzeitiger Implementierung von weiteren Wettbewerbselementen wird daher in der

---

me vom 28.11.2006, S. 5; *Roth* in: GRUR 2007, 645, 646; *Wigge* in: Gesundheitsreform 2007, S. 122; *Stumpf* in: WRP 2008, 286, 291; *Gassner* in: ZVersWiss 2008, 411, 416; a. A. *Sodan/ Adam* in: NZS 2006, 113, 114, die infolge einer systematischen/verfassungskonformen Auslegung des § 69 SGB V eine rein prozessuale Wirkung der Norm annehmen. Bis zur Reform im Jahre 2007 handelte es sich bei § 69 SGB V um eine vollständige Bereichsausnahme, seit der Reform 2007 jedoch nur noch um eine teilweise Bereichsausnahme vom deutschen Wettbewerbsrecht.

77 *BKartA*, Stellungnahme vom 28.11.2006, S. 5.

78 *BKartA*, Stellungnahme vom 28.11.2006, S. 6 und 7.

79 *Kingreen* in: ZESAR 2007, 139, 140.

80 Vgl. zu den wettbewerbsschädigenden Auswirkungen von konzentrierter Marktmacht *Inderst/ Wey*, Die Wettbewerbsanalyse von Nachfragemacht aus verhandlungstheoretischer Sicht, in: DIW Research Notes 25/2007, zuletzt eingesehen am 16.07.2010 unter: *http://www.infraday.tu-berlin.de/fileadmin/documents/nice/forschung/nachfragemacht_inderst_wey_PWP_final.pdf.*

Literatur zu Recht als „bizarres Phänomen" angesehen und daher kritisiert.[81] Naturgemäß gibt es für eine juristische Fragestellung von solch enormer Bedeutung divergierende Meinungen, die jedoch erst an späterer Stelle ausdiskutiert werden sollen.

3. Die konkreten Problemlagen

Aufgrund seiner Wirkung als *teilweise Bereichsausnahme* vom deutschen Wettbewerbsrecht wird § 69 SGB V – im Übrigen bereits seit seiner Novellierung im Jahr 2000 – als „Problemherd", aus dem zahlreiche praxisrelevante und daher heftig umstrittene Rechtsfragen resultieren, angesehen. Aus den Problemlagen folgt oftmals eine für die Normadressaten höchst problematische Rechtsunsicherheit. Darüber hinaus wird eine stringente Rechtsanwendung durch die Gerichte bzw. anderer zur Kontrolle berufener Stellen, wie zum Beispiel der Kartellbehörden, erschwert.[82] Bereits an dieser Stelle können, im Vorgriff auf den weiteren Verlauf dieser Arbeit, folgende Problemlagen/Streitfragen benannt werden:

- Stehen § 69 SGB V bzw. dessen weitergehende Wirkungen im Einklang mit der Verfassung?
- Sind die Kartellbehörden für die Kontrolle und Sanktion von etwaigen Verstößen der gesetzlichen Kassen oder deren Leistungserbringer gegen die §§ 19 bis 21 GWB zuständig oder obliegt dies allein den Sozial- und Verwaltungsgerichten?
- Sind die Schadensersatznormen des GWB im Falle von solchen Verstößen anwendbar?
- Sind die gesetzlichen Krankenkassen als Unternehmen im Sinne des deutschen und des europäischen Rechts zu qualifizieren?
- Ist § 69 SGB V möglicherweise unionsrechtswidrig?
- Sind die Voraussetzungen der §§ 97 ff. GWB im Falle der einzelvertraglichen Beziehungen zwischen gesetzlichen Krankenkassen und Leistungserbringern erfüllt?
- Sind bei Zusammenschlüssen von gesetzlichen Krankenkassen die Vorschriften über die Fusionskontrolle anwendbar?

81 *Kingreen* in: MedR 2004, 188, 190; *Blankart/Fasten/Schwintowski*, Das deutsche Gesundheitswesen zukunftsfähig gestalten, S. 158; *Stumpf* in: WRP 2008, 286, 288; *Gassner* in: NZS 2007, 281, 286.

82 Dies stellt die *Monopolkommission*, 18. Hauptgutachten, S. 491, ausdrücklich fest.

– Wann sind die gesetzlichen Krankenkassen im Rahmen der kommerziellen Mitgliederwerbung an die Regelungen des UWG gebunden? Welcher Rechtsweg ist zum Schutz gegen unlautere Maßnahmen zu beschreiten?

Sämtliche der vorgenannten Problemlagen bzw. Streitfragen resultieren *auch* aus der später noch näher zu beleuchtenden Entstehungsgeschichte der Norm, die durch zahlreiche Novellierungen geprägt ist.[83] Diese Novellierungen verschiedener Koalitionen erfolgten häufig als Reaktion auf Unklarheiten über die prozessuale sowie materielle Reichweite des § 69 SGB V und sind unter anderem aus Gründen des Zeitdrucks der politischen Entscheidungsfindung häufig nicht hinreichend durchdacht worden.

V. Gang der Untersuchung im Rahmen dieser Arbeit

Gegenstand dieser Arbeit ist unter anderem die Frage, warum die Forderung nach einer weitergehenden Ausweitung des Wettbewerbs im System der gesetzlichen Krankenversicherung berechtigt und hinsichtlich der Kostensenkung und Effizienz- und Qualitätsverbesserung zielführend ist. Allerdings wird zunächst ein besonderes Augenmerk auf die Bedeutung des § 69 SGB V für den Gesundheitsmarkt und seine Auswirkungen auf den vom Gesetzgeber angestrebten Wettbewerb in diesem Wirtschaftssektor gelegt. Dabei wird der Charakter des § 69 SGB V als ständiger „Problemherd" in vielen Bereichen des öffentlichen Gesundheitswesens verdeutlicht werden. Nach einem Kurzüberblick über die jüngere Entwicklung des Wettbewerbs im gesetzlichen Krankenversicherungssystems im Rahmen dieser Einleitung ist es, um ein besseres und tiefergehendes Verständnis der vorhandenen rechtlichen Probleme zu entwickeln, zunächst notwendig, sich intensiver mit der Entstehungsgeschichte des § 69 SGB V (Abschnitt B.) und darüber hinaus mit den Absichten, die der Gesetzgeber mit der stetigen Änderung dieser Regelung verfolgte, auseinanderzusetzen. Im Anschluss an die Diskussion allgemeiner verfassungsrechtlicher Problemstellungen (Abschnitt C.) wird die Frage untersucht, ob sich zumindest ein Teil der vorgenannten Problemlagen nicht durch juristische Methodik, wie einer (verfassungskonformen) Auslegung, beheben lässt (Abschnitt D.). In einem nächsten Schritt werden dem Leser die zahlreichen negativen Folgen des § 69 SGB V aufgezeigt. In diesem Rahmen wird auch diskutiert, ob es nicht anderweitige Regelungen gibt, welche die von § 69 SGB V verursachte Schutzlücke schließen können, das

83 So auch *Möschel* in: JZ 2007, 601, 602; *Becker/Kingreen* in: NZS 2010, 417, 420, weisen zu Recht auf eine „bewegte Geschichte" der Norm hin.

heißt, ob die vielerorts behauptete Schutzlücke überhaupt vorhanden ist (Abschnitt E.). In diesem Rahmen werden auch die wettbewerbsrechtlichen Auswirkungen von § 69 SGBV in seiner heutigen Fassung veranschaulicht und kritisch gewürdigt.

Nachdem dem Leser ein Überblick über die wettbewerbsrelevanten Elemente des GKV-WSG gegeben wurde (Abschnitt F.), werden in dem abschließenden Teil dieser Arbeit die Forderung nach der Ausweitung des Wettbewerbs und die Frage der wettbewerblichen Regulation wieder aufgegriffen und ausführlich diskutiert. Schließlich werden abstrakte Reformmodelle für die neu zu regelnde Finanzierung des gesetzlichen Krankenversicherungssystems vorgestellt und verglichen (Abschnitt G. II.). Darüber hinaus werden ein mögliches Konzept und die darin angelegten Vorzüge einer spezifisch auf das Gesundheitswesen bezogenen Wettbewerbsordnung dargestellt (Abschnitt G. I.). Dass (irgend-)eine Regulation des in das Gesundheitswesen installierten Wettbewerbs notwendig ist, ergibt sich schon aus dem darin angelegten Zielgedanken der Schaffung von Effizienz und Qualität. Wettbewerbsrecht und Effizienz sind nämlich eng miteinander verbunden, so dass auf eine funktionierende Regulation des Wettbewerbs nicht verzichtet werden kann, wenn tatsächlich eine nachhaltige Effizienzsteigerung im gesetzlichen Krankenversicherungssystem bzw. dem öffentlichen Gesundheitswesen erzielt werden soll.[84]

VI. Kurzüberblick zur Entwicklung des Wettbewerbs durch die jüngeren Reformen

1. Gesundheitsreformen 1992–2000

Mit der Gesundheitsreform aus dem Jahre 1992[85] begann der Gesetzgeber die intendierte Implementierung wettbewerblicher Elemente, indem er den gesetzlich Versicherten mit Wirkung zum 01.01.1996 die freie Kassenwahl ermöglichte. Hierdurch wurde in das bis dato *wettbewerbsfeindliche* gesetzliche Krankenversicherungssystem ein erstes Element eingeführt, das einen Wettbewerb der gesetzlichen Kassen um Mitglieder auslöste (Mitglieder-/Preiswettbewerb).

84 Vgl. auch *van de Gronden*, Das Gesundheitswesen im Spannungsfeld von Nationalstaat und EU-Binnenmarkt, S. 48 m. w. N.

85 Gesetz zur Sicherung und Strukturverbesserung der gesetzlichen Krankenversicherung (fortan: GSG 1992) vom 21.12.1992, BGBl. I S. 2266.

Dieser war auch nachweislich vom Gesetzgeber gewünscht.[86] Gerade ein durch Preisanreize getragener Mitgliederwettbewerb zwischen den gesetzlichen Kassen wird noch heute als die grundlegende Basis für einen funktionierenden Wettbewerb im gesamten öffentlichen Gesundheitssystem angesehen.[87] Bereits damals erkannte der Gesetzgeber schließlich, dass mehr Effizienz im Sinne einer kostengünstigen und dennoch qualitativ hochwertigen Bereitstellung von Gesundheitsleistungen weder von selbst kommen werde, noch vom Staat verordnet werden könne, sondern der Schlüssel für die intendierte Effizienzsteigerung vielmehr in der Schaffung wettbewerblicher Strukturen liegen würde.[88] Nur hierdurch würden den Akteuren im Gesundheitswesen, insbesondere den gesetzlichen Kassen, mehr Anreize für Wirtschaftlichkeit gesetzt werden können. Es folgten zahlreiche weitere Gesundheitsreformen der verschiedenen Regierungskoalitionen, in denen die vorgenannten Ziele, also die Effizienzsteigerung der gesetzlichen Krankenversicherung durch Einführung wettbewerblicher Elemente sowie die dadurch intendierte Kostensenkung, mehr oder weniger konsequent weiterverfolgt wurden.[89]

Als einführendes Beispiel für den vorangetriebenen Ausbau wettbewerblichen Strukturen im Gesundheitssystem sei an dieser Stelle nur die Wiederbelebung der integrierten Versorgung durch das GKV-GRG 2000[90] genannt. Durch diese und diverse andere Maßnahmen sollte der Wettbewerb zwischen den gesetzlichen Krankenkassen sowie der Wettbewerb zwischen den Leistungserbringern gestärkt werden und sowohl Verzerrungen im Wettbewerb zwischen gesetzlichen Kassen untereinander als auch solche im Verhältnis der gesetzlichen und privaten Kassen behoben werden.[91]

86 Entwurf eines Gesetzes zur Sicherung und Strukturverbesserung der gesetzlichen Krankenversicherung vom 05.11.1992, BT-Drucks. 12/3608, S. 117.

87 Vgl. *Monopolkommission*, 18. Hauptgutachten, S. 473; *BKartA*, Stellungnahme vom 28.11.2006, S. 9.

88 So z.B. *Wiss.-Beirat*, Gutachten, S. 2; *BKartA,* Stellungnahme vom 28.11.2006, S. 2.

89 Gemeint sind vor allem das Erste und Zweite Gesetz zur Neuordnung von Selbstverwaltung und Eigenverantwortung in der gesetzlichen Krankenversicherung vom 23.06.1997, BGBl. I S. 1518 und 1520 (fortan: 1. und 2. GKV-NOG), sowie das GKV-GRG 2000.

90 GKV-GRG 2000 vom 22.12.1999, BGBl. I S. 2626.

91 Vgl. Entwurf eines Gesetzes zur Reform der gesetzlichen Krankenversicherung ab dem Jahre 2000 vom 23.06.1999, BT-Drucks. 14/1245, S. 1, 53 ff.

2. Gesundheitsreformen 2001–2004

Neben zahlreichen „kleinen“ Reformen im Bereich des Gesundheitsrechts, wie dem Arzneimittelbudget-Ablösungsgesetz (ABAG)[92] aus dem Jahre 2001 und dem Beitragssatzsicherungsgesetz (BSSichG)[93] aus dem Jahre 2002, kam es im Jahr 2003 zu der nächsten „größeren“ Gesundheitsreform, die durch das Gesetz zur Modernisierung der gesetzlichen Krankenversicherung (fortan: GMG 2003) umgesetzt wurde.[94] Im Rahmen der vorgenannten Reform wurde beispielsweise mit § 140d SGB V die so genannte Anschubfinanzierung für die integrierte Versorgung eingeführt. Diese hat sich in den folgenden Jahren als wesentlicher Motor für wettbewerbliche Strukturen im Bereich der Selektivverträge erwiesen.[95] Insgesamt sollte durch diese Reform der Wettbewerb in der gesetzlichen Krankenversicherung „weiterentwickelt“ werden.[96]

3. Gesundheitsreform 2007

a) Zielvorstellungen und Kritik an der Umsetzung

Mit der Gesundheitsreform aus dem Jahre 2007, der das Gesetz zur Stärkung des Wettbewerbs in der gesetzlichen Krankenversicherung (GKV-WSG)[97] zugrunde liegt, sollte das Gesundheitssystem wiederum „*auf allen Ebenen neu strukturiert und wettbewerblicher ausgerichtet*“ werden.[98] Diese durch das GKV-WSG vorangetriebene „Modernisierung“ des Sozialstaats im Bereich der Gesundheitsvorsorge ist den aktuellen wie akuten Problemen der sozialen Sicherheit, Gleichheit und „Wohlstandsteilhabe“ geschuldet, die sich aus den weltweiten ökonomischen Gegebenheiten ergeben.[99] Zwar bietet das derzeitige Gesundheitswesen

92 Gesetz zur Ablösung des Arznei- und Heilmittelbudgets vom 19.12.2001, BGBl. I S. 3773 ff.

93 Gesetz zur Sicherung der Beitragssätze in der gesetzlichen Krankenversicherung und in der gesetzlichen Rentenversicherung vom 23.12.2002, BGBl. I S. 4637.

94 Gesetz zur Modernisierung der gesetzlichen Krankenversicherung vom 14.11.2003, BGBl. I S. 2190 ff.; ein anschaulicher Überblick über die Maßnahmen des GMG 2003 findet sich bei *Hajen/Paetow/Schumacher*, Gesundheitsökonomie, S. 278 ff.

95 *Cassel* et al., S. 73.

96 Vgl. Entwurf eines Gesetzes zur Modernisierung der gesetzlichen Krankenversicherung vom 08.09.2003, BT-Drucks. 15/1525, S. 71.

97 GKV-WSG 2007, BGBl. I S. 378 ff.

98 Entwurf eines Gesetzes zur Stärkung des Wettbewerbs in der gesetzlichen Krankenversicherung vom 24.10.2006, BT-Drucks. 16/3100, S. 85.

99 So *Pitschas* in: GesR 2008, 64, 65.

nach Einschätzung der Politik im europäischen wie internationalen Vergleich eine Patientenversorgung auf hohem Niveau und ist durchaus leistungsfähig.[100] Gleichwohl gilt es, dafür Sorge zu tragen, dass das deutsche Gesundheitssystem – wenn nötig auch durch einschneidende Reformen – für die Zukunft leistungsfähig bleibt. Die Gesundheitsreform 2007 stellt auf dem Weg zu einem langfristig demografiefesten, leistungsfähigen, aber auch solidarischen Gesundheitssystem, das sich dadurch auszeichnet, dass es durch seine stärker dem Wettbewerbsdenken geöffneten Strukturen die Qualität und Effizienz der Gesundheitsversorgung in Deutschland nachhaltig zu sichern und verbessern geeignet ist, einen weiteren wichtigen Schritt dar. Aufgabe des Gesetzgebers war und ist es, den vorhandenen Schwierigkeiten wirkungsvoll und nachhaltig entgegenzutreten und hierzu das vormalige Gesundheitssystem, das von einer strikt bipolaren Versicherungsordnung und der rein solidarischen Versicherung im Bereich der gesetzlichen Krankenversicherung geprägt war, neu zu justieren und mit den entsprechenden (wettbewerblichen) Instrumentarien zu versehen.[101] Infolgedessen wurde im Rahmen der Gesundheitsreform 2007 sowohl das Verhältnis des gesetzlichen zum privaten Krankenversicherungssystem als auch das Verhältnis der gesetzlichen Kassen untereinander grundlegend verändert bzw. modernisiert. Dieser Modernisierungsprozess ist mit dem GKV-WSG jedoch nicht abgeschlossen und bedarf noch der weiteren Feinjustierung.

Es leuchtet ein, dass der Gesetzgeber nicht „auf einen Schlag“ ein komplett neues Gesundheitssystem im Modernisierungszusammenhang der Krankenversicherung installieren kann, denn das System der staatlichen Gesundheitsfürsorge repräsentiert ein etabliertes Element der gesamten verfassungsmäßigen Ordnung, so dass ein Wandel im sozialstaatlichen Gesundheitssystem zugleich das Staatsverständnis insgesamt berührt.[102] Schon im juristischen Grundstudium lernt ein jeder Student, dass die Bundesrepublik Deutschland ein demokratischer und *sozialer* Bundesstaat ist (Art. 20 Abs. 1 GG) ist. Das Sozialstaatsprinzip wird dabei vor allem mit der in Deutschland seit Bismarcks Regierungszeiten vorhandenen Sozialversicherung, dessen elementarer Teil eine solidarische Krankenversicherung ist, identifiziert. Die soziale Krankenversicherung wurde in Deutschland bereits 1883 unter Otto von Bismarck als gesetzliche Pflichtversi-

100 So der Entwurf eines Gesetzes zur Stärkung des Wettbewerbs in der Gesetzlichen Krankenversicherung vom 24.10.2006, BT-Drucks. 16/3100, S. 1; siehe zum internationalen Vergleich hinsichtlich der Effizienz das Ranking der OECD Health Data 2007, abgebildet bei *Blankart/Fasten/Schwintowski*, Das deutsche Gesundheitswesen zukunftsfähig gestalten, S. 12. Hier schneidet Deutschland an Platz 22 liegend im internationalen „Effizienzvergleich“ eher schlecht ab.

101 Vgl. *Eichenhofer*, Sozialrecht der Europäischen Union, S. 277 und 289.

102 Vgl. *Pitschas* in: GesR 2008, 64, 66; *Axer* in: FS Isensee, S. 977.

cherung eingeführt und feierte kürzlich (Juni 2008) ihren 125. „Geburtstag". Sie hat mithin eine große Tradition und eine dementsprechend exponierte Stellung in der deutschen Verfassung.[103]

Zwar tangiert die Gesundheitsreform 2007, die unter anderem Elemente der sozialen Sicherung verändert, die traditionellen Gegebenheiten sowie die Errungenschaften des herrschenden Solidarsystems. Aber auch hierfür lassen sich rechtfertigende Gründe finden.[104] Das Grundgesetz ist nämlich eine *dynamische* Verfassung, die sich den Gegebenheiten der Zeit anpassen kann und sich diesen sogar anpassen muss. Der verfassungsrechtlich gewährleistete Sozialstaat ist ein stets konkretisierungsbedürftiger Prozess dynamischer Gestaltung und verlangt daher nach permanenter Aktualisierung.[105] Dieser permanente Konkretisierungsauftrag richtet sich an den einfachen Gesetzgeber.[106] Da die deutsche Verfassung ein *„Systemwahrungsgebot"* nicht vorsieht, ist folglich auch der einfache Gesetzgeber in der Lage, die ursprüngliche Grundsatzentscheidung für eine bestimmte Form der sozialen Krankenversicherung zu aktualisieren und eine neue, modernisierte zu schaffen.[107] Unabdingbar, da über Art. 1 GG unveränderlich verbürgt, ist jedoch ein gewisses Mindestmaß an sozialer Staatsfürsorge. Die Konkretisierung und Auslegung einer „sozialen" Krankenversicherung findet demnach seine Grenzen in der Wahrnehmung der verfassungsrechtlich gebotenen Kernaufgabe des Staates zur Versorgung und Absicherung seiner Bürger.[108] Der Staat darf sich also nicht gänzlich von der Gesundheitsversorgung seiner Bürger ausnehmen und sie alleine ihnen überlassen. Ein rein privates Krankenversicherungssystem wäre unter der gegebenen Verfassung undenkbar.[109] Daher steht der sich modernisierende Sozialstaat vor dem Hintergrund seiner permanenten Finanzierungsprobleme, insbesondere im Bereich der gesetzlichen Krankenversicherung, vor der Aufgabe, die soziale Grundsicherung der Volksgesundheit effektiv zu gewährleisten und finanziell zu erfüllen, ohne dabei die grundgesetzlich verbürgten Mindeststandards zu unterschreiten. Dass es ferner der Anspruch des Gesetzgebers sein muss, seinen Bürgern über die vorgenannte Grundsicherung hinaus noch weitere effektive, qualitativ hochwertige und „er-

---

103 Siehe für einen ausführlichen Überblick zur Entwicklung der gesetzlichen Krankenversicherung im Rahmen der „Bismarckschen" Sozialgesetzgebung *Zimmermann*, Sozialversicherung und Privatversicherung im Kompetenzengefüge des Grundgesetzes, S. 39 ff.

104 Vgl. *Pitschas* in: GesR 2008, 64, 66.

105 Vgl. *Pitschas* in: GesR 2008, 64, 66.

106 So schon *Scholz*, Sozialstaat zwischen Wachstums- und Rezessionsgesellschaft, S. 24.

107 Vgl. *Axer* in: FS Isenseee, S. 979; *Pitschas* in: GesR 2008, 64, 69.

108 Vgl. hierzu BVerfGE 68, 193, 209; 102, 68, 89; 103, 172, 185; 115, 25, 43.

109 Hieran wird deutlich, dass es einen moralisch-ethischen Unterschied in sich birgt, ob die Gesundheit eines Menschen versichert wird oder seine materielle Habe.

schwingliche" Versicherungsmechanismen im Bereich der Krankenversicherung zur Verfügung zu stellen, liegt in dem Anspruch der Bundesrepublik Deutschland begründet, ein „Wohlstandsstaat" zu sein.

Den oben beschriebenen Konkretisierungsauftrag unter Beachtung der vorgenannten, aus Art. 1 GG folgenden Maßgaben versuchte der Gesetzgeber mit dem GKV-WSG sinnvoll und nachhaltig nachzukommen. Dennoch ist es nicht verwunderlich, dass sich diese letzte umfassende Reform des solidarischen Gesundheitssystems, die zu großen Teilen am 01.01.2009 in Kraft trat und für zahlreiche einschneidende Änderungen im gesamten Gesundheitssystem sorgte[110], zum Teil heftiger Kritik ausgesetzt sah.[111] Die Gründe für diese Kritik sind vielfältig. Neben einigen sich auf verfassungsrechtlicher Ebene ergebenden Fragen soll aber im Rahmen dieser Arbeit schwerpunktmäßig den beiden Hauptkritikpunkten nachgegangen werden.

b) Forderung nach mehr Wettbewerb

Zunächst wird seitens der Kritiker bemängelt, der Gesetzgeber habe das schon im Namen des Gesetzes angedeutete Ziel der Reform, nämlich die Intensivierung des Wettbewerbs im Bereich der gesetzlichen Krankenversicherung, nicht hinreichend verwirklicht.[112] Daher wird von vielen Seiten die Einführung weiterer und die Ausweitung vorhandener wettbewerblicher Elemente gefordert.[113] Dies geschieht aus den oben genannten Erwägungen (vgl. Abschnitt A. IV. 1. a)) auch zu Recht.

---

110 Zu den Änderungen durch das GKV-WSG siehe: *Bitter* in: GesR 2007, 152 ff.; *Richter* in: DStR 2007, 810 ff., sowie aus wettbewerbsrechtlicher Sicht *Abschnitt F.* dieser Arbeit.

111 Vgl. *Gassner* in: NZS 2007, 281 ff.; *Möschel* in: JZ 2007, 601 ff.; *Sauter/Ellenbrock* in: GesR 2007, 497, 504; *Reimers* in: Wirtschaftsdienst 2006, 588, 594; *BKartA*, Stellungnahme vom 28.11.2006, S. 2; von einer „Verzerrung" des Wettbewerbs spricht *Ramsauer* schon vor dem GKV-WSG in: NZS 2006, 505, 506; *Schmidt* in: Der Kassenarzt 2007, S. 12 ff., spricht von einer „Mogelpackung"; *Blankart/Fasten/Schwintowski*, Das deutsche Gesundheitswesen zukunftsfähig gestalten, S. 1, nennen das GKV-WSG ein „von parteitaktischen Kompromissen geprägtes Fehlkonstrukt"; *Sodan* in: NJW 2006, 3617, 3620, bezeichnet das GKV-WSG als „politische Flickschusterei".

112 Vgl. *Wigge* in: Gesundheitsreform 2007, S. 116; Gutachten des *Wissenschaftlichen Beirats der Betrieblichen Krankenversicherung*: „Die Anwendbarkeit von Wettbewerbs- und Kartellrecht auf gesetzliche Krankenkassen", November 2007, S. 49; *BKartA*, Stellungnahme vom 28.11.2006, S. 2 und 3.

113 *Monopolkommission*, 18. Hauptgutachten, S. 434 ff.; *BKartA*, Stellungnahme vom 28.11.2006, S. 3; *Monopolkommission*, 17. Hauptgutachten, BT-Drucks. 16/10140, S. 335 ff.; *Wiss.-Beirat*, Gutachten, S. 3, 7, 9, 16; Antrag der *FDP-Fraktion* vom 28.06.2006, BT-Drucks. 16/1997, S. 2 und 3.

c) Forderung nach der Anwendung des deutschen Wettbewerbsrechts

Wie oben festgestellt wurde, hat § 69 SGB V den weitestgehenden Ausschluss des deutschen Wettbewerbsrechts zur Folge, da es sich nach der heute ganz herrschenden Meinung bei § 69 SGB V um eine *echte teilweise Bereichsausnahme* für das gesetzliche Krankenversicherungssystem handelt.[114] Wie weit dieser Ausschluss im Einzelnen dann tatsächlich reicht, ist allerdings in vielen Bereichen unklar.[115] *De lege lata* ist der Teilausschluss des deutschen Wettbewerbsrechts durch § 69 SGB V zunächst hinzunehmen[116], während *de lege ferenda* seine Abschaffung bzw. eine Korrektur gefordert wird.[117]

d) Erste Reaktion des Gesetzgebers

Zwar reagierte der Gesetzgeber bereits Ende 2008 mit dem Gesetz zur Weiterentwicklung der Organisationsstrukturen in der gesetzlichen Krankenversicherung (fortan: GKV-OrgWG)[118] teilweise auf die oben beschriebene Kritik des Bundeskartellamtes und die nachhaltigen Forderungen des Wissenschaftlichen Beirats sowie die entstandenen und weiterhin ungelösten Probleme in der Praxis und änderte in diesem Rahmen den § 69 SGB V erneut. Allerdings muss ihm auch hier wieder ein halbherziges Vorgehen vorgeworfen werden, da hierdurch nur ein sehr geringer Teil der durch das GKV-WSG aufgetretenen rechtlichen Fragestellungen gelöst wurde (vgl. hierzu Abschnitt B. IV).

---

114 BGH, NJW-RR 2006, 1046, 1046; *Roth* in: GRUR 2007, 645, 646; *BKartA*, Stellungnahme vom 28.11.2006, S. 5; *Wigge* in: Gesundheitsreform 2007, S. 122; *Stumpf* in: WRP 2008, 286, 291; *Gassner* in: ZVersWiss 2008, 411, 416. Bis zur Reform im Jahre 2007 handelte es sich bei § 69 SGB V um eine vollständige Bereichsausnahme, seit der Reform 2007 um eine teilweise Bereichsausnahme vom deutschen Wettbewerbsrecht.

115 Vgl. *Roth* in: GRUR 2007, 645, 649.

116 So auch *Stumpf* in: WRP 2008, 286, 291, beispielhaft für die ganz herrschende Meinung.

117 Vgl. statt vieler nur *Monopolkommission*, 18. Hauptgutachten, S. 491. Auf die Gründe, die für eine Abschaffung der Bereichsausnahme sprechen, wird an späterer Stelle ausführlich eingegangen werden.

118 Gesetz zur Weiterentwicklung der Organisationsstrukturen in der gesetzlichen Krankenversicherung vom 15.12.2008, BGBl. I S. 2426.

B. Die Entwicklungsgeschichte des § 69 SGB V

Um die aktuellen rechtlichen Probleme, die im Zusammenhang mit § 69 SGB V bestehen, vollständig durchdringen zu können, bedarf es zunächst einer Darstellung der historischen Entwicklung, die zu der aktuell gültigen Fassung der Norm führte.[119] In diesem Rahmen werden auch Streitpunkte, die zwar nicht von aktueller Relevanz sind, eine solche jedoch wieder erlangen könnten, aufgegriffen.

I. Rechtslage vor der Novellierung des § 69 SGB V vom 01.01.2000

Das Verhältnis von Sozial- und Wettbewerbsrecht ist seit jeher problematisch. Obschon grundsätzlich ein strenges Alternativverhältnis zwischen öffentlichem Recht und privatem (Wettbewerbs-)recht besteht[120], war es dennoch lange Zeit gängige Rechtspraxis, auf die Rechtsbeziehungen der gesetzlichen Kassen im Rahmen ihrer Beschaffungstätigkeit, soweit sie als staatliche Unternehmen privatrechtlich-wirtschaftlich am Markt auftraten, die Vorschriften des GWB und UWG anzuwenden und die Kontrolle ihrer Einhaltung auch den Zivilgerichten zu überlassen. Als Leitentscheidung hierfür wird stets die so genannte „*Gummistrümpfe-Entscheidung*“ des Bundesgerichtshofes vom 26.10.1961 zitiert.[121] Im Übrigen sollte es nach Auffassung der Sozial- und Zivilgerichtsbarkeit[122] den für das Wettbewerbsrecht zuständigen Zivilgerichten untersagt sein, über das „Wie“ einer Wirtschaftsteilnahme der gesetzlichen Kassen zu urteilen.[123] Von dieser Sichtweise kehrte die zivilgerichtliche Judikatur allerdings schon frühzeitig ab, indem sie die Begrenzung ihrer wettbewerbsrechtlichen Kontrolle auf rein privatrechtliches Handeln des Staates und seiner Untergliederungen (hier der

119 So auch *Möschel* in: JZ 2007, 601.

120 Siehe zu der traditionellen zweidimensionalen Systematisierung des Rechts und den Einordnungsschwierigkeiten hinsichtlich des Wettbewerbsrechts, *Rittner/Kulka*, Wettbewerbs- und Kartellrecht, Einleitung, Rn. 9 ff.

121 BGHZ 36, 91, 99 ff.

122 So auch der BGH in der „Gummistrümpfe-Entscheidung“, BGHZ 36, 91, 99.

123 BGHZ 36, 91, 101; vgl. *Pietzcker* in: FS von Maydell, S. 532.

gesetzlichen Krankenversicherung) aufgab und gestützt auf der Theorie der „Doppelqualifizierung hoheitlichen Handelns"[124], die Bindung der gesetzlichen Krankenkassen an das Kartellrecht und vor allem die Zuständigkeit der Zivilgerichtsbarkeit in zahlreichen weiteren Fallvarianten bejahte.[125] So judizierte der Bundesgerichtshof in einem anderem Zusammenhang, dass die Teilnahme eines Trägers öffentlicher Gewalt am Geschäftsverkehr, *„den Charakter einer geschäftlichen, den Bindungen des Kartellrechts unterliegenden Tätigkeit nicht schon deshalb [verliere], weil mit ihr auch öffentliche Aufgaben erfüllt oder öffentlichen Interessen genügt werden soll[en]"*.[126]

Auf Vorlage des *Bundessozialgerichts* schloss sich dann auch der gemeinsame Senat der obersten Gerichtshöfe des Bundes[127] im Jahre 1988 der oben genannten Rechtsauffassung des Bundesgerichtshofs[128] an, wonach die materiellrechtliche Bindung der gesetzlichen Krankenkassen an das Kartellrecht auch in den Fällen des „doppelqualifizierten Handels" bejaht wurde. In der Folgezeit entwickelte sich jedoch ein Streit um die Frage der Rechtswegzuweisung zwischen Zivil- und Sozialgerichtsbarkeit, welchem der Gesetzgeber erstmals im Jahre 1989 entgegentrat, indem er die Rechtswegvorschrift des § 51 Abs. 2 S. 1 Nr. 3 SGG (i. d. F. des GRG 1989) dahin gehend änderte, dass die Sozialgerichtsbarkeit auch bei Streitigkeiten zur Entscheidung berufen ist, die aufgrund von Entscheidungen oder Verträgen der gesetzlichen Krankenkassen oder ihrer Verbände entstehen, auch soweit durch diese Angelegenheiten Dritte betroffen sind.

Diese rechtliche Kontroverse war mittelbar auch ein Streit um die Anwendbarkeit des Wettbewerbsrechts, da die Sozialgerichtsbarkeit die gesetzlichen Krankenkassen in zahlreichen Fällen, in denen dies die Zivilgerichtsbarkeit bejahte, nicht als unmittelbar an GWB und UWG gebunden ansah. Umstritten[129] blieb, ob in Fällen, in denen es zu rechtlichen Konflikten zwischen gesetzlichen Krankenkassen und anderen Akteuren im öffentlichen Gesundheitswesen kam und die „auch-zivilrechtliche" Natur des Handelns im Einzelfall bejaht wurde aufgrund der Rechtswegzuweisung in § 51 Abs. 2 S. 1 Nr. 3 SGG (i. d. F. des

---

124 Zu dem Begriff und der Theorie siehe: *Mestmäcker* in: NJW 1969, 1 ff.

125 BGHZ 66, 229; 67, 81; 82, 375; BGH, NJW 1975, 1223 ff.; BGH, NJW 1982, 2125 ff.; siehe zu diesem Thema auch *Pietzcker* in: FS von Maydell, S. 532 und *Kingreen* in: Gesundheitsreform 2007, S. 152.

126 BGH, NJW-RR 1999, 1266, 1268.

127 GemSen-OBG, BGHZ 102, 280 ff.

128 BGHZ 66, 229; 67, 81; 82, 375; BGH, NJW 1975, 1223 ff.; BGH, NJW 1982, 2125 ff.

129 *Spieß* in: SGb 1989, 5 ff.; *Bechtold* in: SGb 1990, 62 ff.; *Reiter* in: FS Sendler, S. 519 ff.; *Manssen* in: SGb 1992, 339 ff.; *Odersky* in: FS Lerche, S. 958; *Jestaedt* in: NJW 1995, 1527 ff.; *Engelmann* in: VSSR 1999, 167 ff.; *Schnapp* in: SGb 1999, 321 ff.

GRG 1989) für die Entscheidung solcher Streitigkeiten dennoch die Sozialgerichtsbarkeit zuständig sei, oder ob sich in Streitigkeiten mit wettbewerbsrechtlichem Bezug die Zuständigkeit der Zivilgerichte ergäbe. Letztere sahen sich trotz der neugeschaffenen Regelung für den Bereich des Kartellrechts aufgrund des § 87 a. F. GWB weiterhin als zuständig an.[130]

Für die klagewilligen Leistungserbringer stellte die vorgenannte Rechtswegzuweisung an die Sozialgerichte allerdings eine Unwägbarkeit dar, der sie nur allzu gern dadurch aus dem Weg gingen, indem sie gleichwohl den Rechtsweg zu den ordentlichen Gerichten beschritten. Dieses Vorgehen war getragen von der Hoffnung, dass die aufgrund ihres jahrzehntelang gewachsenen Sachverstands kompetenteren Kartellsenate der ordentlichen Gerichtsbarkeit auch „wettbewerbsfreundliche" Entscheidungen fällen würden.[131] Zu dieser Zeit wurde in der Literatur vereinzelt sogar der unberechtigte Verdacht geäußert, dass die Sozialgerichte in Streitigkeiten zwischen gesetzlichen Krankenkassen und Leistungserbringern nicht gänzlich neutral seien.[132]

Im Ergebnis sahen sich beide Gerichtsbarkeiten als zuständig an und entschieden die ihnen vorgelegten Fälle unter Verzicht auf die Verweisungsmöglichkeit an die andere Gerichtsbarkeit. Selbst wenn dieser doppelten Kontrolle auch positive Aspekte abgewonnen werden konnten, hatten die dogmatischen Ungereimtheiten dieser Vorgehensweise eine erhebliche Rechtsunsicherheit für die Rechtssuchenden zur Folge. Hinzu kam, dass diese Verdoppelung von Entscheidungszuständigkeiten der verfassungsmäßig vorgegebenen Einrichtung besonderer Gerichtsbarkeiten widersprach.[133]

II. Rechtslage nach der Novellierung des § 69 SGB V vom 01.01.2000

Durch das GKV-GRG 2000[134] sind, zweifellos als gesetzgeberische Reaktion auf die Rechtsprechung der Zivilgerichte zu der umstrittenen Zuständigkeit, Rechtsänderungen vorgenommen worden, die endgültig klarstellen sollten, dass inso-

---

130 BGHZ 113, 218, 220; OLG Frankfurt a. M., NJW-RR 1994, 431 ff.; OLG Köln, OLG-Rp. Köln 1994, 290 ff.; Schlesw.-Holst. OLG, WRP 1996, 622 ff.; OLG Düsseldorf, WRP 1998, 1091 ff.

131 So *Engelmann* in: NZS 2000, 213, 214; *Wigge* in: NZS 2000, 533, 534; rückblickend *Keßler* in: WRP 2007, 1030, 1034.

132 Siehe hierzu *Richter* in: Der Kassenarzt 1999, 22, 23.

133 Siehe ausführlich zu der entstandenen Rechtsunsicherheit *Pietzcker* in: FS von Maydell, S. 532–535.

134 BGBl. 1999 I S. 2626.

weit eine *ausschließliche* Zuständigkeit der Sozialgerichte gegeben ist. Hierbei handelte es sich um Änderungen auf der verfahrensrechtlichen und auf der materiellrechtlichen Ebene, welche die vorbezeichnete, dogmatisch zweifelhafte und mit Rechtsunsicherheit verbundene Lage beseitigen sollten. Der Gesetzgeber bestimmte nunmehr materiellrechtlich in § 69 SGB V, dass auf die in der Norm aufgezählten Rechtsbeziehungen, auch soweit durch diese Angelegenheiten Dritte (also Wettbewerber) betroffen werden, abschließend(!) die Vorschriften des Sozialgesetzbuches Anwendung finden sollen.

Der Gesetzgeber verwies in der Begründung des Gesetzesentwurfs bezüglich der Änderung der materiellrechtlichen Lage lediglich vordergründig auf die intendierte Einbindung der in § 69 SGB V genannten Rechtsbeziehungen in die Versorgung sowie auf die Finanzierung der gesetzlichen Krankenversicherung. Die reformursächliche Rechtswegproblematik erwähnte er jedoch nur in einem Nebensatz.[135] Dem Gesetzgeber wurde daher vorgeworfen, er habe in einem *„handstreichartigen Verfahren"* die Anwendung des deutschen Wettbewerbsrechts im Bereich der gesetzlichen Krankenversicherung ausgeschlossen, um die gesetzlichen Kassen auf dem öffentlichen Gesundheitsmarkt zu privilegieren.[136]

1. Prozessuale Betrachtung

Unstreitig war nach der Reform, dass es sich bei der neugefassten Vorschrift in Verbindung mit § 51 Abs. 2 SGB V, § 87 S. 3 GWB um eine Zuweisung des Rechtswegs weg von den ordentlichen Gerichten und hin zur Alleinzuständigkeit der Sozialgerichtsbarkeit handelte. Dass hierdurch die grundsätzlich unerwünschte Verdopplung der Gerichtsbarkeiten ausgeschlossen wurde, anerkannte auch der Bundesgerichtshof.[137] Nicht vollständig geklärt war jedoch, wie weit die ausschließliche Zuständigkeit der Sozialgerichtsbarkeit reichen sollte. Dies hing von dem Verständnis der Formulierung, *„in Angelegenheiten der gesetzlichen Krankenversicherung"* in § 51 Abs. 1 Nr. 2, Abs. 2 S. 2 SGG, § 69 SGB V und dem Verweis auf die durch solche Angelegenheiten betroffenen Dritten, ab.[138]

---

135 Entwurf eines Gesetzes zur Reform der gesetzlichen Krankenversicherung ab dem Jahre 2000 vom 23.06.1999, BT-Drucks. 14/1245, S. 68.

136 Richter am BGH *Bornkamm* verwendete in diesem Zusammenhang den plakativen Ausdruck „Handstreich" und sprach zudem von einer „Irreführung des Parlaments", siehe *Bornkamm* in: Langen/Bunte, 10. Auflage, Band 1, § 87, Rn. 13.

137 Für kartellrechtliche Streitigkeiten BGH, NJW 2000, 2749 ff.; für UWG-Streitigkeiten BGH, NJW-RR 2006, 1046 ff.; so auch *K. Schmidt* in: Immenga/Mestmäcker, Band 2, § 87, Rn. 35.

138 *Roth* in: GRUR 2007, 645, 647.

Während § 51 SGG für einen Wettbewerb der gesetzlichen Kassen untereinander und ebenso für die Rechtsbeziehungen der Leistungserbringer zueinander galt, sollten die ordentlichen Gerichte weiterhin für Streitfragen zuständig sein, die außerhalb des Anwendungsbereichs des § 69 SGB V lagen und in keinem Bezug zu dem öffentlichen Versorgungsauftrag der gesetzlichen Krankenversicherung standen.[139] Ein Beispiel hierfür war die Nachfragetätigkeit der gesetzlichen Kassen gegenüber den Lieferanten, die nicht Leistungserbringer waren, also die so genannten *„Jedermannsrechtsbeziehungen"*.[140]

Trotz der durch die Reform von 2000 veränderten Rechtslage verblieben umstrittene rechtliche Fragestellungen. So lag beispielsweise im Bereich der Mitgliederwerbung zum einen ein Wettbewerb zwischen gesetzlichen Krankenkassen um die Pflichtversicherten und zum anderen ein Wettbewerb zu den privaten Krankenversicherungen um die freiwillig versicherten Mitglieder vor. Hier war und ist die Bestimmung des Rechtswegs weiterhin problematisch. Zwar entschied der Bundesgerichtshof inzwischen, dass sich die gesetzlichen Kassen im Verhältnis zu ihren privaten Wettbewerbern an die allgemeinen wettbewerbsrechtlichen Normen zu halten haben, diese weiterhin Anwendung fänden und deren Einhaltung von den ordentlichen Gerichten überprüft werden könnte.[141] Gleichwohl blieb diese Frage umstritten und ihre Beantwortung unsicher, da, so die Gegenauffassung, die gesetzlichen Kassen, so zumindest für den Bereich der Mitgliederwerbung, im Rahmen ihres öffentlichen Versorgungsauftrags handelten, es sich also um eine „Angelegenheit der gesetzlichen Krankenversicherung" handeln würde und allein die Sozialgerichtsbarkeit zuständig sei. Folglich stellt sich in der Literatur die Frage, ob für Klagen gegen die Mitgliederwerbung einer gesetzlichen Krankenkasse ein doppelter Rechtsweg gegeben sei.[142]

Des Weiteren war fraglich, ob die sich ebenfalls aus § 87 S. 3 GWB ergebende Zuständigkeit der deutschen Sozialgerichtsbarkeit zur Überprüfung des europäischen Kartellrechts (damals Art. 81 ff. EGV), gemeinschaftsrechtswidrig sein könnte.[143] Die genannten Probleme bestehen in gleichartiger Form bis zum heu-

---

139 Vgl. BGH, NJW 2007, 1819, 1820.

140 *Köhler* in: Hefermehl/Köhler/Bornkamm, § 12, Rn. 2.

141 BGH, GRUR 2007, 535 ff.; a. A. *Groß* in: HK-SGG, § 51, Rn. 21 und *Meyer-Ladewig* in: Meyer-Ladewig/Keller/Leitherer, § 51, Rn. 21, die sich beide aufgrund des ihrer Auffassung nach eindeutigen Wortlauts der Norm für eine Einschlägigkeit des Sozialrechtswegs auch im Verhältnis zu privaten Konkurrenten aussprachen.

142 *Knispel* in: NZS 2008, 129 ff.; siehe hierzu dann die ausführlichen Erörterungen im *Abschnitt E. III. 2. a).*

143 So zum Beispiel *Koenig/Sander* in: EuZW 2000, 716, 719; siehe zur Gemeinschaftrechtswidrigkeit der damaligen Regelung *Abschnitt E. I. 2. b) aa)* und zu einer möglichen Unionsrechtswidrigkeit der heutigen Regelung *Abschnitt E. I. 2. b) bb).*

tigen Tag und werden im späteren Verlauf dieser Arbeit aufgegriffen und ausführlich behandelt (vgl. Abschnitt E.).

2. Die materiellrechtliche Wirkung des § 69 SGB V im Jahre 2000

Die Novellierung des § 69 SGB V im Jahre 2000 bewirkte, dass die Rechtsbeziehungen zwischen den gesetzlichen Kassen untereinander sowie im Verhältnis zu den Leistungserbringern und den davon betroffenen Dritten abschließend, das heißt ausschließlich nach dem 4. Kapitel des SGB V und somit dem öffentlichen Recht beurteilt wurden. Daraus ergab sich notwendigerweise die Frage, ob somit auch die Geltung des allgemeinen deutschen Wettbewerbsrechts (GWB und UWG) für die in § 69 SGB V genannten Rechtsbeziehungen ausgeschlossen sei. Hierüber entwickelte sich ein Streit in Rechtsprechung und Literatur, der zu einer schwerwiegenden Rechtsunsicherheit in zahlreichen Anwendungsfällen führte.[144]

Die Gesetzesänderung wurde von einigen Gerichten und zahlreichen Stimmen in der Literatur dahingehend verstanden, dass das nationale Wettbewerbsrecht auf alle Streitigkeiten unter den gesetzlichen Kassen und sämtliche Rechtsbeziehungen zwischen den gesetzlichen Kassen und Dritten nicht anwendbar sei.[145] Die Gegenauffassung, insbesondere gestützt auf die Entscheidung des 6. Senats des Bundessozialgerichts, wonach die Novellierung des § 69 SGB V lediglich zu einer Rechtswegzuweisung führte mit der Folge, *„daß nunmehr die Gerichte der Sozialgerichtsbarkeit (auch) verpflichtet sind zu prüfen, ob die Auswirkungen des Handels der Institutionen der gesetzlichen Krankenversicherung im Verhältnis zu den Leistungserbringern materiell kartellrechtswidrig sind“*[146], ging von einer rein prozessualen Wirkung des § 69 SGB V aus.[147]

---

144 Siehe die kurze Zusammenfassung der Problemlagen in *Abschnitt A. IV. 3.*

145 BSG [3.Senat], BSGE 87, 95, 99; 89, 24, 32; OLG Düsseldorf, Urteil vom 30.04.2003, Az.: VI–U (Kart) 39/01; *Boecken* in: NZS 2000, 269, 270; *Diekmann/Wildberger* in: NZS 2004, 15 ff.; *Diekmann/Wildberger/von Quast* in: NZS 2005, 187, 188; *Ebsen* in: Paradigmenwechsel im Gesundheitswesen durch neue Versorgungsstrukturen?, S. 63 ff.; *Kirchhoff* in: SGb 2005, 499, 507; *Geisler/Temming* in: NZS 2005, 125, 126; *Gassner* in: VSSR 2000, 121, 128; *Hösch* in: GewArch. 2003, 453, 454; *Bornkamm* in: Langen/Bunte, 10. Auflage, Band 1, § 87, Rn. 13; *Gundel* in: EuR 2004, 575, 576; *Ebsen* in: KrV 2004, 95, 96; *Meyer-Lindemann* in: JR 2002, 284, 285; *Quaas* in: VSSR 2004, 175, 189; *Keßler* in: WRP 2006, 1283, 1284; *Knispel* in: NZS 2001, 466, 468; *Esch*, Rechtsfragen der Erbringung und Vergütung rettungsdienstlicher Leistungen, S. 288 ff.; *Peikert/Kroel* in: MedR 2001, 14, 19; *Pietzcker* in: FS von Maydell, S. 547; *Sormani-Bastian*, Vergaberecht und Sozialrecht, S. 93.

146 BSG [6.Senat], BSGE 86, 223, 229.

Der Gesetzgeber äußerte sich in der Begründung des Gesetzentwurfs zwar nicht eindeutig zu dieser Fragestellung. Indem er feststellte, dass „*die Krankenkassen und Verbände [...] in diesen Beziehungen ihren öffentlich-rechtlichen Versorgungsauftrag [erfüllen] und [...] nicht als Unternehmen im Sinne des Privatrechts, einschließlich des Wettbewerbs- und Kartellrechts [handeln]*“[148], brachte er nicht hinlänglich zum Ausdruck, ob er auch eine materiellrechtliche Wirkung des § 69 SGB V statuieren wollte, um so die Bindung der gesetzlichen Krankenkassen an das Wettbewerbsrecht gänzlich auszuschließen. Ausgehend von dieser abermals nicht vollständig klaren Rechtslage, wurde in Rechtsprechung und Literatur kontrovers darüber diskutiert[149], ob § 69 SGB V damit eine *echte Bereichsausnahme* gegenüber dem deutschen Wettbewerbsrecht für den Bereich der gesetzlichen Krankenversicherung darstellen würde. Vor allem durch die damalige divergierende Rechtsprechung des *3. und 6. Senats* des *Bundessozialgerichts* entstand, wie bereits festgestellt, ein nicht unerhebliches Maß an Rechtsunsicherheit. Erst in seinem Urteil vom 23.02.2006[150] gab der *Bundesgerichtshof* seine ursprüngliche Rechtsauffassung auf und schloss sich der inzwischen vereinheitlichten Auffassung des Bundessozialgerichts[151] an, wonach § 69 SGB V eine *echte Bereichsausnahme* für das deutsche Wettbewerbsrecht sei.

III. Die Auswirkungen der Novellierung des § 69 SGB V aus dem Jahre 2007

Dies war der rechtshistorische Zustand, der sich dem neuerlichen Reformgesetzgeber im Jahre 2006 darbot, als er seinen ersten Entwurf zum GKV-WSG konzipierte. Im Schrifttum wurde dieser Zustand rückblickend als wettbewerbspolitisch „*desaströs*“ bezeichnet. Hierdurch war es den gesetzlichen Kassen im

147 BSGE 86, 223, 229; OLG Dresden, NZS 2002, 33, 33; *Engelmann* in: NZS 2000, 213, 220; *Sodan* in: Paradigmenwechsel im Gesundheitswesen durch neue Versorgungsstrukturen, S. 48; *Bill* in: SGb 2000, 359, 360; *Wigge* in: NZS 2000, 533, 534; *Sodan/Adam* in: NZS 2006, 113, 114; *Steinmeyer*, Soziale Sicherheit und Wettbewerb, S. 118; *Franken*, Die privatrechtliche Binnenstruktur der integrierten Versorgung, S. 176; *Neumann*, Kartellrechtliche Sanktionierung von Wettbewerbsbeschränkungen im Gesundheitswesen, S. 144; *Dies.* in: WuW 1999, 961, 965; *Eichenhofer* in: NZS 2001, 1, 4; *Jungbluth* in: Langen/Bunte, 10. Auflage, Band 1, § 130, Rn. 21; *Schwerdtfeger*, in: pharmind 2000, 105, Leitsätze 1–16; *Stelzer* in: SozVers 2000, 141, 145.

148 Entwurf eines Gesetzes zur Reform der gesetzlichen Krankenversicherung ab dem Jahre 2000 vom 23.06.1999, BT-Drucks. 14/1245, S. 68.

149 Siehe zum Meinungsstand bereits Fn. 145 und 147.

150 BGH, NJW-RR 2006, 1046 ff.

151 BSG, NZS 2006, 249 ff.

Prinzip möglich, Kartelle zu bilden, Lieferanten zu diskriminieren, ihre Marktstellung missbräuchlich auszunutzen und nach Belieben zu Mitteln des unlauteren Wettbewerbs zu greifen.[152]

Des Weiteren erschien es widersprüchlich, einerseits das öffentliche Gesundheitswesen durch entsprechende Gesetzgebung immer weiter für den Wettbewerb zu öffnen[153], aber andererseits die Anwendbarkeit des deutschen Wettbewerbsrechts auszuschließen.[154] Zwar sollten den potentiellen Klägern verfassungsrechtliche Abwehransprüche zustehen, dennoch erschien die Vorstellung, grundrechtliche Generalklauseln müssten die Aufgaben einer altbewährten und hochdifferenzierten Gesetzgebung zum Schutze des Wettbewerbs übernehmen, der Literatur als abwegig.[155] Trotz dieses wettbewerbspolitisch fragwürdigen Zustandes sahen sowohl der erste Entwurf der regierenden Koalitionsfraktionen CDU/CSU und SPD[156] als auch der (gleichlautende) Entwurf der Bundesregierung[157] zum „*Gesetz zur Stärkung des Wettbewerbs in der gesetzlichen Krankenversicherung*" keine klarstellende Änderung des § 69 SGB V vor. Dass der spätere (gleichlautende) Entwurf der Bundesregierung keine Änderung des § 69 SGB V vorsah, erschien umso bemerkenswerter, da kurz zuvor seitens des Bundesrates ausdrücklich vorgeschlagen wurde, die entsprechende Anwendbarkeit von GWB und UWG auf Verträge zwischen gesetzlichen Krankenkassen und Leistungserbringern anzuordnen.[158]

Der Bundestag wollte also „*sehenden Auges*" ein Gesetz erlassen, das den Titel „Wettbewerbsstärkungsgesetz" tragen sollte, gleichzeitig aber den umfassenden Ausschluss des deutschen Wettbewerbsrechts, welcher mittlerweile die gängige Rechtsprechung der obersten Bundesgerichte war[159], anstandslos hinnehmen. Dieses widersprüchliche Verhalten des Gesetzgebers war einer der Hauptgründe für die massive Kritik an dem ersten Entwurf des Wettbewerbsstärkungsgesetzes (GKV-WSG). Besondere Bedeutung hatte im Rahmen der

---

152 *Möschel* in: JZ 2007, 601, 602; *BKartA*, Stellungnahme vom 28.11.2006, S. 7.

153 Hier sind insbesondere das GKV-GRG 2000 und das GKV-GMG 2003 gemeint, welche die Möglichkeit zum Abschluss von Einzelverträgen zwischen gesetzlichen Krankenkassen und Ärzten etablierten und ausweiteten.

154 So schon *Kingreen* in: MedR 2004, 188, 192; *Sodan/Adam* in: NZS 2006, 113, 115.

155 *Möschel* in: JZ 2007, 601, 603 m. w. N.

156 Entwurf eines Gesetzes zur Stärkung des Wettbewerbs in der gesetzlichen Krankenversicherung vom 24.10.2006, BT-Drucks. 16/3100.

157 Regierungsentwurf eines Gesetzes zur Stärkung des Wettbewerbs in der gesetzlichen Krankenversicherung vom 20.12.2006, BT-Drucks. 16/3950, S. 7.

158 Stellungnahme des Bundesrats zum Gesetzesentwurf vom 15.12.2006, BR-Drucks. 755/06(B), S. 24.

159 BGH, NJW-RR 2006, 1046 ff.; BSG, NZS 2006, 249 ff.

geäußerten Kritik die Stellungnahme des *Bundeskartellamts*.[160] Der *Wissenschaftliche Beirat* beim Bundesministerium für Wirtschaft und Technologie[161] hatte sich bereits vor der Veröffentlichung des ersten Gesetzesentwurfs der Regierungskoalition kritisch mit der im Bundestag geführten Reformdiskussion auseinandergesetzt und vorgreifend Kritik an den Reformplänen geübt. Folglich ist es in diesem Kontext unumgänglich, sich intensiver mit diesen Kritiken zu beschäftigen.

1. Forderungen des Wissenschaftlichen Beirats

Die Kritik des Wissenschaftlichen Beirats hatte maßgeblich zum Inhalt, dass der Reformgesetzgeber die Stärkung des nachfrageseitigen Wettbewerbs zwischen den gesetzlichen Krankenkassen nicht hinreichend berücksichtige. Dieser aber sei die wesentliche Maßnahme, um das öffentliche Gesundheitssystem kostengünstiger und effizienter zu gestalten.[162] Im Rahmen seiner Stellungnahme vom 13.05.2006 wies der Beirat unter anderem darauf hin, dass die Gesundheitsreform zur Schaffung von mehr Qualität und Effizienz im Gesundheitswesen zunächst einen zweiseitigen/doppelten Wettbewerb im System der gesetzlichen Krankenversicherung schaffen bzw. stärken sollte.[163] Der Gesetzgeber wurde dazu aufgefordert, auf dem Leistungsmarkt, also dem Markt, auf dem die gesetzlichen Kassen Verträge mit den Leistungserbringern schließen, mehr individuelle Vertragsfreiheit zwischen den Parteien zu kreieren. So würde einerseits die Möglichkeit geschaffen, ineffektive Leistungserbringer, die den Markt belasten, durch Auftragsentzug ausschließen zu können[164], und andererseits eine Kostensenkung herbeizuführen.

Des Weiteren sollte der Wettbewerb auf dem Versicherungsmarkt um die Versicherten gestärkt werden. Denn nur so würden Anreize für die gesetzlichen Kassen geschaffen, sich sowohl die nötigen Informationen zu beschaffen als auch die Gesundheitsdienstleistungen, die sie ihren Mitgliedern erstatten, möglichst effizient zu erbringen.[165] Hierdurch wäre es denkbar, die möglichen Kostenersparnisse direkt an die Versicherten weiterzugeben, was die Attraktivität der

160 *BKartA*, Stellungnahme vom 28.11.2006, Ausschussdrucks. 16(14)0129(131).

161 Gutachten des *Wissenschaftlichen Beirats* (*Wiss.-Beirat*) beim Ministerium für Wirtschaft und Technologie, „Mehr Wettbewerb im System der Gesetzlichen Krankenversicherung" vom 13.05.2006.

162 *Wiss.-Beirat*, Gutachten, S. 3.

163 *Wiss.-Beirat*, Gutachten, S. 7.

164 *Wiss.-Beirat*, Gutachten, S. 7.

165 *Wiss.-Beirat*, Gutachten, S. 7.

jeweiligen gesetzlichen Krankenkasse auf dem Versicherungsmarkt für potentielle neue Mitglieder erhöhen würde.[166] Dieser gestärkte doppelte Wettbewerb sollte nach Ansicht des Wissenschaftlichen Beirats dann von einem für die Versicherten nachvollziehbaren, also nicht durch die Umverteilung zwischen Arm und Reich verzerrten Preissystem[167] begleitet werden. Überdies sollte es den gesetzlichen Kassen möglich sein, durch Fusionen die optimale Betriebsgröße zu erreichen oder bei wirtschaftlichen Misserfolgen Insolvenz anzumelden.[168] Die vorgenannten Erfordernisse sah der Beirat in dem damaligen System als noch nicht hinreichend verwirklicht an.[169]

2. Kritik des Bundeskartellamts

Während sich die Kritik des Wissenschaftlichen Beirats weitestgehend auf die Forderung nach Einführung weiterer wettbewerblicher Elemente in das System der gesetzlichen Krankenversicherung konzentrierte, griff das Bundeskartellamt diese Kritik zwar auf, setzte sich jedoch vor allem mit den Konsequenzen der damaligen materiellrechtlichen Lage, also den Auswirkungen des unveränderten § 69 SGB V für die geforderte und angestrebte Intensivierung des Wettbewerbs im Bereich der gesetzlichen Krankenversicherung auseinander.

Das Bundeskartellamt stellte zunächst klar, dass es § 69 SGB V ebenfalls als eine *faktische Bereichsausnahme* für die Anwendbarkeit der Regeln des Wettbewerbsrechts ansieht.[170] Es begrüßte die in dem Gesetzentwurf vorgesehene Einführung weiterer wettbewerblicher Elemente in den Bereich der gesetzlichen Krankenversicherung und unterstützte auch die oben genannten Ansichten des Wissenschaftlichen Beirats, indem es sich ebenfalls für eine Erweiterung der individuellen Handlungsspielräume der gesetzlichen Kassen sowohl im Hinblick auf den Angebotswettbewerb um Mitglieder als auch im Hinblick auf den Nachfragewettbewerb gegenüber ihren Leistungserbringern aussprach.[171]

Das Bundeskartellamt wies zugleich darauf hin, dass jede Einschränkung des Wettbewerbsprinzips, zum Beispiel durch die Nichtanwendung wettbewerbsrechtlicher Vorschriften, einer schlüssigen Begründung bedürfe.[172] Es war und

---

166 *Wiss.-Beirat*, Gutachten, S. 13.

167 *Wiss.-Beirat*, Gutachten, S. 9.

168 Die vom Wissenschaftlichen Beirat schon damals angeregten Reformoptionen werden im *Abschnitt G. IV.* ausführlich aufgegriffen.

169 *Wiss.-Beirat*, Gutachten, S. 10.

170 *BKartA*, Stellungnahme vom 28.11.2006, S. 5.

171 *BKartA*, Stellungnahme vom 28.11.2006, S. 4.

172 *BKartA*, Stellungnahme vom 28.11.2006, S. 5.

ist[173] jedoch der Ansicht, dass der durch § 69 SGB V bedingte Ausschluss des Wettbewerbsrechts im System der gesetzlichen Krankenversicherung durch die gesetzgeberische Argumentation, die sich insbesondere auf eine kurzfristige Kostensenkung auf dem Leistungsmarkt stützte, nicht schlüssig begründet werden könne. Vielmehr erwartete es, dass nach der Gesundheitsreform 2006[174] die Krankenkassen entgegen der Zielsetzung der Reform nicht verstärkt individuell, sondern gemeinsam handeln würden und damit der Wettbewerb geschwächt würde.[175] Kritisiert wurde vor allem die „Kurzsichtigkeit" des Gesetzgebers, der nach Meinung des Bundeskartellamts verkannte, dass diese kurzfristige und schnelle Kostendämpfung, die der Ausschluss des Wettbewerbsrechts zwar mit sich bringen kann, gleichwohl langfristig negative Auswirkungen auf den öffentlichen Gesundheitsmarkt haben würde.[176]

Schließlich wurde kritisiert, dass die Anordnung der ausschließlichen Geltung des Sozialrechts im Verhältnis der gesetzlichen Kassen dazu führt, dass auch die Regeln des UWG nicht gelten. Praktisch bedeute dies, dass in diesem Rechtsverhältnis Maßnahmen des unlauteren Wettbewerbs erlaubt seien.[177] Das Bundeskartellamt kam aufgrund vorgenannter Umstände zu dem Ergebnis, dass der Ausschluss des Wettbewerbsrechts für den Bereich der gesetzlichen Krankenversicherung auch nicht unter Bezugnahme auf ihre angespannte Finanzlage oder den Hinweis auf den öffentlich-rechtlichen Charakter der Krankenkassen gerechtfertigt sei.[178] Als Folge der fehlenden Rechtfertigung und der vorgenannten absehbaren negativen Auswirkungen, welche die Bereichsausnahme auf das öffentliche Gesundheitswesen nach Ansicht des Bundeskartellamtes haben würde, forderte es die ersatzlose Streichung des § 69 SGB V aus dem Entwurf des GKV-WSG.[179] Auch die vom Gesetzgeber beabsichtigte Implementierung der

173 Vgl. Stellungnahme des Bundeskartellamts zum Entwurf eines Gesetzes zur Weiterentwicklung der Organisationsstrukturen in der gesetzlichen Krankenversicherung vom 08.10.2008, S. 3 (fortan: *BKartA*, Stellungnahme vom 08.10.2008, S.).

174 Das *BKartA* spricht in der zitierten Stellungnahme von der Gesundheitsreform 2006, meint jedoch die Reform, welche heute gemeinhin als Gesundheitsreform 2007 bezeichnet wird.

175 *BKartA*, Stellungnahme vom 28.11.2006, S. 4.

176 *BKartA*, Stellungnahme vom 28.11.2006, S. 6 und 7.

177 *BKartA*, Stellungnahme vom 28.11.2006, S. 10.

178 *BKartA*, Stellungnahme vom 28.11.2006, S. 9.

179 *BKartA*, Stellungnahme vom 28.11.2006, S. 10; es sei bereits an dieser Stelle angemerkt, dass sich auch die *Monopolkommission* in ihrem 17. Hauptgutachten vom 19.08.2008 der Meinung des *Bundeskartellamtes* weitestgehend anschloss, die Streichung des § 69 SGB V für den Krankenhausmarkt forderte und für die übrigen Bereiche des Gesundheitsmarktes den Gesetzgeber zur „kritischen Überprüfung" anhielt, BT-Drucks. 16/10140, S. 336–340. Mittlerweile hat die *Monopolkommission* in ihrem 18. Hauptgutachten jedoch von ihrer Forderung der ersatzlosen Streichung des § 69 SGB V Abstand genommen und diese unter die Bedingung ge-

Missbrauchskontrolle des Gesetzes gegen Wettbewerbsbeschränkungen (§§ 19–21 GWB) wurde aus Rechts- und Marktschutzgesichtspunkten als nicht ausreichend angesehen und darüber hinaus als widersprüchlich zu der gleichzeitig bestätigten Bereichsausnahme vom gesamten Wettbewerbsrecht kritisiert.[180]

3. Reaktion des Reformgesetzgebers

Angesichts der Kritik des Bundeskartellamtes und der Forderung des Bundesrats, die Anwendbarkeit des deutschen Wettbewerbsrechts auf die von § 69 SGB V erfassten Rechtsbeziehungen anzuordnen, überarbeitete der Reformgesetzgeber von 2007 unter Vorlage der Beschlussempfehlung des Ausschusses für Gesundheit vom 31.01.2007[181] sowie dem dazugehörigen Bericht vom 01.02.2007 seinen ersten Entwurf zum GKV-WSG und beschloss die modifizierte Fassung des § 69 SGB V am 02.02.2007[182]. Der Vorschrift wurde folgender (damaliger) Satz 2 hinzugefügt:

> *„Die §§ 19 bis 21 des Gesetzes gegen Wettbewerbsbeschränkungen gelten entsprechend; dies gilt nicht für Verträge von Krankenkassen oder deren Verbänden mit Leistungserbringern, zu deren Abschluss die Krankenkassen oder deren Verbände gesetzlich verpflichtet sind und bei deren Nichtzustandekommen eine Schiedsamtsregelung gilt*".

Der Bundestag war der Empfehlung seines Ausschusses für Gesundheit gefolgt und ordnete somit nur einen partiellen Verweis auf das deutsche Kartellrecht an. Mit dieser Neufassung wurde folglich das Missbrauchs-, Diskriminierungs- und Boykottverbot des GWB ausdrücklich bei solchen Verträgen für *entsprechend* anwendbar erklärt, zu deren Abschluss keine gesetzliche Verpflichtung besteht.

Zwar sorgte der Gesetzgeber durch diese Novellierung für „Klarheit" hinsichtlich der materiellrechtlichen Wirkung der Norm, denn die Anordnung der entsprechenden Anwendbarkeit der §§ 19–21 GWB lässt nur den Schluss zu, dass der Gesetzgeber im Grundsatz davon ausgeht, dass die Leistungsbeziehungen zwischen den gesetzlichen Krankenkassen und ihren Leistungserbringern abschließend durch das 4. Kapitel des SGB V geregelt werden und dadurch eine

---

stellt, dass eine gesetzliche Klarstellung hinsichtlich des unternehmerischen Handels der Kassen und der Anwendbarkeit des GWB erfolgt.

180 *BKartA*, Stellungnahme vom 28.11.2006, S. 10 ff.

181 Beschlussempfehlung des Ausschusses für Gesundheit vom 31.01.2007, BT-Drucks. 16/4200, S. 29.

182 Eine kritische Betrachtung mit verfassungsrechtlichen Bedenken zum zeitlichen Ablauf des Gesetzgebungsverfahrens und den Umständen der Beschlussfassung findet sich bei *Sodan* in: NJW 2007, 1313, 1314.

unmittelbare Anwendung von GWB und UWG ausgeschlossen ist. Wie weit dieser Ausschluss im Einzelnen dann tatsächlich reicht, ist allerdings in vielen Bereichen unklar.[183] Sowohl die Anordnung der lediglich entsprechenden Geltung der §§ 19 bis 21 GWB als auch die „*Gesetzesbegründung*“[184], in welcher sich der Gesetzgeber noch immer nicht eindeutig dazu bekennt, mit dem § 69 SGB V eine umfassende Bereichsausnahme vom deutschen Wettbewerbsrecht geschaffen zu haben[185], beließen zahlreiche rechtliche Unklarheiten und somit genügend Argumentationsspielraum für Literatur und Rechtsprechung. Daher wurde die Vorgehensweise des Gesetzgebers in der Literatur zu Recht als „halbherzig“ und „nicht sachdienlich“ kritisiert.[186] Bis zum heutigen Tage besteht eine anhaltende Rechtsunsicherheit in vielen Bereichen des öffentlichen Gesundheitsrechts, die ihren Niederschlag in umstrittenen rechtlichen Streitfragen findet.[187] Zumindest eine, ebenfalls nach der Novellierung des § 69 SGB V entstandene Grundsatzfrage, muss im Rahmen dieser Arbeit nicht mehr beantwortet werden. Die Frage, ob das *Kartellvergaberecht* im Bereich der gesetzlichen Krankenversicherung durch § 69 SGB V ebenfalls ausgeschlossen ist und im verneinenden

---

183 Vgl. *Roth* in: GRUR 2007, 645, 649.

184 In der Literatur und auch im Rahmen dieser Arbeit wird der Bericht des Ausschusses für Gesundheit vom 01.02.2007, BT-Drucks. 16/4247 häufig als „*Gesetzesbegründung*“ zum GKV-WSG bezeichnet. Dies ist in zweifacher Hinsicht ungenau: Zum einen werden stets nicht die erlassenen Gesetze, sondern nur Gesetzesentwürfe oder Beschlussempfehlungen begründet und zum anderen handelte es sich bei der zitierten BT-Drucks. um einen Ausschussbericht. Da sich der Bundestag diesen Bericht durch Beschlussfassung zu Eigen machte und da es gängige Praxis ist, die übrigen begründenden Gesetzesmaterialien als „Gesetzesbegründungen“ zu bezeichnen, soll auch im weiteren Verlauf dieser Arbeit weiter so verfahren werden.

185 Vgl. Bericht des Ausschusses für Gesundheit vom 01.02.2007, BT-Drucks. 16/4247, S. 35. Dort heißt es: „ [...] Die Anordnung der entsprechenden Anwendbarkeit der §§ 19 bis 21 GWB gewährleistet, dass die Kasse ein dadurch eventuell entstehende marktbeherrschende Stellung nicht missbraucht, es zu keiner Diskriminierung der Vertragspartner der Krankenkasse und zu keinem Boykott kommt. Die Änderung führt nicht dazu, dass die Krankenkassen beim Abschluss von Einzelverträgen als Unternehmen zu qualifizieren wären. Auch beim Abschluss von Einzelverträgen nehmen die gesetzlichen Krankenkassen eine soziale Aufgabe wahr, die auf dem Grundsatz der Solidarität beruht und ohne Gewinnerzielungsabsicht ausgeübt wird. Sie erfüllen damit weder nach dem deutschen noch nach dem europäischen Recht die Begriffsmerkmale, die von der Rechtsprechung an ein Unternehmen gestellt werden. Die Anordnung der lediglich entsprechenden Anwendbarkeit der §§ 19 bis 21 GWB stellt klar, dass diese Vorschriften, die an sich an Unternehmen adressiert sind, in der Rechtsfolge auch die KK betreffen [...]“(Die Beschlussempfehlung erfolgte gesondert in: BT-Drucks. 16/4200).

186 Vgl. *Sauter/Ellenbrock* in: GesR 2007, 497; *Stumpf* in: WRP 2008, 286, 288; *Liessem/Steinmeyer/von Laer*, Die Anwendbarkeit von Wettbewerbs- und Kartellrecht auf gesetzliche Krankenkassen, S. 27; *Heistermann* in: ZMGR 2007, 112, 115; *Wigge/Harney* in: MedR 2008, 139, 147.

187 Siehe die kurze Zusammenfassung der Problemlagen in *Abschnitt A. IV. 3.*

Falle, welche Gerichte für die Überprüfung der Einhaltung der vergaberechtlichen Regelungen zuständig sind, war im Anschluss an die Gesundheitsreform 2007 umstritten und ist in Rechtsprechung[188] und Schrifttum intensiv diskutiert worden.[189]

IV. Novellierung des § 69 SGB V vom 18.12.2008

Hierauf muss deshalb nicht mehr eingegangen werden, da der Gesetzgeber den § 69 SGB V im Gesetz zur Weiterentwicklung der Organisationsstrukturen in der gesetzlichen Krankenversicherung vom 15.12.2008 (fortan: GKV-OrgWG)[190] erneut änderte und in § 69 Abs. 2 S. 2 n. F. deklaratorisch klarstellte, dass die §§ 97 bis 115 und 128 GWB anzuwenden sind, soweit die dort genannten Voraussetzungen erfüllt sind.[191] Dies ist zu begrüßen, da hierdurch zumindest im

---

188 Das SG Stuttgart sah in seinem Beschluss vom 20.12.2007, Az.: S 10 KR 8404/07 ER, das Kartellvergaberecht als nicht anwendbar an, da die §§ 97 ff. GWB im § 69 Abs. 2 SGB V (damals) nicht erwähnt waren.

189 Zum Streitstand siehe den Überblick bei *Wendtland* in: Beck-OK SGBV, § 69, Rn. 20; *Byok* in: GesR 2007, 553; *Gassner* in: ZVersWiss 2008, 412, 420 m. w. N.; *Knispel* in: GesR 2009, 236, 237, bezeichnet diesen Streit rückblickend zu Recht als *„fruchtlos"*, da die nationalen Vergaberechtsvorschriften nur zwingendes europarechtliches Richtlinienrecht umsetzten, über dessen Anwendungsbereich der nationale Gesetzgeber ohnehin nicht disponieren konnte, so dass bei Vorliegen der Voraussetzungen aufgrund des EG-Rechts die Vergaberechtsregeln hätten zur Anwendung kommen müssen; zustimmend *Müller* in: A&R 2007, 195, 198; dieser Auffassung war *Kingreen* bereits vor Erlass des neuen § 69 Abs. 2 S. 1 Halbs. 2 SGB V in: SGb 2008, 437, 440.

190 Gesetz zur Weiterentwicklung der Organisationsstrukturen in der gesetzlichen Krankenversicherung vom 15.12.2008, BGBl. I S. 2426.

191 Die aktuell (Juli 2010) gültige Fassung des § 69 SGB V lautet nunmehr:
(1) Dieses Kapitel sowie die §§ 63 und 64 regeln abschließend die Rechtsbeziehungen der Krankenkassen und ihrer Verbände zu Ärzten, Zahnärzten, Psychotherapeuten, Apotheken sowie sonstigen Leistungserbringern und ihren Verbänden, einschließlich der Beschlüsse des Gemeinsamen Bundesausschusses und der Landesausschüsse nach den §§ 90 bis 94. Die Rechtsbeziehungen der Krankenkassen und ihrer Verbände zu den Krankenhäusern und ihren Verbänden werden abschließend in diesem Kapitel, in den §§ 63, 64 und in dem Krankenhausfinanzierungsgesetz, dem Krankenhausentgeltgesetz sowie den hiernach erlassenen Rechtsverordnungen geregelt. Für die Rechtsbeziehungen nach den Sätzen 1 und 2 gelten im Übrigen die Vorschriften des Bürgerlichen Gesetzbuches entsprechend, soweit sie mit den Vorgaben des § 70 und den übrigen Aufgaben und Pflichten der Beteiligten nach diesem Kapitel vereinbar sind. Die Sätze 1 bis 3 gelten auch, soweit durch diese Rechtsbeziehungen Rechte Dritter betroffen sind.
(2) Die §§ 19 bis 21 des Gesetzes gegen Wettbewerbsbeschränkungen gelten für die in Absatz 1 genannten Rechtsbeziehungen entsprechend; die §§ 97 bis 115 und 128 des Gesetzes

Grundsatz ein praktischer Fall von Rechtsunsicherheit durch den Gesetzgeber gelöst wurde, indem auf eine intensive Diskussion in Schrifttum und Rechtsprechung deklaratorisch reagiert wurde.[192] Selbst wenn im Anwendungsfall, das heißt bei Rechtsstreitigkeiten von gesetzlichen Krankenkassen mit ihren Leistungserbringern, noch teilweise problematisch ist, ob die in §§ 97 ff. GWB statuierten Voraussetzungen auch tatsächlich vorliegen, ist durch das GKV-OrgWG zumindest die Frage der grundsätzlichen Anwendbarkeit des Kartellvergaberechts abschließend geklärt worden. Typisch für die Gesetzgebung im Rahmen des Gesundheitsrechts mutet es allerdings an, dass der Gesetzgeber lediglich auf einen kleinen Teil der oben genannten Problemfelder reagierte und nur hierzu klarstellende Veränderungen im Gesetzeswortlaut vornahm. Es besteht allerdings weiterhin gesetzgeberischer Handlungsbedarf im öffentlichen Gesundheitswesen: Der Wettbewerb ist nachhaltig in den Bereich der gesetzlichen Krankenversicherung einzuführen und die oben genannten rechtlichen Problemfelder müssen aufgelöst werden.

In den nun folgenden Teilen wird zunächst verfassungsrechtlichen Grundfragen (Abschnitt C.), die sich nach der Gesundheitsreform 2007 stellen, nachgegangen. Im Anschluss hieran (Abschnitt D.) wird die Frage beantwortet, ob sich die Probleme, die sich aus der Existenz des § 69 SGB V ergeben, nicht durch eine anderweitige Auslegung dieser Norm beheben lassen. Der Gesetzgeber hat nämlich keine eindeutige, das heißt gesetzliche, Klarstellung zu der Frage geliefert, ob § 69 SGB V als Bereichsausnahme vom deutschen Wettbewerbsrecht mit umfassender materiellrechtlicher Wirkung anzusehen ist.[193] Vielmehr scheint es so, als scheue er eine eindeutige Aussage hierüber und überlasse die Beurteilung dieser Frage der Rechtsprechung und Literatur.

gegen Wettbewerbsbeschränkungen sind anzuwenden, soweit die dort genannten Voraussetzungen erfüllt sind. Satz 1 gilt nicht für Verträge von Krankenkassen oder deren Verbänden mit Leistungserbringern, zu deren Abschluss die Krankenkassen oder deren Verbände gesetzlich verpflichtet sind und bei deren Nichtzustandekommen eine Schiedsamtsregelung gilt. Die in Satz 1 genannten Vorschriften gelten mit der Maßgabe, dass der Versorgungsauftrag der gesetzlichen Krankenkassen besonders zu berücksichtigen ist.

192 *Knispel* in: GesR 2009, 236, 237; *Auktor* in: LPK-SGB V, § 69, Rn. 9.

193 Dies lässt sich vor allem dem Entwurf eines Gesetzes zur Reform der gesetzlichen Krankenversicherung ab dem Jahre 2000 vom 23.06.1999, BT-Drucks. 14/1245, S. 68, nicht entnehmen.

C. Ausgewählte verfassungsrechtliche Fragestellungen

Bevor sich mit Inhalt und Wirkung des § 69 SGB V auseinandergesetzt werden kann, soll zunächst geklärt werden, ob § 69 SGB V verfassungswidrig ist. Im Folgenden muss daher die Verfassungsmäßigkeit einer wettbewerbsrechtlichen Teilbereichsausnahme für die Leistungserbringung im öffentlichen Gesundheitswesen untersucht werden (Abschnitt I.). Zum einen erscheint es möglich, dass § 69 Abs. 1 SGB V in der aktuellen Fassung die Grundrechte einzelner Leistungserbringer, insbesondere der Vertrags- bzw. Kassenärzte, verletzt, indem er ihnen die Möglichkeit nimmt, sich in Rechtsstreitigkeiten mit den gesetzlichen Krankenkassen auf sämtliche Ansprüche aus dem deutschen Wettbewerbsrecht, also dem gesamten GWB und dem UWG, berufen zu können, während den so genannten Privatärzten bei Auseinandersetzungen mit den privaten Krankenversicherungsunternehmen das gesamte Instrumentarium des deutschen Wettbewerbsrechts zur Verfügung steht.[194]

Darüber hinaus ist der Frage nachzugehen, ob die durch die Teilbereichsausnahme erzielte Privilegierung der gesetzlichen Kassen gegenüber den privaten Versicherern grundrechtlich bedenklich ist, bzw. ob es hierfür eine ausreichende Rechtfertigung gibt. Die Darstellung kann sich auf mögliche Grundrechtsverletzungen der Leistungserbringer und privaten Konkurrenten der gesetzlichen Kassen beschränken, da Letztgenannte sich in Rechtsstreitigkeiten untereinander als Körperschaften des öffentlichen Rechts mangels Grundrechtsfähigkeit nicht auf die Grundrechte berufen können.[195] Schließlich werden in diesem Abschnitt ausgewählte verfassungsrechtliche Probleme, die im Zuge des GKV-WSG aufkamen, erörtert und vor dem Hintergrund der Gesamtthematik dieser Arbeit gewürdigt (Abschnitt II.).

---

194 So *Sodan/Adam* in: NZS 2006, 113, 116.

195 BVerfGE 35, 263, 271; 45, 63, 78; 78, 101, 102; BGH, NJW-RR 2006, 1046, 1047; explizit für die Allgemeinen Ortskrankenkassen vgl. BVerfG, NVwZ 2008, 671; zuletzt für gesetzliche Krankenkassen im Allgemeinen vgl. BVerfG, NVwZ-RR 2009, 361; *Kannengießer* in: S/H/H, Art. 3, Rn. 12; a. A. *Ramsauer* in: NJW 1998, 481, 484, der es aufgrund der wettbewerbsrelevanten organisationsrechtlichen Änderungen im öffentlichen Gesundheitswesen für erforderlich hält, den gesetzlichen Kassen zumindest eine Berufung auf Art. 3 Abs. 1 GG zu ermöglichen.

I. Verfassungskonformität des § 69 SGB V und seiner Wirkungen

1. Verletzung von Art. 3 Abs. 1 GG hinsichtlich der Vertragsärzte

Durch § 69 Abs. 1 SGB V könnten die Vertragsärzte in ihrem Recht auf Gleichbehandlung aus Art. 3 Abs. 1 GG verletzt sein. Der allgemeine Gleichheitssatz verlangt, dass alle Menschen vor dem Gesetz gleich behandelt werden. Verboten ist auch ein gleichheitswidriger Begünstigungsausschluss, bei dem eine Begünstigung einem Personenkreis gewährt, einem anderen Personenkreis aber vorenthalten wird.[196] Dieses Gebot/Verbot richtet sich jedoch nicht nur an die rechtsanwendenden Organe, sondern auch an den Gesetzgeber. Es fordert daher unter anderem Rechtssetzungsgleichheit.[197]

a) Ungleichbehandlung

Das Bundesverfassungsgericht nahm eine Verletzung des Gleichheitssatzes zunächst immer dann an, wenn wesentlich Gleiches willkürlich ungleich oder wesentlich Ungleiches willkürlich gleich behandelt wurde.[198] In der jüngeren Vergangenheit hat das Bundesverfassungsgericht jedoch für Art. 3 Abs.1 GG einen neuen Prüfungsmaßstab unter Einbeziehung des Aspekts der Verhältnismäßigkeit entwickelt. Entsprechend der so genannten „neuen Formel“[199] des Bundesverfassungsgerichts ist das Gleichheitsgrundrecht des Art. 3 Abs. 1 GG *„vor allem dann verletzt, wenn eine Gruppe von Normadressaten im Vergleich zu anderen Normadressaten anders behandelt wird, obwohl zwischen beiden Gruppen keine Unterschiede von solcher Art und solchem Gewicht bestehen, dass sie die ungleiche Behandlung rechtfertigen könnten*“. Diese neue Rechtsprechung hatte eine Einschränkung der Gestaltungsfreiheit des Gesetzgebers bei personen-

---

196 vgl. BVerfGE 110, 412, 431; 112, 164, 174; 116, 164, 189.

197 Vgl. *Papier* in: SRH, S. 130; *Oesterreich*, Versicherungspflicht oder Versicherungsfreiheit, S. 236.

198 BVerfGE 1, 14, 52; 4, 144, 155; 25, 101, 105; 27, 364, 371; 72, 141, 150; 78, 104, 121; 84, 133, 158; 97, 271, 291; 98, 365, 385.

199 BVerfGE 55, 72, 88; danach st. Rspr. des Ersten Senats, etwa BVerfGE 82, 126, 146; 84, 133, 157; 84, 197, 199; 84, 348, 359; 85, 191, 210; 85, 238, 244; 85, 360, 383; 87, 1, 36; 87, 234, 255; 88, 5, 12; 95, 39, 45; 102, 41, 54.

bezogenen Differenzierungen zur Folge.[200] Gemäß dieser „neuen Formel“ setzt ein Verstoß gegen Art. 3 Abs. 1 GG zunächst eine Ungleichbehandlung von wesentlich Gleichem oder eine Gleichbehandlung von wesentlich Ungleichem voraus.[201] Zur Aufklärung, ob eine solche Ungleich- oder Gleichbehandlung vorliegt, sind zunächst Vergleichsgruppen zu bilden (vgl. Abschnitt aa)). [202] Eine Gleichheitsaussage wird stets in Bezug auf ein oder mehrere bestimmte gemeinsame Merkmale getroffen, indem ein gemeinsamer Oberbegriff gesucht wird, unter den die verschieden behandelten Gruppen vollständig und abschließend fallen.[203] Hieran schließt sich die Frage an, ob tatsächlich eine differenzierende Behandlung der Vergleichsgruppen vorliegt (vgl. Abschnitt bb)). Sodann stellt sich die ganz entscheidende Frage, ob die Vergleichsgruppen überhaupt als wesentlich gleich anzusehen sind (vgl. Abschnitt cc)). Lässt sich eine Ungleichbehandlung von wesentlich Gleichem feststellen, ist zu hinterfragen, ob es einen rechtfertigenden Grund für die vorgefundene Ungleichbehandlung gibt. Dies erfolgt durch eine Verhältnismäßigkeitsprüfung (vgl. Abschnitt 2.) und die in diesem Rahmen vorzunehmende Abwägung.[204]

aa) Vergleichsgruppenbildung

Die Vergleichsgruppenbildung ist das Ergebnis eines Aktes wertender Erkenntnis, um den Bezugspunkt für die wesentliche Übereinstimmung bzw. Differenz der zu vergleichenden Gruppen oder Personen erfassen zu können.[205] Als ungleich behandelte Vergleichsgruppen kommen hier die Vertrags-/Kassenärzte auf der einen Seite und die Privatärzte auf der anderen Seite in Betracht, die beide unter die Obergruppe des Arztberufes fallen.

---

200 Vgl. *Papier* in: SRH, S. 130; *Oesterreich*, Versicherungspflicht oder Versicherungsfreiheit, S. 237.

201 BVerfGE 4, 155; 15, 201; 18, 46; 22, 263; 23, 107; 27, 371; 36, 79; 38, 17; 42, 72; 47, 124; 49, 165; 50, 161; 51, 300; 76, 329; 86, 81; 90, 226; eine ausführliche Übersicht der Entscheidungen des Bundesverfassungsgericht findet sich bei *Burghart* in: Leibholz/Rink/Hesselberger, Art. 3, Rn. 27.

202 *Osterloh* in: Sachs, Art. 3, Rn. 80; *Herzog* in: Maunz/Dürig, Anh. Art. 3, Rn. 6; *Gubelt* in: v.Münch/Kunig, Art. 3, Rn. 14; *Rüfner* in: v.Mangoldt/Klein/Starck, Art. 3, Rn. 25; *Pieroth/Schlink*, Grundrechte, S. 23; *Heun* in: Dreier, Art. 3, Rn 23.

203 So *Heun* in: Dreier, Art. 3, Rn. 21.

204 *Ipsen*, Staatsrecht II, Rn. 72.

205 *Schmidt* in: EKA, Art. 3, Rn. 33.

bb) Unterschiedliche Behandlung der Vergleichsgruppen

Zunächst ist Voraussetzung für die Feststellung einer Ungleichbehandlung, dass die gebildeten Vergleichsgruppen unterschiedlich behandelt werden, also vom Gesetzgeber mit unterschiedlichen Rechtsfolgen belegt werden.[206]

Im aktuellen Gesundheitssystem können sowohl Privatärzte als auch Vertragsärzte mit den Krankenversicherungen (einzel-)vertragliche Beziehungen eingehen oder in sonstiger Weise in Rechtsbeziehungen treten. Von erheblicher Bedeutung für die Feststellung einer unterschiedlichen Behandlung der Vertragsärzte gegenüber den Privatärzten ist daher die Tatsache, dass, insbesondere durch die letzten Gesundheitsreformen, der Gesetzgeber das traditionelle Kollektivvertragssystem in der gesetzlichen Krankenversicherung zunehmend durch entsprechende Ausnahmeregelungen aufgeweicht und hierdurch die Angebotsseite des Leistungserbringungsmarktes „entmonopolisiert" hat.[207] Diese Ausnahmeregelungen eröffnen sowohl den Vertragsärzten als auch den gesetzlichen Krankenkassen immer mehr Möglichkeiten zum selektivvertraglichen Abschluss, das heißt, dass unmittelbare Vertragsbeziehungen zwischen gesetzlichen Krankenkassen und Vertragsärzten stetig zunehmen werden.[208]

Die Etablierung des Einzel-/Selektivvertrags im gesetzlichen Krankenversicherungssystem wurde und wird als ein wichtiges Element zur Erweiterung des Leistungswettbewerbs im öffentlichen Gesundheitswesen angesehen.[209] So wurden durch das GMG 2003 einzelvertragliche Möglichkeiten für die Teilnahme von Vertragsärzten an der integrierten Versorgung und der hausarztzentrierten Versorgung geschaffen.[210] Kassenärztliche Vereinigungen sind als Vertragspartner der gesetzlichen Kassen in den vorgenannten Bereichen seit dem GMG 2003 nicht mehr vorgesehen. Der Gesetzgeber führte zur Begründung seines Gesetzentwurfs zum GKV-WSG im Jahre 2007 aus:"(...) *Hierzu* [zur Intensivierung des Wettbewerbs] *können die Krankenkassen stärker als bisher – unter*

---

206 BVerfGE 86, 81, 87; 90, 226, 239.

207 Hinsichtlich des GKV-Gesundheitsreformgesetz 2000 siehe *Wigge* in: NZS 2001, 17, 19; zum GKV-Modernisierungsgesetz siehe *Sodan/Adam* in: NZS 2006, 113, 114 sowie 118; *Hiddemann/Muckel* in: NJW 2004, 7 ff.

208 *Sodan/Adam* in: NZS 2006, 113, 114; *Schlegel* in: Gesetzliche Krankenversicherung und Wettbewerb, S. 30 ff.; *Bühring/Linnemannstöns* in: MedR 2008, 149, 150; *Wigge/Harney* in: MedR 2008, 139, 140; *Baake/Kuchinke/Wey* in: WuW 2010, 502, 506; vgl. den Überblick von *Schiller* in: Bayrisches Ärzteblatt 2008, 82, 83.

209 Entwurf eines Gesetzes zur Stärkung des Wettbewerbs in der gesetzlichen Krankenversicherung vom 24.10.2006, BT-Drucks. 16/3100, S. 87; Regierungsprogramm CDU/CSU zur Bundestagswahl 2009, S. 25.

210 Ein Überblick, insbesondere zu den „neuen" einzelvertraglichen Möglichkeiten, welche im Rahmen des GMG eingeführt wurden, findet sich bei *Hiddemann/Muckel* in: NJW 2004, 7 ff.

Wahrung des Schutzes vor Diskriminierung und Missbrauch – Einzelverträge abschließen und besondere Vereinbarungen treffen. (...). Künftig können Krankenkassen in erweitertem Umfang mit Ärzten besondere Vereinbarungen treffen, die von der kollektivvertraglichen Versorgung abweichen oder darüber hinausgehen(...)".[211] Zu dieser Thematik werden an späterer Stelle noch vertiefte Ausführungen erfolgen.[212]

Im Rahmen der Feststellung einer Ungleichbehandlung von Vertrags- gegenüber Privatärzten ist es zunächst wichtig zu erkennen, dass die bisher so gut wie ausschließlich über die kassenärztlichen Vereinigungen laufenden Vertragsbeziehungen der Vertragsärzte mit den gesetzlichen Krankenkassen vom Gesetzgeber bewusst aufgeweicht wurden und es fortan nicht nur möglich, sondern ausdrücklich vorgesehen ist, dass gesetzliche Kassen im Rahmen von Einzelverträgen unmittelbar mit den Vertragsärzten kontrahieren und nicht länger ausschließlich nur mit den kassenärztlichen Vereinigungen. So verlangt § 73b SGB V zum Beispiel von den gesetzlichen Krankenkassen ein flächendeckendes Angebot von Hausarztmodellen im Wege der einzelvertraglichen Vereinbarung. Dass die kassenärztlichen Vereinigungen eine weitaus stärkere Verhandlungsposition gegenüber den gesetzlichen Kassen innehaben als der einzelne kontrahierende Vertragsarzt, liegt auf der Hand.[213] Es besteht daher die Gefahr, dass die selektiv kontrahierenden Vertragsärzte sich einer zu großen Machtposition der gesetzlichen Kassen gegenübergestellt sehen. Hierdurch könnte es, beispielsweise durch Absprachen auf Seiten der gesetzlichen Kassen, zu einer rechtswidrigen Behandlung der selektiv kontrahierenden Vertragsärzte kommen.[214] Die teilweise Bereichsausnahme vom deutschen Wettbewerbsrecht (§ 69 Abs. 1 SGB V) hätte dann zur Folge, dass sich die Vertragsärzte im Rahmen durchaus wahrscheinlicher Rechtsstreitigkeiten nicht vollumfänglich auf die Vorschriften des deutschen Wettbewerbsrechts berufen könnten.

Dies verhält sich bei den Privatärzten anders. Gehen sie vertragliche Beziehungen zu privaten Versicherern ein oder kommt es zu sonstigen Auseinandersetzungen mit den Krankenversicherungsunternehmen, gleich welcher Art, können sie sich mit dem gesamten deutschen Wettbewerbsrecht zur Wehr setzen. Denn im Rahmen der Rechtsbeziehungen von privaten Versicherern zu Privatärzten findet § 69 SGB V keine Anwendung.

---

211 Entwurf eines Gesetzes zur Stärkung des Wettbewerbs in der gesetzlichen Krankenversicherung vom 24.10.2006, BT-Drucks. 16/3100, S. 87.

212 Siehe *Abschnitt F. II 2.*

213 *Wigge* in: NZS 2001, 17, 19; *Sodan/Adam* in: NZS 2006, 113, 114.

214 *Rixen* schreibt in seiner Dissertation, Sozialrecht als öffentliches Wirtschaftsrecht, dass sich aus Sicht der Leistungserbringer der Wettbewerb der Krankenkassen im Wesentlichen als eine Konkurrenz um das durchsetzungsfähigste Preisdiktat darstelle, S. 585.

Die Wirkung des § 69 Abs. 1 SGB V als teilweise Bereichsausnahme vom deutschen Wettbewerbsrecht hat somit zur Folge, dass die Vertragsärzte sich in einem Rechtsstreit mit ihren Vertragspartnern, den gesetzlichen Krankenkassen, nur auf einen Teil des deutschen Wettbewerbsrechts berufen können[215], während Privatärzten im Falle von Rechtsstreitigkeiten mit privaten Krankenversicherungen die kompletten Rechtschutzmöglichkeiten des deutschen Wettbewerbsrechts gegen mögliche wettbewerbswidrige Verhaltensweisen ihrer Vertragspartner zur Verfügung stehen. Hierin ist eine gesetzlich unterschiedliche Behandlung von Vertrags- gegenüber Privatärzten zu sehen.[216]

cc) Wesentlich Gleiches

Darüber hinaus ist es von entscheidender Bedeutung, dass die vorgefundene unterschiedliche Behandlung auch wesentlich Gleiches betrifft.[217] Für die Feststellung der Vergleichbarkeit ist nicht jede oder gar die umfassende Vergleichbarkeit zwischen den die Vergleichsgruppe bildenden Personen entscheidend, sondern nur deren wesentliche Vergleichbarkeit hinsichtlich des Vergleichskriteriums, welches den Anlass zu der gerügten ungleich wirkenden Behandlung gibt, zu der ein innerer Sachzusammenhang besteht.[218] Für die Feststellung einer Ungleichbehandlung im konkreten Fall ist also die Frage entscheidend, ob es sich bei den Vertragsärzten einerseits und den niedergelassenen Privatärzten andererseits um wesentlich gleiche Gruppen handelt.

Während die Privatärzte zweifelsohne einen so genannten freien Beruf[219] ausüben, ist dies bei den Vertragsärzten aufgrund ihrer besonderen Nähe zum öffentlich-rechtlichen System der gesetzlichen Krankenversicherung auf den ersten Blick fraglich. Die Einordnung der Vertragsärzte in den Kreis der freien Berufe war zwar lange Zeit unbestritten, gleichwohl wurde aufgrund der stetig steigenden Reglementierung der vertragsärztlichen Tätigkeit durch gesetzliche und untergesetzliche Regelungen sowie der immer weitergehenden Einbeziehung der Vertragsärzte in das öffentlich-rechtliche System von einigen Vertretern in der Literatur ernsthaft an der Einordnung des Vertragsarztberufes als freien Be-

215 *Sodan/Adam* in: NZS 2006, 113, 117.

216 So ausdrücklich *Sodan/Adam* in: NZS 2006, 113, 117.

217 BVerfGE 1, 264, 275; 86, 81, 87; 90, 226, 239.

218 BVerfGE 86, 81, 87; 90, 226, 239.

219 § 1 Abs. 2 S. 1 PartGG umschreibt das Wesen des freien Berufs wie folgt: „*Die Freien Berufe haben im Allgemeinen auf der Grundlage besonderer beruflicher Qualifikation oder schöpferischer Begabung die persönliche, eigenverantwortliche und fachlich unabhängige Erbringung von Dienstleistungen höherer Art im Interesse der Auftraggeber und der Allgemeinheit zum Inhalt*“.

ruf gezweifelt.[220] So ordnete beispielsweise *Manssen* die Vertragsärzte dem Sinn nach als staatlich „Beliehene" ein.[221] Diese Tendenz in der Literatur, die Vertragsärzte in den staatlichen Bereich einzuordnen, übersieht jedoch, dass die Vertragsärzte stets das volle unternehmerische Risiko sowie die volle zivilrechtliche Verantwortlichkeit für sich selbst und ihre Mitarbeiter zu tragen haben.[222] Überdies sind sie auch nicht dazu befugt, irgendeine Art Hoheitsgewalt auszuüben.[223] Schließlich befinden sich die Vertragsärzte weder in einem öffentlichen Dienstverhältnis zu den gesetzlichen Krankenkassen noch zu den kassenärztlichen Vereinigungen.[224] Aus den vorgenannten Gründen sind auch die Vertragsärzte, trotz einer gewissen Nähe zum öffentlich-rechtlichen Krankenversicherungssystem weiterhin als Träger freier Berufe anzusehen.[225]

Problematisch könnte jedoch sein, dass die Vergleichsgruppen nicht auf demselben „Markt" agieren, und deswegen eine Beurteilung als wesentlich gleich ausscheidet. Während Vertragsärzte sowohl Kassen- als auch Privatpatienten behandeln können, ist es den Privatärzten nur möglich, Privatpatienten zu behandeln. Demzufolge kommt eine Berührung der Privatärzte mit den gesetzlichen Kassen nicht in Betracht. Die Privatärzte nehmen somit nicht am so genannten „öffentlichen Gesundheitsmarkt" teil. Für sie existiert ein eigenständiger „privater Gesundheitsmarkt", da sie ohnehin nur mit den privaten Versicherungsunternehmen kontrahieren. Meines Erachtens ist dies für die Beurteilung der Vertrags- und Privatärzte als wesentlich gleich jedoch unschädlich. Denn beide Gruppen agieren auf einem bzw. dem „Gesundheitsmarkt" und sind den dortigen Marktbedingungen ausgesetzt. Dass die Vergleichsgruppen auf andere Vertragspartner treffen, ist lediglich der Existenz und den Besonderheiten des deutschen Krankenversicherungssystems geschuldet, welches eben in einen privaten und einen reglementierten, sozialversicherungsrechtlichen Sektor unter-

---

220 Vgl. *Butzer* in: MedR 2004, 177, 183; *Schulin* in: VSSR 1997, 43, 55; *Bogs* in: FS Thieme, S. 718.

221 Vgl. *Manssen* in: ZfSH/SGB 1994, 1.

222 *Hankel/Schachtschneider/Emmerich-Fritsch*, Revolution der Krankenversicherung. Prinzipien, Thesen und Gesetz, S. 45; *Hufen* in: NJW 2004, 14, 15; *Schulin* in: VSSR 1997, 43, 55; *Eykmann*, Verfassungsrechtliche Anforderungen an die öffentlich-rechtlichen Gewährleistungen im Gesundheitswesen, S. 162; *Quaas* in: MedR 2001, 34, 36.

223 *Hufen* in: NJW 2004, 14, 15.

224 BVerfGE 11, 30, 39; 12, 144, 147; zustimmend *Schmiedl* in: MedR 2002, 116, 117, der auf die Mitgliedseigenschaft der Vertragsärzte im Gegensatz zu einer Dienstnehmerschaft gegenüber den kassenärztlichen Vereinigungen abstellt.

225 BVerfGE 11, 30, 39; 12, 144, 147; so auch *Hufen* in: NJW 2004, 14, 15; *Clemens* in: Umbach/Clemens, Anhang zu Art. 12, Rn. 10; *Quaas/Zuck*, Medizinrecht, S. 217; *Quaas* in: MedR 2001, 34, 35; *Krieger* in: MedR 1999, 519, 520

teilt ist.[226] Diese Unterteilung, welche historisch gewachsen ist und vom Gesetzgeber nach wie vor aufrechterhalten wird, kann nicht zur Folge haben, dass die in den verschiedenen Sektoren arbeitenden Ärzte als ungleich vor dem Gesetz angesehen werden. Hinzu kommt, dass sich diese beiden Sektoren verstärkt annähern. Dies zeigt sich an der gesetzgeberischen Entscheidung (im GKV-WSG) zur zwingenden Einführung eines Basistarifs mit Kontrahierungszwang in die private Krankenversicherung (vgl. § 12 Abs. 1a und 1b VAG). Auch ein systemübergreifender Wettbewerb zwischen den beiden Sektoren ist nachweislich vom Gesetzgeber gewollt und durch die Einführung der Wahltarife (§ 53 Abs. 4–6 SGB V) in das Gesamtsystem der Krankenversicherung installiert worden.[227] Schließlich sind auch die Leistungen, welche die beiden Vergleichsgruppen gegenüber ihren Patienten erbringen, vom Grundsatz her weitestgehend dieselben.

Die Beurteilung von Privat- und Vertragsärzten als wesentlich gleich wird zudem durch rechtliche und ethische Erwägungen zum Beruf des Arztes im Allgemeinen gestützt. Unzweifelhaft gehören die Vergleichsgruppen zur Gesamtheit der Ärzteschaft als der umfassenden Obergruppe.[228] Sowohl Privat- als auch Vertragsärzte benötigen die so genannte Approbation, um ihren Beruf ausüben zu dürfen. Die beiden Vergleichsgruppen unterscheiden sich also nicht durch die Art ihrer Ausbildung. Denn Voraussetzung für die Approbation als Arzt ist ein sechsjähriges Studium der Medizin. Die vom Bundesministerium für Gesundheit auf Grundlage der Bundesärzteordnung erlassene einheitliche Approbationsordnung regelt die Ausbildung der Medizinstudenten bezüglich der Dauer und der Inhalte der Ausbildung in den einzelnen Fächern sowie der Prüfungen unabhängig von der späteren beruflichen Spezifizierung. Das bedeutet, dass Privat- und Vertragsärzte vom Grundsatz her über dieselben Qualifikationen verfügen (müssen). Darüber hinaus wird ihre Tätigkeit auch durch dieselben berufsethischen Grundsätze geprägt.[229] Ihre berufliche Zielsetzung, vorhandene Leiden zu mildern bzw. zu beseitigen und weiteren Leiden vorzubeugen, ist identisch. Ferner unterliegt jeder Arzt, gleich ob Vertrags- oder Privatarzt, uneingeschränkt den Regeln des ärztlichen Berufsrechts und kann sich seinerseits auf die ärztlichen

226 So zur Bipolarität der Krankenversicherungsordnung *Sodan/Adam* in: NZS 2006, 113, 117.

227 Entwurf eines Gesetzes zur Stärkung des Wettbewerbs in der gesetzlichen Krankenversicherung vom 24.10.2006, BT-Drucks. 16/3100, S. 2.

228 Ausführlich hierzu: *Sodan*, Freie Berufe als Leistungserbringer im Recht der gesetzlichen Krankenversicherung, S. 148 ff.

229 Siehe hierzu das so genannte *Genfer Gelöbnis*, auf das die Bundesärztekammer sowie die Landesärztekammern ihre Mitglieder verweisen, einsehbar unter: *http://www.bundesaerztekammer.de/downloads/Genf.pdf*.

Grundfreiheiten berufen.[230] Jedem Arzt steht dasselbe Spektrum an schul- und/oder alternativmedizinischen Behandlungsweisen offen. Bei der Behandlung gesetzlich Versicherter stellt sich zwar die Frage, welche Leistungen letztendlich von der Kasse übernommen werden, dies kann im Rahmen des hier vorzunehmenden Vergleichs keine Bedeutung haben. Schließlich sind für beide Vergleichsgruppen die Mitgliedschaft in der jeweiligen Landesärztekammer sowie die Bindung an die dort aufgestellten Regeln und Grundsätze verpflichtend. In Anbetracht sämtlicher Erwägungen sind daher die Privat- und Vertragsärzte als wesentlich gleich anzusehen und die vorgefundene Differenzierung als Ungleichbehandlung im Sinne des Art. 3 Abs. 1 GG zu qualifizieren.

dd) Nachteilige Auswirkungen?

Nach herrschender Meinung ist schließlich zu prüfen, ob durch die vorgefundene Ungleichbehandlung überhaupt ein Nachteil für den oder die Betroffenen entsteht.[231] Dadurch, dass den Privatärzten die Rechtsschutzmöglichkeiten des Wettbewerbsrechts, das heißt, des gesamten GWB und des gesamten UWG, zur Verfügung stehen und den Vertragsärzten in ihren Streitigkeiten mit den gesetzlichen Kassen eben nicht, entsteht letzteren ein Nachteil. Denn grundsätzlich haben beide Vergleichsgruppen ein nachvollziehbares Interesse daran, sich im Falle einer Auseinandersetzung mit den jeweiligen Krankenversicherungsunternehmen, mit denen sie in Vertragsbeziehungen treten, auf sämtliche Regularien des deutschen Wettbewerbs berufen zu können.[232] Dieser umfassende Schutz ist jedoch nur den Privatärzten vorbehalten und den Vertragsärzten größtenteils (nur §§ 19 bis 21 GWB und §§ 97 ff. GWB sind anwendbar) entzogen. § 69 Abs. 1 SGB V als teilweise Bereichsausnahme vom deutschen Wettbewerbsrecht begründet demzufolge eine personelle Ungleichbehandlung von wesentlich Gleichem.[233]

---

230 *Quaas/Zuck*, Medizinrecht, S. 216.

231 BVerfGE 67, 239, 244; 71, 39, 50; *Jarass* in: Jarass/Pieroth, Art. 3, Rn. 9; im Ergebnis auch *Rüfner* in: v.Mangoldt/Klein/Starck, Art. 3 I, Rn. 158; *Pietzcker* in: JZ 1989, 305, 309 m. w. N.; a. A. *Sachs* in: FS Friauf, S. 309 ff.; *Ders.* in: DÖV 1984, 411, 417; *Stern* in: Stern-Staatsrecht, Band III, S. 652 ff., die beide eine identifizierte Ungleichbehandlung als ausreichend ansehen und die Feststellung von nachteiligen Auswirkungen für die Betroffenen in diesem Rahmen für entbehrlich halten.

232 *Neumann* in: WuW 1999, 961, 965; *Sodan/Adam* in: NZS 2006, 113, 120.

233 So schon *Sodan/Adam* in: NZS 2006, 113, 117.

b) Rechtfertigung der erkannten Ungleichbehandlung

Der allgemeine Gleichheitssatz des Art. 3 Abs. 1 GG darf nicht als Anordnung einer absoluten Gleichbehandlung missverstanden werden. Sein normativer Gehalt wird vielmehr durch den jeweiligen Kontext, also für jeden Einzelfall gesondert, bestimmt.[234] Es sollen nur benachteiligende Ungleichbehandlungen ohne sachlichen Grund verhindert werden. Art. 3 Abs. 1 GG ist demzufolge zunächst als ein Verbot staatlicher Willkür zu deuten (Willkürverbot).[235] Nach der Rechtsprechung des Bundesverfassungsgerichts verletzt eine vorgefundene Ungleichbehandlung den allgemeinen Gleichheitssatz entweder, wenn sie *willkürlich* ist, oder wenn *„zwischen beiden Gruppen keine Unterschiede von solcher Art und solchem Gewicht bestehen, dass sie die ungleiche Behandlung rechtfertigen könnten"*.[236] Die Rechtfertigung einer Ungleichbehandlung von Personengruppen ist also nur möglich, wenn sie nicht willkürlich erfolgt *und* sie mit einem rechtfertigenden Grund „in einem angemessenen Verhältnis" steht.[237]

aa) Anbindung des Verhältnismäßigkeitsgrundsatz an den Gleichheitssatz

Aus dem allgemeinen Gleichheitssatz des Art. 3 Abs. 1 GG ergeben sich somit je nach Regelungsgegenstand und Differenzierungskriterium unterschiedliche Grenzen für den Gesetzgeber, die vom bloßen Willkürverbot bis zu einer strengen Bindung an den Verhältnismäßigkeitsgrundsatz reichen.[238] Die Abstufung der Anforderungen folgt aus dem Wortlaut und Sinn des Art. 3 Abs. 1 GG sowie aus seinem Zusammenhang mit anderen Verfassungsnormen.[239] Bei Ungleichbehandlungen von Personengruppen unterliegt der Gesetzgeber stets einer strengen Bindung. Diese strengere Bindung ist aber nicht auf personenbezogene Differenzierungen beschränkt. Vielmehr gilt sie auch dann, wenn durch eine Ungleichbehandlung von Sachverhalten *mittelbar* eine Ungleichbehandlung von Personengruppen bewirkt wird.[240] Bei lediglich verhaltensbezogenen Differenzierung hängt das Maß der Bindung davon ab, inwieweit die Betroffenen in der Lage sind, durch ihr eigenes Verhalten die Verwirklichung der Merkmale zu beeinflussen, nach denen differenziert wird.[241] Zudem sind dem Gestaltungsspielraum

---

234 *Osterloh* in: Sachs, Art. 3, Rn. 5.
235 BVerfGE 1, 14, 52; 61, 138, 147; 68, 237, 250; *Osterloh* in: Sachs, Art. 3, Rn. 8.
236 BVerfGE 55, 72, 88; 107, 133, 141.
237 BVerfGE 82, 126, 146.
238 BVerfGE 88, 87, 96; 110, 274, 291; 117, 1, 30;
239 BVerfGE 95, 267, 316; BVerfG, NJW 1999, 259, 260.
240 BVerfGE 95, 267, 316; BVerfG, NJW 1999, 259, 260.
241 BVerfGE 95, 267, 316; BVerfG, NJW 1999, 259, 260.

des Gesetzgebers umso engere Grenzen gesetzt, je stärker sich die Ungleichbehandlung von Personen oder Sachverhalten auf die Ausübung grundrechtlich geschützter Freiheiten nachteilig auswirken kann.[242]

Anhand der vorgenannten allgemeinen Grundsätze, welche durch das Bundesverfassungsgericht in jahrelanger Rechtsprechung entwickelt wurden, ist nunmehr die vorgefundene Ungleichbehandlung von Privat- und Vertragsärzten entsprechend zu klassifizieren. Demnach ist zunächst zu klären, ob die vorliegende Differenzierung verhaltens[243]- oder personenbezogen ist. *Personenbezogen* sind solche Ungleichbehandlungen, bei denen als Unterscheidungskriterium bestimmte Eigenschaften der Person gewählt werden.[244] Dies sind Eigenschaften, die von den betroffenen Personen nicht ohne Weiteres verändert werden können bzw. auf die sie keinen oder nur sehr geringen Einfluss haben, wie zum Beispiel das Alter, das Geschlecht, die Herkunft oder die Art ihrer Ausbildung.[245] *Verhaltensbezogen* sind solche Ungleichbehandlungen, für die persönliche Eigenschaften keine Rolle spielen, wenn es also lediglich um unterschiedliche Sachverhalte geht, die auf dem Verhalten einer Person beruhen und deswegen unterschiedlich behandelt werden.[246]

Die Ungleichbehandlung der Vertragsärzte gegenüber den Privatärzten bezieht sich eindeutig nicht auf Eigenschaften ihrer Person. Insbesondere knüpft sie, wie oben ausführlich dargestellt wurde, nicht an der Art der Ausbildung oder gar an ihre Qualifikation an. Die Ungleichbehandlung bezieht sich einzig auf den von ihnen gewählten Berufszweig. Darüber hinaus haben die Vertragsärzte auch Einfluss auf die Eigenschaft, anhand der differenziert wird. So stünde es ihnen frei, den nachteiligen Auswirkungen der Ungleichbehandlung durch eigenes Verhalten zu begegnen.[247] Ein unmittelbarer personaler Bezug der vorgefundenen Ungleichbehandlung besteht somit nicht. Wie zuvor bereits angedeutet, verläuft die Unterscheidung der Differenzierung nach Personengruppen bzw. Sachverhalten allerdings durchaus fließend.[248] Dementsprechend kennt das Bundesverfassungsgericht neben der personenbezogenen und der verhaltenbezogenen Differenzierung noch die sachverhaltsbezogene Differenzierung, welche *mittelbar* eine Ungleichbehandlung von Personen bewirkt. Sie ist nach der Rechtsprechung des Gerichts wie die personenbezogene Differenzierung zu

242 BVerfGE 95, 267, 316; BVerfG, NJW 1999, 259, 260.

243 Teilweise wird die verhaltensbezogene Differenzierung auch als sachbezogene Differenzierung bezeichnet.

244 BVerfGE 88, 87, 96; 92, 26, 51; 93, 99, 111.

245 BVerfGE 88, 5, 12; 92, 26, 52; *Sachs* in: JuS 1997, 124, 129.

246 BVerfGE 88, 87, 96.

247 Vgl. zu dieser Möglichkeit im Allgemeinen BVerfGE 90, 22, 26; ähnlich bereits 60, 329, 346.

248 *Jarass* in: NJW 1997, 2545, 3547; so auch *Michael* in: JuS 2001, 866

behandeln.[249] Wie oben (Abschnitt C. I. 1. a) bb)) dargelegt, werden hier zwei Personengruppen bei identischer Sach- und Interessenlage mit unterschiedlichen Rechtsfolgen belegt. Die gleichen Sachverhalte, also wettbewerbsrechtliche Streitigkeiten mit den jeweiligen Vertragspartnern, werden mit unterschiedlichen Rechtsfolgen belegt. Hiervon sind die Vertragsärzte betroffen, so dass im konkreten Fall die Ungleichbehandlung der Sachverhalte, zumindest einen *mittelbaren* personalen Bezug aufweist. Folglich sind entsprechend der Rechtsprechung des Bundesgerichtshofs im Rahmen der gleichheitsrechtlichen Prüfung die Grundsätze der Verhältnismäßigkeitsprüfung bei Freiheitsrechten in entsprechender Weise anzuwenden.[250]

Des Weiteren ist, wie das Bundesverfassungsgericht gänzlich unabhängig von der Frage des personalen Bezugs festgestellt hat, eine umso strengere Prüfung angezeigt, „*je stärker sich die Ungleichbehandlung von Personen oder Sachverhalten auf die Ausübung grundrechtlich geschützter Freiheiten nachteilig auswirken kann*".[251] Wäre demnach eine solche nachteilige Wirkung im vorliegenden Fall festzustellen, wären die Grundsätze der Verhältnismäßigkeit auch aus diesem Grunde im Rahmen der Rechtfertigung zu berücksichtigen. Die Ungleichbehandlung der Kassenärzte gegenüber den Privatärzten tangiert Erstgenannte in ihrer durch Art. 12 Abs. 1 GG gewährleisteten Berufsfreiheit. Der Schutzbereich der Berufsfreiheit wird durch den Berufsbegriff geprägt. Beruf ist die auf Erwerb gerichtete Tätigkeit, die auf Dauer angelegt ist und der Schaffung und Erhaltung einer Lebensgrundlage dient.[252] Im konkreten Fall kann hier die Wettbewerbsfreiheit als Konkretisierung der allgemeinen Berufsfreiheit aus Art. 12 Abs. 1 GG betroffen sein, die als Versuch, sich durch freie Leistungskonkurrenz als Anbieter und Nachfrager auf dem Markt gegenüber anderen durchzusetzen, definiert werden kann.[253] Ein weiterer Bestandteil der Berufsfreiheit ist, hierfür eine angemessene Vergütung fordern zu können.[254] An dieser Stelle ist auch der Einschlag im konkret diskutierten Fall zu sehen. Es erscheint nicht ausgeschlossen, dass die gesetzlichen Kassen aufgrund der Unanwendbarkeit des Wettbewerbsrechts, hier ist insbesondere das Kartellrecht gemeint, versuchen könnten, den Vertragsärzten beim Selektivvertragsabschluss unangemes-

---

249 BVerfGE 88, 87, 96; 92, 53, 69; 95, 267, 316; BVerfG, NJW 1999, 259, 260.

250 BVerfGE 82, 126, 146; *Gubelt* in: v.Münch/Kunig, Art. 3, Rn. 29; *Epping*, Grundrechte, S. 314.

251 BVerfGE 60, 123, 134; 110, 141, 167; *Albers* in: JuS 2008, 945, 946.

252 BVerfGE 102, 197, 212; 97, 228, 252, 110, 141, 156; 111, 10, 28.

253 BGHZ 23, 365, 370.

254 BVerfGE 88, 145, 159; 47, 285, 321; 101, 331, 347.

sene Vertragskonditionen aufzuzwingen.[255] Es ist dann eine Konsequenz der Schutzfunktion der Berufsfreiheit, dass die Rechtsordnung es nicht tolerieren kann, wenn mächtige Akteure, wie die gesetzlichen Kassen, die zudem der Seite des Staates zuzuordnen sind, auf einem bestimmten Markt ihre Vertragspartner benachteiligen.[256]

Folglich tangiert die vorgefundene Ungleichbehandlung grundsätzlich auch die Berufsfreiheit der Vertragsärzte, wobei im Rahmen der hier erfolgenden Gleichheitsprüfung dahinstehen kann, auf welcher Stufe im Sinne der vom Bundesverfassungsgericht in seinem „Apothekenurteil"[257] entwickelten Drei-Stufen-Lehre der Eingriff erfolgt. Somit hat im Rahmen der Gleichheitsprüfung nunmehr eine Verhältnismäßigkeitsprüfung stattzufinden. Mit der Ungleichbehandlung muss also ein *legitimer Zweck* verfolgt werden bzw. ein *sachlicher Differenzierungsgrund* vorliegen. Weiterhin muss die Ungleichbehandlung zur Erreichung des Zwecks/sachlichen Differenzierungsgrundes *geeignet* sein.[258] Ferner muss die Ungleichbehandlung *erforderlich* sein, das heißt, es dürfen – unter gebührender Berücksichtigung gesetzgeberischer Gestaltungsspielräume – keine weniger einschneidenden Maßnahmen zur Verfügung stehen.[259] Schließlich ist eine *Angemessenheitsüberprüfung* im Sinne einer umfassenden Abwägung zwischen Art und Gewicht, dem Zweck und den Auswirkungen der Ungleichbehandlung vorzunehmen.[260]

bb) Legitimer Zweck/Sachlicher Differenzierungsgrund

Nach den Ausführungen des Gesetzgebers in seiner Begründung des Gesetzesentwurfs[261] zum GKV-GRG 2000 sind Vertragsärzte im Gegensatz zu den

255 Siehe hierzu *Sodan* in: Paradigmenwechsel im Gesundheitswesen durch neue Versorgungsstrukturen?, S. 45.

256 Vgl. *Hänlein* in: NZS 2003, 617, 623.

257 BVerfGE 7, 377 ff.

258 BVerfGE 91, 289, 403; *Jarass* in: NJW 1997, 2545, 2549; *Gubelt* in: v.Münch/Kunig, Art. 3, Rn. 14; *Epping*, Grundrechte, S. 307.

259 BVerfGE 91, 389, 403; 103, 225, 235; *Epping*, Grundrechte, S. 315; *Jarass* in: NJW 1997, 2545, 2549; *Gubelt* in: v.Münch/Kunig, Art. 3, Rn. 30; *Hufen*, Staatsrecht II, S. 689; a. A. *Michael* in: JuS 2001, 866, 868, der es im Rahmen des Art. 3 Abs. 1 GG nicht für geboten hält, eine Erforderlichkeitsprüfung durchzuführen, da der Differenzierungsgrund seiner Auffassung nach nur daraufhin überprüft werden muss, ob er sachbezogen und vertretbar, also geeignet und angemessen ist.

260 BVerfGE 82, 126, 146; 88, 87, 98; 96, 330, 341; *Gubelt* in: v.Münch/Kunig, Art. 3, Rn. 23; *Jarass* in: NJW 1997, 2545, 2549.

261 Entwurf eines Gesetzes zur Reform der gesetzlichen Krankenversicherung ab dem Jahre 2000 vom 23.06.1999, BT-Drucks. 14/1245.

Privatärzten aufgrund des in der gesetzlichen Krankenversicherung geltenden Sachleistungsprinzips so sehr in den Bereich der gesetzlichen Krankenversicherung eingebunden, dass eine privatrechtliche Einordnung der Rechtsbeziehungen zwischen den gesetzlichen Kassen und den Leistungserbringern im Allgemeinen bzw. den Vertragsärzten im Besonderen ausscheidet.[262] Ferner ist der Gesetzgeber noch immer der Meinung, dass die gesetzlichen Krankenkassen im Rahmen ihres Versorgungsauftrags mit Hilfe der Leistungserbringer (u.a. den Ärzten) lediglich eine öffentliche Aufgabe erfüllen, die auf Solidarität beruht und ohne Gewinnerzielungsabsicht ausgeübt wird.[263] Dementsprechend sollen die Kassen beim Abschluss von Einzelverträgen mit den Leistungserbringern auch nicht als Unternehmen im Sinne des deutschen Wettbewerbsrechts angesehen werden.[264]

In der Einbindung der Vertragsärzte in das nach gesetzgeberischer Auffassung auf Fremdnützigkeit basierende System der gesetzlichen Krankenversicherung könnte ein sachlicher Differenzierungszweck zur Ungleichbehandlung von Vertrags- und Privatärzten zu sehen sein.[265] *Sodan/Adam* kritisieren hieran, dass sich eine solche Betrachtung zu sehr auf die Rolle der gesetzlichen Krankenversicherung konzentriere und dabei den berufs- und verfassungsmäßigen Status der Vertragsärzte vernachlässige.[266] Zwar ist der Argumentation von *Sodan/Adam* zuzugeben, dass die Leistungserbringer – wie bereits oben erörtert – weder Angehörige des öffentlichen Dienstes noch Beliehene noch „Halbbeamte“ sind und sie im Rahmen der Leistungserbringung nur als Privatpersonen auftreten. Richtig ist ferner, dass die Leistungserbringer kein öffentlich-rechtlich konstituiertes Werkzeug der gesetzlichen Krankenversicherung sind.[267] Gleichwohl wird durch die spezielle Stellung der Vertragsärzte und deren intensive Einbindung in den Bereich der gesetzlichen Krankenversicherung nur den Besonderheiten des deutschen Gesundheitssystems, insbesondere dem Gesamtsystem der gesetzlichen Krankenversicherung, Rechnung getragen. Die Gruppe der Vertragsärzte nähert sich insoweit einem so genannten „staatlich gebundenen Beruf“[268] an. Das sind all diejenigen Berufe, die, ohne staatliche Berufe im eigentlichen Sinne zu sein,

262 Entwurf eines Gesetzes zur Reform der gesetzlichen Krankenversicherung ab dem Jahre 2000 vom 23.06.1999, BT-Drucks. 14/1245, S. 67.

263 Bericht des Ausschusses für Gesundheit vom 01.02.2007, BT-Drucks. 16/4247, S. 35.

264 Entwurf eines Gesetzes zur Reform der gesetzlichen Krankenversicherung im Jahre 2000 vom 23.06.1999, BT-Drucks. 14/1245, S. 67; Bericht des Ausschusses für Gesundheit vom 01.02.2007, BT-Drucks. 16/4247, S. 35.

265 *Sodan/Adam* in: NZS 2006, 113, 117.

266 *Sodan/Adam* in: NZS 2006, 113, 118.

267 *Sodan/Adam* in: NZS 2006, 113, 118.

268 Zum Begriff siehe *Gubelt* in: v.Münch/Kunig, Art. 12, Rn. 21; *Jarass* in: Jarass/Pieroth, Art. 12, Rn. 60; *Tettinger* in: Sachs, Art. 12, Rn. 46 ff.; *Dietlein* in: Stern, Band IV, S. 1812 m. w. N.

„doch vermöge der Gebundenheit der Berufserfüllung, der Gestaltung der Berufspflichten, der Beaufsichtigung durch den Staat eine in die Augen springende Ähnlichkeit mit dem berufsmäßigen Beamtentum aufweisen".[269] Ob der Beruf des Vertragsarztes letztendlich in die Kategorie des staatliche gebundenen Berufs fällt[270], kann dahinstehen, denn das Bundesverfassungsgericht ordnet auch die staatlich gebundenen Berufe – vorbehaltlich gewisser Modifikationen im Einzelfall – in den Schutzbereich der Berufsfreiheit ein.[271]

Für den vorliegenden Fall ist nur wichtig zu erkennen, dass die gesonderte Behandlung bestimmter Berufsgruppen kein Einzelfall ist, so dass die vorgefundene Einbindung der Vertragsärzte in den Bereich der gesetzlichen Krankenversicherung aufgrund der Besonderheiten des deutschen Gesundheitssystems hinzunehmen ist. Überdies ist zu berücksichtigen, dass es für den Grundrechtsträger (Leistungserbringer: hier der Vertragsarzt) verschiedene Wahlmöglichkeiten gibt, wie er den von ihm gewählten Beruf (Obergruppe: Arzt) ausübt. So steht jedem Arzt die Möglichkeit offen, nicht als Vertragsarzt, sondern als Privat- oder Krankenhausarzt tätig zu sein[272], um so nicht in das System der gesetzlichen Krankenversicherung eingebunden zu werden. Durch den Antrag auf Zulassung zum Vertragsarzt („Kassenarzt") trifft der Grundrechtsträger seine persönliche Entscheidung, ein Teil des derzeit herrschenden öffentlichen/gesetzlichen Gesundheitssystems zu werden und sich in seinen Dienst zu stellen, auch wenn damit kein unmittelbarer Eintritt in den öffentlichen Dienst verbunden ist. Durch die bezweckte Einbindung der Vertragsärzte in das öffentliche Gesundheitssystem wird daher ihrer Nähe zum Versorgungsauftrag des gesetzlichen Krankenversicherungssystems Rechnung getragen.

Darüber hinaus entspricht es der herrschenden Grundrechtsdogmatik, die Anforderungen an den legitimen Zweck/sachdienlichen Differenzierungsgrund im Rahmen der gleichheitsrechtlichen Verhältnismäßigkeitsprüfung nicht zu überspannen und eine konkrete Abwägung erst in der Angemessenheitsprüfung vorzunehmen.[273] In der besonderen Nähe der Vertragsärzte zum Versorgungsauftrag

---

269 Vgl. *Triepel* in: FS Binding, S. 1 ff.

270 Im Ergebnis verneinend *Sodan* in: Freie Berufe als Leistungserbringer im Recht der gesetzlichen Krankenversicherung, S. 144 ff.; a. A. wohl *Quaas* in: MedR 2001, 34, 37, der aufgrund der Nähe des Vertragsarztes zum öffentlichen Gesundheitssystem zumindest eine staatliche Bindung dieses Berufs annimmt; *Preis* in: MedR 2010, 139, 139, der den Arztberuf als den „staatlich gebundensten Beruf unter den nichtstaatlichen Berufen" ansieht.

271 BVerfGE 7, 377, 397; 16, 6, 22; 17, 371, 377; 47, 285, 319; 54, 237, 250; 73, 280, 292.

272 Ob dies langfristig dazu führen kann, dass der Vertragsarztberuf an Attraktivität einbüßt und es zu einem Mangel an Vertragsärzten kommen wird, wenn die Benachteiligungen gegenüber anderen Ärzten zu stark werden, bleibt fraglich. Dies ist jedoch kein grundrechtliches Problem, sondern ein faktisches, mit dem sich der Gesetzgeber wird auseinandersetzen müssen.

273 *Albers* in: JuS 2008, 945, 948.

der gesetzlichen Krankenversicherung kann ein sachdienlicher Differenzierungsgrund (legitimer Zweck) zur Ungleichbehandlung gegenüber Privatärzten gesehen werden.

Ein weiterer Differenzierungsgrund, der sich mittelbar aus der Einbeziehung der Vertragsärzte in das System der gesetzlichen Krankenversicherung ergibt, ist die Intention des Gesetzgebers, die nachhaltige Finanzierbarkeit des gesetzlichen Krankenversicherungssystems sicherzustellen, eine hohe Qualität der Gesundheitsversorgung zu gewährleisten und so für die Volksgesundheit einzustehen. Infolge der Gesetzgebung des vergangenen Jahrzehnts sind die Kassenärzte immer weiter in ein öffentlich gewährleistetes und finanziertes Versorgungssystem integriert worden, so dass der öffentliche Auftrag in der Regel eine vorrangige Bedeutung gegenüber ihrer Berufsfreiheit einnahm. Dies ist der Gemeinwohlbindung ihres Berufes geschuldet.[274]

Diesen Umstand billigte auch das Bundesverfassungsgericht, welches den erweiterten Spielraum des Gesetzgebers im Rahmen der Einschränkungen der Berufsfreiheit der Vertragsärzte betonte[275] und insbesondere dem Gemeinwohlziel der finanziellen Stabilität und Leistungsfähigkeit der gesetzlichen Krankenversicherung pauschal vorrangige Bedeutung beimaß.[276] Das Bundesverfassungsgericht betonte, dass es sich bei dem Leistungssystem der gesetzlichen Krankenversicherung nicht um einen „Freien Markt“, sondern um ein umfassendes soziales Leistungssystem, das aus Beiträgen der Versicherten finanziert wurde und für dessen Funktionsfähigkeit der Staat die Verantwortung trage, handele.[277] Das Gericht geht in den zitierten Entscheidungen davon aus, der Gesetzgeber könne private Leistungsanbieter, insbesondere Ärzte, weitgehend in hoheitlich ausgeformte Systeme einbeziehen, so dass sich jedenfalls insoweit der Arztberuf als ein „staatlich gebundener Beruf“ darstellt.[278] Daher durfte der Gesetzgeber auch die besondere Schutzwürdigkeit der finanziellen Leistungsfähigkeit des gesetzlichen Krankenversicherungssystems, den Sicherstellungsauftrag sowie die Begünstigung der gesetzlich Versicherten durch die wettbewerbliche Besserstellung der gesetzlichen Kassen als sachdienliche Differenzierungsgründe ansehen.[279] Besonders zu berücksichtigen ist ferner, dass hinter den genannten Zwecken vor allem ein weiterer „höherer Zweck“ steht, nämlich das Bestreben

---

274 So auch *Quaas* in: MedR 2001, 34, 36.

275 BVerfGE 68, 193, 220; 70, 1, 28.

276 BVerfGE 68, 193, 220; 70, 1, 28.

277 BVerfGE 70, 1, 30.

278 So *Quaas* in: MedR 2001, 34, 36.

279 *Sodan/Adam* in: NZS 2006, 113, 118–119 lehnen die aufgeführten Differenzierungsgründe mit Argumenten ab, welche sich m. E. erst in der Angemessenheitsprüfung anführen lassen.

des Gesetzgebers mittelbar die Volksgesundheit[280] zu fördern bzw. sicherzustellen.

cc) Geeignetheit

Die Bereichsausnahme des § 69 Abs. 1 SGB V und die sich aus ihr ergebende Differenzierung müsste auch ein geeignetes Mittel sein, um die oben gefundenen sachlichen Differenzierungszwecke zu erreichen bzw. ihnen zu dienen.[281] Ein Mittel ist bereits dann im verfassungsrechtlichen Sinne geeignet, wenn mit seiner Hilfe der gewünschte Erfolg gefördert werden kann, wobei die Möglichkeit der Zweckerreichung genügt.[282] Dem Gesetzgeber kommt dabei eine weite Einschätzungs- und Prognoseprärogative zu, denn es ist vornehmlich seine Sache, unter Beachtung der Sachgesetzlichkeiten des betreffenden Sachgebiets zu entscheiden, welche Maßnahmen er zur Erreichung des Zwecks ergreifen will.[283] Die öffentlich-rechtliche Qualifikation der Rechtsbeziehungen zwischen gesetzlichen Krankenkassen und ihren Leistungserbringern durch § 69 Abs. 1 SGB V hat eine Bereichsausnahme vom deutschen Wettbewerbsrecht zur Folge.[284] Diese ist auch dazu geeignet, die Einbeziehung der Vertragsärzte in den Bereich der gesetzlichen Krankenversicherung zu fördern; denn hierdurch ist es den Vertragsärzten nicht mehr möglich, sich unmittelbar auf zivilrechtliche Schutzmechanismen aus zivilrechtlichen Gesetzen wie dem UWG zu berufen und hierfür die ordentlichen Gerichte anzurufen. Durch die Ausschaltung wettbewerbsrechtlicher Kontrollmechanismen in Rechtsbeziehungen zwischen den gesetzlichen Kassen und Vertragsärzten wird zum einen bewirkt, dass sich die Vertragsärzte im Rahmen des selektiven Vertragsschlusses nicht auf die wettbewerbsrechtlichen Regeln berufen können. Das kann dazu führen, dass die Kassen Einsparungen besser realisieren können, es also zu der beabsichtigten Kostensenkung in diesem Sektor der gesetzlichen Krankenversicherung kommen wird. Zum anderen ist die Tatsache, dass sich die Vertragsärzte nicht auf zivilrechtliche Wettbewerbsregularien berufen können, dazu geeignet, die Vertragsärzte weiter in den öffentlichen Bereich der gesetzlichen Krankenversicherung einzubeziehen. Sie können

---

280 Von Volksgesundheit kann gesprochen werden, da 90 % der Bundesbürger Mitglieder der GKV sind. Siehe hierzu den Verweis auf die statistischen Angaben in *Abschnitt A. I.* dieser Arbeit.

281 *Michael* in: JuS 2001, 866, 868.

282 BVerfGE 96, 10, 23; 103, 293, 307; BVerfGK, 10, 525 ff.

283 BVerfGE 10, 89, 102; 38, 281, 97; 78, 320, 329; 115, 276.

284 BSGE 89, 24 ff.; BGH, NJW-RR 2006, 1046; *BKartA*, Stellungnahme vom 28.11.2006, S. 5; *Wigge* in: Gesundheitsreform 2007, S. 122; *Stumpf* in: WRP 2008, 286, 291; *Gassner* in: ZVersWiss 2008, 411, 416; *Roth* in: GRUR 2007, 645, 646.

hierdurch im Bereich des Einzelvertrags eher den Preisvorgaben der gesetzlichen Kassen unterworfen werden als bei den Kollektivverträgen, die nach wie vor durch die kassenärztlichen Vereinigungen ausgehandelt werden.

dd) Erforderlichkeit[285]

Ebenso verfügt der Gesetzgeber hinsichtlich einer Beurteilung der Erforderlichkeit der Bereichsausnahme zur Erreichung des Differenzierungszweckes über den vorgenannten weiten Einschätzungs-/Beurteilungsspielraum.[286] Infolge dieser Einschätzungsprärogative können Maßnahmen, die der Gesetzgeber zum Schutz eines wichtigen Gemeinschaftsguts wie der Leistungsfähigkeit des gesetzlichen Krankenversicherungssystems für erforderlich hält, verfassungsrechtlich nur beanstandet werden, wenn nach den dem Gesetzgeber bekannten Tatsachen und im Hinblick auf die bisher gemachten Erfahrungen feststellbar ist, dass Beschränkungen, die als Alternativen in Betracht kommen, die gleiche Wirksamkeit versprechen und die Betroffenen indessen weniger belasten.[287] Alternative Regelungsmöglichkeiten sah der Gesetzgeber in seiner Begründung zum Gesetzesentwurf allerdings nicht.

ee) Angemessenheit

Schließlich müsste die Regelung auch angemessen sein. Eine Maßnahme genügt nur dann dem Erfordernis der Angemessenheit, wenn die Nachteile, die mit der Maßnahme verbunden sind, nicht völlig außer Verhältnis zu den Vorteilen stehen, die sie bewirkt.[288] Die Prüfung an diesem Maßstab kann dazu führen, dass ein Mittel nicht zur Durchsetzung von Allgemeininteressen angewandt werden darf, weil die davon ausgehenden Grundrechtsbeeinträchtigungen schwerer wiegen als die durchzusetzenden Belange.[289] Im Rahmen der Verhältnismäßigkeit im engeren Sinne sind nun also die (erhofften) Vorteile, das heißt die Zwecke, de-

---

285 In der Literatur ist umstritten, ob im Rahmen der Prüfung des Art. 3 Abs. 1GG eine Erforderlichkeitsprüfung durchzuführen ist. *Michael* geht in: JuS 2001, 866, 868 davon aus, dass eine solche obsolet sei, da von der neuen Formel nur die Prüfung der Geeignetheit und Angemessenheit verlangt würde. Auf der anderen Seite gehen *Koenig* in: JuS 1995, 313, 317 sowie *Jarass* in: NJW 1997, 2545, 2549 davon aus, dass die Verhältnismäßigkeitsprüfung im vollen Umfang auf den Gleichheitssatz zu übertragen sei und damit auch eine Erforderlichkeitsprüfung stattzufinden habe. Dieser Streit kann hier jedoch dahin stehen, wie die folgenden Ausführungen belegen werden.

286 BVerfGE 10, 89, 102; 38, 281, 97; 78, 320, 329; 115, 276.

287 BVerfGE 102, 197, 218; 115, 276, 295.

288 BVerfGE 90, 145, 173; 109, 279, 349; 113, 348, 382.

289 BVerfGE 115, 320, 345.

nen die Teilbereichsausnahme dienen soll, gegen die Minderung des Rechtsschutzes der Leistungserbringer (hier der Vertragsärzte) abzuwägen. Letztendlich stellt sich also konkret die Frage, wie *hoch* bzw. *weitreichend* der Verlust an rechtsstaatlichen Schutzmöglichkeiten der Vertragsärzte gegenüber den Privatärzten ist, und ob dieser Verlust verfassungsrechtlich hingenommen werden kann.

aaa) Bedenken gegen einen vollständigen Ausschluss des deutschen Wettbewerbsrechts

Vor den Novellierungen des § 69 SGB V durch das GKV-WSG und das GKV-OrgWG wurden gegen den vollständigen Ausschluss des deutschen Wettbewerbsrechts und dem damit verbundenen Ausschluss jeglichen Rechtsschutzes der Leistungserbringer (hier der Vertragsärzte) gegen bestimmte benachteiligende Maßnahmen der gesetzlichen Kassen erhebliche verfassungsrechtliche Bedenken geäußert.[290] Durch den vollständigen Ausschlusses des deutschen Wettbewerbsrechts waren die Vertragsärzte allein auf grundrechtlich verbürgte Unterlassungs- und Abwehransprüche gegen potentiell wettbewerbswidrige Verhaltensweisen ihrer Vertragspartner angewiesen. Allerdings ist das deutsche Wettbewerbsrecht das Ergebnis einer jahrzehntelangen ausgefeilten Gesetzgebung sowie einer ebensolchen Rechtsprechung durch hierauf spezialisierte Gerichtskammern/-senate. Es bietet daher den Rechtsschutzsuchenden auch die Möglichkeit, bloßen Rechtsreflexen, die durch ein möglicherweise unbeabsichtigtes, aber dennoch wettbewerbswidriges Verhalten eine für die Vertragsärzte spürbare benachteiligende Wirkung entfalten, wirksam entgegenzutreten. Grundrechtliche Abwehr- und Unterlassungsansprüche können einen solch intensiven Rechtsschutz jedoch nicht gewährleisten.[291] So entspricht es der gefestigten Rechtsprechung des Bundesverfassungsgerichts, dass ein jeder Eingriff in die Berufsfreiheit auch die so genannte *„berufsregelnde Tendenz“* haben muss.[292] Die potentiell wettbewerbswidrigen Maßnahmen müssen demnach in einem so engen Zusammenhang mit der Berufsausübung stehen, dass sie einer Berufsregelung nahekommen.[293] Die oben genannten reflexartigen Wirkungen von wettbewerbswidrigen Verhaltensweisen weisen als bloße faktische Beeinträchtigungen in der Regel also schon gar nicht die zur verfassungsrechtlichen Überprüfung

290 *Sodan/Adam* in: NZS 2006, 113, 119; *Schwerdtfeger* in: pharmind 2000, 105, Leitsätze 1–16.

291 Vgl. *Sodan/Adam* in: NZS 2006, 113, 119; so wohl auch *Becker* in: ZMGR 2007, 101, 111.

292 BVerfGE 13, 181, 186; 38, 61, 79; 75, 108, 153; 98, 83, 97; BVerfG, NVwZ 2009, 1486, 1487.

293 BVerfGE 13, 181, 186; 38, 61, 79; 75, 108, 153; 98, 83, 97; BVerfG, NVwZ 2009, 1486, 1487.

notwendigen Voraussetzungen (berufsregelnde Tendenzen) auf.[294] Die Rechtsschutzsuchenden waren daher in solchen Fällen gänzlich schutzlos gestellt.

Hinzu kam ein nicht unbeachtliches Maß an Rechtsunsicherheit. Denn während die Voraussetzungen kartell- und wettbewerbsrechtlicher Ansprüche in den jeweiligen Gesetzen (GWB und UWG) detailliert geregelt und sowohl in der Fachliteratur als auch in der Rechtsprechung kommentiert und erörtert wurden, konnten sich die Rechtsschutzsuchenden aufgrund der Bereichsausnahme nur auf allgemein gehaltene Grundrechtsvorschriften berufen, für die es an einer ebenso detailreichen Auslegung in wettbewerbsrechtlicher Hinsicht fehlte.[295]Der bloße Verweis der Vertragsärzte auf grundrechtlich verbürgte Unterlassungs- und Abwehransprüche in Rechtsstreitigkeiten mit gesetzlichen Krankenkassen stellte sich daher als ein unvertretbarer rechtsstaatlicher Rückschritt dar, dem kein gleichwertiger oder höherrangiger Differenzierungszweck gegenüberstand.[296] Denn die Einbeziehung der Vertragsärzte (sowie im übrigen auch aller anderen Leistungserbringer in der GKV) in das System und die Organisation der gesetzlichen Krankenversicherung darf nicht zur Folge haben, dass Bereiche bzw. Anwendungsfälle entstehen oder auch nur entstehen können, in denen kein effektiver, das heißt tatsächlich durchsetzbarer Rechtsschutz für die potentiell Betroffenen besteht. Überdies war auch das Maß an Rechtsunsicherheit, welchem sich die Vertragsärzte vor der Novellierung des § 69 SGB V durch das GKV-WSG ausgesetzt sahen, verfassungsrechtlich nicht hinnehmbar. Auch das hohe Gut der Funktionsfähigkeit des gesetzlichen Krankenversicherungssystems, welches mittelbar die Volksgesundheit beeinträchtigt, darf nicht zu Rechtfertigung einer Schutzlosstellung einzelner Personengruppen führen. Zu Recht weisen *Sodan/ Adam* darauf hin, dass letztlich die Qualität der medizinischen Versorgung auch von der Attraktivität der verschiedenen Berufsgruppen, insbesondere der Ärzte, abhängt.[297] Die Attraktivität des Vertragsarztberufs würde jedoch durch eine vollständige Bereichsausnahme vom deutschen Wettbewerbsrecht und gleichzeitiger Erweiterung wettbewerblicher Handlungsspielräume stetig gemindert.

Würde man den § 69 Abs. 1 SGB V also alleine betrachten und ihn als umfassende, das heißt „ausnahmslose“ Bereichsausnahme vom gesamten deutschen Wettbewerbsrecht sehen, so wäre das im Hinblick auf den grundrechtlichen Status der Leistungserbringer verfassungsrechtlich nicht zu vertreten. *Schwerdt-*

294 Siehe hierzu instruktiv zuletzt die Entscheidung des BVerfG, NVwZ 2009, 1486, 1487: „An der für die Grundrechtsbindung maßgeblichen eingriffsgleichen Wirkung einer staatlichen Maßnahme fehlt es jedoch, wenn mittelbare Folgen ein bloßer Reflex einer nicht entsprechend ausgerichteten gesetzlichen Regelung sind“.

295 *Sodan/Adam* in: NZS 2006, 113, 119.

296 So zu Recht *Sodan/Adam* in: NZS 2006, 113, 120.

297 *Sodan/Adam* in: NZS 2006, 113, 120.

feger und *Sodan/Adam* bezeichneten § 69 SBG V in der Fassung von 2000 daher zu Recht als verfassungswidrig.[298]

bbb) Bedenken gegen den teilweisen Ausschluss des deutschen Wettbewerbsrechts

Durch das GKV-WSG aus dem Jahre 2007 und durch das GKV-OrgWG aus dem Jahre 2008 wurde § 69 SGB V allerdings entscheidend verändert, so dass heute möglicherweise ein anderes Ergebnis gefunden werden kann. Im § 69 Abs. 2 SGB V finden sich nämlich Regelungen, die in einem engen Zusammenhang zu § 69 Abs. 1 SGB V stehen und daher im Rahmen einer Angemessenheitsprüfung unbedingt zu beachten sind. § 69 Abs. 2 SGB V regelt Ausnahmen vom Ausschluss des deutschen Wettbewerbsrechts, indem er die §§ 19 bis 21 GWB und die §§ 97 bis 115 und 128 GWB für anwendbar erklärt, soweit die dort genannten Voraussetzungen erfüllt sind. Dies hat zur Folge, dass sich das Rechtsschutzniveau der betroffenen Leistungserbringer merklich erhöht.

Durch die Anordnung der entsprechenden Anwendbarkeit der §§ 19 bis 21 GWB soll sichergestellt werden, dass die gesetzlichen Kassen eine möglicherweise entstehende marktbeherrschende Stellung nicht missbrauchen, es zu keiner Diskriminierung der Leistungserbringer und zu keinen Boykotten kommt.[299] Durch diese „*Teilrückkehr des Kartellrechts*“[300] hat der Gesetzgeber seine Fehlentscheidung aus dem Jahr 2000 revidiert. Zwar verbleibt auch bei entsprechender Anwendbarkeit der §§ 19–21 GWB ein großer Bereich an Rechtsunsicherheit für die Rechtsschutzsuchenden[301], allerdings hat der Gesetzgeber dafür gesorgt, dass zahlreiche kartell- und vergaberechtliche Schutzmechanismen wieder ihre Wirkungen entfalten können. Dies wiederum hat eine verfassungsrechtliche Verbesserung des Status der Leistungserbringer zur Folge. Während die Vertragsärzte vor der Änderung durch das GKV-WSG, wie oben erörtert (Abschnitt bb)), allein auf unzureichende grundrechtliche Abwehransprüche angewiesen waren, ist ihnen nach der heute gültigen Rechtslage ein Berufen auf das Missbrauchsverbot des § 19 GWB mit seinen Beispieltatbeständen des Behinderungsmissbrauchs (§ 19 Abs. 4 Nr. 1 GWB) und des Ausbeutungsmissbrauchs (§ 19 Abs. 4 Nr. 2 GWB), aber auch auf das Diskriminierungs- und Behinde-

---

298 *Schwerdtfeger* in: pharmind 2000, 105, Leitsätze 1–16; *Sodan/Adam* in: NZS 2006, 113, 119.

299 Siehe hierzu Bericht des Ausschusses für Gesundheit vom 01.02.2007, BT-Drucks. 16/4247, S. 35.

300 Begriff bei *Gassner* in: NZS 2007, 281, 284.

301 Rechtsunklarheit herrscht zum Beispiel in der Frage, welche Gerichte/Behörden für die Kontrolle der Einhaltung der §§ 19–21 GWB zuständig sind. Diese Streitfrage wird im *Abschnitt E. I .2 .c)* behandelt werden.

rungsverbot (§ 20 Absätze 1 und 2 GWB), das Verbot der passiven Diskriminierung (§ 20 Abs. 3 GWB), das Verbot horizontaler Behinderung (§ 20 Absätze 4 und 5 GWB), das Boykottverbot (§ 21 Abs. 1 GWB), das Verbot einseitiger Einflussnahme (§ 21 Abs. 2 GWB), das Verbot der Zwangsanwendung (§ 21 Abs. 3 GWB) und das Verbot der Nachteilszufügung (§ 21 Abs. 4 GWB) möglich, wenn die entsprechenden Voraussetzungen denn vorliegen.

Außerdem hat der Gesetzgeber durch das GKV-OrgWG die bis dahin stark umstrittene Anwendung des Kartellvergaberechts auf die Verträge der gesetzlichen Kassen mit Leistungserbringern deklaratorisch festgestellt, wenn die dort statuierten Voraussetzungen vorliegen. Auch hierdurch wurde zum einen das Schutzniveau angehoben und zum anderen ein Teil der Rechtunsicherheit beseitigt. Bei Betrachtung der heutigen Rechtslage lässt sich daher konstatieren, dass es sich tatsächlich „nur" noch um eine *teilweise* Bereichsausnahme vom deutschen Wettbewerbsrecht handelt und die Leistungserbringer in keinem Fall mehr gänzlich schutzlos gestellt sind. Gleichwohl verbleibt infolge der Teilbereichsausnahme ein „Minus" an Rechtsschutzmöglichkeiten der Vertragsärzte gegenüber den Privatärzten. Es stellt sich die Frage, ob die Ziele des Gesetzgebers diesen Einschnitt in die Rechtsschutzmöglichkeiten der Vertragsärzte rechtfertigen können.

Ziel des Gesetzgebers war und ist es weiterhin, die Qualität der medizinischen Versorgung zu verbessern und die Kosten im System der gesetzlichen Krankenversicherung zu senken, um so die Finanzierbarkeit des Systems und die Sicherstellung der medizinischen Gewährleistung der Gesamtbevölkerung auf lange Sicht zu gewährleisten. Im Rahmen der verfassungsrechtlichen Interessenabwägung geht es zwar durchaus auch darum, die Sinnhaftigkeit des gesetzgeberischen Vorgehens zu hinterfragen[302], gleichwohl ist für die Angemessenheitsprüfung letztlich nur die Beurteilung entscheidend, ob das Schutzniveau der Leistungserbringer rechtsstaatlichen bzw. verfassungsrechtlichen Standards genügt.[303] Es mag stimmen, dass der Beruf des Vertragsarztes im Vergleich zum Beruf des Privatarztes aus wettbewerbsrechtlichen Rechtsschutzgesichtspunkten weniger attraktiv ist. Es darf jedoch nicht übersehen werden, dass dieser Nachteil durchaus durch den Umstand kompensiert wird, dass Vertragsärzte sämtliche Personen behandeln können, während die Privatärzte auf die ca. 10 % der Be-

---

302 *Sodan/Adam* meinen daher zu Recht, dass die Qualität der medizinischen Versorgung nicht zuletzt von der Attraktivität der verschiedenen Berufsgruppen der Leistungserbringer, insbesondere des Berufes des Arztes abhängt und somit am falschen Ende gespart wird, in: NZS 2006, 113, 120.

303 Treffend formuliert daher *Preis* in: MedR 2010, 139, 139, „Man mag Vieles für rechtspolitisch falsch, ja gar unsinnig halten. Aber Unsinn führt noch nicht zwingend zur Verfassungswidrigkeit".

völkerung angewiesen sind, die privat krankenversichert sind. Meines Erachtens besteht daher nicht die Gefahr, dass fähige Ärzte den Beruf des Vertragsarztes nicht mehr ausüben werden und dadurch etwa ein „Vertragsärztemangel“ droht. Das „Privileg“ der Vertragsärzte, sämtliche Personen behandeln zu können, wird ihnen durch die besondere Beschaffenheit des (gesetzlichen) Krankenversicherungssystems gewährt. Wenn dieses System allerdings auf der anderen Seite gewisse Belastungen bzw. Nachteile (hier gegenüber Privatärzten) mit sich bringt, dann sind diese im Interesse der Funktionsfähigkeit dieses Systems ebenso hinzunehmen wie seine Vorteile. Denn, wie oben (Abschnitt bb)) festgestellt wurde, üben die Vertragsärzte einen Beruf aus, der schon aufgrund anderer Regelungen sehr starken staatlichen Bindungen unterliegt. Die Entscheidung diesen Beruf auszuüben, haben sie jedoch bewusst getroffen. In der vorbezeichneten staatlichen Bindung liegt auch eine Bindung an das Gemeinwohl, zu dem unzweifelhaft auch die Volksgesundheit zählt. Es gehört damit schon zu der Natur des Arztberufes, insbesondere des Vertragsarztberufes, sich der Förderung der (Volks-)Gesundheit zu verschreiben. Verlangt also das System, welches dazu bestimmt ist, die Volksgesundheit zu gewährleisten, von den an ihm partizipierenden Akteuren ein bestimmtes „Opfer“ (hier ein Verlust an Rechtsschutz), um dessen langfristigen Bestand zu sichern, so ist dies folglich auch im Eigeninteresse dieser Akteure. Simplifiziert: Wer die Vorteile eines Systems genießen will, muss auch bereit sein, gewisse Nachteile hinzunehmen, wenn dies für den Bestand des Systems notwendig erscheint.[304] Wenn der Gesetzgeber also der Meinung ist – und hierbei ist ihm eine weite Einschätzungsprärogative bzw. ein weiter Gestaltungsspielraum zuzugestehen[305] –, dass durch die *Teilbereichsausnahme* vom deutschen Wettbewerbsrecht die nachhaltige Finanzierbarkeit des gesetzlichen Krankenversicherungssystems sichergestellt, eine hohe Qualität der Gesundheitsversorgung gewährleistet und so die Volksgesundheit garantiert werden kann[306] und überdies die Leistungserbringer infolge der §§ 19 bis 21 GWB ausreichend vor möglichen Missbräuchen der gesetzlichen Krankenkassen geschützt sind, muss die Abwägung ergeben, dass § 69 SGB V in seiner Ge-

---

304 Eine vergleichbare Argumentation in einem anderen Kontext führen *Quaas/Zuck*, Medizinrecht, S. 218: „Auch in Ansehung der „gesetzlichen Überformung“ insbesondere durch das SGB V nimmt der Vertragsarzt wie der Krankenhausarzt am sozialen Leistungssystem der gesetzlichen Krankenversicherung teil und zieht aus diesem System Nutzen, weil er davon lebt. Wer dies tut, muss zum Erhalt des Systems auch Eingriffe ertragen, die ein Unternehmen, das sich auf dem Markt behaupten muss, nicht hinnehmen müsste“.

305 Vgl. *Werner*, Das Vertragsarztrecht nach der Gesundheitsreform, S. 3; *Preis* in: MedR 2010, 139, 139.

306 So wohl auch *Roth* in: Auswirkungen des GKV-WSG auf Versorgungsstruktur und Wettbewerbsordnung, S. 120.

samtheit, also unter Einschluss seines heutigen Absatzes 2, angemessen und somit verfassungsgemäß ist.[307]

2. Grundrechtsverletzung privater Krankenversicherungen durch § 69 SGB V

a) Einleitung

Die zahlreichen Neuerungen des GKV-WSG haben eine Annäherung von privater und gesetzlicher Krankenversicherung zur Folge. Diese Annäherung wird zunächst durch die Etablierung privatversicherungsrechtlicher Elemente, insbesondere der Äquivalenz von Leistung und Gegenleistung, in das System der gesetzlichen Krankenversicherung erreicht.[308] Gesetzlich Versicherte haben nunmehr die Möglichkeit, zumindest teilweise die Höhe ihrer Beiträge von ihrem individuellen Risiko bzw. ihrer tatsächlichen Leistungsinanspruchnahme abhängig zu machen.[309] In diesen Kontext fallen die Selbstbehalts- und Beitragsrückerstattungsregelungen des § 53 Abs. 1 und Abs. 2 SGB V, die partielle Auslagerung der solidarischen Umverteilung durch Steuerbezuschussung der beitragsfreien Mitversicherung durch § 221 SGB V sowie die ohnehin bereits üblichen Zuzahlungspflichten aus § 61 SGB V. Diese gesetzlich vorgesehenen Möglichkeiten bewirken im gesetzlichen Krankenversicherungssystem eine teilweise Abkehr vom Solidarprinzip hin zum Äquivalenzprinzip.[310] Darüber hinaus wird die vorgenannte Annäherung der beiden Versicherungssysteme auch durch die verpflichtende Einführung eines Basistarifs (mit Kontrahierungszwang) in die private Krankenversicherung, der den Leistungen der standardmäßigen gesetzlichen Krankenversicherung entsprechen muss, realisiert (vgl. § 12 Abs. 1a und 1b VAG).

---

307 Auch wenn eine Auseinandersetzung mit der Verfassungsmäßigkeit in der Literatur selten erfolgt ist, kann dies als herrschende Meinung bezeichnet werden, da derzeit niemand diese ernsthaft in Zweifel zieht; *Preis* in: MedR 2010, 139, 146, hält die Gesamtheit der sozialrechtlich bedingten regulatorischen Einflussnahme auf den Vertragsarztberuf noch für verfassungskonform, fordert aber auch in diesem Bereich eine gesetzgeberische Beobachtungspflicht im Sinne der später zu thematisierenden Bundesverfassungsgerichtsentscheidung vom 11.06.2009 zu den Wahltarifen und dem Basistarif.

308 Vgl. *Kingreen* in: ZESAR 2007, 139, 144 ff.; *Becker* in: ZMGR 2007, 101, 103; *Axer* in: MedR 2008, 482, 491; siehe allgemein zu privatversicherungsrechtlichen Elementen in der GKV *Schnapp* in: ZMGR 2005, 6 ff.

309 Vgl. hierzu auch *Isensee* in: NZS 2007, 449 ff.

310 So *Kingreen* in: ZESAR 2007, 139, 144; *Isensee* in: NZS 2007, 449, 453.

Dieser vom Gesetzgeber intendierte und durch die Annäherung der beiden Versicherungssysteme bewirkte Wandel des gesetzlichen Krankenversicherungssystems bei gleichzeitiger sozialstaatlicher Indienstnahme der privaten Versicherer wirft die Frage auf, ob die wettbewerbsrechtlichen Privilegierungen, welche die gesetzlichen Krankenkassen gegenüber den privaten Versicherern genießen, vor dem allgemeinen Gleichheitssatz noch zu rechtfertigen sind.[311] Im Rahmen der Würdigung des § 69 SGB V ist zunächst von Interesse, ob die Wirkung dieser Norm als teilweise Bereichsausnahme, welche die gesetzlichen Kassen weitestgehend von der Anwendung des deutschen Wettbewerbsrechts befreit, während sie für die privaten Versicherer keine Anwendung findet, verfassungsrechtlich zu beanstanden ist.[312] Dass die gesetzlichen und die privaten Versicherer, insbesondere nach Einführung des Basistarifs, der Zusatztarife (§ 53 Abs. 5 und 6 SGB V) und des Wahltarifs Kostenerstattung (§ 53 Abs. 4 SGB V), in einem unmittelbaren Mitgliederwettbewerb zueinander stehen, entspricht der herrschenden Meinung und wird heute wohl nicht mehr bestritten.[313] Gleichwohl sind die privaten Versicherer den Schranken und Abwehransprüchen des UWG ausgesetzt, während den gesetzlichen Kassen im Bereich des unlauteren Wettbewerbs lediglich ungenaue grundrechtliche Beschränkungen auferlegt werden und die Kontrolle hierüber auch nicht von Amts wegen erfolgt.[314] Die gleichen Schutzlücken bestehen in weiten Teilen des deutschen Kartellrechts. Erneut ist also die Verletzung von Gleichheitsrechten durch § 69 Abs. 1 SGB V zu überprüfen. Um Wiederholungen zu vermeiden, wird zunächst auf die rechtsdogmatischen Ausführungen in der vorangegangenen Prüfung des Art. 3 Abs. 1 GG (vgl. Abschnitt C. I.) verwiesen.

---

311 So auch *Kingreen* in: ZESAR 2007, 139, 149.

312 Diese Frage ist in der Literatur meines Erachtens vernachlässigt worden. So auch *Voit* in: Gesundheitsreform 2007, S. 73. Die verfassungsrechtliche Diskussion konzentrierte sich nämlich schwerpunktmäßig auf die verfassungsrechtliche Zulässigkeit der durch das GKV-WSG verursachten Veränderungen im System der privaten Krankenversicherung, übersah aber die wettbewerbsrechtlichen Konsequenzen.

313 *Marco*, Private Krankenversicherung, S. 125; *Gassner* in: ZVersWiss 2008, 411, 422; *Roth* in: GRUR 2007, 645, 658 (dort Fn. 168); *Schlegel* in: Gesetzliche Krankenversicherung und Wettbewerb, S. 23, 37; *Thüsing* in: NZS 2008, 449, 450; *BKartA*, Stellungnahme vom 28.11.2006, S. 13 ff.; *Liessem/Steinmeyer/von Laer* in: Die Anwendbarkeit von Wettbewerbs- und Kartellrecht auf gesetzliche Kassen, S. 30; *Becker* in: ZMGR 2007, 101, 103; BGHZ 66, 229 ff.

314 Auf die Gesamtproblematik der Unanwendbarkeit der Vorschriften des UWG wird ausführlich im *E. III. 2.* eingegangen.

b) Wesensgemäße Anwendung des Gleichheitssatzes auf private Krankenversicherer

Da die Grundrechte vorrangig dem Schutz der Freiheitssphäre des einzelnen Menschen als natürlicher Person gegen Eingriffe der staatlichen Gewalt dienen und ferner die Voraussetzungen und Möglichkeiten für eine freie Mitwirkung und Mitgestaltung des Einzelnen im Gemeinwesen sichern[315], ist zunächst zu klären, ob sich die privaten Versicherer als juristische Personen des Privatrechts überhaupt auf die Grundrechte, insbesondere auf eine wesensgemäße Anwendung des Grundrechts aus Art. 3 Abs. 1 GG, berufen können. Hierfür ist Art. 19 Abs. 3 GG ausschlaggebend. Zwar sind die deutschen privaten Krankenversicherungsunternehmen vollrechtsfähig, allerdings setzt Art. 19 Abs. 3 GG seinem Wortlaut nach weiterhin voraus, dass das geltend gemachte Grundrecht, hier der Art. 3 Abs. 1 GG, seinem Wesen nach auf juristische Personen anwendbar sein muss. Ursprünglich sah das Bundesverfassungsgericht juristische Personen nur dann als Grundrechtsinhaber an und bezog sie in den Schutzbereich bestimmter materieller Grundrechte ein, wenn *„deren Bildung und Betätigung Ausdruck der freien Entfaltung der privaten natürlichen Personen ist, insbesondere wenn der „Durchgriff“ auf die hinter ihnen stehenden Menschen es als sinnvoll und erforderlich erscheinen lässt*“.[316] Diese Voraussetzung schließt juristische Personen von einer Berufung auf diejenigen Grundrechte aus, welche dem Schutz der natürlichen oder auch sittlichen Ausprägungen freier und gleicher Entfaltung von Menschen dienen.[317] Allerdings ist nicht allein auf das so genannte *personale Substrat* des Grundrechts abzustellen, sondern vielmehr auch auf das Vorliegen einer *grundrechtstypischen Gefährdungslage.*[318] Hiernach gilt, dass dort, wo der Grundrechtsschutz an solche Eigenschaften, Äußerungsformen oder Beziehungen anknüpft, die nur natürlichen Personen wesenseigen sind, die wesensgemäße Anwendbarkeit dieses Grundrechts auf juristische Personen ausscheidet.[319] Es entspricht allerdings der absolut herrschenden Meinung, dass sich juristische Personen des Privatrechts im Fall von Ungleichbehandlungen auf den Gleichheitssatz des Art. 3 Abs. 1 GG berufen können, da es sich hierbei um ein Grundrecht handelt, welches nicht nur individuell, sondern auch korporativ ausgeübt

315 vgl. BVerfGE 15, 256, 262; 21, 362, 369; 59, 231, 255; 61, 82, 100; 65, 1, 43; 68, 193, 205.

316 BVerfG, NJW 1990, 1783.

317 *Enders* in: Epping/Hillgruber, Art. 19, Rn. 39.

318 So *Dreier* in: Ders., Art. 19 III, Rn. 33; *Sodan* in: Ders., Art. 19, Rn. 19.

319 BVerfGE 95, 220, 242; 106, 28, 42.

werden kann.[320] Gleiches gilt im Übrigen auch für Art. 12 Abs. 1 GG. Auch hier ist eine wesensgemäße Anwendbarkeit gemäß Art. 19 Abs. 3 GG gegeben, da die geschützte Tätigkeit, die Eröffnung, Durchführung und Auflösung eines Geschäftsbetriebs, ihrer Art nach in gleicher Weise juristischen Personen wie natürlichen Personen offensteht.[321] Im vorliegenden Fall ist Art. 3 Abs. 1 GG (i. V. m. Art. 12 Abs. 1 GG) somit wesensgemäß auf die privaten Krankenversicherer anwendbar.

c) Ungleichbehandlung

Bereits mehrfach wurde im Rahmen dieser Arbeit festgestellt, dass es nicht nur dem gesetzgeberischen Willen[322], sondern auch den tatsächlichen Gegebenheiten entspricht, dass sich die privaten Krankenversicherer zumindest außerhalb des Pflichtversicherungssektors in einem direkten Mitgliederwettbewerb mit den gesetzlichen Kassen befinden (vgl. Abschnitt A. IV. 1. a) bb)). Gleichwohl sind die privaten Versicherer an das gesamte deutsche Wettbewerbsrecht gebunden, während dies für die gesetzlichen Kassen nicht der Fall ist.[323] Evident wird die hierin angelegte Ungleichbehandlung vor allem, wenn es um Fragen des unlauteren Wettbewerbs geht. Die vorgefundene unterschiedliche Behandlung von wesentlich Gleichem ist daher eindeutig als Ungleichbehandlung im Sinne des Art. 3 Abs. 1 GG zu identifizieren.

d) Rechtfertigung der Ungleichbehandlung

aa) Prüfungsmaßstab

Im Rahmen der Rechtfertigung der erkannten Ungleichbehandlung ist von Bedeutung, dass die einseitige Begünstigung der gesetzlichen Krankenkassen wegen der möglichen berufshemmenden Wirkungen für die privaten Krankenversicherungsunternehmen auch objektiv eine berufsregelnde Tendenz erkennen lässt

---

320 BVerfGE 3, 383, 391; 4, 7, 12; 21, 362, 369; aus der Literatur z.B. *Enders* in: Epping/Hillgruber, Art. 19, Rn. 42; *Antoni* in: Hömig, Art. 19, Rn. 10; *Sodan* in: Ders., Art. 19, Rn. 20; *Remmert* in: Maunz/Dürig, Art. 19 Abs. 3, Rn. 102.

321 BVerfGE 30, 292, 312; 95, 173, 181; 102, 197, 212; 105, 252, 264; *Gubelt* in: v.Münch/Kunig, Art. 12, Rn. 6; a. A. *Rittstieg* in: AK-GG, Art. 12, Rn. 167, der in dem Beruf ein an natürliche Personen anknüpfendes personales Moment sieht, auf das nicht verzichtet werden könne.

322 Entwurf eines Gesetzes zur Stärkung des Wettbewerbs in der gesetzlichen Krankenversicherung vom 24.10.2006, BT-Drucks. 16/3100, S. 2.

323 Vgl. *Voit* in: Gesundheitsreform 2007, S. 80.

und durch die Ungleichbehandlung folglich auch das Freiheitsgrundrecht des Art. 12 Abs. 1 GG tangiert wird.[324] Die Wettbewerbsfreiheit – verstanden als das Recht auf den Versuch, sich durch freie Leistungskonkurrenz als Anbieter und Nachfrager auf dem Markt gegenüber anderen durchzusetzen – wird nämlich durch Art. 12 Abs. 1 GG geschützt, soweit das Verhalten der Unternehmen im Wettbewerb Bestandteil ihrer Berufsausübung ist.[325] Mithin ist im Rahmen der Rechtfertigung entsprechend der oben (Abschnitt C. I. 1. b) aa)) erörterten Grundsätze („neue Formel") eine Verhältnismäßigkeitsprüfung durchzuführen.

bb) Verhältnismäßigkeit

Demnach ist zu untersuchen, ob zwischen den gesetzlichen und privaten Krankenversicherungen Unterschiede von solcher Art und solchem Gewicht bestehen, die die Ungleichbehandlung rechtfertigen, insbesondere ob die Ungleichbehandlung auch vor dem Hintergrund des zwischen den Versicherungssystemen veranlassten Annäherungsprozesses und des dadurch bewirkten unmittelbaren Mitgliederwettbewerbs angemessen ist. Da ca. 90 % der Gesamtbevölkerung in der gesetzlichen Krankenversicherung versichert sind, können die Sicherstellung der gesundheitlichen Versorgung der Bevölkerung, die Förderung der Volksgesundheit sowie die Stärkung des solidarischen Charakters der gesetzlichen Krankenversicherung und die Gewährleistung der Finanzierbarkeit des sozialen Krankenversicherungssystems als sachliche Differenzierungsgründe/ legitime Zwecke der Ungleichbehandlung angesehen werden.[326]

Des Weiteren stellt die wettbewerbsrechtliche Privilegierung der gesetzlichen Kassen gegenüber den privaten Versicherern ein geeignetes Mittel zur Erreichung vorgenannter Zwecke dar. Die Freistellung vom deutschen Wettbewerbsrecht kann nämlich durchaus Kostensenkungsmaßnahmen der gesetzlichen Kassen fördern bzw. helfen, die Finanzierungsschwierigkeiten des gesetzlichen Krankenversicherungssystems zu lösen, um so zumindest kurzfristig die Finanzierbarkeit des sozialen Krankenversicherungssystems zu gewährleisten. Auch die hinzugewonnenen Einnahmenpotentiale, welche sich für die gesetzlichen Krankenkassen insbesondere im Bereich der Wahltarife ergeben, sind dazu geeignet, das Gesamtsystem finanziell zu regenerieren und ausgewogen zu halten. Ein ausgewogenes Finanzierungssystem mit gesunder Kostenstruktur führt dann zu der Sicherstellung einer angemessenen und qualitativ hochwertigen Gesundheitsversorgung der Gesellschaft. Hinsichtlich der Erforderlichkeit der Be-

324 *Sodan* in: NJW 2003, 2581, 2582.
325 BVerfGE 32, 311, 317; 105, 252, 265.
326 Siehe schon *Abschnitt C. IV. 2. b) aa).*

reichsausnahme zur Erreichung vorgenannter Zwecke kann wiederum auf den weiten Ermessensspielraum des Gesetzgebers verwiesen werden.[327] Es obliegt weitestgehend seiner Einschätzung, ob die gewählte Ungleichbehandlung zur Erreichung der angestrebten Zwecke das mildeste Mittel darstellt.[328] Da sich keine Alternativen aufdrängen, ist auch von der Erforderlichkeit der Ungleichbehandlung auszugehen.

Fraglich erscheint allein, ob die identifizierte Ungleichbehandlung vor dem Hintergrund der Systemannäherung auch *angemessen* bzw. zumutbar ist. Für eine wettbewerbsrechtliche Bevorzugung der gesetzlichen Krankenkassen gegenüber den privaten Versicherern lassen sich beachtliche Gemeinwohlinteressen anführen. Denn das im GKV-WSG formulierte Ziel, allen Einwohnern der Bundesrepublik Deutschland einen bezahlbaren Krankenversicherungsschutz zu gewährleisten, wird vom Sozialstaatsgebot des Art. 20 Abs. 1 GG gestützt.[329] Die Absicherung der Bevölkerung vor dem Risiko der Erkrankung ist in der sozialstaatlichen Ordnung des Grundgesetzes eine Kernaufgabe des Staates.[330] Dieser Schutz hängt jedoch von der Leistungsfähigkeit der gesetzlichen Krankenkassen bzw. des gesetzlichen Krankenversicherungssystems ab. Daher besitzt auch das Ziel, die Leistungsfähigkeit und die Finanzierbarkeit dieser Institutionen sicherzustellen, einen hohen Stellenwert.[331] Die vorgenannten Interessen und Ziele genießen also Verfassungsrang.

Gegen eine wettbewerbsrechtliche Bevorzugung der gesetzlichen Kassen gegenüber den privaten Versicherern sprechen das Interesse sowie das Recht der Letztgenannten an einem fairen Wettbewerb mit den gesetzlichen Krankenkassen. Auch die privaten Versicherungsunternehmen gewährleisten schließlich den Krankenversicherungsschutz eines Teils der deutschen Bevölkerung. Gleichwohl muss festgestellt werden, dass die grundsätzliche Zielrichtung der beiden Versicherungssysteme differiert. Während die privaten Versicherer ein „Geschäft" betreiben, um Umsätze zu erzielen und zu maximieren, geht es den gesetzlichen Krankenkassen bzw. dem System, dem sie angehören, vom Grundsatz her nur um die Sicherstellung eines flächendeckenden Versicherungsschutzes für die überzählige Pflichtversichertengemeinschaft, und nicht um eine Umsatzmaximierung. Man könnte sich nunmehr auf den Standpunkt stellen, das Gesund-

---

327 BVerfGE 10, 89, 102; 38, 281, 97; 78, 320, 329; 115, 276.

328 BVerfGE 10, 89, 102; 38, 281, 97; 78, 320, 329; 115, 276.

329 BVerfG, Urteil vom 10.06.2009, 1 BvR 706/08, 1 BvR 814/08, 1 BvR 819/08, 1 BvR 832/08, 1 BvR 837/08, Rn. 171. Dieses Urteil ist abgedruckt in: NZS 2009, 436 ff., wird fortan jedoch zitiert als BVerfG, Urteil vom 10.06.2009, Rn.

330 BVerfGE 68, 193, 209; 102, 68, 89; 103, 172, 185; 115, 25, 43; später auch BVerfG, Urteil vom 10.06.2009, Rn. 171.

331 BVerfG, Urteil vom 10.06.2009, Rn. 176.

heitssystem sei durch die Annäherung von gesetzlicher und privater Krankenversicherung so verändert worden, dass eine Privilegierung der gesetzlichen Kassen den Zielen dieses Annäherungsprozesses zuwider liefe. Die sachlichen Differenzierungskriterien, die für eine Freistellung der gesetzlichen Kassen vom deutschen Wettbewerbsrecht angeführt werden, seien auch im Basistarif der privaten Versicherungen erfüllt. Außerdem bestehe ein Wettbewerb zwischen beiden Versicherungsformen um Mitglieder im Bereich des Basistarifs und der Wahltarife bzw. der Zusatzversicherungen.[332] Daher könne der Gesetzgeber die privaten Versicherer nicht an das Wettbewerbsrecht binden und es für die gesetzlichen Krankenkassen zu weiten Teilen ausschließen.[333]

Allerdings ist die Annäherung der Krankenversicherungssysteme nicht so weitreichend bzw. tiefgehend, wie es auf den ersten Blick scheint. Vielmehr bleiben im gesetzlichen Krankenversicherungssystem die solidarischen Aspekte auch nach der Gesundheitsreform 2007 überwiegend, obschon die Behauptung des Gesetzgebers, dass die gesetzlichen Krankenkassen gänzlich ohne Gewinnerzielungsabsicht handeln würden, in dieser Form sicherlich fehlgeht. Denn jede gesetzliche Krankenkasse ist mittlerweile schon aus Gründen der eigenen Existenzberechtigung und Existenzerhaltung darauf bedacht, Umsätze bzw. Gewinne zu erwirtschaften. Meines Erachtens ist an dieser Stelle eine Unterscheidung von Gewinnerzielung zur Bestandssicherung und Umsatzmaximierung zur Vermögensmehrung vorzunehmen. Die gesetzlichen Krankenkassen wollen/müssen Umsätze bzw. im Idealfall Gewinne erzielen, um zum einen ihre finanzielle Existenz zu sichern und zum anderen attraktiv für ihre Mitglieder zu bleiben bzw. für potentielle neue Mitglieder zu werden. Gerade weil im Rahmen des GKV-WSG auch die Insolvenzfähigkeit gesetzlicher Krankenkassen eingeführt wurde, hat das Streben nach Umsatz unter den gesetzlichen Kassen eine umso größere Bedeutung angenommen. Um nicht zahlungsunfähig zu werden, müssen die gesetzlichen Krankenkassen also Umsätze und im Idealfall Gewinne erzielen. Vom wirtschaftlichen Grundgedanken her gilt für die privaten Krankenversiche-

332 Vgl. zur Abgrenzung von Wahltarifen und den herkömmlichen Zusatzversicherungen im Sinne des § 194a SGB V *Klaue/Schwintowski*, Grenzen der Zulässigkeit von Wahltarifen und Zusatzversicherungen in der gesetzlichen Krankenversicherung, S. 11 ff. Das Bundesversicherungsamt fasst die herkömmlichen Zusatzversicherungen wie „Chefarztbehandlung" oder „Einbettzimmer-Unterbringung" allerdings unter die Wahltarife des § 53 SGB V, siehe Schreiben des Bundesversicherungsamts vom 13.03.2007, Az.: II 1-4927.6-3709/2006. Es meint nämlich, dass z. B. das Angebot der oben genannten Tarife keine Leistungsausweitung darstelle, da die ärztliche Behandlung und Unterbringung Bestandteile der Krankenhausbehandlung seien. Dieser Auffassung vertreten wohl auch *Rürup/Albrecht* in: Wachstumsmotor Gesundheit, S. 122 ff. Folge dieser Auffassung ist, dass die gesetzlichen Krankenkassen Zusatzversicherungen im Gewand von Kostenerstattungstarifen anbieten können.

333 *Voit* in: Gesundheitsreform 2007, S. 81.

rer zwar dasselbe. Gleichwohl besteht ein im Rahmen der hier vorzunehmenden Abwägung entscheidender Unterschied in der Art der Verwendung der potentiell erzielten Gewinne. Die gesetzlichen Krankenkassen sind als Träger der gesetzlichen Krankenversicherung[334] diesem Solidarsystem verschrieben. Sie sollen Umsätze und Gewinne nur dazu nutzen, ihre Kosten zu decken, ihre Qualität und Effizienz zu verbessern und Einsparungen in etwa durch Beitragssatzsenkungen oder, da solche im derzeitigen System durch einzelne Kassen nicht möglich sind, durch Beitragsrückzahlungen an die Versicherten weiterzugeben. Auch wenn es zur Implementierung privatversicherungsrechtlicher Elemente in das gesetzliche Krankenversicherungssystem gekommen ist[335], ist dieses gleichwohl noch ein öffentlich-rechtliches Solidarsystem, welches vor allem aufgrund der Umlagefinanzierung, des morbiditätsorientierten Risikostrukturausgleichs und der Durchbrechung des Äquivalenzprinzips (also der Ungleichheit von Leistung und Gegenleistung) immer noch seinem Sinn und Zweck nach solidarisch geprägt.[336] Die privaten Versicherungsunternehmen gehören hingegen keinem Solidarsystem an. Sie üben als juristische Personen des Privatrechts eine wirtschaftliche Tätigkeit aus, die darauf gerichtet ist, Umsätze und Gewinne zu erzielen, die an die hinter ihr stehenden natürlichen Personen weitergegeben werden sollen. Ihre Tätigkeit ist also nicht vom Grundsatz solidarisch/fremdnützig, sondern vielmehr eigennützig. Aufgrund dieser verschiedenen Ausrichtungen der Versicherungssysteme ist es durchaus legitim, dasjenige System wettbewerbsrechtlich zu privilegieren, welches dem Gemeinwohl und nicht dem Eigennutz verschrieben ist.

Diese durch § 69 Abs. 1 SGB V erreichte wettbewerbsrechtliche Privilegierung kann aber nur soweit reichen, und nur dann durch die soziale Funktion des gesetzlichen Krankenversicherungssystems gerechtfertigt werden, wie die gesetzlichen Krankenkassen auch im Rahmen ihres sozialen Versorgungsauftrags tätig werden. Solange die gesetzlichen Kassen allein oder weit überwiegend im Rahmen ihrer Leistungserfüllung gegenüber den Pflichtversicherten auftreten, ist die wettbewerbsrechtliche Ungleichbehandlung aufgrund der überragenden Bedeutung ihrer (auch) sozialen Funktion angemessen und daher verfassungsrechtlich gerechtfertigt. Treten die privaten Versicherer jedoch in einem „Kampf“ um die freiwillig Versicherten auf, treffen sie die vollständigen Beschränkungen des deutschen Wettbewerbsrechts, während die gesetzlichen Kassen aufgrund von § 69 Abs. 1 SGB V weitestgehend davon befreit sind. Diese Besserstellung kann

334 Vgl. *Fischer* in: Erlenkämper/Fichte, Sozialrecht, S. 305.

335 So *Axer* in: MedR 2008, 482, 492.

336 *Roth* in: Auswirkungen des GKV-WSG auf Versorgungsstruktur und Wettbewerbsordnung, S. 136; vgl. zu den Strukturprinzipien der gesetzlichen Krankenversicherung auch *Ebsen* in: SRH, S. 705 ff.

dann jedoch nicht durch die (auch) soziale Rolle der gesetzlichen Kassen gerechtfertigt werden, da sie gegenüber den aktuellen oder potentiellen freiwillig Versicherten nach der hier vertretenen Auffassung[337] nicht im Rahmen ihres öffentlichen Erfüllungsauftrags handeln, sondern in einen direkten Konkurrenzkampf um Mitglieder mit den privaten Versicherern einsteigen. Die Beurteilung muss jedoch aufgrund der Imponderabilien eines Einzelfalls auch für diesen gesondert erfolgen. Im konkreten Anwendungsfall kann allerdings das Bedürfnis nach einer verfassungskonformen Auslegung des § 69 Abs. 1 SGB V bestehen, soweit die Besserstellung der gesetzlichen Kassen nicht mit ihrem sozialen Auftrag gerechtfertigt werden kann bzw. sie sich nicht auf diesen berufen können, was z.B. beim Werben um die freiwillig Versicherten der Fall ist.[338]

Der Reformgesetzgeber ist der Forderung nach der Einführung und Ausweitung wettbewerblicher Elemente in das öffentliche Gesundheitswesen durch die zahlreichen Neuerungen des GKV-WSG zumindest zum Teil nachgekommen (im Einzelnen vgl. dazu Abschnitt F.). Es muss jedoch der Frage nachgegangen werden, ob einzelne Teile dieser Reform, insbesondere diejenigen, die das wettbewerbliche Verhältnis zwischen gesetzlicher und privater Krankenversicherung tangieren, möglicherweise verfassungswidrig sind. Bejahendenfalls wäre eine potentielle Ausweitung dieser Elemente ohnehin ausgeschlossen und eine weitere Auseinandersetzung hiermit in kommenden Gesundheitsreformen obsolet. Das Bundesverfassungsgericht hatte sich aufgrund zahlreicher Verfassungsbeschwerden im Jahre 2009 mit der Verfassungskonformität von Wahltarifen in der gesetzlichen Krankenversicherung und der Einführung des Basistarifs in die private Krankenversicherung sowie weiterer in diesem Zusammenhang stehender verfassungsrechtlicher Einzelfragen auseinanderzusetzen.[339] Nachfolgend soll vor dem Hintergrund der Entscheidung des Bundesverfassungsgerichts allerdings nur auf die Verfassungskonformität der Wahltarife und des Basistarifs mit Kontrahierungszwang eingegangen werden. Eine Auseinandersetzung mit den zahlreichen weiteren verfassungsrechtlichen Problemlagen, insbesondere der Grundrechtsbetroffenheit der Versicherten, soll in dieser Arbeit nicht erfolgen, da es insoweit meines Erachtens an einer unmittelbaren wettbewerblichen Relevanz mangelt und daher das Thema und den Rahmen dieser Arbeit sprengen würde.[340]

---

337 So auch *Roth* in: Auswirkungen des GKV-WSG auf Versorgungsstruktur und Wettbewerbsordnung, S. 163.

338 Dieser Ansicht ist wohl auch *Schmidt* in: GesR 2007, 295, 302.

339 BVerfG, Urteil vom 10.06.2009 (1 BvR 706/08, 1 BvR 814/08, 1 BvR 819/08, 1 BvR 832/08, 1 BvR 837/08).

340 Insoweit sei an dieser Stelle auf das weiterführende Schrifttum verwiesen. Vgl. zu den Grundrechten der Versicherten *Oesterreich*, Versicherungspflicht oder Versicherungsfreiheit,

II. Verfassungskonformität der Wahltarife und eines Basistarif mit Kontrahierungszwang

1. Wahltarife

a) Allgemeines

Im Rahmen der Wahltarifsmöglichkeiten des § 53 SGB V bieten sich den gesetzlichen Kassen folgende Möglichkeiten: Vereinbarung eines Selbstbehalts (Abs. 1), Prämienzahlung bei Nichtinanspruchnahme von Leistungen der Krankenkasse (Abs. 2), Sondertarife bei Teilnahme an besonderen Versorgungsmodellen (Abs. 3), ein Kostenerstattungstarif (Abs. 4), Sondertarife für bisher nicht erstattete Arzneimittel (Abs. 5) und Krankengeldtarife (Abs. 6). Die Wahltarife der Absätze 3 bis 6 müssen die gesetzlichen Kassen einführen, die übrigen sind fakultativ. Vor Einführung eines Wahltarifs muss die jeweilige gesetzliche Kasse den beabsichtigten Tarif, also dessen Inhalt und Kalkulation, vom Bundesversicherungsamt genehmigen lassen. Bei Abschluss eines Wahltarifs sind die Versicherten für drei Jahre an die jeweilige gesetzliche Krankenkasse gebunden (vgl. § 53 Abs. 8 SGB V). Zwar ist der Abschluss sämtlicher Wahltarife für die Versicherten fakultativ, da diese Wahltarife aber vor allem für solche Versicherte von Interesse sind, die wiederum für die Krankenkassen finanztechnisch interessant sind – also die so genannten „guten Risiken"[341] – besteht ein erhöhter Wettbewerbsdruck für die Kassen zur Einführung attraktiver Wahltarife, um möglichst viele „gute Risiken" langfristig an sich binden zu können. § 53 Abs. 9 SGB V verlangt allerdings auch, dass die Aufwendungen für jeden Wahltarif aus Einnahmen, Einsparungen und Effizienzsteigerungen, die durch die Maßnahmen erzielt werden, finanziert werden. Die gesetzlichen Kassen müssen in regelmäßigen Abständen über die von ihnen erzielten Einsparungen gegenüber der Aufsichtsbehörde – dem Bundesversicherungsamt – Rechenschaft abzulegen. Grob lassen sich die Wahltarife also in zwei Gruppe einteilen. Zum einen die Gruppe der Tarife, die eine fehlende Leistungsinanspruchnahme durch Rückzahlungen

S. 144 ff.; *Krogull*, Wettbewerbsstrukturen im Selbstverwaltungssystem der gesetzlichen Krankenversicherung, S. 115 ff.; *Wallrabenstein/Bourcade* in: MedR 2008, 415, 419 ff. m. w. N; zur Ausweitung des Sicherstellungsauftrags *Axer* in: MedR 2008, 482, 487 ff.; zur Verfassungskonformität des Systemwechsels in der gesetzlichen und privaten Krankenversicherung *Pitschas* in: GesR 2008, 64, 68 ff.; zu den Grundrechten der Leistungserbringer *Becker* in: ZMGR 2007, 101, 108 ff.; zur Portabilität der Altersrückstellungen sowie zur Beurteilung zahlreicher weiterer verfassungsrechtlicher Fragen siehe *Sodan*, Private Krankenversicherung und Gesundheitsreform 2007, S. 17 ff.

341 Gemeint sind vornehmlich junge Menschen ohne chronische Erkrankungen.

belohnen, und zum anderen die Gruppe an Tarifen, die den Leistungsumfang gegen Zuzahlungen aufstocken können.[342] Zu den Wahltarifmöglichkeiten im Einzelnen:

aa) Selbstbehalte

Gemäß § 53 Abs. 1 SGB V kann die Krankenkasse in ihrer Satzung vorsehen, dass Mitglieder jeweils für ein Kalenderjahr einen Teil der von der Krankenkasse zu tragenden Kosten übernehmen können. Für diese Mitglieder hat die Krankenkasse gemäß § 53 Abs. 1 S. 2 SGB V Prämienzahlungen vorzusehen, die § 53 Abs. 8 S. 4 SGB V der Höhe nach beschränkt. Selbstbehalt und Prämienzahlung stehen in einer engen Wechselwirkungsbeziehung. Zu hohe Selbstbehalte bei vergleichsweise niedrigen Prämienzahlungen würden nämlich aufgrund der dann eintretenden unangemessenen Risikoverteilung zu Lasten der Versicherten von diesen nicht in Anspruch genommen werden. Denn der Selbstbehalt verändert die Risikoverteilung zwischen Versicherten und der in der Krankenversicherung zusammengeschlossenen Versichertengemeinschaft.[343] Das finanzielle Risiko von Erkrankungen wird teilweise auf den Versicherten übertragen und somit aus dem Versicherungszusammenhang der Solidargemeinschaft ausgelagert.

bb) Beitragsrückerstattungen

Nach § 53 Abs. 2 SGB V kann die Krankenkasse in ihrer Satzung für Mitglieder, die im Kalenderjahr länger als drei Monate versichert waren, eine Prämienzahlung vorsehen, wenn sie und ihre nach § 10 SGB V mitversicherten Angehörigen in diesem Kalenderjahr keine Leistungen der Krankenkasse in Anspruch genommen haben. Die Funktion der Beitragsrückerstattungen ist im Prinzip mit der Wirkung der Selbstbehalte vergleichbar. Sie sollen die Versicherten motivieren, möglichst keine Leistungen zu Lasten der Krankenkasse in Anspruch zu nehmen.

cc) Sonstige Wahltarife

Gemäß § 53 Abs. 3 SGB V haben die gesetzlichen Krankenkassen in ihren Satzungen zu regeln, dass Versicherten, die an besonderen Versorgungsformen nach §§ 63, 73b, 73c, 137f oder 140a SGB V teilnehmen, besondere Tarife angeboten werden, für welche die Krankenkassen eine Prämienauszahlung oder Zuzahlungsermäßigungen vorsehen können. Überdies kann die Krankenkasse in ihrer

342 So auch *Prehn* in: GesR 2009, 230, 230.

343 Vgl. *Kingreen* in: ZESAR 2007, 139, 143.

Satzung vorsehen, dass Mitglieder für sich und ihre mitversicherten Angehörigen Tarife für eine Kostenerstattung anstelle der Sachleistung wählen (§ 53 Abs. 4 SGB V). Sie kann die Höhe der Kostenerstattung variieren und hierfür spezielle Prämienzahlungen durch die Versicherten vorsehen (§ 53 Abs. 4 SGB V). Die Krankenkasse kann darüber hinaus in ihrer Satzung die Übernahme der Kosten für Arzneimittel der besonderen Therapierichtungen regeln, die nach § 34 Abs. 1 Satz 1 SGB V von der Versorgung ausgeschlossen sind, und hierfür spezielle Prämienzahlungen durch die Versicherten vorsehen (§ 53 Abs. 5 SGB V). Schließlich hat die Krankenkasse in ihrer Satzung für bestimmte Versichertengruppen Tarife mit erweiterten Krankengeldansprüchen anzubieten; sie hat hierfür entsprechend der Leistungserweiterung Prämienzahlungen des Mitglieds vorzusehen (§ 53 Abs. 6 SGB V).

Wie bereits festgestellt wurde (vgl. Abschnitt A. IV. 1. a) bb)), wird durch das Anbieten von Wahltarifen, insbesondere dem Tarif „Kostenerstattung" gemäß § 53 Abs. 4 SGB V und den Zusatztarifen (Abs. 5–6), ein unmittelbarer Wettbewerb zwischen den gesetzlichen und privaten Versicherern um Mitglieder ausgelöst. Die Wahltarife der gesetzlichen Krankenkassen bieten dabei dem Grunde nach das gleiche Leistungsangebot wie die privaten Zusatzversicherungen. Dieses „Versicherungsfeld" ist traditionell den privaten Krankenversicherungen vorbehalten gewesen. Durch die Einführung der Wahltarife entsteht nunmehr weiterer Wettbewerb. Zum einen um die freiwillig Versicherten bzgl. der Vollversicherungen und zum anderen um die gesetzlich Pflichtversicherten bzgl. der durch die Wahltarife ebenfalls erzielbaren Zusatzversicherungen.[344]

b) Verfassungsmäßigkeit der Wahltarife

Obschon Wahltarife auf den ersten Blick nur die *gesetzlichen* Krankenkassen betreffen und der Gesetzgeber mit ihnen in erster Linie die Erweiterung ihres Angebotsspektrum intendierte, um so sowohl den systeminternen als auch den systemübergreifenden Wettbewerb auszuweiten, wurden seit Inkrafttreten des § 53 SGB V von Teilen der Literatur und von Seiten der privaten Krankenversicherungen Zweifel an der formellen[345] und materiellen Verfassungsmäßigkeit der

344 So auch *Klaue/Schwintowski*, Grenzen der Zulässigkeit von Wahltarifen und Zusatzversicherungen in der gesetzlichen Krankenversicherung, S. 68; hierzu und zu der verfassungsrechtlichen Problematik bezüglich der wettbewerbsrechtlichen Privilegierung siehe schon *Abschnitt C. I. 1.*

345 Im Rahmen der *formellen Verfassungsmäßigkeit* stellt sich die Frage, ob der Bund bei Einführung der Wahltarife in das gesetzliche Krankenversicherungssystem seine Kompetenzen aus Art. 74 Abs. 1 Nr. 12 GG überschritt. In der Literatur wird die Ansicht vertreten, die Einfüh-

Wahltarife bzw. der ihnen zugrunde liegenden Rechtsnorm, des § 53 SGB V, geäußert.[346] Ob diese Zweifel bloße Schutzbehauptungen der privaten Versicherer sind, um sich vor weiterer Konkurrenz auf dem Markt der *Zusatzleistungen* zu bewahren, oder ob es sich um die berechtigte Rüge einschneidender Grundrechtsverletzungen handelt, ist nunmehr zu klären.

aa) Verletzung des Rechts der privaten Versicherer auf Chancengleichheit im Wettbewerb

Die privaten Krankenversicherungen könnten durch die aufgrund § 53 SGB V bestehenden Wahltarifsmöglichkeiten der gesetzlichen Krankenkassen in ihrem Recht auf Chancengleichheit im Wettbewerb verletzt sein. Da sich dieses Recht unmittelbar aus Art. 3 Abs. 1 GG ergibt[347], hängt die materielle Verfassungsmäßigkeit des § 53 SGB V von der Frage ab, ob durch die Wahltarife eine unterschiedliche Behandlung von wesentlich Gleichem bewirkt wird, die – je nach Prüfungsmaßstab – entweder willkürlich ist, oder nicht durch höherrangige Interessen gerechtfertigt werden kann.[348] Dass sich die privaten Krankenversicherungsunternehmen über Art. 19 Abs. 3 GG auf den Art. 3 Abs. 1 GG berufen können, wurde bereits oben (vgl. Abschnitt C. I .2. b)) geklärt.

---

rung von Wahltarifen sei vom Kompetenztitel für die „Sozialversicherung" nicht gedeckt, da sie nicht dem Solidarausgleich innerhalb einer sozial schutzbedürftigen Bevölkerungsgruppe dienten, sondern vielmehr einen neuen Geschäftszweig der gesetzlichen Krankenkassen begründen, welcher sich grundsätzlich nach den gleichen Kriterien wie die Privatversicherer, also nach Kostendeckung und Äquivalenz, finanziere. Vgl. hierzu *Isensee* in: NZS 2007, 449, 453; *Thüsing* in: NZS 2008, 510, 511; *Schmidt* in: GesR 2007, 295, 302; *Axer* in: MedR 2008, 482, 484. Dieser formell verfassungsrechtlichen Frage soll an dieser Stelle allerdings nicht nachgegangen werden, da ihre Relevanz für das Thema dieser Arbeit nicht von unmittelbarer Bedeutung ist. Insofern sei auf die vorgenannten Literaturquellen verwiesen. Vorliegend geht es vielmehr um Fragen des Wettbewerbs im öffentlichen Gesundheitssystem, dessen Ausprägungen und Auswirkungen, so dass hier einzig die materiell verfassungsrechtliche Seite näher zu beleuchten ist.

346 *Thüsing* in: NZS 2008, 449 ff.; *Isensee* in: NZS 2007, 449 ff.; exemplarisch für die PKV: *http://presse.signal-id-na.de/Aktuelle_Meldungen/Aktuelle_Meldungen.php?vor=8&archiv=2007&PHPSESSID=78fa2ce8dfb658d6b38957e29350c9c9; Versicherungswissenschaft* „Wahltarife sind systemwidrig" 63. Jahrgang, Heft 4, S. 281.

347 *Starck* in: v.Mangoldt/Klein/Starck, Art. 3 Abs. 1, Rn. 43

348 BVerfGE 55, 72, 88; danach st. Rspr., etwa BVerfGE 82, 126, 146; 84, 133, 157; 84, 348, 359; 85, 191, 210; 85, 238, 244; 85, 360, 383; 87, 1, 36; 87, 234, 255; 88, 5, 12; 95, 39, 45; 102, 41, 54.

aaa) Wesentliche Vergleichbarkeit

Die privaten Versicherer und die gesetzlichen Krankenkassen sind allerdings nur in den Bereichen der Wahltarife als wesentlich gleich zu beurteilen, in welchen sie in einem unmittelbaren Konkurrenzkampf um Mitglieder stehen. Dies ist zum einen im Bereich der nunmehr auch von den gesetzlichen Kassen im Rahmen der Wahltarife angebotenen Zusatzversicherungen und zum anderem im Bereich der freiwillig Versicherten, die zwischen dem gesetzlichen Wahltarif der Kostenerstattung (§ 53 Abs. 4 SGB V) und einer substitutiven privaten Vollversicherung wählen können, der Fall.[349] Im Pflichtversicherungssegment besteht meines Erachtens keine wesentliche Vergleichbarkeit zwischen den privaten Versicherern und den gesetzlichen Kassen. Selbst wenn ein Pflichtmitglied durch den Wahltarif Kostenerstattung den Status eines Privatversicherten erreichen kann, scheidet eine Benachteiligung der privaten Versicherer aus, da sie rein rechtlich ohnehin nicht dazu in der Lage wären, einem Pflichtmitglied der gesetzlichen Krankenversicherung eine private Vollversicherung anzubieten.[350] Die Tatsache, dass es einem Pflichtmitglied unmöglich ist, mit einem privaten Versicherer zu kontrahieren, begründet ja gerade den wesentlichen Unterschied der Systeme, welcher im Übrigen schon seit Jahrzehnten besteht und bislang nie von den privaten Versicherern gerügt worden ist. Um die Pflichtmitglieder der gesetzlichen Krankenversicherung darf und wird kein Konkurrenzkampf mit der privaten Krankenversicherung entstehen, solange der Solidarcharakter des gesetzlichen Krankenversicherungssystems aufrechterhalten bleiben soll. Aufgrund der immer noch bestehenden fundamentalen Unterschiede in der Finanzierung und Zielrichtung der beiden Systeme (vgl. hierzu Abschnitt C. I. 1. d) bb)) sowie des fehlenden Konkurrenzkampfes um Mitglieder kann im Pflichtversicherungssegment nicht von einer wesentlichen Vergleichbarkeit der zu vergleichenden Gruppen ausgegangen werden.

bbb) Ungleichbehandlung

Die als Ungleichbehandlung im Sinne des Art. 3 Abs. 1 GG zu wertende unterschiedliche Behandlung der beiden Vergleichsgruppen wird dadurch realisiert, dass der Gesetzgeber den gesetzlichen Kassen im Wettbewerb mit den privaten

349 So auch *Thüsing* in: NZS 2008, 510, 511.

350 A. A. *Thüsing* in: NZS 2008, 510, 512, der auch hier eine wesentliche Vergleichbarkeit annehmen will, da es sich seiner Auffassung nach um einen vergleichbaren Schutz bei Krankheit handele, der unterschiedlich behandelt würden. Darüber hinaus sieht er offensichtlich in der fehlenden Möglichkeit der PKV zur Versicherung eines Pflichtmitglieds eine Benachteiligung.

Krankenversicherungen die Ausnutzung spezifischer Strukturvorteile ermöglicht bzw. das Entstehen dieser Begünstigungen infolge einer nur geringeren Regulierung zulässt.[351] Die privaten Versicherungsunternehmen unterliegen nämlich im Rahmen der von ihnen angebotenen substitutiven Krankenversicherung strengen Regeln bei der Beitragskalkulation. Während die privaten Versicherer ihre Tarife, also auch die Zusatztarife[352], im Sinne des § 12 Abs. 1 VAG nach versicherungsmathematischen Methoden, die in einer speziellen Verordnung, der Kalkulationsverordnung (KalV[353]), kodifiziert sind, berechnen, unterliegen die gesetzlichen Kassen im Bereich der Wahltarife weit geringeren Kontrollmechanismen. Vorschriften zur Kalkulation von Wahltarifen existieren nicht. Einzig die Vorgabe des § 53 Abs. 9 SGB V, der eine Quersubventionierung verbietet, schränkt die gesetzlichen Kassen in ihrer Freiheit geringfügig ein. Überdies hängt die Genehmigung der Wahltarife durch das Bundesversicherungsamt allein von einer Plausibilitätsprüfung ab.[354]

Die unterschiedliche Behandlung zwischen privaten Versicheren und gesetzlichen Kassen folgt zudem aus der Tatsache, dass die Wahltarife – im Gegensatz zu den privaten Zusatzversicherungen – attraktiver kalkuliert werden können. Denn die Krankenkassen sind in der Lage, das Verbot der Quersubventionierung des § 53 Abs. 9 SGB V zu umgehen.[355] Anders als die privaten Versicherer benötigen sie bei einer Beitragsanpassung nicht die Zustimmung eines unabhängigen Treuhänders. Vielmehr fehlt es an speziellen Regelungen hierüber. Stellt sich daher ein bewusst unterkalkulierter Wahltarif als unrentabel dar, darf er zwar nicht unmittelbar quersubventioniert werden, gleichwohl werden die Verluste durch die gesamte Versicherungsgemeinschaft aufgefangen.[356] Denn das Bundesversicherungsamt als Aufsichtsbehörde hat nur die Möglichkeit, die gesetzliche Kasse auf eine Anpassung/Erhöhung der Beiträge für den Wahltarif zu drängen.[357] Hierdurch wird jedoch ein Sonderkündigungsrechts[358] der Wahltarifteil-

351 So *Thüsing* in: NZS 2008, 449, 451; ähnlich *Isensee* in: NZS 2007, 449, 453.

352 Hierfür gelten zwar geringfügige Einschränkungen, gleichwohl besteht auch in diesem Bereich eine grundsätzliche Bindung an die KalV und das VAG.

353 Verordnung über die versicherungsmathematischen Methoden zur Prämienkalkulation und zur Berechnung der Alterungsrückstellung in der privaten Krankenversicherung (Kalkulationsverordnung – KalV) vom 18.11.1996, BGBl. I S. 1783, zuletzt geändert durch Verordnung vom 22.10.2009, BGBl. I S. 3670.

354 Schreiben des Bundesversicherungsamts vom 13.03.2007, Az.: II 1-4927.6-3709/2006, S. 1 ff.

355 *Thüsing* in: NZS 2008, 449, 452.

356 *Thüsing* in: NZS 2008, 449, 453; vgl. zur Prämienkalkulation auch *Daubenbüchel* in: RPG 2007, 95, 102 ff.

357 Schreiben des Bundesversicherungsamts vom 13.03.2007, Az.: II 1-4927.6-3709/2006, S. 7 ff.

nehmer ausgelöst, die hiervon naturgemäß Gebrauch machen werden, so dass über die Beitragssatzerhöhung eine Deckung der Verluste nicht wird durchgesetzt werden können. Sodann besteht für das Bundesversicherungsamt nur noch die Option, die Genehmigung des unterkalkulierten Wahltarifs zu widerrufen.[359] Infolge dessen wären die durch den Wahltarif eingetretenen Verluste von sämtlichen Mitgliedern zu tragen. Sanktionsmechanismen für ein solches Verhalten zur Umgehung des Verbots der Quersubventionierung durch oben beschriebenes Verhalten bestehen nicht.[360]

Zu den vorgenannten Wettbewerbsvorteilen tritt ein weiterer hinzu: der überwiegende Teil der Bevölkerung ist bei den gesetzlichen Kassen pflichtversichert. Hierdurch entsteht ein erhebliches Informationsungleichgewicht zwischen gesetzlichen Kassen und privaten Versicherern. Die gesetzlichen Kassen erlangen durch die bestehende Kundenbindung Informationen über die konkrete Nachfrage bezüglich potentieller Zusatzversicherungen. Insbesondere können die gesetzlichen Kassen aufgrund dieses Informationsvorsprunges für sie „interessante" Versicherte (gute Risiken) herausfiltern und ihnen maßgeschneiderte Zusatzversicherungsangebote machen, während die privaten Versicherer keinen Zugang zu den Adressen und sonstigen Daten der Versicherten haben.[361]

Schließlich folgt die Ungleichbehandlung, insbesondere auf dem Markt der Wahltarife bzw. Zusatzversicherungen, aus den allgemeinen Vorteilen, die den gesetzlichen Kassen per Gesetz gewährt werden. Hiermit gemeint sind unter anderem die Befreiung der gesetzlichen Kassen von der Körperschaftsteuer, die Möglichkeit der Beitreibung von Forderungen nach dem Verwaltungs-Vollstreckungsgesetz, die staatliche Subventionierung nach § 221 SGB V und letztlich auch die Tatsache, dass sie nicht zur Rücklagenbildung gemäß § 37 VAG verpflichtet sind.[362] Aufgrund der vorgenannten legislatorischen Besserstellungen der gesetzlichen Kassen gegenüber den privaten Versicherern ist eine Ungleichbehandlung der beiden Gruppen im Sinne des Art. 3 Abs. 1 GG offenkundig.[363] Fraglich ist nunmehr, ob diese zu rechtfertigen ist.

---

358 § 53 Abs. 8 S. 2 SGB V ordnet an, dass die Satzung der gesetzlichen Krankenkassen ein Sonderkündigungsrecht für besondere Härtefälle vorzusehen hat. Hiermit sind insbesondere Beitragssatzerhöhungen gemeint.

359 Hierzu *Daubenbüchel* in: RPG 2007, 95, 103.

360 *Thüsing* in: NZS 2008, 449, 453.

361 *Thüsing* in: NZS 2008, 449, 453; *Von Maydell/Karl*, Das Angebot von Zusatzkrankenversicherung, S. 35.

362 *Thüsing* in: NZS 2008, 449, 453.

363 Vgl. *Thüsing* in: NZS 2008, 510, 512.

ccc) Einschub: Entscheidung des Bundesverfassungsgerichts

Bevor die Auseinandersetzung mit einer möglichen Rechtfertigung der oben erkannten Ungleichbehandlung erfolgt, soll zunächst auf die Entscheidung des Bundesverfassungsgerichts zur Verfassungsmäßigkeit des § 53 SGB V bzw. der hierin enthaltenen Wahltarifsmöglichkeiten hingewiesen werden. Das Bundesverfassungsgericht erteilte der Rechtsauffassung der privaten Krankenversicherungen, wonach es unzumutbar sei, Wahltarife lediglich im Einzelfall anfechten zu können und sie daher bereits durch § 53 SGB V unmittelbar in ihren Grundrechten (auch in Art. 3 Abs. 1 GG[364]) verletzen würden, eine klare Absage. Denn es wies die Verfassungsbeschwerden, soweit sie sich gegen die Vorschrift des § 53 SGB V wendeten, bereits als *unzulässig* zurück.[365]

Das Bundesverfassungsgericht sah es nämlich schon als fraglich an, ob die privaten Krankenversicherungen durch Wahltarife, welche die gesetzlichen Krankenkassen ihren Mitgliedern anbieten, überhaupt beschwert seien[366]; die Wahltarife eröffneten allein den Wettbewerb für ihre Konkurrenten, die gesetzlichen Krankenkassen. Jedenfalls fehle es schon an einer unmittelbaren Betroffenheit der privaten Kassen, da den gesetzlichen Krankenkassen durch § 53 SGB V lediglich die *Befugnis* verliehen werde, Wahltarife in ihrer Satzung vorzusehen. Diese Wahltarife treten aber erst nach Genehmigung durch die Aufsichtsbehörde in Kraft (§ 195 Abs. 1 SGB V). Das Bundesverfassungsgericht entschied daher: „*Die angegriffenen Vorschriften* [§ 53 Abs. 1 bis 6] *enthalten lediglich eine ausfüllungsbedürftige Ermächtigung zum Erlass von Tarifen und bewirken keinen unmittelbaren Eingriff*".[367] Grundrechtlich geschützte Rechte der privaten Krankenversicherungen, also auch die des Art. 3 Abs. 1 GG, sah das Gericht somit gänzlich nicht als verletzt an.

In der Literatur wurde die Entscheidung in Bezug auf Art. 3 Abs. 1 GG dahingehend kommentiert, dass „*die strengen Anforderungen, die das Gericht an den Vortrag einer Verletzung des allgemeinen Gleichheitssatzes stellt*", deutlich geworden seien.[368] Das Bundesverfassungsgericht verlange ein sorgfältiges Eingehen auf die Typisierungsbefugnis des Gesetzgebers. Es erscheint daher gut möglich, dass sich das Bundesverfassungsgericht mit der oben genannten Problematik materiell nicht auseinandersetzen musste, da es den Vortrag im konkreten Fall schon als nicht ausreichend erachtet hatte.

---

364 Siehe BVerfG, Urteil vom 10.06.2009, Rn. 47 und 49.

365 BVerfG, Urteil vom 10.06.2009, Rn. 133.

366 BVerfG, Urteil vom 10.06.2009, Rn. 134.

367 BVerfG, Urteil vom 10.06.2009, Rn. 134.

368 So *Hufen* in: NJW 2009, 649, 650.

ddd) Rechtfertigung der Ungleichbehandlung

Meines Erachtens kann es letztlich dahinstehen, ob die Rüge der Verfassungswidrigkeit des § 53 SGB V bereits aus verfassungsprozessualen Gründen unzulässig ist. Würde man einen unmittelbaren Eingriff in die grundrechtlich geschützten Rechte der privaten Krankenversicherungen unterstellen, so wäre dieser verfassungsrechtlich gleichwohl gerechtfertigt.

(1) Prüfungsmaßstab

Bei der Festlegung des Prüfungsmaßstabs, an dem die Ungleichbehandlung zu messen ist, spielen drei Faktoren eine Rolle: Zunächst stellt sich die Frage, ob und wie unmittelbar der Schutzbereich eines Freiheitsgrundrechts beeinträchtigt ist.[369] Zudem ist von Bedeutung, inwiefern die Betroffenen den begünstigten Sachverhalt in ihrer Person durch eigenes Verhalten erfüllen können.[370] Letztlich kommt es insbesondere bei juristischen Personen darauf an, wie stark die hinter ihnen stehenden natürlichen Personen beeinträchtigt sind.[371] Zwar muss bei der Bestimmung des Prüfungsmaßstabs berücksichtigt werden, dass die hier zu prüfenden Tarifmöglichkeiten des § 53 SGB V nach der maßgebenden Auffassung des Bundesverfassungsgerichts allein keine Eingriffsqualität haben, so dass eine durch die Ungleichbehandlung bewirkte Betroffenheit von Freiheitsgrundrechten vorliegend ausscheidet. Dennoch ist die nachfolgende Rechtfertigungsprüfung am Maßstab der Verhältnismäßigkeit auszurichten, da es sich hier um eine personenbezogene Differenzierung handelt. Die privaten Krankenversicherer haben es nämlich nicht in der Hand, zu einer gesetzlichen Krankenkasse zu werden und so in den „Genuss" der privilegierenden Regelungen zu kommen bzw. von den die privaten Krankenversicherer treffenden strengen Regularien befreit zu werden.[372] Die Ungleichbehandlung knüpft also nicht an ein Verhalten der privaten Versicherer, sondern vielmehr an ihre „Person" bzw. Rechtsform an.

(2) Verhältnismäßigkeit

Als legitimer Zweck der Ungleichbehandlung kann erneut die Gewährleistung einer langfristigen Finanzierbarkeit des gesetzlichen Krankenversicherungssystems gesehen werden, wodurch gleichzeitig die Volksgesundheit nachhaltig

369 BVerfGE 74, 9 ff.; 88, 87 ff.; 89, 69 ff.; 91, 346 ff.

370 BVerfGE 95, 267, 316; BVerfG, NJW 1999, 259, 260.

371 BVerfGE 95, 267, 317.

372 So *Thüsing* in: NZS 2008, 510, 513.

gefördert werden soll. Die Privilegierung der gesetzlichen Kassen gegenüber den privaten Versicherern im Bereich der Wahltarife ist auch geeignetes Mittel, um die vorgenannten Ziele zu erreichen. Denn es erscheint durchaus möglich, dass die gesetzlichen Kassen auf diesem für sie neu geöffneten „Wahltarifsmarkt", insbesondere im Rahmen der Zusatzversicherungen (§ 53 Abs. 5 und 6 SGB V), Einnahmen erzielen können, die ihnen zuvor vorenthalten geblieben sind. Die langfristige Finanzierbarkeit des gesetzlichen Krankenversicherungssystems kann nur sichergestellt werden, wenn dieses System – auch außerhalb des Pflichtversicherungssegments – für die so genannten guten Risiken, also Personen mit verhältnismäßig hohem Einkommen (welches gleichwohl unter der Pflichtversicherungsgrenze liegt) und geringen gesundheitlichen Lasten, Attraktivität gewinnt. Durch die Wahltarife wird es den gesetzlichen Kassen ermöglicht, gerade diesen Personen flexible und attraktive Versicherungsangebote zu machen, die über das Pflichtversicherungssegment hinaus gehen. Innerhalb des Pflichtversicherungssegments schaffen die Wahltarife ein Attraktivitätsmerkmal, welches geeignet ist, den Wettbewerb zwischen den gesetzlichen Kassen zu forcieren. Neben der Marktausweitung und Kundenorientierung bieten die Wahltarife aber auch Verhaltensanreize zu einer gesünderen Lebensführung, die langfristig die Volksgesundheit fördern können. Letztlich stellen die Wahltarife, wie bereits ausführlich dargestellt, einen Wettbewerbsfaktor auf verschiedenen Ebenen dar, der eine Qualitäts- und Effizienzsteigerung bewirken kann. Auch an dem Erforderlichkeitskriterium können keine Zweifel bestehen, da dem Gesetzgeber im Bereich der Sozialversicherung ein sehr weiter Prognosespielraum zusteht.[373]

Darüber hinaus ist die Ungleichbehandlung der privaten Versicherer auch ein angemessenes Mittel, um die oben genannten Zwecke zu erreichen. Zwar erscheinen die Privilegierungen der gesetzlichen Kassen gegenüber den privaten Versicherern, insbesondere auf dem Markt der Zusatzversicherungen, auf den ersten Blick als ungerecht. Denn es ist unstreitig, dass der Gesetzgeber durch die Einführung von Wahltarifen in die gesetzliche Krankenversicherung sowohl in personeller als auch in sachlicher Hinsicht die Grenzen überschritt, innerhalb derer der Schutz der gesetzlichen Krankenversicherung bisher anerkannt wurde.[374] Die Wahltarife in der Form, wie sie § 53 SGB V vorsieht, sind unmittelbar weder zum Schutz einzelner schwacher Mitglieder der sozialen Krankenversicherung noch zum Schutz der gesamten Versicherungsgemeinschaft gedacht. Es handelt sich, insbesondere bei den Zusatzversicherungen, vielmehr um Zusatzangebote, die zur sozialen Grundversicherung „hinzugekauft" werden können,

373 Siehe hierzu explizit BVerfG, Urteil vom 10.06.2009, Rn. 169.
374 Siehe hierzu ausführlich *Thüsing* in: NZS 2008, 510, 515 und 516.

aber vollständig fakultativ sind. Durch den Abschluss eines solchen Zusatzangebots tragen die Mitglieder nicht unmittelbar zur Finanzierung des solidarischen Systems der gesetzlichen Krankenversicherung bei. Die gesetzliche Krankenversicherung verändert sich in diesem Bereich in eine Richtung, die dem Solidargedanken nicht mehr unmittelbar dient. In diesen Zusammenhang steht die Tatsache, dass mit den Wahltarifen Leistungen in das Angebot der gesetzlichen Krankenkassen aufgenommen werden, die vom Sozialstaatsgebot nicht vorgegeben sind und durch die das System der vom Solidarprinzip geprägten gesetzlichen Krankenversicherung durchbrochen wird. Dies hat zur Folge, dass die Produkte der gesetzlichen und der privaten Krankenversicherung sich einander annähern.[375] Der besondere soziale Zweck der gesetzlichen Krankenversicherung, welcher in der Sicherung der Volksgesundheit als überragend wichtigem Gemeinwohlbelang zu sehen ist, könnte aufgrund dieser durch die Wahltarife bewirkten Annäherung der Systeme nicht länger als Rechtfertigungsgrund für die Ungleichbehandlung auf einem identischen Geschäftsfeld herangezogen werden.[376]

Gegen diese Argumentation und für die Heranziehung des überragend wichtigen Gemeinwohlbelangs der Volksgesundheit spricht aber, dass es das Ziel des Gesetzgebers war und ist, das System der gesetzlichen Krankenversicherungen wettbewerblicher auszugestalten und hierdurch eine dauerhafte Leistungsfähigkeit der gesetzlichen Krankenversicherung zu gewährleisten, welche unmittelbar auch die Volksgesundheit als überragend wichtigen Gemeinwohlbelang sicherstellen soll. Die Möglichkeit der gesetzlichen Krankenkassen Wahltarife anzubieten, ist, insbesondere nach der Vereinheitlichung des Beitragssatzes, ein entscheidendes Element der Verschärfung des Wettbewerbs zwischen den gesetzlichen Kassen um Mitglieder. Die Leistungsfähigkeit des Systems der gesetzlichen Krankenversicherung hat das Bundesverfassungsgericht seit jeher als einen „*überragend wichtigen Gemeinwohlbelang*“ eingestuft, da sie auf dem Gebiet der gesundheitlichen Daseinsvorsorge den Verfassungsauftrag der Sozialstaatlichkeit verwirklicht.[377] In diesem Sinne führte das BVerfG zuletzt aus, dass „*der Schutz des Einzelnen in Fällen von Krankheit* (...) *in der sozialstaatlichen Ordnung des Grundgesetzes eine Grundaufgabe des Staates*“ sei.[378] Wenn eine gesetzgeberische Maßnahme, welche die Leistungsfähigkeit der gesetzlichen Krankenversicherung sicherstellen soll, „Nebenwirkungen“ – hier die Entstehung und Ausweitung von direktem Wettbewerb zwischen privaten und gesetzlichen

375 *Thüsing* in: NZS 2008, 510, 516.
376 *Thüsing* in: NZS 2008, 510, 517.
377 Siehe hierzu die st. Rspr. des BVerfG: BVerfGE 103, 271 ff.; 114, 196 ff.
378 BVerfGE 115, 25, 32.

Krankenkassen – hervorruft, so ist die eingetretene Ungleichbehandlung im Rahmen dieses Wettbewerbs hinzunehmen, da diese bzw. der damit verbundene Eingriff in deren Grundrechte durch überragend wichtige Gemeinwohlbelange, wie die Sicherstellung der Volksgesundheit, gerechtfertigt ist. Denn auch wenn es hier „nur" um Zusatzversicherungen geht, die über das sozialstaatlich verlangte Leistungsspektrum hinaus reichen, so wirken sich die Wahltarife *mittelbar* auf das Gesamtsystem der gesetzlichen Krankenversicherung aus, indem sie den Wettbewerb zwischen den gesetzlichen Kassen zu fördern geeignet sind. Dieses entspricht dem Ziel des Gesetzgebers, die Finanzierungsschwierigkeiten in der gesetzlichen Krankenversicherung zu lösen und ihre Leistungsfähigkeit zu erhalten. Da die privaten Krankenversicherungen nicht vollkommen aus dem Markt der Zusatzversicherungen verdrängt werden, sondern lediglich einen bzw. mehrere weitere Wettbewerber erdulden müssen, wäre der Eingriff – dieser unterstellt – auch nicht unangemessen. Der neu etablierte und auf manchen Ebenen ungleiche Konkurrenzkampf zwischen gesetzlichen Kassen und privaten Versicherungen um Vertragsabschlüsse stellt für die Letztgenannten sowohl Aufgabe als auch Anreiz dar, ihre Leistungsqualität und Effizienz zu verbessern, um auf die Versicherten attraktiver zu wirken als die gesetzlichen Kassen. Einen solchen Vorsprung an Attraktivität können die privaten Versicherer zum Beispiel dadurch erreichen, indem sie eine bessere Servicequalität und Kundenberatung bereitstellen als die gesetzlichen Kassen. Letztendlich wird durch die Wahltarife bzw. durch § 53 SGB V, entsprechend der gesetzgeberischen Intention[379], der Wettbewerb im *gesamten Krankenversicherungssystem* gefördert und die private Krankenversicherung mittelbar und in verfassungsmäßiger Weise in die staatliche Aufgabenerfüllung mit einbezogen.[380]

bb) Verletzung von Art. 12 Abs. 1 GG

Nach der oben zitierten Entscheidung des Bundesverfassungsgerichts stellt sich die vom Gesetzgeber durch Einführung des § 53 SGBV geschaffene bloße Möglichkeit zur Einführung von Wahltarifen bereits nicht als Eingriff in Grundrechte der privaten Versicherer dar.[381] Dem könnte man noch entgegenhalten, dass ein Eingriff in die Berufsfreiheit schon zu bejahen ist, wenn die öffentliche Hand

---

379 Entwurf eines Gesetzes zur Stärkung des Wettbewerbs in der gesetzlichen Krankenversicherung vom 24.10.2006, BT-Drucks. 16/3100, S. 108 und 109.

380 A. A. *Klaue/Schwintowski*, Grenzen von Wahltarifen und Zusatzversicherungen in der gesetzlichen Krankenversicherung, S. 50, die in dem Recht der gesetzlichen Kassen, Zusatzversicherungen anzubieten, einen „ruinösen, die Existenz der PKV gefährdenden Wettbewerb" sehen, der verfassungsrechtlich nicht hingenommen werden könne.

381 BVerfG, Urteil vom 10.06.2009, Rn. 134.

ihre Strukturvorteile im Wettbewerb ausnutzt[382], und es auch keinen Unterschied machen kann, dass die angegriffene Norm (§ 53 SGB V) nur die gesetzliche Grundlage für ein solches Ausnutzen bietet.[383] Aber selbst wenn man einen Eingriff in den Schutzbereich der Berufsfreiheit der privaten Versicherer konstruieren will, wäre dieser aus denselben Gründen gerechtfertigt wie die oben erkannte Ungleichbehandlung. Insofern kann auf die obige Argumentation verwiesen werden. Die dort dargestellten überragenden Belange des Gemeinwohls sind dazu geeignet, Eingriffe auf jeder „Stufe" der Berufsfreiheit zu rechtfertigen.[384]

2. Basistarif mit Kontrahierungszwang

Die oben bereits angedeutete Miteinbeziehung der privaten Krankenversicherer in die Wahrnehmung der staatlichen Aufgabe zur gesundheitlichen Absicherung der Gesamtbevölkerung zeigt sich jedoch am deutlichsten an der neu eingeführten Verpflichtung der privaten Versicherer, im Rahmen ihrer Angebotspalette einen gesetzlich mindestdefinierten einheitlichen *Basistarif* anzubieten und mit allen Bürger kontrahieren zu müssen, die nicht in der gesetzlichen Krankenversicherung pflichtversichert sind. Diese Verpflichtungen finden ihre gesetzliche Grundlage in den §§ 12 Abs. 1a und 1b VAG.

a) Allgemeines zum Basistarif

Mit der Einführung eines in seinen Leistungen an der gesetzlichen Krankenversicherung orientierten branchenweit einheitlichen Basistarifs in das System der privaten Krankenversicherung hat der Gesetzgeber zwei der zentralen Ziele des GKV-WSG erreicht. Zum einen hat er hierdurch die notwendigen gesetzlichen Voraussetzungen geschaffen, um allen Personen einen bezahlbaren Krankenversicherungs(mindest)schutz zur Verfügung stellen zu können.[385] Denn § 12 Abs. 1a VAG verpflichtet private Versicherungsunternehmen mit Sitz im Inland, die eine die gesetzliche Versicherung vollersetzende Krankenversicherung anbieten, zum Angebot eines Basistarifs. Der Basistarif muss auch Varianten für Kinder und Jugendliche sowie für beihilfeberechtigte Personen und deren berücksichtigungsfähige Angehörige enthalten. Darüber hinaus müssen den Versicher-

---

382 Vgl. *Manssen* in: v.Mangoldt/Klein/Starck, Art. 12, Rn. 83; *Di Fabio* in: Maunz/Dürig, Art. 2 Abs. 1, Rn. 122; *Wieland* in: Dreier, Art. 12, Rn. 89.

383 So wohl *Thüsing* in: NZS 2008, 510, 517.

384 BVerfGE 7, 377, 406 (so genanntes „Apothekenurteil" des BVerfG).

385 So auch *Axer* in: MedR 2008, 482, 483.

ten verschiedene Selbstbehaltsstufen eingeräumt werden. Im Basistarif besteht für die privaten Krankenversicherungsunternehmen gemäß § 12 Abs. 1b VAG ein Kontrahierungszwang. Der Beitrag für den Basistarif ohne Selbstbehalt und in allen Selbstbehaltsstufen darf den Höchstbeitrag der gesetzlichen Krankenversicherung gemäß § 12 Abs. 1c Satz 1 VAG nicht übersteigen.

Ferner ist im Basistarif die Vereinbarung von Risikozuschlägen und Leistungsausschlüssen unzulässig. Dieses ergibt sich aus § 203 Abs. 1 Satz 2 VVG. Kommt ein Versicherungsnehmer in einer privaten Krankheitskostenvollversicherung mit einem Betrag in Höhe von Prämienanteilen für zwei Monate in Rückstand, kann sein Versicherer nach § 206 Abs. 1 Satz 1 VVG den Versicherungsvertrag zwar nicht kündigen, unter den in § 193 Abs. 6 VVG näher bestimmten Voraussetzungen ruht sein Leistungsanspruch dann aber. Das Ruhen endet, wenn die rückständigen und die auf die Zeit des Ruhens entfallenden Beitragsanteile gezahlt sind, oder wenn der Versicherungsnehmer hilfebedürftig im Sinne des Zweiten oder Zwölften Buches Sozialgesetzbuch wird.

Des Weiteren hat der Gesetzgeber auch durch die Einführung des Basistarifs den Wettbewerb zwischen den beiden Versicherungssystemen intensiviert. Für alle Personen außerhalb des Pflichtversicherungssegments besteht die Möglichkeit, frei zwischen den Versicherungsformen sowie zwischen den verschiedenen Kassen und Versicherern zu wählen.

b) Verfassungsrechtliche Bedenken

Die Anordnung eines Kontrahierungszwangs im Basistarif und der damit verbundene tiefe Eingriff in die Privatautonomie der privaten Versicherungen durch den Staat zieht die Frage der verfassungsrechtlichen Rechtfertigung nach sich. Es konnte daher nicht überraschen, dass sich zahlreiche private Krankenversicherungen gegen die Einführung des Basistarifs, gegen den Kontrahierungszwang, gegen die so genannte Portabilität von Altersrückstellungen sowie gegen das Ausdehnen der Versicherungspflicht in der gesetzlichen Krankenversicherung mit einer Verfassungsbeschwerde vor dem Bundesverfassungsgericht wehren würden.[386] Da eine genaue verfassungsrechtliche Analyse sämtlicher vorgenannter Fragestellungen sowohl das Thema als auch den Rahmen dieser Arbeit sprengen würde, aber die Essenz dieser Entscheidung nicht gänzlich unerwähnt bleiben darf, soll an dieser Stelle summarisch auf das Urteil des Bundesverfassungsgericht eingegangen werden, wobei der Schwerpunkt der Analyse auf die

---

386 Das Bundesverfassungsgericht entschied in seinem Urteil vom 10.06.2009 über die Verfassungsbeschwerden von fünf PKVen. Insgesamt hatten sogar 30 PKVen Verfassungsbeschwerden erhoben. Vgl. hierzu *Butzer* in: MedR 2010, 283, 283.

Vereinbarkeit des neu eingeführten Basistarifs mit Kontrahierungszwang mit der Berufsfreiheit (Art. 12 Abs.1 GG) der privaten Versicherer gelegt werden soll.

aa) Schutzbereich

Die Einführung des Basistarifs mit Kontrahierungszwang in das System der privaten Krankenversicherung tangiert sowohl den persönlichen als auch den sachlichen Schutzbereich des Art. 12 Abs. 1 GG. Bereits oben (Abschnitt C. I. 3. b)) wurde festgestellt, dass Art. 19 Abs. 3 GG seinem Wortlaut nach voraussetzt, dass das von einer juristischen Person geltend gemachte Grundrecht, hier der Art. 12 Abs. 1 GG, seinem Wesen nach auch auf juristische Personen anwendbar sein muss. Entscheidend ist also, ob das grundrechtsrelevante Verhalten der privaten Versicherer *„Ausdruck der freien Entfaltung der privaten natürlichen Personen ist*[387], die hinter ihr stehen. Im Rahmen der wirtschaftlichen Betätigung juristischer Personen des Privatrechts ist die wesensgemäße Anwendung des Art. 12 Abs. 1 GG unstreitig, da dieses Grundrecht typischerweise korporativ ausgeübt wird.[388] Art. 12 Abs. 1 GG schützt nämlich unter anderem die Freiheit der unternehmerischen Betätigung.[389] Da die PKV-Unternehmen durchweg als Aktiengesellschaften oder Versicherungsvereine auf Gegenseitigkeit geführt werden, ist ihre Tätigkeit auf dem privaten Krankenversicherungsmarkt als unternehmerische Betätigung der dahinterstehenden natürlichen Personen zu beurteilen und sie selbst als Träger der Berufsfreiheit anzuerkennen.[390] Weil die privaten Versicherer durch ihre Versicherungstätigkeit eine auf die Dauer angelegte und nicht nur vorübergehende, der Schaffung und Erhaltung einer Lebensgrundlage dienende Betätigung[391], welche nicht gegen verfassungsrechtliche Grundsätze verstößt, ausüben, ist neben dem persönlichen auch der sachliche Schutzbereich des Art. 12 Abs. 1 GG eröffnet.

bb) Eingriff

Die Regelungen der §§ 12 Abs. 1a und 1b VAG i. V. m. § 193 Abs. 5 VVG lassen sich als unmittelbarer Eingriff mit berufsregelnder Tendenz in die Berufs-

387 BVerfG, NJW 1990, 1783, 1783.

388 BVerfGE 30, 292, 312; 95, 173, 181; 102, 197, 212; 105, 252, 264; *Gubelt* in: v.Münch/Kunig, Art. 12, Rn. 6.

389 BVerfGE 50, 290, 363; *Manssen* in: v.Mangoldt/Klein/Starck, Art. 12 Abs. 1, Rn. 68.

390 Vgl. *Wallrabenstein/Bourcade* in: MedR 2008, 415, 416;

391 BVerfGE 7, 397; 9, 78; 13, 106; 14, 22; 16, 163; 50, 290, 362; 68, 272, 281; 97, 228, 252; 105, 252, 265; 110, 141, 156; 111, 10, 28; BVerwGE 1, 54; 1, 92, 93; 2, 85, 86; 2, 295, 298; 4, 250, 254; 21, 195, 196; 22, 286, 287.

freiheit der privaten Krankenversicherer einordnen[392] und stellen nicht lediglich bloße faktische Beeinträchtigungen ohne Eingriffsqualität dar[393]. Denn eine Folge der vorgenannten Regelungen ist, dass die privaten Versicherer nicht länger vollumfänglich über Abschluss und Inhalt ihrer Verträge bestimmen können. Ihnen werden bestimmte Personen, die sie ansonsten nicht als Vertragspartner erwählt hätten, per Gesetz aufgezwungen. Auch ihre Kalkulationsfreiheit, welche typisch für das private Versicherungswesen ist, wird durch den Basistarif beeinträchtigt, da sie im Bereich des Basistarifs ihre Prämien nicht am individuellen Risiko des Versicherten ausrichten dürfen.[394]

cc) Rechtfertigung

Es stellt sich die Frage, ob der vorgefundene Eingriff in die Berufsfreiheit der privaten Versicherer zu rechtfertigen ist. Art. 12 Abs. 1 S. 2 GG enthält einen Eingriffs- und Regelungsvorbehalt hinsichtlich der Berufsausübung, welcher sich nach ganz herrschender Meinung auch auf die Berufswahl, mithin auf das gesamte Grundrecht bezieht.[395] Gleichwohl findet auch diese Grundrechtsschranke ihre Grenze im Grundsatz der Verhältnismäßigkeit. Das Bundesverfassungsgericht überprüft die Verfassungsmäßigkeit eines Eingriffs in Art. 12 Abs. 1 GG mit der so genannten Drei-Stufen-Theorie[396], welche die übliche Verhältnismäßigkeitsprüfung dahingehend modifiziert, dass qualifizierte Anforderungen an die gesetzliche Zwecksetzung im Verhältnis zur Eingriffsintensität gestellt werden.[397]

Als legitimer Zweck der gesetzgeberischen Maßnahmen kann zunächst einmal mehr die Sicherstellung der langfristigen Finanzierbarkeit des gesetzlichen Krankenversicherungssystems sowie die Gewährleistung eines bezahlbaren

---

392 *Sodan*, Private Krankenversicherung und Gesundheitsreform 2007, S. 76; *Musil* in: NZS 2008, 113, 115; *Pitschas* in: GesR 2008, 64, 71.

393 *Wallrabenstein/Bourcade* in: MedR 2008, 415, 416 diskutieren die Möglichkeit einer bloß faktischen Beeinträchtigung unter dem Gesichtspunkt, dass sich rechtliche Regelungen zur Ausgestaltung von Versicherungsverträgen grundrechtsdogmatisch auch als Ausgestaltung der Berufsfreiheit begreifen lassen können. Dieser Ansatz folgt aus neueren grundrechtsdogmatischen Überlegungen, wonach der Staat durch Bereitstellung entsprechender Rahmenbedingungen die tatsächliche Wahrnehmung grundrechtlich geschützter Betätigungen zu gewährleisten habe. Gleichwohl bejahen auch *Wallrabenstein/Bourcade* im Ergebnis den Eingriffscharakter.

394 Siehe ausführlich *Sodan*, Private Krankenversicherung und Gesundheitsreform 2007, S. 76; *Musil* in: NZS 2008, 113, 115; *Pitschas* in: GesR 2008, 64, 71.

395 BVerfGE 7, 398, 402, 84, 133, 148; *Manssen* in: v.Mangoldt/Klein/Starck, Art. 12 Abs. 1, Rn. 103.

396 BVerfGE 7, 377, 398; 46, 120, 138. So auch BVerfG, Urteil vom 10.06.2009, Rn. 165.

397 So *Manssen* in: v.Mangoldt/Klein/Starck, Art. 12 Abs. 1, Rn. 124.

Krankenversicherungsschutzes für die gesamte Bevölkerung gesehen werden. Zur Erreichung der vorgenannten Zwecke ist die Einführung des Basistarifs mit Kontrahierungszwang in die private Krankenversicherung unzweifelhaft geeignet. Durch den Kontrahierungszwang wird gewährleistet, dass die gesetzlich nicht pflichtversicherten Personen ihrer eigenen gesetzlich normierten Pflicht zur Versicherung der eigenen Gesundheit (vgl. § 193 Abs. 3 VVG) auch tatsächlich nachkommen können.[398] Dass dieser Kontrahierungszwang nunmehr auch für die privaten Versicherer besteht, bewirkt, dass nicht nur die gesetzlichen Kassen mit den so genannten schlechten Risiken unter den nicht Pflichtversicherten kontrahieren müssen und sie deswegen nicht noch weiter einseitig finanziell belastet werden. Ferner sind die gesetzlichen Regelungen auch zur Erreichung der genannten Ziele erforderlich. Im Rahmen der Erforderlichkeitsbewertung einer Maßnahme steht dem Gesetzgeber, wie bereits mehrfach gesagt, eine weite Einschätzungsprärogative zu.[399]

Die Regelungen müssen angemessen sein, das heißt, die Beeinträchtigungen dürfen nicht außer Verhältnis zu den angestrebten Zwecken stehen. Im Rahmen der Angemessenheitsprüfung ist nunmehr die Eingriffsstufe zu identifizieren und sodann eine Abwägung der widerstreitenden Interessen vorzunehmen. Die Einführung des Basistarifs mit Kontrahierungszwang betrifft nicht die Berufswahl der privaten Versicherer, sondern ist eine reine Berufsausübungsregelung.[400] In der Literatur wird die Auffassung vertreten, dass es sich bei den Regelungen zum Basistarif mit Kontrahierungszwang um objektive Berufswahlregelungen handele, da hierdurch der Beruf des Privatversicherers unmöglich gemacht würde. Außerdem sei der Beruf derart umgestaltet worden, dass die Schwelle einer bloßen Berufsausübungsregel überschritten und auch deswegen die strengen Maßstäbe zur Zulässigkeit objektiver Berufswahlregelungen anzuwenden seien.[401] Zwar besteht heute Einigkeit darüber, dass eine Berufswahlregelung nicht nur dann vorliegt, wenn explizit die Zulassung zu einem Beruf geregelt wird. Vielmehr können auch bloße Berufsausübungsregelungen derart schwerwiegende

398 *Wallrabenstein/Bourcade* in: MedR 2008, 415, 417 bezeichnen den Kontrahierungszwang als „notwendiges Korrelat" zur Versicherungspflicht der Bürger.

399 BVerfGE 77, 84, 109; 102, 197, 218; *Thüsing/Kämmerer*, Gutachterliche Stellungnahme „Vertragsfreiheit und Wettbewerb in der privaten Krankenversicherung" S. 30 ff., zweifeln bereits an einer Erforderlichkeit eines Basistarifs mit Kontrahierungszwang zur Sicherstellung der vollständigen Versicherung sämtlicher Personen und äußern die Auffassung, dass der Staat diese Personen auch der gesetzlichen Krankenversicherung hätte zuordnen können, bejahen sie jedoch letztlich unter Verweis auf das Fehlen einer „eindeutig gleichwertigen Alternative".

400 So auch *Musil* in: NZS 2008, 113, 115;

401 *Thüsing/Kämmerer*, Gutachterliche Stellungnahme „Vertragsfreiheit und Wettbewerb in der privaten Krankenversicherung" S. 43.

Wirkung entfalten, dass sie die Berufsangehörigen zur Berufsaufgabe zwingen oder von der Wahl dieses Berufs abhalten.[402] Gleichwohl sind diese Voraussetzungen im vorliegenden Fall nicht gegeben. Durch den Basistarif wird weder der Zugang zum Beruf eines privaten Krankenversicherers verhindert, noch wird eine Pflicht zur Aufgabe des Berufs bestimmt. Die gesetzlichen Regelungen beschränken sich nämlich darauf, den privaten Versicherern bestimmte, zusätzliche Versicherungstarife anzubieten. Auch wird durch die Regelungen, wie noch zu belegen sein wird, nicht der Bestand des privaten Versicherungssegments als solches gefährdet. Die gesetzlichen Regelungen tangieren die Berufsfreiheit somit lediglich auf der „ersten Stufe", weshalb zur Rechtfertigung vernünftige Erwägungen des Gesetzgebers ausreichend sind.

Im Rahmen der Abwägung der widerstreitenden Interessen ist zunächst zu berücksichtigen, dass durch die Einführung des Basistarifs die privaten Versicherer unter Verstoß gegen grundlegende Regeln des Äquivalenzprinzips und der Privatautonomie dazu gezwungen werden, Personen zu fremdbestimmten Bedingungen zu versichern. Dies kann die marktwirtschaftlich negative Folge einer Kostenunterdeckung im Basistarif hervorrufen. Der Grund hierfür ist darin zu sehen, dass der Basistarif vor allem für die so genannten „schlechten Risiken" interessant ist, also Personen, die aufgrund von Alter und/oder chronischer Erkrankung in anderen Tarifen der privaten Versicherer Risikozuschläge oder Leistungsausschlüsse hinnehmen müssten oder gar nicht versichert würden.[403]

Darüber hinaus werden die Leistungen der privaten Versicherungsunternehmen zumindest teilweise faktisch durch den Gemeinsamen Bundesausschuss[404], in dem sie jedoch nicht vertreten sind, fremdbestimmt. Denn dieser trifft die für die gesetzlichen Krankenversicherungen maßgeblichen Entscheidungen zur Festlegung des Leistungsumfangs, so dass diese Entscheidungen nunmehr auch unmittelbare Bedeutung für die privaten Versicherer haben. Auch dies beschnei-

402 Vgl. zur grundsätzlichen Möglichkeit *Mann* in: Sachs, Art. 12, Rn. 146; *Ruffert* in: Epping/Hillgruber, Art. 12, Rn. 95, m. w. N.

403 So *Thüsing/Kämmerer*, Gutachterliche Stellungnahme „Vertragsfreiheit und Wettbewerb in der privaten Krankenversicherung" S. 44; ähnlich *Boetius* in: VersR 2007 431, 433, der in der „vierfachen" Durchbrechung des Äquivalenzprinzips einen nicht zu rechtfertigenden, da zerstörerischen Eingriff in das Geschäftssystem der privaten Krankenversicherung sieht; zu den wirtschaftlichen Konsequenzen für die privaten Versicherer vgl. *Grote/Bronkars* in: VersR 2008, 580 ff.

404 Der Gemeinsame Bundesausschuss ist das oberste Beschlussgremium der gemeinsamen Selbstverwaltung der Ärzte, Zahnärzte, Psychotherapeuten, Krankenhäuser und Krankenkassen in Deutschland. Er bestimmt in Form von Richtlinien den Leistungskatalog der Gesetzlichen Krankenversicherung für mehr als 70 Millionen Versicherte und legt damit fest, welche Leistungen der medizinischen Versorgung von den gesetzlichen Kassen erstattet werden.

det die privaten Versicherer in ihrer grundsätzlich privatautonomen Vertragsgestaltung.

Hinzu kommt, dass durch den Basistarif mit Kontrahierungszwang die Solidargemeinschaft der Privatversicherten mit Belastungen versehen wird, für die sie grundsätzlich nicht einzustehen hat. Denn wenn die in Normaltarifen Versicherten eine Beitragsbegrenzung für solche Versicherte mittragen müssen, die sich im Basistarif absichern, obwohl sie sich die höheren Prämien der Normaltarife ohne weiteres leisten könnten, wird das die private Krankenversicherung bisher prägende Äquivalenzprinzip durchbrochen.[405] Durch die Tatsache, dass das Vertragsverhältnis selbst bei Prämienverzug aufrechterhalten werden muss, nimmt der Gesetzgeber zudem in Kauf, dass ein privater Versicherer Leistungen erbringen muss, obwohl er in vielen Fällen faktisch keine Möglichkeit hat, die geschuldeten Prämien einzutreiben. Rückständige bzw. ausfallende Prämien wären dann wiederum durch die anderen in der privaten Kasse Versicherten aufzufangen.

dd) Einschub: Entscheidung des Bundesverfassungsgericht zum Basistarif mit Kontrahierungszwang

Die vorgenannten Argumente konnten das Bundesverfassungsgericht jedoch nicht von einer Unzumutbarkeit des Basistarifs nebst Kontrahierungszwang überzeugen. Vielmehr stellte das Gericht in seiner Urteilsbegründung fest, dass der Basistarif insgesamt eine *„zulässige, sozialstaatliche Indienstnahme der privaten Krankenversicherungsunternehmen zum gemeinen Wohl* [darstellt], *die der mit dem GKV-Wettbewerbsstärkungsgesetz angestrebten Vollfunktionalität der privaten Krankenversicherung für alle ihr zugewiesenen Versicherten dient und sicherstellt, dass die von Krankheit am stärksten betroffenen Personen unter den Bedingungen risikoäquivalent berechneter Prämien bezahlbaren und gleichwohl ausreichenden Versicherungsschutz finden*“.[406]

Es führt weiter aus, dass der Basistarif mit Kontrahierungszwang zwar eine Beschränkung der Berufsausübungsfreiheit von einigem Gewicht enthalte, diese jedoch nur eine Beschränkung auf der Stufe einer Berufsausübungsregelung sei, da sich die gesetzlichen Regelungen darauf beschränkten, bei Ausübung der beruflichen Tätigkeit den Versicherungsunternehmen vorzugeben, dass sie neben ihren Normaltarifen zusätzlich einen Basistarif anbieten und dort auf Antrag

---

405 Vgl. *Thüsing/Kämmerer*, Gutachterliche Stellungnahme „Vertragsfreiheit und Wettbewerb in der privaten Krankenversicherung“ S. 54..

406 BVerfG, Urteil vom 10.06.2009, Rn. 187.

Versicherungsschutz gewähren.[407] Diese Berufsausübungsregelung sieht das Bundesverfassungsgericht durch *beachtliche Gemeinwohlinteressen* gerechtfertigt. Für das im GKV-Wettbewerbsstärkungsgesetz formulierte Ziel, allen Bürgern der Bundesrepublik Deutschland einen bezahlbaren Krankenversicherungsschutz in der gesetzlichen oder in der privaten Krankenversicherung zu sichern, könne sich der Gesetzgeber auf das Sozialstaatsgebot des Art. 20 Abs. 1 GG berufen.[408] Der Schutz der Bevölkerung vor dem Risiko der Erkrankung sei dabei in der sozialstaatlichen Ordnung des Grundgesetzes eine Kernaufgabe des Staates. Die gesetzgeberische Absicht, einen Krankenversicherungsschutz für alle Einwohner zu schaffen, sei von dem Ziel getragen, ein allgemeines Lebensrisiko abzudecken, das sich bei jedem und jederzeit realisieren und ihn mit unabsehbaren Kosten belasten könne.[409] Das Verfassungsgericht entschied, dass dies *ein* legitimes Konzept des zur sozialpolitischen Gestaltung berufenen Gesetzgebers sei, die für die Abdeckung der dadurch entstehenden Aufwendungen notwendigen Mittel auf der Grundlage einer Pflichtversicherung sicherzustellen.

Ein milderes Mittel als der gesetzlich angeordnete Kontrahierungszwang im Basistarif zu Lasten der Versicherungsunternehmen, um für den betroffenen Personenkreis einen Krankenversicherungsschutz sicherzustellen, sei nicht erkennbar. Denn ohne den Kontrahierungszwang hätten insbesondere Personen mit gravierenden Vorerkrankungen keine Möglichkeit, in eine private Krankenversicherung aufgenommen zu werden.[410] Zur Erreichung des gesetzgeberischen Ziels seien sowohl die Versicherungspflicht als auch der Kontrahierungszwang erforderlich. Das Gericht spricht dem Gesetzgeber hierbei eine weite Einschätzungsprärogative zu.[411] Die Verpflichtung der Krankenversicherungsunternehmen, dem in § 12 Abs. 1b Satz 1 VAG, § 193 Abs. 5 Satz 1 VVG genannten Personenkreis Versicherungsschutz im Basistarif zu gewähren, überschreite auch nicht das Maß des Zumutbaren.[412] Das Ziel, einen bezahlbaren Versicherungsschutz für die gesamte Bevölkerung zu ermöglichen, besitze nämlich einen hohen Stellenwert. Letztendlich werde den Versicherungsunternehmen dabei nur eine Aufgabe übertragen, die zu ihrer ureigenen Geschäftstätigkeit gehöre und die sie so in die umfassende Absicherung der Gesundheit der Gesamtbevölkerung entscheidend mit einbeziehe („*sozialstaatliche Indienstnahme*").[413]

407 BVerfG, Urteil vom 10.06.2009, Rn. 166.
408 BVerfG, Urteil vom 10.06.2009, Rn. 171.
409 BVerfG, Urteil vom 10.06.2009, Rn. 171.
410 BVerfG, Urteil vom 10.06.2009, Rn. 174.
411 BVerfG, Urteil vom 10.06.2009, Rn. 173.
412 BVerfG, Urteil vom 10.06.2009, Rn. 176 und 178 bzgl. der freiwillig Versicherten.
413 BVerfG, Urteil vom 10.06.2009, Rn. 176.

ee) Eigene Stellungnahme zur Entscheidung des Bundesverfassungsgerichts

Im Rahmen der vorgenommenen Gesamtabwägung ist das Bundesverfassungsgericht meines Erachtens zu Recht nicht von einer Unzumutbarkeit der die privaten Versicherer treffenden Eingriffe ausgegangen. Denn entgegen der Beteuerungen der privaten Krankenversicherungen waren diese gegenüber den gesetzlichen Krankenkassen seit jeher in diversen Punkten bevorzugt. Die Vorteile ergaben sich zum Beispiel dadurch, dass die privaten Versicherer – im Gegensatz zu den gesetzlichen Krankenversicherungen – über Jahrzehnte keinem Kontrahierungszwang unterlagen. Den privaten Krankenversicherungen blieb es stets vorbehalten, die potentiellen Versicherten vor Abschluss des Versicherungsvertrags einer umfassenden Risikoprüfung zu unterziehen. Stellten sich Vorerkrankungen, vor allem chronischer Art, heraus, wurden von den privaten Versicherungsunternehmen erhebliche Prämienzuschläge verlangt oder bei zu großen Gesundheitsrisiken der Abschluss des Versicherungsvertrags gänzlich abgelehnt. Über Jahrzehnte konnten sich die privaten Krankenversicherungen sozusagen die „Rosinen" (gute Risiken) aus den Versicherten herauspicken. Dass es sich darüber hinaus bei den privat Versicherten größtenteils um finanziell sehr leistungsfähige Personen handelt, darf an dieser Stelle auch nicht unerwähnt bleiben.

Richtig ist, dass die privaten Krankenversicherungen private Unternehmen sind und „privatautonom" handeln können. Gleichwohl werden sie auf einem Markt – dem Gesundheitsmarkt – tätig, der von essentieller Bedeutung für die Gesamtbevölkerung ist und schon von seiner Zielrichtung her auch eine *moralische Verpflichtung* in sich trägt. Schließlich besteht ein Unterschied darin, ob ein Versicherungsunternehmen ein Kraftfahrzeug oder die Gesundheit eines Menschen versichert. Dies darf bei der Betrachtung nicht übersehen werden. Die Versicherung der Gesundheit eines Menschen birgt somit – auch im Rahmen der privaten Versicherung – eine gewisse *soziale Verantwortung*. Selbst wenn für die privaten Versicherer ihre Tätigkeit weit überwiegend ein „Geschäft" ist, darf nicht verkannt werden, dass sie sich freiwillig in dieses Geschäftsfeld begeben haben, in dem es primär darum geht, die Gesundheit von Menschen sicherzustellen und zu fördern. Dies stellt auch das Bundesverfassungsgericht fest, wenn es von der *„ureigenen Geschäftstätigkeit"*[414] der privaten Versicherer spricht.

Die Folge der vorgenannten jahrelangen Bevorzugung der privaten Krankenversicherungen war es, dass die gesetzlichen Krankenkassen, die aufgrund des ihr auferlegten Kontrahierungszwangs auch mit sämtlichen „schlechten Risiken" kontrahieren mussten, unter anderem deshalb in erhebliche Finanzierungs-

414 BVerfG, Urteil vom 10.06.2009, Rn. 176.

schwierigkeiten gerieten. Da die Sicherung der finanziellen Stabilität und damit der Funktionsfähigkeit der gesetzlichen Krankenversicherung ein überragend wichtiger Gemeinwohlbelang ist[415], bemühte sich der Gesetzgeber, diese Finanzierungsschwierigkeiten auf verschiedene Weisen zu lösen. Langfristig erfolgreich waren diese Maßnahmen jedoch nicht. Die strikt bipolare Versicherungsordnung hinderte den Gesetzgeber bisher daran, die privaten Krankenversicherungen in die sozialstaatliche Aufgabenerfüllung mit einzubeziehen. Dies hat sich durch die Reform geändert. Zwar besteht diese bipolare Versicherungsordnung weiter fort, jedoch rücken die beiden Systeme der gesetzlichen und privaten Krankenversicherung näher aneinander heran bzw. greifen ineinander über. Dies ist aus verschiedenen Gründen zu begrüßen. Zum einen werden so die privaten Versicherer, die über Jahrzehnte bevorzugt wurden, in die staatliche Aufgabe der Gesundheitsversorgung miteinbezogen, und zum anderen entsteht auch nach dem Willen des Gesetzgebers zumindest in Teilbereichen ein stärkerer Wettbewerb zwischen gesetzlicher und privater Krankenversicherung[416] sowie zwischen den privaten Krankenversicherungen.[417]

Sowohl die Einführung des Basistarifs als auch der den Basistarif flankierende Kontrahierungszwang der privaten Krankenversicherungen bewirken die Annäherung der Systeme sowie die Indienstnahme der privaten Krankenversicherer in die staatliche Aufgabe und das Aufkommen von Wettbewerb auf mehreren Ebenen. Aus verfassungsrechtlicher Sicht war der Gesetzgeber auch berechtigt, in dieser Weise vorzugehen, denn er war nicht verpflichtet, sämtliche Personen, die in der privaten Krankenversicherung keinen Versicherungsschutz finden oder ihn verloren haben, der gesetzlichen Krankenversicherung zuzuweisen. Dies hätte dazu geführt, dass die gesetzlichen Krankenversicherungen weiterhin einseitig belastet bzw. ihre Belastung ausgebaut worden wäre. Die gesetzlichen Kassen müssten dann alle Personen aufnehmen, die wegen ihrer schlechten Risiken von den privaten Krankenversicherungen bisher abgewiesen wurden. In der Folge könnten die privaten Krankenversicherungen Risikoselektion mit dem Ziel betreiben, die Kostenlast solcher schlechten Risiken den Versicherten der gesetzlichen Krankenversicherung aufzubürden („*Rosinen picken*"). Eine derartig einseitige Risikoverteilung sieht die Verfassung allerdings nicht vor. Der Gesetzgeber kann, wenn er eine Volksversicherung aus zwei Versicherungssäulen schafft, die Personengruppen diesen beiden in einer ausgewogenen Lastenverteilung

415 BVerfGE 68, 193, 218; 103, 172, 184; 114, 196, 248.

416 Hierzu *Becker* in: ZMGR 2007, 101, 103.

417 Entwurf eines Gesetzes zur Stärkung des Wettbewerbs in der gesetzlichen Krankenversicherung vom 24.10.2006, BT-Drucks. 16/3100, S. 2 und 92. Der Wettbewerb zwischen den PKVen wird durch den Basistarif und die flankierende, verfassungskonforme Regelung zur Portabilität von Altersrückstellungen bewirkt.

zuordnen[418] und damit die finanzielle Stabilität und die Funktionsfähigkeit der gesetzlichen Krankenversicherung und so die Volksgesundheit sichern.[419] Die Einbeziehung der privaten Krankenversicherung in die staatliche Aufgabe der Gesundheitsversorgung war somit notwendig und angezeigt. Ihre verfassungsrechtliche Rechtfertigung – und dies belegt das Urteil des Bundesverfassungsgerichts – findet es in der überragenden Wichtigkeit dieser Aufgabe.

Allerdings muss deutlich klargestellt werden, dass die begonnene sozialstaatliche Indienstnahme der privaten Versicherer langfristig nicht dazu führen darf, dass ihre Tätigkeit zu einer vornehmlich sozialen wird.[420] Unter den derzeitigen Gegebenheiten und anhand der heutigen Prognose wird das grundsätzlich bipolare System der Krankenversicherung Bestand haben, wenn auch in veränderter Form.[421] Das Hauptgeschäft der privaten Versicherer, nämlich das Angebot von Voll- und Zusatzversicherungen, bleibt aber noch immer vollständig in ihren Händen und birgt weiterhin ein enormes Einnahmepotential. Unstreitig ist, dass die vom Basistarif abgedeckten Leistungen deutlich hinter dem normalen Leistungsumfang der privaten Krankenversicherung zurückbleiben. Während die Vollversicherung zahlreiche Zusatzleistungen beinhaltet, sind im Basistarif diverse Leistungsausschlüsse und Leistungsbeschränkungen für Medikamente, Heil- und Hilfsmittel und bei zahnärztlicher Behandlung die Regel. Auch bei Krankenhausbehandlung ist der Anspruch auf allgemeine Behandlungsleistungen beschränkt. Dieser reduzierte private Versicherungsschutz im Basistarif kann auch nicht durch Zusatzversicherungen, die ohnehin weitere Kosten verursachen würden, ausgeglichen werden. So besteht die große Wahrscheinlichkeit, dass zahlreiche Versicherte, die den Basistarif wählen könnten, sich gleichwohl für eine private Vollversicherung entscheiden werden. Somit sind die privaten Versicherer in ihrem Hauptgeschäft nur teilweise von den Neuregelungen betroffen. Der Großteil der Versicherten und der Verträge bleibt unverändert erhalten. Auch die Attraktivität der Voll- und Zusatzversicherungen bleibt bestehen. Ferner sind die bereits angesprochenen kalkulatorischen Auswirkungen auf alle Verträge angesichts der zahlenmäßig recht geringen Bedeutung des Interessentenkreises für den Basistarif als zumutbar anzusehen. Das von den privaten Versicherern betriebene Geschäftsmodell bleibt also auch unter den veränderten Rahmenbedingungen rentabel. Das heißt jedoch gleichzeitig, dass die Einführung sozialer Elemente in die private Krankenversicherung dort ihre Grenze

418 BVerfGE 103, 197, 224.

419 BVerfGE 103, 172, 84.

420 Dies befürchtet wohl *Axer* in: MedR 2008, 482, 492, der die bipolare Versicherungsordnung „verschwimmen und verschwinden“ sieht.

421 So *Pitschas* in: GesR 2008, 64, 72.

finden muss, wo die sozialen Belastungen Überhand nehmen. Dies könnte im Rahmen kommender Reformen ein zu beachtender Maßstab sein. Das Bundesverfassungsgericht hat dies sichergestellt, indem es dem Gesetzgeber eine Beobachtungspflicht hinsichtlich der bereits vorgenommenen Reformen auferlegt hat. In der Entscheidung heißt es: „*Weist der Gesetzgeber den privaten Krankenversicherungen durch die Einführung der Versicherungspflicht und den Kontrahierungszwang im Basistarif in verfassungsrechtlich zulässiger Weise die Aufgabe zu, im Rahmen eines privatwirtschaftlich organisierten Marktes für den bei ihr versicherten Personenkreis einen Basisschutz bereitzustellen, muss er auch im Interesse der Versicherten darauf achten, dass dies keine unzumutbaren Folgen für Versicherungsunternehmen und die bei ihnen Versicherten hat*“.[422]

Zu Recht wird das Urteil des Bundesverfassungsgerichts in der Literatur daher auch *nicht* als „*verheerende Niederlage der privaten Krankenversicherung*“ aufgenommen.[423] Vielmehr werden die Bedenken gegenüber dem Umfang der sozialstaatlichen Indienstnahme vom Bundesverfassungsgericht sehr ernst genommen. Für kommende Reformen bedeutet das Urteil, dass sich das Bundesverfassungsgericht durchaus in den Weg stellen wird, würde die bipolare Versicherungsordnung wirklich in Frage gestellt und die Existenz privater Versicherer tatsächlich gefährdet.[424]

Des Weiteren – und dies ist für das Thema dieser Arbeit von enormer Bedeutung – führen die Einführung des Basistarifs und die damit einhergehende Indienstnahme der privaten Versicherungsunternehmen zu einer weiteren Neuerung. Die Gesundheitsversorgung der Bevölkerung wird nunmehr von den gesetzlichen Kassen und den privaten Versicherern in großen Teilbereichen nebeneinander wahrgenommen. Dies wiederum hat nämlich zur Folge, dass das deutsche Gesundheitssystem noch stärker wettbewerblich „infiziert“ wird.[425] Es stellt sich auch in diesem Bereich die bereits angesprochene Frage der wettbewerblichen Regulation. Hierbei ist Folgendes zu bedenken: Konkurrieren private und gesetzliche Krankenversicherungen unmittelbar um die freiwillig Versicherten und im Bereich der Wahltarife sogar um sämtliche (gesetzlich) Versicherte, erscheint eine Freistellung der gesetzlichen Krankenkassen vom Wettbewerbsrecht (durch § 69 SGB V) bedenklich. Selbst wenn man diese Ungleichbehandlung noch verfassungsrechtlich rechtfertigen möchte, muss man darüber nachdenken, ob nicht im Hinblick auf weitere Reformen, welche eine weitere Annäherung der

---

422 BVerfG, Urteil vom 10.06.2009, Rn. 241. Hierdurch wird hinreichend sichergestellt, dass es nicht zu den Auswirkungen kommen wird, die *Boetius* in: VersR 2007, 431, 433 ff. befürchtet.

423 *Hufen* in: NZS 2009, 649, 652.

424 Vgl. hierzu *Hufen* in: NZS 2009, 649, 652.

425 *Voit* in: Gesundheitsreform 2007, S. 83.

beiden Versicherungssäulen mit sich bringen könnten und zudem weitere wettbewerbliche Elemente einführen werden, die *teilweise Bereichsausnahme* der gesetzlichen Krankenversicherungen vom deutschen Wettbewerbsrecht noch angezeigt bzw. zu rechtfertigen ist. Denn wenn gesetzliche und private Krankenkassen langfristig in einen direkten Wettbewerb um große Zahlen von Versicherten treten, wäre eine Bevorzugung der gesetzlichen Kassen in wettbewerbsrechtlicher Hinsicht für den angestrebten *sinnvollen* Wettbewerb eher hinderlich.

D. Auslegung der aktuellen Fassung des § 69 SGB V

Infolge der fehlenden gesetzgeberischen Klarstellung, ob es sich bei § 69 SGB V um eine echte Bereichsausnahme vom deutschen Wettbewerbsrecht für den Bereich der gesetzlichen Krankenversicherung handelt, wurde teilweise versucht, durch Auslegung die enorme Tragweite der materiellen Bereichsausnahme in bestimmten Bereichen einzugrenzen[426] oder ganz auszuschließen.[427]

I. Grammatikalische Auslegung

Ausgehend von der aktuell gültigen Fassung des § 69 SGB V vom 18.12.2008 findet sich, trotz der vorgenannten mehrfachen Novellierung der Norm, im Absatz 1 Satz 1 noch immer die Formulierung, dass das 4. Kapitel des SGB V sowie die §§ 63 und 64 SGB V *„abschließend die Rechtsbeziehungen der Krankenkassen und ihrer Verbände zu Ärzten, Zahnärzten, Psychotherapeuten, Apotheken sowie sonstigen Leistungserbringern und ihren Verbänden, einschließlich der Beschlüsse des Gemeinsamen Bundesausschusses und der Landesausschüsse nach den §§ 90 bis 94 [regeln]*".

Der aktuelle Wortlaut legt durch die Verwendung des Begriffes „*abschließend*" die Deutung nahe, dass die genannten Rechtsbeziehungen allein nach dem Sozialrecht zu beurteilen sind. In § 69 Abs. 2 S. 1 SGB V heißt es weiter, dass die §§ 19 bis 21 GWB *entsprechend* für die in § 69 Abs. 1 SGB V genannten Rechtsbeziehungen gelten und die §§ 97 bis 115 und 128 GWB anzuwenden sind, soweit die dort genannten Voraussetzungen erfüllt sind. Über die Anwendung der übrigen Regelungen des Gesetzes gegen Wettbewerbsbeschränkungen trifft der Gesetzeswortlaut keine Aussage. Aufgrund des Vorgesagten ergibt die Auslegung nach dem Wortlaut der Norm, dass bestimmte Regelungen des Gesetzes gegen Wettbewerbsbeschränkungen beachtet werden müssen, obschon die Rechtsbeziehungen grundsätzlich abschließend nach dem Sozialrecht zu beurtei-

---

426 Bspw. *Gassner* in: NZS 2007, 281, 286, der sich entgegen dem Wortlaut des § 69 SGB V für eine Zuständigkeit der Kartellbehörden hinsichtlich der Kontrolle der Einhaltung der §§ 19–21 GWB seitens der GKV ausspricht. Auf diese Problematik wird an späterer Stelle ausführlicher eingegangen werden (*Abschnitt E. I. 2 c)).*

427 *Sodan/Adam* in: NZS 2006, 113 ff.

len sind. Der Gesetzeswortlaut stellt somit einen Grundsatz auf – abschließende Geltung des Sozialrechts –, regelt dann aber im Folgenden auch Ausnahmen von diesem Grundsatz in Absatz 2 Sätze 1 und 2. Da der Gesetzestext keine weiteren Ausnahmen nennt, ergibt die grammatikalische Auslegung der Norm, dass es sich bei § 69 SGB V hinsichtlich der sonstigen Regelungen des deutschen Wettbewerbsrecht um eine materielle (teilweise) Bereichsausnahme vom deutschen Wettbewerbsrecht handelt.[428]

II. Historisch-genetische Auslegung

Die Auslegung anhand der Entstehungsgeschichte der Norm sowie die Auslegung nach dem subjektiven Willen des Gesetzgebers sind im Fall des § 69 SGB V untrennbar miteinander verbunden, so dass eine sinnvolle Auslegung hier nur zusammenhängend erfolgen kann.[429] Um Wiederholungen zu vermeiden, kann an dieser Stelle zunächst auf die oben (Abschnitt B.) erfolgten Ausführungen verwiesen werden.

§ 69 SGB V wurde im Jahre 2000 mit dem gesetzgeberischen Ziel geändert, die dort aufgeführten Rechtsbeziehungen materiellrechtlich ausschließlich dem öffentlichen Recht zuzuordnen und im Zusammenhang mit den Änderungen im Verfahrensrecht[430] die damals herrschende Unsicherheit im Rahmen der Rechtswegfrage zu beseitigen.

Überdies kann dem Reformgesetzgeber aus dem Jahre 2000 unterstellt werden, die gesetzlichen Krankenkassen auf dem Gesundheitsmarkt, insbesondere gegenüber den privaten Krankenkassen, durch eine für die Erstgenannten geltende materielle Bereichsausnahme vom deutschen Wettbewerbsrecht absichtlich privilegiert zu haben. Dies lässt sich unter anderem auch aus der Begründung der Bundesregierung zum Entwurf eines Gesetzes zur Reform der gesetzlichen Krankenversicherung ab dem Jahr 2000 (GKV-GRG 2000) schließen, worin auf die besondere Rolle der gesetzlichen Krankenversicherung und ihren öffentlichen Versorgungsauftrag abgestellt und darüber hinaus auch ausdrücklich klarstellt wird, dass die gesetzlichen Krankenkassen nicht als Unternehmen im Sinne des deutschen Wettbewerbsrechts handeln bzw. nicht als solche anzusehen seien.[431] Gleichwohl vermied der Gesetzgeber eine eindeutige Stellungnahme zu der

428 So auch schon zu den früheren Fassungen *Sodan/Adam* in: NZS 2006, 113, 114.

429 *Sodan/Adam* sprechen von einer genetischen Interpretation und ermitteln in diesem Rahmen den historischen Willen des Gesetzgebers bei Änderung der Norm, in: NZS 2006, 113, 116.

430 Gemeint ist die damalige Änderung der §§ 51 Abs. 2 SGG und 87, 96 GWB.

431 Entwurf eines Gesetzes zur Reform der gesetzlichen Krankenversicherung ab dem Jahre 2000 vom 23.06.1999, BT-Drucks 14/1245, S. 68.

Frage der materiellrechtlichen Wirkung des § 69 SGB V, was dazu führte, dass die Bereichsausnahme in Literatur und Praxis umstritten blieb.[432]

Für die hier vorzunehmende historisch-genetische Auslegung[433] von entscheidender Bedeutung sind die Novellierungen des § 69 SGB V aus dem Jahre 2007 und 2008. Wenn der Gesetzgeber durch das GKV-WSG nur die entsprechende Anwendung allein der §§ 19 bis 21 GWB anordnet und im Zuge des GKV-OrgWG erneut nur auf die §§ 97 bis 115 und 128 GWB verweist, ergibt eine historisch-genetische Auslegung zwingend, dass der Gesetzgeber die unmittelbare Anwendung des deutschen Wettbewerbsrechts für die genannten Rechtsbeziehungen durch § 69 SGB V als grundsätzlich ausgeschlossen ansieht und auch nicht gewillt ist, diesen Ausschluss vollständig aufzuheben.[434] Vielmehr geht die gesetzgeberische Intention, wie oben bereits angedeutet wurde, noch immer dahin, die gesetzlichen Krankenkassen auf dem Gesundheitsmarkt zu privilegieren. Die Bereichsausnahme ist hierfür ein geeignetes Mittel, da sie es den gesetzlichen Kassen ermöglicht, ohne an essentielle Regularien des deutschen Wettbewerbsrechts (z.B. § 1 GWB) gebunden zu sein, ihre Markt- und Nachfragemacht auszubauen und dadurch, zumindest kurzfristig, enorme Einsparvolumina zu realisieren.[435] Nach der historisch-genetischen Auslegung des § 69 SGB V stellt sich dieser somit als eine materielle teilweise Bereichsausnahme vom deutschen Wettbewerbsrecht dar.

III. Teleologische Auslegung

Auch aus einer teleologischen Auslegung, also der Auslegung nach dem Sinn und dem *objektivierten*, das heißt losgelöst vom subjektiven gesetzgeberischen Zweck der Norm, ergibt sich kein anderes Ergebnis. Da die teleologische Auslegung gerade bei älteren, nicht häufig aktualisierten Normen von Bedeutung ist, erscheint sie ohnehin nicht als erfolgversprechend bei einer Norm, die in den letzten neun Jahren viermal verändert wurde. Überdies entspricht es dem Zweck des § 69 SGB V, den Ausschluss des deutschen Wettbewerbsrechts für den Bereich der gesetzlichen Krankenversicherung anzuordnen, denn diese Regelung wurde mit dem Ziel eingeführt, die Handlungen der gesetzlichen Krankenkassen

---

432 Siehe zum damaligen Streitstand schon Fn. 145 und 147.

433 Die genetische Auslegung nach *Müller/Christensen* beinhaltet die Möglichkeit andere Texte als den Gesetzestext (z.B. die Begründung eines Gesetzesentwurfs) heranziehen zu können, um den Sinn der auszulegenden Norm zu ermitteln: *Müller/Christensen*, Juristische Methodik, Rn. 361.

434 So auch *Roth* in: GRUR 2007, 645, 649; *Gassner* in: NZS 2007, 281, 284.

435 So auch *Voit* in: Gesundheitsreform 2007, S. 80.

gegenüber ihren Leistungserbringern ausschließlich dem öffentlichen Recht zuzuordnen.[436] Argumente, die für eine anderweitige teleologische Deutung der Norm sprechen würden, finden sich nicht.

IV. Systematische Auslegung

1. Herkömmliche systematische Auslegung

Ein anderes Ergebnis könnte durch die systematische Auslegung der aktuellen Fassung des § 69 SGB V nur erzielt werden, wenn der Gesetzgeber den Grundsatz der Widerspruchsfreiheit der Rechtsordnung nicht beachtet hätte bzw. einen vorhandenen Widerspruch im Sinnzusammenhang mit anderen Normen nicht beseitigt hätte. Dem bis zum GKV-WSG aus dem Jahr 2007 ins Feld geführten Argumentationsansatz, wonach es einer Änderung des § 51 Abs. 2 SGG und der §§ 87 und 96 GWB nicht bedurft hätte, wenn sich der Ausschluss des Kartellrechts schon aus § 69 SGB V ergeben hätte, ist durch die neuerlichen Novellen des § 69 SGB V der Boden entzogen worden.

Ferner ist die These, dass § 130 GWB der systematisch richtige Standort für eine solche Bereichsausnahme gewesen wäre und der Gesetzgeber durch ein Unterlassen seinen Willen zum Ausdruck gebracht habe, eine solche Bereichsausnahme eben nicht zu schaffen[437], aus heutiger Sicht überholt und für die aktuelle Fassung des § 69 SGB V verfehlt. Diese vom Oberlandesgericht Dresden[438] geführte und von Sodan/Adam[439] aufgegriffene Argumentation im Rahmen der systematischen Auslegung des § 69 SGB V kann aufgrund der konkludenten[440] Klarstellung des Gesetzgebers hinsichtlich der materiellen Wirkung der Norm als Bereichsausnahme vom deutschen Wettbewerbsrecht so nicht mehr vertreten werden. Zu einer Zeit (2000–2006), in der der Gesetzgeberwille noch nicht hinreichend im Gesetzestext konkretisiert war, ließen sich diese Argumente gut hören. Da inzwischen jedoch sowohl aus dem Gesetzestext als auch aus den

436 Vgl. *Sormani-Bastian*, Vergaberecht und Sozialrecht, S. 97 m. w. N.

437 *OLG Dresden,* NZS 2002, 33, 35.

438 *OLG Dresden,* NZS 2002, 33 ff.

439 *Sodan/Adam* in: NZS 2006, 113, 115.

440 Konkludent deshalb, da weder im Gesetzestext noch in den Gesetzesbegründungen der Gesetzgeber eine ausdrückliche Aussage darüber traf, dass der § 69 SGB V die Anwendung des deutschen Wettbewerbsrechts ausschließen würde. Dennoch kann und muss, vor allem aufgrund der übrigen Gesetzesmaterialien zum Gesetzgebungsverfahren des GKV-WSG, davon ausgegangen werden, dass der Gesetzgeber zumindest durch schlüssiges Verhalten seinen Willen zur Anordnung einer Bereichsausnahme vom deutschen Wettbewerbsrecht, kundgetan hat.

übrigen Gesetzesmaterialien zum GKV-WSG zumindest hervorgeht, dass nicht lediglich die Ordnung der Rechtswege durch den § 69 SGB V gewollt ist, sondern auch die Anwendbarkeit großer Teile des deutschen Wettbewerbsrechts ausgeschlossen sein soll, sind Argumente, die eine Widersprüchlichkeit zwischen den zusammenhängenden Regelungen in § 69 SGB V, §§ 87, 96, 130 GWB und § 51 Abs. 2 SGG suggerieren, hinfällig geworden.

Selbst wenn sowohl in den Gesetzesmaterialien als auch im Gesetzestext die unmittelbare Aussage über einen Ausschluss des Wettbewerbsrechts keinen ausdrücklichen Niederschlag gefunden hat, wird man aufgrund gesetzessystematischer Erwägungen nicht länger behaupten können, dass es sich bei dem § 69 SGB wegen der Widersprüchlichkeit im Verhältnis zu anderen Regelungen nicht um eine teilweise Bereichsausnahme handele. Vielmehr ergibt sich aus der erfolgten gesetzgeberischen Klarstellung im Wortlaut sowie aus einer systematischen Betrachtung der aktuellen Fassung des § 69 SGB V und der §§ 87, 96, 130 GWB, § 51 Abs. 2SGG, dass die materiellrechtliche Wirkung des § 69 Abs. 1 SGB V zweierlei zur Folge hat: Zum einen, im systematischen Zusammenhang mit vorgenannten Regelungen, unstreitig die Zuweisung der Streitigkeiten zur Sozial- und Verwaltungsgerichtsbarkeit und zum anderen, aus systematischer Sicht heute, den Ausschluss des deutschen Wettbewerbsrechts für den Bereich der gesetzlichen Krankenversicherung, soweit hiervon nicht in § 69 Abs. 2 SGB V Ausnahmen vorgesehen werden.

2. Sonderfall: Verfassungskonforme Auslegung

Möglicherweise führt jedoch eine Auslegung am Maßstab der Verfassung zu einem anderen Ergebnis. Voraussetzung für die Notwendigkeit zur verfassungskonformen Auslegung einer Norm ist, dass einzelne der Rechtswirkungen der zu überprüfenden Norm verfassungswidrig sind. Vorweg ist allerdings zu klären, wann eine verfassungskonforme Auslegung vorzunehmen ist und ob eine solche gegen den womöglich eindeutigen Willen des Gesetzgebers überhaupt zulässig wäre.

a) Ursprung, Wesen, Sinn und Grenzen der verfassungskonformen Auslegung

Das Instrument der verfassungskonformen Auslegung ist im Wesentlichen ein Konstrukt der höchstrichterlichen Rechtsprechung. Es wurde in Deutschland maßgeblich vom Bundesverfassungsgericht entwickelt[441] und gehört heute zum gesicherten Methodenbestand der Rechtswissenschaft[442]. Gleichwohl wird über ihre Grenzen stetig gestritten.[443] Einerseits soll die verfassungskonforme Auslegung verhindern, dass Gesetze ohne Not verworfen werden, andererseits darf dieses Bestreben nicht dazu führen, dass die Vorgaben des Gesetzgebers, also sein manifestierter, womöglich eindeutiger Wille, infolge anderweitiger Auslegung durch die Gerichte umgangen bzw. nicht beachtet werden. Der Auslegende darf sich gerade nicht die Stellung des Gesetzgebers anmaßen. Ein solches Vorgehen wäre mit dem Gewaltenteilungsgrundsatz des Grundgesetzes nicht zu vereinbaren[444], da es zu einer Bevormundung des Parlaments durch die Gerichte führen würde.[445] Die verfassungskonforme Auslegung einer Norm ist aber dann geboten, wenn unter Berücksichtigung von Wortlaut, Entstehungsgeschichte, Gesamtzusammenhang und Zweck des Gesetzes mehrere Deutungen möglich sind, von denen nicht alle, jedoch zumindest eine zu einem verfassungsgemäßen Ergebnis führt.[446]

Die ständige Rechtsprechung des Bundesverfassungsgerichts sieht aufgrund oben genannter Erwägungen folgerichtig vor, dass durch den Wortlaut, die Entstehungsgeschichte und den Gesetzeszweck der verfassungskonformen Auslegung Grenzen gezogen werden.[447] Das Gericht hat ferner mehrfach judiziert, dass ein Normverständnis, welches in Widerspruch zu dem klar erkennbar geäußerten Willen des Gesetzgebers treten würde, auch im Wege verfassungskonformer Auslegung nicht begründet werden könne.[448] Denn eine verfassungskonforme Auslegung dürfe den normativen Gehalt der auszulegenden Vorschrift nicht grundlegend neu bestimmen, das gesetzgeberische Ziel dürfe nicht in einem wesentlichen Punkt verfehlt oder verfälscht werden.[449] Die grundlegende inhaltliche Neubestimmung einer Vorschrift ist einzig dem Gesetzgeber vorbehalten, da nur ihm die Entscheidungsbefugnis über den Erlass einer solchen zusteht.[450]

---

441 Vgl. *Stern* in: Stern-Staatsrecht, Band I, S. 135; *Dreier* in: Ders., Art. 1 III, Rn. 61, *Voßkuhle* in: AöR, Bd. 125, 2000, 177, 185.

442 *Lüdemann* in: JuS 2004, 27; *Kuhlen*, Die verfassungskonforme Auslegung von Strafgesetzen, S. 1.

443 Vgl. *Rieger* in: NVwZ 2003, 17, 18 ff.; siehe hierzu auch *Stern* in: Stern-Staatsrecht, Band I, S. 136 ff.

444 *Lüdemann* in: JuS 2004, 27, 29; *Müller/Christensen*, S. 105.

445 *Voßkuhle* in: AöR 2000, 177, 186.

446 So zuletzt BVerfG, Beschluss vom 16.06.2009, Az.: 1 BvR 2269/07.

447 BVerfG, Beschluss vom 16.06.2009, Az.: 1 BvR 2269/07.

448 Vgl. BVerfGE 98, 17, 45; 101, 54, 85; 112, 164, 182; 118, 212, 234; 119, 247, 274.

449 Vgl. BVerfGE 8, 71, 78; 34, 165, 200; 45, 393, 400; 54, 277, 299; 119, 247, 274.

450 Vgl. *Lüdemann* in: JuS 2004, 27 ff.; *Pieroth/Schlink*, Grundrechte, S. 23.

Aus Vorgesagtem lässt sich für den vorliegenden Fall des § 69 SGB V folgender Rückschluss ziehen: Bei Vorliegen eines eindeutig feststellbaren gesetzgeberischen Willens zum Ausschluss des deutschen Wettbewerbsrechts wäre eine verfassungskonforme Auslegung dahin gehend, dass das Wettbewerbsrecht als deren Folge wieder anwendbar wäre, aufgrund der vorstehenden Erwägungen gar nicht möglich, da sie dann nach ständiger Rechtsprechung des Bundesverfassungsgerichts unzulässig wäre. Zwar ist trotz der zahlreichen Reformen des § 69 SGB V in den letzten Jahren noch immer nicht gänzlich klar, was genau der normative Gehalt und das gesetzgeberische Ziel des § 69 SGB V denn nun eigentlich waren bzw. sind. Unstreitig ist, dass der Gesetzgeber durch die Novellierung des § 69 SGB V im Jahre 2000 die dort genannten Rechtsbeziehungen dem öffentlichen Recht zuweisen und so den Streit um die Problematik des Rechtswegs lösen wollte. Diese prozessuale Wirkung des § 69 SGB V ist heute als eindeutiger Wille des Gesetzgebers identifizierbar. Bedenken an der Verfassungsmäßigkeit der so genannten prozessualen Wirkung des § 69 SGB V bestehen nicht.

Ob der Gesetzgeber im Rahmen der Novellierung des § 69 SGB V auch den kompletten Ausschluss des deutschen Wettbewerbsrechts für die dort genannten Rechtsbeziehungen statuieren wollte, ist weder dem damaligen Wortlaut noch den Materialien eindeutig zu entnehmen. Ansonsten wäre es auch nicht zu einem so umfangreichen Streit um die materiellrechtliche Wirkung des § 69 SGB V in Rechtsprechung und Literatur gekommen.[451] Im Rahmen der Novellierung des § 69 SGB V hat der Gesetzgeber seinen ausdrücklichen Willen erneut weder im Gesetzeswortlaut noch in den übrigen Materialien eindeutig manifestiert. Gleichwohl kann aufgrund der umfangreichen Diskussionen und Stellungnahmen verschiedener Institutionen davon ausgegangen werden, dass der Bundestag sich bei der Beschlussfassung über das GKV-WSG grundsätzlich darüber im Klaren war, eine materielle teilweise Bereichsausnahme für den Bereich des deutschen Wettbewerbsrechts zu schaffen bzw. aufrechtzuerhalten. Denn wie bereits oben (Abschnitt B. III.)dargelegt, schlug der Bundesrat vor, die entsprechende Anwendbarkeit von GWB und UWG auf Verträge zwischen gesetzlichen Krankenkassen und Leistungserbringern anzuordnen.[452] Auch die damalige Oppositionsfraktion der FDP sowie das Bundeskartellamt und diverse weitere Institutionen forderten den Gesetzgeber dazu auf, die Anwendung des deutschen

---

451 Zur Fülle des damaligen kontroversen Streitstandes vgl. schon Fn. 145 und 147.

452 Stellungnahme des Bundesrats zum Gesetzesentwurf vom 15.12.2006, BR-Drucks. 755/06 (B), S. 24.

Wettbewerbsrechts in diesem Bereich sicherzustellen.[453] Diesen Vorschlägen bzw. Forderungen kam der Bundestag jedoch nicht nach. Er ordnete lediglich die entsprechende Geltung der §§ 19 bis 21 GWB an und entschied sich somit bewusst für eine teilweise Bereichsausnahme vom deutschen Wettbewerbsrecht.

b) Schlussfolgerung

Es muss also festgestellt werden, dass die teilweise Bereichsausnahme auf einem eindeutigen Willensentschluss des Gesetzgebers beruht. Eine verfassungskonforme Auslegung des § 69 SGB V dahin gehend, dass der teilweise Ausschluss des deutschen Wettbewerbsrechts abzulehnen und die Norm in Teilbereichen lediglich in der Deutung einer prozessualen Vorschrift aufrechtzuerhalten sei, ist daher von vornherein unzulässig, da hierdurch in die Souveränität des Gesetzgebers eingegriffen würde, dem es alleine obliegt, eine inhaltliche Neubestimmung der Vorschrift vorzunehmen.[454]

V. Ergebnis der vorgenommenen Auslegung

Wie die vorangegangenen Ausführungen belegen, lässt sich weder über die herkömmlichen Auslegungsmethoden noch im Wege einer verfassungskonformen Auslegung die Wirkung des § 69 SGBV als teilweise Bereichsausnahme vom deutschen Wettbewerbsrecht umgehen. Sie ist somit grundsätzlich *de lege lata* hinzunehmen, auch wenn ein Bedarf nach sachgerechter Auslegung im Einzelfall besteht und *de lege ferenda* die Abschaffung bzw. eine Korrektur des § 69 SGB V gefordert wird.[455]

---

453 *BKartA*, Stellungnahme vom 28.11.2006, S. 3; *Monopolkommission*, BT-Drucks. 16/10140, S. 337; gemeinsame Stellungnahme der *BAH, BPI, VFA* zum GKV-OrgWG vom 17.09.2008, BT-Drucks. 16(14)0410(34), S. 1.

454 Vgl. BVerfGE 8, 71, 78; 34, 165, 200; 45, 393, 400; 54, 277, 299; 119, 247, 274; *Lüdemann* in: JuS 2004, 27 ff.; *Pieroth/Schlink*, Grundrechte, S. 23.

455 Vgl. *Stumpf* in: WRP 2008, 286, 288; *Monopolkommission*, 18. Hauptgutachten, S. 491; *BKartA*, Stellungnahme vom 28.06.2006, S. 10; Zur Forderung der Abschaffung bzw. ersatzlosen Streichung des § 69 SGB V vgl. dann unten *Abschnitt G. III. 4; Becker/Kingreen* in: NZS 2010, 417, 423, sprechen sich im Ergebnis zwar gegen eine vollständige bzw. undifferenzierte Anwendung des deutschen Kartellrechts aus, weisen den Regulierungsbedarf jedoch nicht von der Hand, und fordern hingegen die Schaffung „neuer und systematisch fundierter Bestimmungen, die die schon bestehenden Rechtsbindungen mit dem sozialstaatlichen Anliegen der Sicherung einer angemessenen Gesundheitsversorgung und dem Wettbewerbsgedanken in Einklang bringen“.

E. Konsequenzen des § 69 SGB V für die (Un-)Anwendbarkeit wettbewerbsrechtlicher Regelungen und die Kontrolle ihrer Einhaltung

I. Deutsches Kartellrecht

Nachdem der Gesetzgeber des GKV-WSG sich für die Einführung der entsprechenden Anwendbarkeit der §§ 19 bis 21 GWB in den § 69 SGB V entschieden hatte, wurde in der Literatur von einer „*Teilrückkehr des Kartellrechts*" und der Korrektur der Fehlentscheidung aus dem Jahre 2000 gesprochen.[456] Gleichwohl erscheint eine solche Umschreibung als zu positiv, wenn man sich vor Augen führt, welche Teile des deutschen Kartellrechts ausgeschlossen bleiben und welche Rechtsunsicherheiten darüber hinaus durch diese *Teilrückkehr* des Kartellrechts in der Praxis entstanden sind.

1. Unanwendbarkeit des § 1 GWB

Da es der allgemeinen Meinung entspricht, dass § 69 SGB V eine teilweise Bereichsausnahme vom deutschen Wettbewerbsrecht darstellt und der Gesetzgeber lediglich die entsprechende Anwendbarkeit der §§ 19 bis 21 GWB anordnet, ist unstreitig, dass § 1 GWB auf die in § 69 SGB V genannten Rechtsbeziehungen unanwendbar ist.[457] § 1 GWB ist jedoch die *Grundsatznorm*[458] des deutschen Kartellrechts, denn er verbietet sämtliche Vereinbarungen und abgestimmte Verhaltensweisen, die eine Verhinderung, Einschränkung oder Verfälschung des Wettbewerbs bezwecken oder bewirken.[459] Vor allem in einem stets aktuellen[460]

---

456 *Gassner* in: NZS 2007, 281, 283; *Ders.* in: ZVersWiss 2008, 411, 417.

457 *Monopolkommission*, 18. Hauptgutachten, S. 492; *BKartA*, 3. Beschlussabteilung, Az.: B-552/06; *Sträter/Netz* in: PharmaR 2007, 7, 9; *Roth* in: Auswirkungen des GKV-WSG auf Versorgungsstruktur und Wettbewerb, S. 119; *Sauter/Ellenbrock* in: GesR 2007, 497, 499; *Möschel* in: JZ 2007, 601, 604; *Bartram/Broch* in: PharmR 2008, 5, 8; *Lübbing/Klasse* in: A&R 2009, 51, 52.

458 *Bunte* in: Langen/Bunte, 11. Auflage, Band 1, § 1, Rn. 7.

459 Siehe ausführlich zu den Aufgaben des sich aus § 1 GWB ergebenden Kartellverbots *Bunte* in: Langen/Bunte, 11. Auflage, Band 1, § 1, Rn. 1–11b.

460 Mit Rundschreiben vom 03.08.2007 und Veröffentlichung im elektronischen Bundesanzeiger haben sämtliche Allgemeine Ortskrankenkassen unter dem Titel „Arzneimittel-Rabattverträge

und „prominenten" Anwendungsfall aus der Praxis, den Rabattvereinbarungen nach § 130a Abs. 8 SGB V zwischen den bundesweiten Allgemeinen Ortskrankenkassen und den pharmazeutischen Unternehmen, ist die *Un*anwendbarkeit des § 1 GWB von immenser praktischer Bedeutung. Nur aufgrund dieser Unanwendbarkeit des § 1 GWB sind diese Rabattvereinbarungen überhaupt rechtlich zulässig oder besser gesagt nicht sanktionierbar.

Das Bundeskartellamt, das mit dem Sachverhalt[461] bereits im Jahre 2006 befasst war, hätte für dieses Nachfragekartell „erhebliche Geldbußen" verhängt, wenn es nicht durch § 69 SGB V daran gehindert worden wäre.[462] In seiner viel zitierten Stellungnahme zum Gesetzentwurf des GKV-WSG vom 28.11.2006 führte das Bundeskartellamt aus, dass bei Geltung des deutschen Kartellrechts von der Unzulässigkeit der zugrunde liegenden Absprache zwischen den gesetzlichen Krankenkassen (hier den Allgemeinen Ortskrankenkassen) auszugehen sei, da die gemeinsame Beschaffung die Folge einer Absprache zwischen Unternehmen wäre, die eine spürbare und wegen des wettbewerblichen Gewichts der Nachfragekonzentration nicht freigestellte Beschränkung des Nachfragewettbewerbs zwischen den gesetzlichen Kassen bezwecke [463] Es besteht somit kein Zweifel daran, dass die Rabattvereinbarung bei Anwendbarkeit des § 1 GWB als unzulässiges Nachfragekartell untersagt und sanktioniert worden wäre. Durch die eindeutige Rechtslage wird dies jedoch verhindert, da § 1 GWB von der teilweisen Bereichsausnahme erfasst wird und damit auf Rabattvereinbarungen nach § 130a Abs. 8 SGB V unanwendbar ist.[464]

2. Entsprechende Geltung der §§ 19 bis 21 GWB

§ 69 Abs. 2 S. 1 SGB V n. F. ordnet die entsprechende Geltung der §§ 19 bis 21 GWB an. Der Gesetzgeber des GKV-WSG verfolgte mit der Einführung der

2008/2009" den Abschluss von Rabattverträgen bezüglich Arzneimittel für 83 Wirkstoffe ausgeschrieben. Um die Lieferfähigkeit für den Vereinbarungszeitraum zu gewährleisten, sollten je Wirkstoff mit drei Unternehmen, für häufig nachgefragte Wirkstoffe mit vier Unternehmen Verträge abgeschlossen werden.

461 Zur Beschreibung des Sachverhalts siehe etwa *Badtke* in: WuW 2007, 726, 728.

462 *BKartA*, Stellungnahme vom 28.11.2006, S. 5.

463 *BKartA*, Stellungnahme vom 28.11.2006, S. 6.

464 Vgl. *Lübbing/Klasse* in A&R 2009, 51, 52; a. A. *Kamann/Gey* in: PharmR 2006, 291, 295, die – ohne nähere Begründung – davon ausgehen, dass Pharmaunternehmen nicht zu den Leistungserbringern im Sinne des SGB V zählen, weshalb sie von § 69 SGB V nicht erfasst würden.

entsprechenden Anwendbarkeit der Missbrauchskontrolle[465] vor allem ein *rechtspolitisches* Ziel. Die Einführung der Missbrauchskontrolle nach §§ 19 bis 21 GWB soll – so die Begründung des Gesetzgebers – verhindern, dass die gesetzlichen Krankenkassen die durch die erweiterten Fusionsmöglichkeiten des § 171a SGB V möglicherweise erzielten hohen Marktanteile sanktionslos missbrauchen können.[466] Letztendlich ist die Einführung dieser Regelung, wie es die oben dargestellte Entstehungs- und Entwicklungsgeschichte des § 69 SGB V belegt, auch der *notwendige Kompromiss* zwischen den Vorstellungen des Bundestags und den Forderungen des Bundesrates. Der Gesetzgeber sah in seinem Gesetzentwurf zum GKV-WSG keine Änderung des § 69 SGB V vor und wollte demnach an der vollständigen Bereichsausnahme vom deutschen Wettbewerbsrecht festhalten.[467] Der Bundesrat (auf Empfehlung des Wirtschaftsausschusses), der Wissenschaftliche Beirat und das Bundeskartellamt setzen sich allerdings vehement für eine Streichung der Norm und die dadurch bewirkte Wiedereinführung des Wettbewerbsrechts in die Rechtsbeziehungen der gesetzlichen Krankenversicherung ein.[468] Diese Forderung konnte der Bundestag nicht gänzlich unbeachtet lassen und entschied sich für die nunmehr bekannte Kompromisslösung.

a) Gründe für die „nur" entsprechende Geltung

Der Rechtsanwender fragt sich bei der Lektüre des § 69 Abs. 2 S. 1 SGB V, was mit einer *entsprechenden* Geltung der §§ 19 bis 21 GWB gemeint ist und warum sich der Gesetzgeber einer solchen Formulierung bediente. Hierbei können ihm zahlreiche Absichten und Ziele nachgewiesen werden. Aufschluss gibt zunächst erneut die Begründung des Gesetzgebers zum GKV-WSG. Hierin wird ausgeführt:

> *„Die Änderung führt nicht dazu, dass die Krankenkassen beim Abschluss von Einzelverträgen als Unternehmen zu qualifizieren wären. Auch beim Abschluss von Einzelverträgen nehmen die gesetzlichen Krankenkassen eine soziale Aufgabe wahr, die auf dem Grundsatz der Solidarität beruht und ohne Gewinnerzielungsabsicht ausgeübt wird. Sie erfüllen damit weder nach deutschem noch nach europäischem Recht die Begriffsmerkmale, die von der*

465 Vor dem GKV-OrgWG fand sich dieser Satz noch im § 69 S. 2 SGB V a. F.

466 Bericht des Ausschusses für Gesundheit vom 01.02.2007, BT-Drucks. 16/4247, S. 35.

467 Denn auch dem Bundestag war hinreichend bekannt, dass der weit überwiegende Teil der Rspr. und Literatur die Vorschrift als Bereichsausnahme vom deutschen Wettbewerbsrecht ansah.

468 Stellungnahme des Bundesrats zum Gesetzesentwurf vom 15.12.2006, BR-Drucks. 755/06(B), S. 25; *BKartA*, Stellungnahme vom 28.11.2006, S. 3; *Wiss.-Beirat*, Gutachten, S. 11; *Monopolkommission*, BT-Drucks. 16/10140, S. 337.

Rechtsprechung an ein Unternehmen gestellt werden. Die Anordnung der lediglich „entsprechenden Anwendbarkeit" der §§ 19 bis 21 GWB stellt klar, dass diese Vorschriften, die an sich an Unternehmen adressiert sind, in der Rechtsfolge auch die Krankenkassen betreffen".[469]

Vordergründig betrachtet könnte man meinen, dass die gesetzgeberische Anordnung der entsprechenden Geltung lediglich den Sinn hatte die §§ 19 bis 21 GWB auf gesetzliche Krankenkassen anwendbar zu machen. Einer solchen Anordnung hätte es jedoch erst gar nicht bedurft, wenn man die gesetzlichen Krankenkassen von vornherein als Unternehmen (sowohl im Sinne des europäischen als auch des deutschen Kartellrechts) ansehen würde, wie es in der Literatur, zumindest in Bezug auf das deutsche Kartellrecht, größtenteils der Fall ist[470]. Aus den Gesetzesmaterialien lässt sich allerdings schließen, dass der Gesetzgeber augenscheinlich darum bemüht war, den gesetzlichen Krankenkassen die Unternehmenseigenschaft im wettbewerbsrechtlichen Sinne auf Dauer abzusprechen.[471]

Der Bundesgerichtshof hat in der bereits zitierten Grundsatzentscheidung aus dem Jahre 1961 (Gummistrümpfe)[472], die er im Übrigen in den folgenden Jahren mehrfach bestätigte[473], festgestellt, dass für das privatrechtlich strukturierte Verhältnis zu den Lieferanten medizinischer Hilfsmittel unternehmerisches Handeln der gesetzlichen Kassen vorliege, welches sich am GWB messen lassen müsse.[474] In der Literatur wird daher teilweise behauptet, dass die vorzitierte Gesetzesbegründung[475] den Versuch eines verfassungswidrigen Eingriffs in die Unabhän-

469 Bericht des Ausschusses für Gesundheit vom 01.02.2007, BT-Drucks. 16/4247, S. 35.

470 *Sauter/Ellenbrock* in: GesR 2007, 497, 504; *Pitschas* in: GesR 2008, 64, 68; *Gassner* in: ZVersWiss 2008, 411, 420, der es als „mehr denn je gerechtfertigt" ansieht, die GKV als Unternehmen anzusehen; *BKartA*, Stellungnahme vom 28.11.2006, S. 13 und Stellungnahme zum GKV-OrgWG vom 08.10.2008, S. 2; *Heistermann* in: Auswirkungen des GKV-WSG auf Versorgungsstruktur und Wettbewerb, S. 176; *Roth* in: GRUR 2007, 645, 659 zumindest im Bereich des Wettbewerb zwischen GKV und PKV um freiwillig Versicherte und im Rahmen der Zusatzleistungen; a. A.: *Bernhardt* in: Auswirkungen des GKV-WSG auf Versorgungsstruktur und Wettbewerb, S. 110, der der Ansicht ist, die gesetzlichen Kassen handelten als „Verwalter eines solidarischen Systems" und seien aufgrund ihrer Staatsnähe nicht als Unternehmen zu qualifizieren; *Roth* in: GRUR 2007, 645, 659. Innerhalb des Pflichtversicherungssegments geht *Roth* wohl von davon aus, dass es sich bei den gesetzlichen Kassen nicht bzw. nur um „Auch-Unternehmen" handelt.

471 Bericht des Ausschusses für Gesundheit vom 01.02.2007, BT-Drucks. 16/4247, S. 35.

472 BGHZ 36, 91 ff.; bestätigt durch: BGHZ 66, 229 ff.; 67, 81 ff.; BGH, NJW-RR 1994, 1199 ff.

473 BGHZ 67, 81, 84; BGH, NJW 1973, 94, 95;BGH, NJW 1974, 2236, 2236; BGH, GRUR 1977, 739, 741; BGH, GRUR 1978, 489, 489; BGH, NJW 1980, 1046, 1046.

474 BGHZ 36, 91, 99.

475 Bericht des Ausschusses für Gesundheit vom 01.02.2007, BT-Drucks. 16/4247.

gigkeit der rechtsprechenden Gewalt darstelle.[476] Der Gesetzgeber habe „*durch seine Gesetzesbegründung zu § 69 SGB V den verfassungsrechtlichen Grundsatz der Gewaltenteilung verletzt und verfassungswidrig in die ausschließliche Zuständigkeit des Bundesgerichtshofes eingegriffen, indem er feststellt, dass die gesetzlichen Krankenkassen nach deutschem Recht nicht die Begriffsmerkmale erfüllen, die von der Rechtsprechung an ein Unternehmen gestellt werden*".[477] Demgegenüber könnte man sich auf den Standpunkt stellen, dass die Behauptung der Verfassungswidrigkeit des gesetzgeberischen Vorgehens, die Vorgaben des Art. 20 Abs. 3 GG, wonach die Rechtsprechung an Recht und Gesetz gebunden ist und nicht umgekehrt, verkennen würde und daher dem Gesetzgeber sehr wohl die volle Definitionsmacht über die Umfänge und Auswirkungen des Unternehmensbegriffs obläge. Allerdings sind hier die konkrete Situation, die Absichten des Gesetzgebers und der Gesamtzusammenhang zu berücksichtigen.

Der Gesetzgeber hat nicht geregelt, dass gesetzliche Krankenkassen keine Unternehmen im Sinne des GWB sind. Er äußerte sich hierzu lediglich in den Gesetzesmaterialien. Eine normative Anordnung hat der Gesetzgeber somit nicht vorgenommen. Der dahinterstehende Sinn kann daher nur gewesen sein, die deutschen Gerichte, insbesondere die Kartellsenate der ordentlichen Gerichtsbarkeit, zu der von ihm favorisierten Auslegung anzuweisen. Die Rechtsprechung ist allerdings nur an das geschriebene Gesetz im Sinne einer Rechtsnorm gebunden[478], nicht jedoch an die sich aus den sonstigen Gesetzesmaterialien ergebenden „Weisungen". Gleichwohl entsteht bei den entscheidenden Gerichten möglicherweise ein innerer Konflikt, wenn sie eine Entscheidung fällen, die der favorisierten Auslegungsvariante des Gesetzgebers widerspricht. Hierin mag ein Eingriff in die richterliche Unabhängigkeit zu sehen sein. Dem Gesetzgeber steht die Möglichkeit der gesetzlichen Anordnung zu, jedoch nicht die Einflussnahme auf die Auslegung der Gerichte.

Zu berücksichtigen ist zudem, dass die ein Unternehmen im Sinne des GWB prägenden Merkmale von der kartellrechtlichen Rechtsprechung in zahlreichen Fällen planvoll herausgebildet wurden. Der Gesetzgeber hat dies anstandslos gebilligt und gefördert, indem er eine Legaldefinition des Unternehmens im Sinne des GWB (die im Übrigen wohl so gut wie unmöglich wäre[479]) unterließ.

---

476 So *Sauter/Ellenbrock* in: GesR 2007, 497, 502; ebenfalls kritisch *Gassner* in: NZS 2007, 281, 285.

477 *Sauter/Ellenbrock* in: GesR 2007, 497, 504.

478 *Sachs* in: Ders., Art. 20, Rn. 107.

479 Denn nach der Rechtsprechung des BGH lässt sich der Unternehmensbegriff des GWB gar nicht einheitlich festlegen. Er ist vielmehr im Einzelfall nach Maßgabe des infrage stehenden wirtschaftlichen Vorgangs zu ermitteln, vgl. BGH, NJW 1980, 1046, 1046 mit Verweis auf

Aufgrund der Anzahl der denkbaren Fallkonstellationen sowie schwer vorhersehbarer künftiger Marktentwicklungen konnte der Gesetzgeber die Entwicklung des Unternehmensbegriffs jahrzehntelang nur der rechtsprechenden Gewalt übertragen. Daher erscheint es fragwürdig, wenn der Gesetzgeber jetzt in einer pauschalen Gesetzesbegründung, losgelöst von jedem Einzelfall, festlegen will, die gesetzlichen Krankenkassen seien nicht als Unternehmen im Sinne des deutschen Wettbewerbsrechts zu qualifizieren. Insbesondere vor dem Hintergrund, dass eine gegenteilige BGH-Rechtsprechung hierzu besteht, ist dieses Vorgehen des Gesetzgebers zumindest bedenklich.

Ob es tatsächlich, wie *Sauter/Ellenbrock* behaupten, ein verfassungswidriger Eingriff in den Grundsatz der Gewaltenteilung ist, kann dahinstehen. Fest steht, dass der Gesetzgeber sich hier, im Rahmen einer Gesetzesbegründung, eine Definitionsmacht anmaßt, die ihm rechtlich so nicht zusteht.[480] Um die Gründe für dieses bedenkliche Vorgehen des Gesetzgebers nachvollziehen zu können, ist zu hinterfragen, welches Ziel er mit seiner „Klarstellung" in der Gesetzesbegründung verfolgte. Bei der Beantwortung ist erneut davon auszugehen, dass der Gesetzgeber die gesetzlichen Krankenkassen auf dem Gesundheitsmarkt privilegieren wollte. Diese Privilegierung wird vor allem dadurch erreicht, dass die gesetzlichen Krankenkassen in ihren Rechtsbeziehungen größtenteils nicht an das deutsche Wettbewerbsrecht gebunden sind (vgl. dazu Abschnitt D.). Hinsichtlich des deutschen Wettbewerbsrechts hat der deutsche Gesetzgeber unproblematisch eine Ausschlusskompetenz. Ein Ausschluss des europäischen Wettbewerbsrechts (Art. 101 ff. AEUV = ex-Art. 81 ff. EGV) hingegen, ist ihm aufgrund des Anwendungsvorrangs des Unionsrechts und fehlender Kompetenzen allerdings nicht möglich.[481]

Die Anwendbarkeit des europäischen Wettbewerbsrechts, insbesondere des europäischen Kartellrechts, bleibt von der Bereichsausnahme des § 69 SGB V also unstreitig unberührt. Sollten demzufolge die Voraussetzungen der Art. 101 und 102 AEUV (ex-Art. 81 und 82 EGV) in einem die Rechtsbeziehungen der gesetzlichen Krankenkassen tangierenden Sachverhalt erfüllt sein, würde das europäische Kartellrecht grundsätzlich vollständig eingreifen können, obwohl die Kassen nach der nationalen Regelung nur an ein stark verkürztes Kartellrecht gebunden wären. Neben dem Erfordernis eines *zwischenstaatlichen Bezugs* spielt für die Anwendbarkeit des europäischen Kartellrechts auf die Tätigkeit der ge-

BGHZ 67, 81, 84; BGH, NJW 1973, 94, 95;BGH, NJW 1974, 2236, 2236; BGH, GRUR 1977,739, 741; BGH, GRUR 1978, 489, 489.

480 So ausdrücklich *Gassner* in: NZS 2007, 281, 285; *Sauter/Ellenbrock* in: GesR 2007, 497, 502.

481 So zu Recht *Neumann* in: WuW 1999, 961, 965; *Sauter/Ellenbrock* in: GesR 497, 499; *Roth* in: GRUR 2007, 645, 649; *Frenz* in: NZS 2007, 233, 233; *Bruckenberger/Klaue/Schwintowksi*, Krankenhausmärkte zwischen Regulierung und Wettbewerb, S. 172.

setzlichen Kassen der grundsätzlich unionsrechtlich autonom auszulegende Begriff des *Unternehmens* in Art. 101 und 102 AEUV (ex-Art. 81 und 82 EGV) eine zentrale Rolle (dazu sogleich in Abschnitt E. I. 2. b) bb) aaa)).

b) Unions-/Gemeinschaftsrechtswidrigkeit des § 69 SGB V

In der Zeit zwischen den Gesundheitsreformen aus den Jahren 2000 und 2007 wurde die Frage der Unions-/Gemeinschaftsrechtskonformität[482] des § 69 SGB V in der Literatur diskutiert. Zunächst werden die zu dieser Zeit verwendeten Argumente kurz aufgegriffen und gewürdigt. Daran anschließend wird überprüft, ob die damals geführte Argumentation bei derzeitiger Gesetzeslage noch zutreffend ist. Schließlich wird die Frage der Unionsrechtswidrigkeit der aktuellen Fassung des § 69 SGB V (neu) zu würdigen sein. Denn diese Frage – und wie der Gesetzgeber möglicherweise versuchte, einer Unionsrechtswidrigkeit entgegenzutreten – ist auch von Bedeutung für das Verständnis der in diesem Abschnitt grundsätzlich behandelten Frage, und zwar warum nur eine entsprechende Geltung der §§ 19 bis 21 GWB vorgesehen wurde. Darüber hinaus ist sie auch für die Diskussion über die Reichweite der entsprechenden Geltung der §§ 19 bis 21 GWB (vgl. Abschnitt E. I. 2. c)) von Interesse.

aa) Gemeinschaftsrechtswidrigkeit im Jahre 2000

Koenig/Sander sind der Auffassung, dass § 69 SGB V in seiner Fassung aus dem Jahre 2000 gemeinschaftsrechtswidrig sei.[483] Hierbei stellen sie nicht auf die materiellrechtlichen Wirkungen der Norm, sondern vielmehr auf die in ihr enthaltene Rechtswegzuweisung ab. Grundsätzlich steht es einem nationalen Gesetzgeber zwar frei, eine Rechtsmaterie einer speziellen Gerichtsbarkeit zuzuweisen, denn das Unionsrecht ist verfahrensneutral.[484] Gleichwohl trifft jeden Mitgliedstaat die Pflicht, eine vertragskonforme und vollumfängliche Anwendung des Unionsrechts durch die nationalen Gerichte zu gewährleisten, um so den subjektiven Rechten der Unionsbürger zu einer praktischen Wirksamkeit zu

482 Am 01.12.2009 ist der Vertrag von Lissabon (ABl. 2007/C 306/01) in Kraft getreten. An die Stelle des Vertrags zur Gründung der europäischen Gemeinschaft ist der Vertrag über die Arbeitsweise der europäischen Union (AEUV) getreten. Nachfolgend wird grundsätzlich von der neuen Terminologie ausgegangen. Ausnahmen werden nur im Falle von Zitaten gemacht oder wenn es das Verständnis erfordert.

483 *Koenig/Sander* in: EuZW 2000, 716, 722.

484 *Koenig/Sander* in: EuZW 2000, 716, 722; *Kozianka/Millarg* in: PharmR 2001, 138, 142.

verhelfen.[485] Die Freiheit des nationalen Gesetzgebers zur Ausgestaltung des jeweiligen Rechtsschutzsystems wird dabei durch das Gebot zur Unionsstreue nach Art. 4 Abs. 3 EUV i. d. F. des Vertrags von Lissabon eingeschränkt.

Schon im Jahre 2000 sollten aufgrund § 69 SGB V die Rechtsstreitigkeiten innerhalb der dort erfassten Rechtsbeziehungen vor den Sozialgerichten ausgetragen werden. Es wurde daher zum Rechtszustand aus dem Jahre 2000 vertreten, dass es durch die Rechtswegzuweisung zu den Sozialgerichten zu einer unionsrechtswidrigen (damals: gemeinschaftsrechtswidrigen) Verkürzung des einstweiligen Rechtsschutzes im europäischen Kartellrecht käme. Der Gesetzgeber sei nicht dazu befugt gewesen, eine materielle Bereichsausnahme – auch vom EU-Kartellrecht – durch die Hintertür des Verfahrensrechts einzuführen.[486] Von einer materiellen Bereichsausnahme konnte nach Auffassung von *Koenig/ Sander* gesprochen werden, da die Sozialgerichte gewisse kurzzeitige Kartellrechtsverstöße gesetzlicher Krankenkassen aufgrund des schwach ausgeprägten einstweiligen Rechtsschutzsystems im Sozialgerichtsgesetz nicht zeitnah abstellen konnten.[487]

Fraglich war in diesem Kontext insbesondere, ob die unzureichende und ohnehin restriktive Gewährung einstweiligen Rechtsschutzes durch die Sozialgerichte der effektiven Durchsetzung des Kartellverbots aus Art. 101 AEUV (ex-Art. 81 EGV) im Wege stand. Die Rechtsfolge der Nichtigkeit kartellrechtswidriger Vereinbarungen, welche sich aus Art. 101 AEUV (ex-Art. 81 EGV) ergibt, bedarf zu ihrer effektiven Umsetzung unbedingt eines Instruments des effektiven einstweiligen Kartellrechtsschutzes, um seine volle Schutzwirkung entfalten zu können.[488] Die zur Entscheidung berufenen mitgliedstaatlichen Gerichte haben die vom Unionsvertrag vorgesehenen Rechtsfolgen sicherzustellen. Der *EuGH* entschied in diesem Zusammenhang, dass der staatliche Richter verpflichtet sei, das Unionsrecht uneingeschränkt anzuwenden und die Rechte, die es den Einzelnen verleiht, zu schützen.[489] Normen, die den Richter an der Erfüllung vorgenannter Pflichten hindern, seien von ihm nicht anzuwenden.[490]

Da sich zum damaligen Zeitpunkt keine Regelungen im SGG fanden, die dem zivilgerichtlichen/kartellrechtlichen einstweiligen Rechtsschutz gleichwertig gegenüberstanden, bzw. im Jahre 2000 ein effektiver einstweiliger Rechts-

485 EuGH, Slg. 1991, I-745, Rn. 36 – Antonissen.
486 *Koenig/Sander* in: EuZW 2000, 717, 722.
487 *Koenig/Sander* in: EuZW 2000, 717, 722; so wohl auch *Schwerdtfeger* in: pharmInd 2000, 185, 186.
488 Vgl. *Koenig/Sander* in: EuZW 2000, 716, 720.
489 EuGH, Slg. 1978, 629, 629 – Simmenthal.
490 EuGH, Slg. 1978, 629, 629 – Simmenthal.

schutz im SGG nur rudimentär geregelt war[491], konnte wegen der oben genannten Erwägungen meines Erachtens mit gutem Recht behauptet werden, die durch § 69 SGB V bewirkte Verkürzung des Rechtsschutzes im Bereich der kartellrechtlichen Streitigkeiten im Bereich der gesetzlichen Krankenversicherung sei grundsätzlich gemeinschaftsrechtswidrig.[492]

Gleichzeitig merkten *Koenig/Sander* zum damaligen Rechtszustand aber auch an, dass dem Gesetzgeber die Möglichkeit offen stünde, die gesetzlichen Regelungen so umzugestalten, dass die gesetzlichen Krankenkassen nicht als Unternehmen im Sinne der Art. 81 ff. EGV (heute Art. 101 ff. AEUV) angesehen würden.[493] Wäre dies der Fall, so würde sich das Handeln der gesetzlichen Kassen nämlich als „*kartellrechtsneutral*" darstellen[494] und es könne gar nicht zu einer gemeinschaftsrechtswidrigen Verkürzung des kartellrechtlichen Rechtsschutzes der potentiell Betroffenen kommen, da das Kartellrecht mangels Unternehmenseigenschaft der gesetzlichen Krankenkassen schon gar nicht anwendbar wäre.

bb) Unionsrechtswidrigkeit im Jahre 2010

Bevor sich mit der Frage der Unternehmenseigenschaft der gesetzlichen Krankenkassen nach europäischem Kartellrecht auseinandergesetzt werden muss, ist zunächst zu klären, ob die oben genannte Schutzlücke im Sozialrecht bzw. im Sozialgerichtsgesetz auch im Jahre 2010 noch besteht. Wäre inzwischen der sozialgerichtliche einstweilige Rechtsschutz mit dem einstweiligen Rechtschutz der ZPO bzw. des GWB (§32a) vergleichbar, wäre § 69 SGB V bzw. seine prozessuale Wirkung schon aus diesem Grund nicht unionsrechtswidrig. Auf die Unternehmenseigenschaft der gesetzlichen Krankenkassen im Sinne europäischen Kartellrechts käme es in diesem Kontext dann gar nicht an.

Mit dem Sechsten Gesetz zur Änderung des Sozialgerichtsgesetzes (6. SGGÄndG)[495], welches zum 02.01.2002 in Kraft getreten ist, hat der Gesetzgeber Vorschriften zum einstweiligen Rechtsschutz in das SGG eingeführt.[496] Durch die in diesem Rahmen in das SGG neu eingeführten §§ 86a und § 86b SGG ist der vorläufige Rechtsschutz im sozialgerichtlichen Verfahren im Wesentlichen in Anlehnung an die Regelungen der VwGO ausgestaltet worden,

491 Vgl. *Spellbrink* in: Sozialrecht Aktuell 2007, 1, 1.
492 So *Koenig/Sander* in: EuZW 2000, 717, 722.
493 *Koenig/Sander* in: EuZW 2000, 717, 722.
494 *Koenig/Sander* in: EuZW 2000, 717, 722.
495 Sechstes Gesetz zur Änderung des Sozialgerichtsgesetzes vom 17.08.2001, BGBl. I S. 2144.
496 Vgl. ausführlich zu den Änderungen im Einzelnen *Schlarmann/Buchner* in: NJW 2002, 644 ff.; *Groth* in: NJW 2007, 2294 ff.

wobei die Besonderheiten des sozialgerichtlichen Verfahrens berücksichtigt worden sind.[497] Seitdem existiert also einstweiliger Rechtsschutz im Sozialgerichtsgesetz, der demnach auch den von kartellrechtswidrigen Verhaltensweisen gesetzlicher Krankenkassen Betroffenen zugutekommen könnte.

Zunächst ist allerdings anzumerken, dass der Gesetzgeber die vorgenannten Regelungen des einstweiligen Rechtsschutzes einführte, da das Bundesverfassungsgericht schon frühzeitig entschied, dass es Art. 19 Abs. 4 GG gebiete, jedenfalls in so genannten Vornahmesachen[498] einstweiligen Rechtsschutz zu gewähren, wenn andernfalls „*schwere und unzumutbare, anders nicht abwendbare Nachteile entstünden, zu deren nachträglichen Beseitigung die Entscheidung in der Hauptsache nicht mehr in der Lage wäre*".[499] Da die Sozialgerichte nach dieser Entscheidung des Bundesverfassungsgerichts lange Zeit nur unter nicht vorhersehbaren Voraussetzungen und nur in Einzelfällen § 123 VwGO analog anwandten, wurde die Rechtslage für die Betroffenen undurchschaubar. Folglich war der Gesetzgeber gezwungen, den einstweiligen Rechtsschutz aus Gründen der Rechtsklarheit ausdrücklich im Gesetz zu normieren.[500] Ein unmittelbarer Zusammenhang zum § 69 SGB V bzw. dessen prozessualer und materieller Auswirkungen bestand, auch wenn dies zeitlich eventuell naheliegen würde, nicht.

Gemäß § 86b Abs. 2 S. 1 bzw. S. 2 SGG kann das Gericht der Hauptsache *auf Antrag* eine einstweilige Anordnung in Bezug auf den Streitgegenstand treffen, wenn die Gefahr besteht, dass durch eine Veränderung des bestehenden Zustands die Verwirklichung eines Rechts des Antragstellers vereitelt oder wesentlich erschwert werden könnte. Dies entspricht im Grunde der Vorschrift des § 123 VwGO. § 86b Abs. 2 S. 4 SGG ordnet überdies die entsprechende Geltung der Vorschriften der Zivilprozessordnung an. Grundsätzlich bestünde also beispielsweise für eine rechtsschutzsuchende gesetzliche Krankenkasse die Möglichkeit, Antrag auf Erlass einer einstweiligen Regelungsanordnung oder einer einstweiligen Unterlassungsverfügung bei dem zuständigen Sozialgericht zu stellen.

Effektiver Rechtsschutz bedeutet im deutschen wie im europäischen Kartellrecht jedoch, dass ein effektives rechtliches Instrumentarium vorhanden sein muss, durch das eine mögliche Beeinträchtigung der Marktteilnehmer *einfach und zeitnah* abgestellt werden kann. Fraglich ist daher, ob durch das SGG ein

---

497 Vgl. Begründung zum Regierungsentwurf des 6. SGGÄndG, BT-Drucks. 14/5943, S. 20.

498 Das heißt bei Verfahren, bei denen sich der Bürger gegen die Unterlassung oder Ablehnung einer beantragten Amtshandlung wandte. Siehe hierzu SG Kassel, Beschluss vom 28.10.2009, Az.: S 12 SO 17/09 ER.

499 BVerfGE 46, 166 ff.

500 Vgl. *Spellbrink* in: Sozialrecht Aktuell 2007, 1, 1 m. w. N.

ausreichender bzw. im kartellrechtlichen Sinne ebenso effektiver Rechtsschutz tatsächlich gewährleistet werden kann.

Über die Tatsache hinaus, dass die in das SGG installierten Regelungen zum einstweiligen Rechtsschutz (§§ 86a und 86b SGG) nicht für die hier relevanten kartellrechtlichen Sachverhalte gedacht sind, kommt hinzu, dass bei ausschließlicher Anwendung des SGG den Betroffenen ein außerordentlich wichtiges Element des (einstweiligen) kartellrechtlichen Rechtsschutzes verloren ginge. Denn würde man den einstweiligen Rechtsschutz im Falle von kartellrechtswidrigen Verhaltensweisen nur nach dem SGG bestimmen, könnten die Betroffenen sich nicht an die zuständigen Kartellbehörden wenden, um bei diesen um ein schnelles Eingreifen mittels der ihnen zustehenden Möglichkeiten des § 32a GWB zu ersuchen. Darüber hinaus ist von ganz entscheidender Bedeutung, dass es den Kartellbehörden gemäß § 54 GWB möglich ist, gegen etwaige kartellrechtswidrige Verhaltensweisen *von Amts wegen* einzuschreiten, während die Sozialgerichte ausschließlich *auf Antrag* tätig werden. Es zeigt sich, dass der einstweilige Rechtsschutz bei Zuweisung an die Sozialgerichtsbarkeit im Vergleich zum kartellrechtlichen „Normalzustand" erheblich verkürzt, also nicht gleich effizient ist.[501]

Der Anforderung kartellrechtswidrige Verhaltensweisen einfach und zeitnah abwehren zu können, wird daher nur der ausgefeilte einstweilige Rechtsschutz, welcher sich aus dem Zusammenspiel von GWB und ZPO ergibt, gerecht.[502] Da die Verpflichtung zur Gewährleistung einstweiligen Rechtsschutzes im Kartellrecht nicht nur die Gerichte und Behörden betrifft, sondern auch den Gesetzgeber[503], wäre er entsprechend dem Gebot der Unionstreue dazu verpflichtet gewesen, jede Gesetzgebung zu unterlassen, die der effektiven Durchsetzung des Unionsrechts entgegenstehen könnte. Da die Verweisung an die Sozialgerichtsbarkeit die effektiven Rechtsschutzmöglichkeiten der Betroffenen vor allem um die Möglichkeit verkürzt, sich schon beim Vorliegen von Verdachtsmomenten an die Kartellbehörden zu wenden, um auf ihren Sachverstand und ihr zeitnahes

501 Vgl. zur fehlenden Effizienz des sozialgerichtlichen einstweiligen Rechtsschutzes auch *Bartram/Broch* in: PharmR 2008, 5, 10. Dort heißt es: „Vielfach kann effektiver Rechtsschutz allein nur dadurch erreicht werden, indem die angegriffene Maßnahme zumindest vorläufig außer Kraft gesetzt wird. Leider verweisen die Sozialgerichte im Rahmen der anzustellenden Interessenabwägung geradezu formelhaft und stereotyp auf die „finanzielle Stabilität der GKV", um Eilanträge abzuweisen. Das führt im praktischen Ergebnis zu unüberwindbaren Hürden"; ebenfalls kritisch zur fehlenden Effizienz des einstweiligen Rechtsschutzsystems des SGG bzw. der Rechtsprechungspraxis der Sozialgerichte in UWG-Fällen äußern sich *Luxenburger/Wölk* in: ZMGR 2008, 111, 122. Die dort verwendeten Argumente lassen sich auch auf kartellrechtliche Sachverhalte übertragen.

502 *Koenig/Sander* in: EuZW 2000, 717, 721.

503 EuGH, Slg. 1985, 1355, 1364 – Kommission/Frankreich.

– und im Übrigen auch kostenloses[504] – Einschreiten zu vertrauen, ist die Verweisung sämtlicher[505] kartellrechtlicher Streitigkeiten an die Sozialgerichtsbarkeit meines Erachtens auch im Jahre 2010 noch grundsätzlich bzw. für sich gesehen unionsrechtswidrig. Um allerdings ein abschließendes Urteil über die mögliche Unionsrechtswidrigkeit des § 69 SGB V nach heutiger Rechtslage abgeben zu können, muss nunmehr der Frage nachgegangen werden, ob die gesetzlichen Krankenkassen als Unternehmen im Sinne des Vertrags von Lissabon anzusehen sind. Wäre dies nicht der Fall, wäre eine Unionsrechtswidrigkeit aufgrund der dann zu konstatierenden „Kartellrechtsneutralität" der gesetzlichen Kassen nicht gegeben.

aaa) Der europäische Unternehmensbegriffs im Allgemeinen

Es ist nunmehr erforderlich, ausführlich auf die Merkmale des europäischen Unternehmensbegriffes sowie auf die hierzu ergangene Rechtsprechung des EuGH, vor allem im Hinblick auf die deutschen gesetzlichen Krankenkassen einzugehen. Zwar ist für die in diesem Abschnitt zu behandelnde Fragestellung zunächst nur erheblich, dass Sozialversicherungsträger im Allgemeinen und die deutschen gesetzlichen Krankenkassen im Speziellen bisher *nicht* als Unternehmen im Sinne der Art. 101 und 102 AEUV (ex-Art. 81 und 82 EGV) qualifiziert wurden.[506] Gleichwohl ist es an dieser und auch an späteren Stellen notwendig, die erwähnte Rechtsprechung vor dem Hintergrund der anhaltenden wettbewerblichen Veränderungen im nationalen Recht zu analysieren und kritisch zu hinterfragen.

Auf europäischer Ebene gilt ein so genannter *tätigkeitsbezogener, funktional-rationaler Unternehmensbegriff*: Unternehmen ist danach jede eine wirtschaftliche Tätigkeit ausübende Einrichtung, unabhängig von ihrer Rechtsform und der Art ihrer Finanzierung.[507] Der Begriff ist *funktional*, da er auf den Zweck des Rechtsgebiets ausgerichtet ist, nämlich den Wettbewerb bei wirtschaftlicher Tätigkeit zu schützen, und dabei nicht auf die organisatorische Struktur der han-

504 Auch der Aspekt der „Kostenfreiheit" des Einschreitens der Kartellbehörden ist unter dem Gesichtspunkt der Effektivität zu berücksichtigen. Oftmals werden kleinere Unternehmen von der Beauftragung eines kostspieligen Rechtsbeistands absehen und die kartellrechtlichen Verstöße eher auf sich beruhen lassen.

505 Also auch derjenigen Streitigkeiten die sich auf Art. 101 und 102 AEUV stützen.

506 Vgl. EuGH, Slg. 2004, I-2493 – AOK; EuGH, Slg. 2006, I-3506 – FENIN.

507 Vgl. EuGH, Slg. 1991, I-1979 – Höfner und Elser; EuGH, Slg. 1006, I-6295, Rn. 25 – FENIN; *Emmerich* in: Immenga/Mestmäcker, Band 1, Art. 81, Rn. 13.

delnden Einheit abstellt.[508] Hierdurch wird gewährleistet, dass von diesem Begriff auch die öffentliche Hand erfasst wird.[509] Seine *Relativität* rührt aus der Tatsache, dass er streng tätigkeitsbezogen angewendet wird. Die Unternehmenseigenschaft ist also nicht abstrakt, sondern stets konkret, das heißt in Bezug auf eine ganz bestimmte potentiell wirtschaftliche Tätigkeit zu untersuchen.[510]

Zur Beurteilung des wirtschaftlichen Charakters einer Tätigkeit wird darauf abgestellt, ob eine Tätigkeit unter Marktbedingungen ausgeübt werden könnte oder bereits ausgeübt wird.[511] Lässt der Staat die Entwicklung von Wettbewerb zumindest teilweise zu, handelt es sich um eine wirtschaftliche Tätigkeit.[512] Nicht von Relevanz ist dabei die rechtliche Ausgestaltung der wirtschaftlichen Tätigkeit durch das nationale Recht. Ein öffentlich-rechtlicher Charakter der Leistungsbeziehungen ist für die Beurteilung der Unternehmenseigenschaft unschädlich.[513] Vom Anwendungsbereich des Kartellrechts ausgeschlossen ist allein die *hoheitliche Tätigkeit* der staatlichen Träger oder der Beliehenen.[514] Die gesetzlichen Krankenkassen werden im Rahmen ihrer Aufgabenerfüllung jedoch nicht hoheitlich tätig, so dass sich hier keine Probleme ergeben.

Des Weiteren definieren die Unionsgerichte den Begriff der wirtschaftlichen Tätigkeit, der für die Beurteilung der Unternehmenseigenschaft mit ausschlaggebend ist, allein über eine Angebotstätigkeit der handelnden Einrichtungen.[515] Die *Nachfragetätigkeit* für sich genommen konstituiert, laut Rechtsprechung des *EuG* und des *EuGH*, keine wirtschaftliche Tätigkeit im Sinne des europäischen Kartellrechts.[516] Eine Nachfragetätigkeit wird nur dann auch als wirtschaftliche Tätigkeit beurteilt, wenn der Nachfrager die nachgefragten Leistungen bzw. Waren seinerseits wieder am Markt wirtschaftlich anbietet. Der Einkauf für nichtwirtschaftliche Tätigkeit wird vom europäischen Kartellrecht daher nicht

---

508 Eine ausführliche Darstellung zur Funktionalität des Europäischen Unternehmensbegriffs findet sich bei *Kluckert*, Gesetzliche Krankenkassen als Normadressaten des Europäischen Wettbewerbsrecht, S. 46 ff.

509 So *Roth* in: GRUR 2007, 645, 650 m. w. N.

510 *Roth* in: GRUR 2007, 645, 650.

511 EuGH, Slg. 1991, I-1979 Rn. 22 – Höfner und Elser; EuGH, Slg. 1006, I-6295, Rn. 26 – FENIN.

512 Vgl. Schlussanträge des Generalanwalts *Poiares Maduro* vom 10.11.2005 – C-205/03P, Rn. 13 – FENIN.

513 EuGH, Slg. 1994, I-43 – Eurocontrol.

514 So formulierte der Generalanwalt *Poiares Maduro aaO.* treffend: „Ausgeschlossen sind alle Formen der Ausübung hoheitlicher Befugnisse, die auf eine Reglementierung des Markts und nicht auf eine Teilnahme an diesem abzielen“.

515 EuGH, Slg. I 2006, 6319 – FENIN; EuG-Slg. II 2006, 4803, Rn. 65ff. – Selex.

516 EuGH, Slg. I 2006, 6319 – FENIN; EuG-Slg. II 2006, 4803, Rn. 65ff. – Selex.

erfasst.[517] Die vorgenannte Einschränkung des Unternehmensbegriffs ist vor dem Hintergrund der tatsächlichen Gegebenheiten auf dem europäischen Markt schwer nachvollziehbar und kritikwürdig.[518] Die Unionsgerichte übersehen in ihrer Rechtsprechung, dass es sehr wohl Nachfrager gibt, die im Gegensatz zum Endverbraucher ihrerseits öffentliche Güter anbieten und deren Nachfrageverhalten vom Sinn und Zweck des Kartellrechts her dessen Kontrolle unterliegen sollten.[519] Zu diesen Nachfragern gehören beispielsweise die Universitäten. Für die Frage welchen kartellrechtlichen Restriktionen sie im Rahmen ihrer Nachfragetätigkeit unterliegen, muss die Tatsache, ob sie ihre Leistungen gegenüber den Studenten unentgeltlich oder entgeltlich erbringen, irrelevant sein. Eine unterschiedliche Behandlung von staatlichen und privaten Universitäten ist in kartellrechtlicher Sicht nicht angezeigt.[520]

Insofern wurde der deutsche Unternehmensbegriff durch eine jahrelange Rechtsprechung „moderner" und flexibler ausgestaltet und erscheint in dieser Hinsicht vorzugswürdig. Unter anderem deshalb ist einer identischen Auslegung des deutschen Unternehmensbegriffs im Gleichlauf zum europäischen Unternehmensbegriff mit Zurückhaltung zu begegnen.[521] Auch das Bundeskartellamt wies aufgrund vorgenannter Erwägungen in seiner Stellungnahme vom 08.10.2008 ausdrücklich darauf hin, dass der Unternehmensbegriff des GWB traditionell weiter sei als im europäischen Kartellrecht.[522]

bbb) Der europäische Unternehmensbegriff bezogen auf deutsche gesetzliche Krankenkassen im Besonderen

Für den Bereich der (deutschen) gesetzlichen Krankenkassen ist darüber hinaus folgende Besonderheit in der Rechtsprechung der Europäischen Gerichte von ausschlaggebender Bedeutung: Entscheidend für die Beurteilung, ob eine wirtschaftliche Betätigung im Bereich der gesetzlichen Krankenversicherung vorliegt, ist nämlich, ob das Maß oder der Grad der Solidarität das jeweilige Leistungssystem – hier also das System der gesetzlichen Krankenversicherung –

517 EuGH, Slg. I 2006, 6319 – FENIN; EuG-Slg. II 2006, 4803, Rn. 65ff. – Selex.

518 Kritik äußern *Roth* in: FS Bechtold, S. 405 und 408 sowie *Emmerich* in: Immenga/Mestmäcker, Band 1, Art. 81, Rn. 22–24.

519 Siehe dazu *Roth* in: FS Bechtold, S. 404 und 408.

520 Vgl. *Roth* in: FS Bechtold, S. 404.

521 Eine Diskussion der Sinnhaftigkeit dieser Einschränkung des europäischen Unternehmensbegriffs würde den Rahmen und die Themenstellung dieser Arbeit sprengen. Insofern kann nur auf die Kritikwürdigkeit dieser Rechtsprechung hingewiesen werden.

522 *BKartA*, Stellungnahme zum GKV-OrgWG vom 08.10.2008, S. 2.

derart prägt, dass von einer *marktförmigen* Tätigkeit nicht mehr gesprochen werden kann.[523]

Die Rechtsprechung des *EuGH* zur Anwendbarkeit des europäischen Kartellrechts auf Träger der Sozialversicherung lässt sich summarisch wie folgt zusammenfassen: Eine wirtschaftliche Tätigkeit liegt in der Regel dann nicht vor, wenn: *erstens* die Tätigkeit weit überwiegend einem sozialen Zweck dient und ohne Gewinnerzielungsabsicht betrieben wird, *zweitens* das Äquivalenzprinzip nicht zur Anwendung kommt, also die Höhe der Beiträge nicht in einem äquivalenten Verhältnis zu den Leistungen sowie dem versicherten Risiko stehen und die Leistungen ihrerseits vom Einkommen der Versicherten abhängig gemacht werden und *drittens* das System insgesamt vom Umverteilungsprinzip und dessen Absicherung durch die Pflichtmitgliedschaft geprägt ist.[524]

Die Tätigkeit kann nur dann eine wirtschaftliche sein, wenn es sich um eine freiwillige Versicherung handelt, die nach dem Kapitalisierungsprinzip arbeitet, und sich die Leistungen nach der Höhe der Beiträge richten. In einem solchen System stünden dann auch Elemente der Solidarität und eine fehlende Gewinnerzielungsabsicht der Beurteilung der Tätigkeit als *wirtschaftlich* im Sinne des europäischen Kartellrechts nicht entgegen.[525] Die vorgenannten Grundsätze belegen, dass die Feststellungen zur wirtschaftlichen Tätigkeit eines Sozialversicherungsträgers nicht abstrakt, sondern nur relativ, also anhand der Beurteilung des Einzelfalls getroffenen werden können (Relativität des Unternehmensbegriffs).[526]

In der AOK-Entscheidung[527], die zu dem System der gesetzlichen Krankenversicherung vor 2000 – ergangen ist, hat der *EuGH* den nichtwirtschaftlichen Charakter der von den Krankenkassen ausgeübten Tätigkeiten an ihrer sozialen Aufgabe, die weit überwiegend vom Grundsatz der Solidarität geprägt war (ist), an der fehlenden Gewinnerzielungsabsicht, an der einkommensabhängigen Beitragshöhe, am Risikoausgleich und am fehlenden Mitgliederwettbewerb zwischen den gesetzlichen Krankenkassen festgemacht.[528] Auch wenn die freie Kassenwahl und der von den gesetzlichen Kassen frei zu bestimmende Beitragssatz nach der hier vertretenen Auffassung schon damals zu einem (wenn auch noch schwach ausgeprägten) Mitgliederwettbewerb führten, so hatte die Entscheidung

523 Vgl. Schlussanträge des Generalanwalts *Maduro* vom 10.11.2005 – C-205/03 P, Rn. 16 – FENIN; Schlussanträge des Generalanwalts *Jacobs*, Slg. 2004, I-2495, Rn. 35 –AOK.

524 EuGH, Slg. 1993, I-637 Rn. 11 – Poucet und Pistre; Schlussanträge des Generalanwalts *Jacobs*, Slg. 2002, I-693 Rn. 56 – Cisal.

525 EuGH, Slg. 1995, I-4013 Rn. 17ff. – FFSA.

526 Siehe hierzu schon die Ausführungen zur Relativität des Unternehmensbegriffes im vorigen *Abschnitt (aa))*.

527 EuGH, Slg. 2004, I-2493– AOK.

528 EuGH, Slg. 2004, I-2493– AOK (siehe dort Rn. 51 bis 54).

doch eine Rechtslage zu beurteilen, die längst nicht so viele wettbewerbliche Elemente im Bereich der gesetzlichen Krankenversicherungen aufwies, wie die derzeitige.[529]

Daher ist es von besonderem Interesse, dass der *EuGH* in derselben Entscheidung eine weitere Feststellung traf, und zwar, dass begrenzt eingeführte Wettbewerbselemente, die zu einem Wettbewerb der Kassen um Mitglieder führen, keineswegs die grundsätzliche Prägung des Systems durch den Gedanken der Solidarität aufheben *müssen*.[530] Wettbewerbliche Elemente, die in das System eingeführt werden, um die Ziele Effizienz, Qualität und eine kostengünstige Leistungserbringung zu verwirklichen, änderten insoweit (noch) nichts an der solidarischen Natur der Tätigkeit der Kassen.[531] Gleichzeitig hat es der *EuGH* aber nicht ausschließen wollen, dass im deutschen GKV-System vor dem Jahr 2000 Teilbereiche vorhanden waren, bei denen der Grad der Solidarität hinter die marktförmige Tätigkeit zurücktrat, die Kassen also schon *teilweise* wirtschaftliche Tätigkeit ausübten.[532]

ccc) Auswirkungen auf den deutschen Unternehmensbegriff

Aufgrund der Tatsache, dass zum Zeitpunkt der zitierten Entscheidungen der Solidargedanke im Bereich der deutschen gesetzlichen Krankenversicherung unstreitig (noch) prägend war, beurteilte der *EuGH* die deutschen gesetzlichen Krankenkassen wohl zu Recht (noch) nicht als Unternehmen im Sinne des europäischen Kartellrechts. Für den deutschen Unternehmensbegriff gilt sodann Folgendes: Obschon die so genannte „Europa-Klausel“[533] aus dem Gesetzesentwurf zur Siebten GWB-Novelle gestrichen wurde und die Angleichung der Unter-

---

529 Dies erkennt auch die *Monopolkommission*, 18. Hauptgutachten, S. 488, die der Meinung ist, dass „die erfolgten Reformen im deutschen GKV-System dafür sprechen könnten, dass mittlerweile auch hier von der Unternehmenseigenschaft der Krankenkassen auszugehen ist“.

530 EuGH, Slg. 2004, I-2493 Rn. 56 – AOK.

531 EuGH, Slg. 2004, I-2493 Rn. 56 – AOK; vgl. in diesem Sinne auch schon die Schlussanträge des Generalanwalts *Jacobs*, Slg. 2002, I-693 Rn. 52 – Cisal.

532 EuGH, Slg. 2004, I-2493 Rn. 58 – AOK. Auf diesen Aspekt beziehen sich dann die Ausführungen in Rn. 59 ff., wonach die Verpflichtung zur Mitwirkung an der Festsetzung der Festbeträge nach § 35 SGB V als ein Verhalten anzusehen ist, bei dem die Kassen kein eigenes Interesse verfolgen und das sich nicht von dem rein sozialen Zweck der nichtwirtschaftlichen Tätigkeit trennen lässt.

533 Der Entwurf eines Siebten Gesetzes zur Änderung des Gesetzes gegen Wettbewerbsbeschränkungen vom 12.08.2004 sah für den § 23 GWB vor, dass die Grundsätze des europäischen Wettbewerbsrechts bei der Anwendung der §§ 1 bis 4 und 19 maßgeblich zugrundezulegen sind, soweit hierzu nicht im GWB besondere Regelungen enthalten sind, BT-Drucks. 15/3640, S. 9.

nehmensbegriffe unionsrechtlich nicht vorgeschrieben ist, hat der Gesetzgeber sich autonom für eine solche Angleichung entschieden.[534] Indem er in der Begründung zur Siebten GWB-Novelle erklärte, dass die §§ 1 und 2 des GWB in Übereinstimmung mit Art. 81 EGV (heute Art. 101 AEUV) ausgelegt werden sollen, äußerte er seine Auslegungsvorgabe ausdrücklich.[535] Diese Vorgabe erstreckt sich grundsätzlich auch auf die Auslegung des Unternehmensbegriffs des gesamten GWB.[536] Infolgedessen ist die auslegende Rechtsauffassung des EuGH – selbst wenn man sie auf nationaler Ebene nicht oder nicht mehr teilen sollte – für das Verständnis des deutschen Unternehmensbegriffs zumindest nicht unbeachtlich. Der Gesetzgeber konnte also aufgrund der zitierten EuGH-Rechtsprechung den Standpunkt vertreten, dass es sich bei den gesetzlichen Krankenkassen nicht um Unternehmen im Sinne des europäischen Kartellrechts handelt. Eine Definitionsmacht hinsichtlich der Unternehmenseigenschaft deutscher gesetzlicher Krankenkassen stand ihm, trotz der analysierten Rechtsprechung der Unionsgerichte, aus den weiter oben schon aufgeführten Gründen (vgl. Abschnitt E. I. 2. a)) gleichwohl nicht zu.

Nach Inkrafttreten aller Regelungen des GKV-WSG mehren sich die Stimmen derer, die sich für eine Qualifikation der deutschen gesetzlichen Krankenkassen als Unternehmen im Sinne der Art. 101 ff AEUV (ex-Art. 81 ff. EGV)[537] und vor allem im Sinne des deutschen Kartellrechts aussprechen.[538] Es ist ein Bemühen zu erkennen, die Auslegungsvorgabe des Gesetzgebers aus der Siebten GWB-Novelle zu umgehen bzw. zu durchbrechen, den Unternehmensbegriff des GWB weiter als im europäischen Kartellrecht auszulegen und die deutschen gesetzlichen Krankenkassen als Unternehmen zumindest im Sinne des deutschen

534 Vgl. hinsichtlich der fehlenden unionsrechtlichen Vorgabe zur Angleichung der Unternehmensbegriffe die instruktiven Ausführungen von *Klees* in: EWS 2010, 1, 4 ff.

535 BT-Drucks. 15/3640, S. 22.

536 *Bechtold*, Einführung, Rn. 20; *Roth* in: GRUR 2007, 645, 654; *Klees* in: EWS 2010, 1, 7; mittlerweile a. A. *BKartA*, Stellungnahme zum GKV-OrgWG vom 08.10.2008, S. 2, welches darauf verweist, dass der Unternehmensbegriff des GWB traditionell weiter ist als im europäischen Kartellrecht; in diesem Sinne wohl auch *Emmerich*, Kartellrecht, S. 267, der davon ausgeht, dass in den Fällen ohne zwischenstaatlichen Bezug es prinzipiell möglich bleibt, die Tatbestandsmerkmale des § 1 GWB anders auszulegen als die entsprechenden des Art. 101 AEUV.

537 So inzwischen eindeutig *Sodan* in seiner Stellungnahme zum GKV-OrgWG vom 23.09.2008, BT-Drucks. 16/9559, S. 7.

538 *Sauter/Ellenbrock* in: GesR 2007, 497, 504; *Roth* in: GRUR 2007, 645, 659; *Gassner* in: ZVersWiss 2008, 411, 420, der es als „mehr denn je gerechtfertigt" ansieht, die GKV als Unternehmen anzusehen; *Pitschas* in: GesR 2008, 64, 68; *Oberender/Zerth* in: Die BKK 2008, 202, 209.

Kartellrechts anzusehen.[539] Dies wird insbesondere für die Fälle gefordert, in denen die gesetzlichen Kassen Rabattverträge mit Leistungserbringern nach § 130a Abs. 8 SGB V abschließen.[540]

Trotz der bislang eindeutig anderslautenden Rechtsprechung auf europäischer Ebene ist auch ein Umdenken bzw. eine Abkehr des EuGH von dieser Rechtsprechung keine unrealistische Annahme mehr. In der Rechtsprechung der Unionsgerichte wurde hinreichend klargestellt, dass die Entwicklung der deutschen gesetzlichen Krankenkassen durch die Einführung weiterer und Ausweitung vorhandener wettbewerblicher Elemente in das System der gesetzlichen Krankenversicherung dazu führen kann, dass zu gegebener Zeit eine anderslautende Beurteilung der Tätigkeit[541] angezeigt sein könnte und es somit nicht als ausgeschlossen erscheint, die deutschen gesetzlichen Krankenkassen sodann auch als Unternehmen im Sinne des europäischen Kartellrechts zu beurteilen.[542]

Die Etablierung und Ausweitung von Wettbewerbselementen in dem System der gesetzlichen Krankenversicherung hat der Gesetzgeber mit dem GKV-WSG nachweislich beabsichtigt[543] und eigens vorangetrieben. Hierdurch wurde der Wettbewerb in diesem Bereich – zwar noch nicht hinreichend – aber doch merklich gefördert. Beispielhaft für die Ausweitung des Wettbewerbs zwischen den gesetzlichen Kassen können sowohl die in § 53 Abs. 2 SGB V vorgesehenen optionalen Beitragsrückerstattungen an solche Mitglieder, die keine Leistungen in einem bestimmten Zeitraum in Anspruch genommen haben als auch alle übrigen Wahltarife genannt werden.[544] Hinzu kommt, dass durch die Steuerfinanzierung des Solidarausgleichs gemäß § 221 Abs. 1 SGB V das Solidarprinzip weiter relativiert wird und damit die Immunisierung der gesetzlichen Krankenversicherung gegenüber dem europäischen Kartellrecht infrage gestellt werden kann.[545] Die bisherigen Veränderungen sind Elemente eines gewollten Prozesses, der das

---

539 So ausdrücklich: *BKartA,* Stellungnahme vom 08.10.2008, S. 2; sich dieser Auffassung anschließend *Monopolkommission*, 18. Hauptgutachten, S. 488; gegen eine solche unterschiedliche Auslegung der Unternehmensbegriffe ist *Klees* in: EWS 2010, 1, 7, der jedoch gleichzeitig die Interpretation des Unternehmensbegriffs durch die Unionsorgane zu Recht als rechtlich wie rechtspolitisch fragwürdig beurteilt und daher den Gesetzgeber zu einer effektiveren wettbewerbsrechtlichen Kontrolle im Bereich der gesetzlichen Krankenversicherung auffordert.

540 Vgl. z.B. *Schütze* in: A&R 2006, 253, 255; *Sträter/Natz* in: PharmaR 2007, 7, 8.

541 Also eine Entwicklung von nicht-wirtschaftlicher hin zu einer wirtschaftlichen Tätigkeit.

542 So auch *Schlegel* in: Gesetzliche Krankenversicherung und Wettbewerb, S. 29; mittlerweile von der Unternehmenseigenschaft der deutschen gesetzlichen Krankenkassen ausdrücklich ausgehend *Monopolkommission*, 18. Hauptgutachten, S. 489.

543 Entwurf eines Gesetzes zur Stärkung des Wettbewerbs in der gesetzlichen Krankenversicherung vom 24.10.2006, BT-Drucks. 16/3100, S. 1 und 2.

544 Siehe hierzu ausführlich *Kingreen* in: ZESAR 2007, 139, 143–145.

545 Vgl. *Gassner* in: NZS 2007, 281, 285.

historisch geprägte System der solidarischen Krankenversicherung hin zu einem vom Versicherungsprinzip zumindest mitgeprägten Mischsystem umgestaltet hat.[546] Vor diesem Hintergrund erscheint es fraglich, ob und wie lange die Unternehmenseigenschaft der gesetzlichen Krankenversicherungen sowohl nach deutschem als auch nach europäischen Recht noch angezweifelt werden kann bzw. ob nicht bei Berücksichtigung der derzeitigen Gesetzeslage und den tatsächlichen Verhältnissen auf dem Krankenversicherungsmarkt bereits davon ausgegangen werden muss.[547]

Es besteht wohl Einigkeit darüber, dass eine unionsrechtliche Neubewertung der Unternehmenseigenschaft gesetzlicher Krankenkassen spätestens dann erforderlich sein wird, wenn der Gesetzgeber mit seinem Vorhaben, den Sozialausgleich in das Steuer-Transfersystem auszulagern, voranschreitet und dadurch das Solidarprinzip der gesetzlichen Krankenversicherung nachhaltig aushöhlt[548]. Sollte dies, beispielsweise durch eine einheitliche Gesundheitsprämie mit steuerfinanziertem Sozialausgleich geschehen, muss nach meinem Dafürhalten zwingend von einer Unternehmenseigenschaft auch nach europäischem Recht ausgegangen werden.

Dem Gesetzgeber des GKV-WSG wurde in der Literatur zu Recht eine Unsicherheit hinsichtlich der weiteren Beurteilung der Unternehmenseigenschaft auf europäischer Ebene unterstellt.[549] Diese Unsicherheit resultierte aus seiner eigenen Gesetzesreform. Um einer anderweitigen Beurteilung der Unternehmenseigenschaft von gesetzlichen Krankenkassen vorzubeugen, entschied er sich für die derzeitige Gesetzesformulierung und die dazugehörige Begründung.

Den Gesetzesmaterialien, die lediglich die „entsprechende Geltung" der §§ 19 bis 21 GWB anordnen und eine Unternehmenseigenschaft der gesetzlichen Krankenkassen sowohl im Sinne des europäischen als auch des deutschem Kartellrechts negieren, muss aufgrund der angedeuteten Unsicherheit des Gesetzgebers hinsichtlich der weiteren Entwicklung des Unternehmensbegriffs eine *„präventiv-deklaratorische"*[550] Bedeutung zugewiesen werden. Der Gesetzgeber versuchte hierdurch klarzustellen, dass alle Versuche, eine Unternehmenseigenschaft der gesetzlichen Kassen durch Gegenargumentation zu der vorzitierten

546 Nicht unbeachtet bleiben darf darüber hinaus die Forderung nach Erweiterung des Wettbewerbs und der auch im Rahmen dieser Arbeit angeregten Reform des Gesamtsystems der gesetzlichen Krankenversicherung, mit welchen sich der künftige Gesetzgeber auseinanderzusetzen haben wird, siehe *Abschnitt G. II.* dieser Arbeit.

547 In diesem Sinne auch *Kingreen* in: ZESAR 2007, 139, 149; *Sodan* in: Ausschussdrucks. 16(14)0410(51) vom 24.09.2008, S. 7.

548 Vgl. *Becker/Kingreen* in: NZS 2010, 417, 422.

549 Siehe *Gassner* in: NZS 2007, 281, 285.

550 Der Begriff findet sich bei *Gassner* in: NZS 2007, 281, 285.

EuGH-Rechtsprechung zu kreieren, vergeblich sind. Zwar stößt dieser Versuch auf Bedenken, dennoch ist der Gesetzeswortlaut „entsprechende Geltung“ hinzunehmen. Infolgedessen bedeutet die entsprechende Geltung der §§ 19 bis 21 GWB in § 69 Abs. 2 SGB V, dass das Tatbestandsmerkmal des Unternehmens in diesen Vorschriften durch den Begriff der gesetzlichen Krankenversicherung zu ersetzen ist, um diese Bestimmungen vor dem Hintergrund der zitierten Rechtsprechung und der Ansicht des Gesetzgebers, die er in der Gesetzesbegründung kundtat, anwendbar zu machen. Auch wenn die Beurteilung der Unternehmenseigenschaft der gesetzlichen Krankenkassen – vor allem im Sinne des europäischen Kartellrechts – unsicher bleibt, wird durch die Novellierung des § 69 SGB V unstreitig ein Rechtszustand etabliert, der eine Teilrückkehr des deutschen Kartellrechts in das System der gesetzlichen Krankenversicherung darstellt.

Die gesetzlichen Krankenkassen haben somit, unabhängig von der Tatsache, dass die §§ 19 bis 21 GWB lediglich entsprechend angewendet werden, die kartellrechtlichen Regelungen der Missbrauchskontrolle zu beachten. Gleichwohl ergeben sich infolge der lediglich *entsprechenden* Geltung der §§ 19 bis 21 GWB in anderen Bereichen erhebliche Rechtsunsicherheiten von enormer praktischer Bedeutung [551]

cc) Vorläufiges Ergebnis zur möglichen Unionsrechtswidrigkeit des § 69 SGB V

An dieser Stelle ist auf die mögliche Unionsrechtswidrigkeit des § 69 SGB V zurückzukommen. Für die abschließende Beurteilung ist entscheidend (vgl. dazu schon oben Abschnitt aa)), ob die gesetzlichen Krankenkassen als Unternehmen im Sinne des europäischen Kartellrechts anzusehen sind. Wären die gesetzlichen Krankenkassen ohnehin keine Unternehmen im Sinne des europäischen Kartellrechts, wäre § 69 SGB V – unabhängig von der Frage, ob derzeit ein effektiver einstweiliger Rechtsschutz vor den Sozialgerichten besteht – unionsrechtskonform, da keine Einschränkung des aus Art. 101 ff. AEUV (ex-Art. 81 ff. EGV) herrührenden Rechtsschutzes droht. Die Rechtslage ist allerdings unklar. Der Gesetzgeber stellte in seiner Gesetzesbegründung aber *„präventiv-deklaratorisch“* fest, dass die gesetzlichen Krankenkassen nicht als Unternehmen im Sinne des deutschen und europäischen Wettbewerbsrechts anzusehen seien. Es liegt daher die Vermutung nahe, dass der Gesetzgeber hierdurch dem möglicherweise erneut aufkeimenden Einwand der Unionsrechtswidrigkeit des § 69 SGB V entgegentreten wollte. Da sich das gesetzliche Krankenversicherungssystem im

551 So auch *Gassner* in: NZS 2007, 281, 284.

Wandel befindet[552] und dieser Wandel auch unmittelbare Auswirkungen auf die Unternehmenseigenschaft der gesetzlichen Krankenkassen hat, ist eine abschließende Aussage über die Unionsrechtswidrigkeit des § 69 SGB V an dieser Stelle genauso wenig möglich, wie eine Aussage darüber, ob die gesetzlichen Krankenkassen mittlerweile als Unternehmen im Sinne des deutschen und europäischen Wettbewerbsrechts anzusehen sind.

Allerdings wurde und wird die Behauptung der Unionsrechtswidrigkeit des § 69 SGB V maßgeblich auf seine prozessualen Wirkungen gestützt.[553] Sie wird nämlich daraus abgeleitet, dass vor den Sozialgerichten in den Fällen kartellrechtswidriger Verhaltensweisen kein effektiver Rechtsschutz über die einstweiligen Rechtschutzmechanismen des Wettbewerbsrechts zu erreichen sei, da die Sozialgerichte dieses nicht anwendeten und ein Einschreiten der Kartellbehörden unter dieser Prämisse auch nicht möglich sei.[554] Möglicherweise hat der Gesetzgeber im Rahmen des GKV-WSG etwas an der Kontrollzuständigkeit für etwaige kartellrechtswidrige Verhaltensweisen geändert, welche die Unionsrechtswidrigkeit des § 69 SGB V, unabhängig von der Beurteilung der Unternehmenseigenschaft der gesetzlichen Krankenkassen, ausschließen würde. Demnach ist zu hinterfragen, wer bei entsprechender Geltung der §§ 19 bis 21 GWB für Kontrolle und Sanktion kartellrechtswidrigen Verhaltens derzeit zuständig ist.

c) Kartellrechtliche Kontrollzuständigkeit

Diese Frage der kartellrechtlichen Kontrollzuständigkeit ist gesetzlich nicht geklärt und daher, ebenso wie die Frage, wo die Betroffenen im Missbrauchsfalle Rechtsschutz zu suchen haben, in der Literatur umstritten. Der Gesetzgeber traf hierzu wie gesagt keine klarstellende Regelung.[555] Die Rechtsunsicherheit ergibt sich vor allem aus der Frage, ob die Kartellbehörden[556], sofern Verstöße der gesetzlichen Kassen oder der ebenfalls adressierten Leistungserbringer gegen die §§ 19 bis 21 GWB ruchbar werden, hiergegen von Amts wegen einschreiten und diese sanktionieren können. Es stellt sich dann die Folgefrage, wo die von mög-

552 Vgl. schon *Abschnitt E. I. 2 b) bb).*

553 Siehe *Koenig/Sander* in: EuZW 2000, 717, 721.

554 *Koenig/Sander* in: EuZW 2000, 717, 721.

555 Siehe auch *Gassner* in: NZS 2007, 281, 284, der vermutet, dass die Abgeordneten mit den über Nacht durchzuarbeitenden 81 Änderungsanträgen schlichtweg zeitlich überfordert waren und es u. a. deshalb gar nicht zu einer solchen Klarstellung kommen konnte. Zu den verfassungsrechtlichen Bedenken eines solchen Gesetzgebungsverfahrens siehe auch *Sodan* in: NJW 2007, 1313 ff.

556 Hiermit sind nach § 48 GWB das Bundeskartellamt, das Bundesministerium für Wirtschaft und Technologie und die nach Landesrecht zuständigen obersten Landesbehörden gemeint.

lichen Sanktionsmaßnahmen betroffenen gesetzlichen Kassen oder Leistungserbinger Rechtsschutz suchen können.

Gassner geht zu Recht davon aus, dass die von möglichen Sanktionen der Kartellbehörden Betroffenen es sich im Rahmen des gerichtlichen Rechtsschutzes kaum werden nehmen lassen, die Rüge der sachlichen Unzuständigkeit der Kartellbehörden anzubringen.[557] Ob dies erfolgversprechend wäre und vor welchem Gericht diese Rüge überhaupt anzubringen wäre, hängt entscheidend von der Auslegung des Wortlauts des § 69 Abs. 2 S. 1 SGB V ab. Wiederum spielt die nur „entsprechende" Geltung der §§ 19 bis 21 GWB eine Rolle bei der Argumentation der Vertreter der jeweils anderslautenden Auffassungen.

aa) Zuständigkeit der Kartellbehörden und Rechtsweg zu den ordentlichen Gerichten

Zunächst könnte man sich auf den Standpunkt stellen, dass der Gesetzgeber seine Entscheidung, das Kartellrecht aus dem Bereich der Rechtsbeziehungen mit den gesetzlichen Krankenversicherungen auszuschließen und den verbliebenen Rechtsschutzauftrag den Sozialgerichten mithilfe von grundrechtlichen Abwehransprüchen zuzuweisen, durch die Novellierung des § 69 SGB V aus dem Jahr 2007 in Bezug auf die Missbrauchskontrolle vollumfänglich revidiert habe. Dies hätte dann zur Folge, dass durch die Einführung der entsprechenden Geltung der §§ 19 bis 21 GWB die Kartellbehörden von Amts wegen gegen wettbewerbswidriges Verhalten, sofern es von den vorgenannten Bestimmungen erfasst ist, einschreiten und ein solches Fehlverhalten mit den ihnen zur Verfügung stehenden Instrumentarien[558] sanktionieren könnten. Im Anschluss daran stünde den von den Sanktionsmaßnahmen der Kartellbehörden Betroffenen der Rechtsweg zu den ordentlichen Gerichten und den dort gebildeten Kartellsenaten offen. Diese extensive Auslegung des § 69 Abs. 2 S. 1 SGB V hätte zur Folge, dass es sich bei Kontrolle und anschließendem Rechtsschutz um einen *einheitlichen* Rechtsweg handeln würde, was dem „Normalzustand" in anderen kartellrechtlichen Missbrauchsfällen gleichkäme.

Dennoch wird diese Auslegung als zu weit und wider den eindeutigen Gesetzeswortlaut angesehen werden müssen. Folgerichtig wird dies auch nicht vertreten.[559] Obschon der Gesetzgeber durch die Einführung der entsprechenden Gel-

557 *Gassner* in: NZS 2007, 281, 284.

558 So z.B. die Verpflichtung zum Abstellen der Verstöße gemäß § 32 GWB oder die Verhängung von Bußgeldern gemäß § 81 Abs. 2 Nr. 1 GWB.

559 Dies bedeutet jedoch nicht, dass eine Rückkehr zu dieser „normalen" Regelung nicht wünschenswert wäre, so zum Beispiel *Möschel* in: JZ 2007, 601, 606 a. E.

tung der §§ 19 bis 21 GWB eine *Re-Installation* kartellrechtlicher Grundsätze beabsichtigte, kann gleichwohl nicht negiert werden, dass er die Rechtswegzuweisung an die Sozialgerichte eben nicht veränderte, sondern eine solche Veränderung vielmehr planvoll unterließ.[560] § 51 Abs. 1 Nr. 2 SGG und der damit korrespondierende § 87 Abs. 1 S. 3 GWB sind weder im Rahmen des GKV-WSG noch durch das GKV-OrgWG verändert worden. Hieraus muss gefolgert werden, dass Rechtsschutzmöglichkeiten nach der derzeitigen Rechtslage vor den ordentlichen Gerichten – für beide Seiten – nicht bestehen.[561]

bb) Alleinzuständigkeit der Sozialgerichte

Die wohl herrschende Meinung geht davon aus, dass mit der bloß entsprechenden Geltung und Anwendung der §§ 19 bis 21 GWB der durch den Gesetzgeber erhobene Anwendungsanspruch des Sozialrechts nicht (auch nicht teilweise) zu Gunsten der kartellrechtlichen Regelungen im GWB zurückgenommen wurde. Einige Vertreter dieser Auffassung sind der Ansicht, dass der Begriff „entsprechend“ im Sinne der Einführung eines eigenständigen Kartellrechts im Sozialrecht auszulegen sei, das nur durch die (Rechts-)Aufsichtsbehörden[562] und bei entsprechendem Klageantrag, durch die Sozialgerichte kontrolliert und zur Anwendung gebracht werden solle.[563] Die (Wieder-)einbeziehung der Kartellbehörden im Rahmen der Missbrauchskontrolle sei weder gesetzlich angeordnet noch wünschenswert.

---

560 Ein solches planvolles Unterlassen kann dem Gesetzgeber bei Erlass des GKV-OrgWG unterstellt werden, da ihm zu diesem Zeitpunkt die durch das GKV-WSG resultierenden Unsicherheiten bekannt waren.

561 Hinsichtlich der Unantastbarkeit des Ausschlusses von Rechtsschutz vor den ordentlichen Gerichten durch §§ 51 SGG und 87 GWB besteht Einigkeit. Vgl. *Möschel* in: JZ 2007, 601, 604; *Roth* in: Auswirkungen des GKV-WSG auf Versorgungsstruktur und Wettbewerbsordnung, S. 121; *Sauter/Ellenbrock* in: GesR 2007, 497, 501 und auch *Gassner* in: NZS 2007, 281, 284, der sich aber für eine Zuständigkeit der Kartellbehörden von Amts wegen ausspricht.

562 Hiermit sind im Wesentlichen das Bundesversicherungsamt und die zuständigen Aufsichtsbehörden der Länder, in den meisten Fällen also das Landesamt für Arbeit und Soziales, gemeint. Die Krankenkassen und ihre Verbände sind rechtsfähige Körperschaften des öffentlichen Rechts mit dem Recht zur Selbstverwaltung und unterliegen somit der Rechtsaufsicht des Staates.

563 *Roth* in: Auswirkungen des GKV-WSG auf Versorgungsstruktur und Wettbewerbsordnung, S. 120 und S. 122 wo er von einem „öffentlich-rechtlichem Sozialrechtkartellrecht“ spricht; *Baltzer* in: SGb 2007, 573 ff., in diesem Sinne wohl auch *Bernhardt* in: Auswirkungen des GKV-WSG auf Versorgungsstruktur und Wettbewerbsordnung, S. 110; ebenfalls von einem eigenständigen sozialrechtlichen Kartellrecht ausgehend LSG Hessen, Beschluss vom 01.06.2010, Az.: L 1 KR 89/10 KL.

Andere Stimmen in der Literatur deuten die derzeitige Rechtslage ebenfalls so, dass den Sozialgerichten die alleinige Zuständigkeit über die Missbrauchskontrolle bzw. den Rechtsweg zusteht. Sie nehmen dies jedoch nur *de lege lata* und „zähneknirschend" hin[564], teilen allerdings nicht die oben genannte Ansicht, dass von einem eigenständigen Sozial-Kartellrecht auszugehen sei.[565] Vielmehr fordern die Zitierten *de lege ferenda* die Wiedereinbeziehung der Kartellbehörden in die Missbrauchskontrolle und darüber hinaus die Anschlusszuständigkeit der ordentlichen Gerichtsbarkeit mit dem Hinweis auf den dort vorhandenen besonderen wettbewerbsrechtlichen Sachverstand.[566] Für diese Ansicht werden der Wortlaut der Vorschrift des § 69 SGB V und der Wortlaut der Gesetzesbegründung zur Novellierung aus dem Jahre 2007 ins Feld geführt. Zwar ist dort nicht ausdrücklich ausgeschlossen, dass die Kartellbehörden für die Kontrolle der Einhaltung der §§ 19 bis 21 GWB zuständig seien. Jedoch wird aus der Wendung „in der Rechtsfolge auch die Krankenkassen betreffen" der Schluss gezogen, dass hier die Rechtsfolge im Gegensatz zur Anwendungskompetenz stehe, die gerade bei den Kartellbehörden liege.[567]

Des Weiteren hätte ein subjektiver Wille des Gesetzgebers zur Wiederbeteiligung der Kartellbehörden einen Anklang im Gesetzestext finden müssen, was nicht der Fall sei.[568]

Darüber hinaus belege die Formulierung der „entsprechenden Anwendung" hinreichend klar, dass ein Unterschied zur direkten Anwendung bestehen soll. Denn nur bei einer direkten Anwendung der §§ 19 bis 21 GWB wäre die Zuständigkeit der Kartellbehörden begründet worden.[569]

cc) Kontrolle durch Kartellbehörden, Rechtsschutz vor Sozialgerichten

Eine weitere Ansicht in der Literatur geht davon aus, dass der Gesetzgeber durch die Gesundheitsreform 2007 für den Bereich der §§ 19 bis 21 GWB seine Entscheidung aus der Gesundheitsreform 2000 revidieren und den „*Status quo ante*"

---

564 *Sauter/Ellenbrock* in: GesR 2007, 497, 501; *Möschel* in: JZ 2007, 601, 604.

565 *Sauter/Ellenbrock* in GesR 2007, 497, 501. „Dagegen sollte man in diesem Zusammenhang nicht schon die Schaffung eines eigenständigen Sozial-Kartellrechts sehen, das durch die Sozialgerichte zur Anwendung gebracht wird". Von einer Unzuständigkeit der Kartellbehörden geht im Übrigen auch Bundeswirtschaftsminister a. D *Michael Glos* aus, Pressemitteilung vom 30.01.2007, S. 4.

566 So ausdrücklich: *Sauter/Ellenbrock* in: GesR 2007, 497, 502 und *Möschel* in: JZ 2007, 601, 605; schon vor dem GKV-WSG *Meyer-Lindemann* in: JR 2002, 284, 285; *Ders.* in: Frankfurter Kommentar, § 87, Rn. 6, m. w. N.

567 *Möschel* in: JZ 2007, 601, 604.

568 *Möschel* in: JZ 2007, 601, 604.

569 *Möschel* in: JZ 2007, 601, 605.

wiederherstellen wollte.[570] Danach wird unterstellt, dass der Gesetzgeber durch Installation der §§ 19 bis 21 GWB in den Bereich der Rechtsbeziehungen mit gesetzlichen Krankenkassen auch die Kontrollzuständigkeit der Kartellbehörden wiederbegründen wollte.[571] Es wird vertreten, dass § 69 SGB V zwar etwaige Maßnahmen der Kartellbehörden im Verwaltungs- oder Bußgeldverfahren exklusiv der sozialgerichtlichen Kontrolle unterwerfe, aber deren Kontrollzuständigkeit, welche von Amts wegen zu erfolgen habe, gerade nicht ausschließe.[572]

Hier wird also für eine „Spaltung" des Rechtswegs plädiert. Die Kontrolle und Sanktion[573] eines etwaigen Missbrauchs sollten durch die zuständigen Kartellbehörden stattfinden, die eher der ordentlichen Gerichtsbarkeit zuzuordnen sind. Die rechtliche Überprüfung, also der Rechtsschutz gegen die Sanktionsmaßnahmen der Behörden, solle allerdings aufgrund der unveränderten §§ 51 SGG und 87 GWB alleine der Sozialgerichtsbarkeit vorbehalten sein.[574]

Die Argumente, die sich für die vorgenannten Thesen finden lassen, sind zahlreich. Der heutige § 69 Abs. 2 S. 1 SGB V ist der kodifizierte Kompromiss zwischen der Forderung des Bundesrats, des Wissenschaftlichen Beirats und des Bundeskartellamts, das gesamte GWB durch Streichung des § 69 SGB V auf die Leistungsbeziehungen zwischen Krankenkassen und Leistungserbringern anzuwenden, und der Position des Bundestags, der ursprünglich keine Änderung des § 69 SGB V vorgesehen hatte.[575] Hierbei war sich der Reformgesetzgeber der Tatsache bewusst, dass § 69 SGB V in der Rechtsprechung nunmehr auch materiellrechtlich verstanden wird.

Stellt man die Forderung des Bundesrates, der sich für eine umfassende Geltung des Wettbewerbsrechts und somit auch für eine umfassende Zuständigkeit der Kartellbehörden aussprach[576], der Haltung des Bundestags gegenüber und analysiert unter dieser Prämisse die derzeitige Gesetzeslage, wäre es als ein äußerst schwacher und aus Sicht des Bundesrats nicht zu akzeptierender Kompromiss einzustufen, wenn zum einen nur die §§ 19 bis 21 GWB für anwendbar

---

570 *Gassner* in: NZS 2007, 281, 284; zustimmend *Bartram/Boch* in: PharmR 2008, 5, 9.

571 *Gassner* in: NZS 2007, 281, 284; *Schlegel* in: Gesetzliche Krankenversicherung und Wettbewerb, S. 31.

572 *Gassner* in: NZS 2007, 281, 284.

573 Zu den Instrumentarien der Kartellbehörden siehe insbesondere §§ 32, 32a, 54 GWB.

574 *Gassner* in: NZS 2007, 281, 284; so auch *Kerssenbrock* in: NZS 2010, 82, 85, der diesen Zustand zu Recht als einen in der Sache nicht dienenden politischen Kompromiss bezeichnet; von einer Kontrollzuständigkeit der Kartellbehörden und der Zuständigkeit der Sozialgerichtsbarkeit geht wohl auch die *Monopolkommission* in ihrem 18. Hauptgutachten, S. 492, aus.

575 Vgl. Entwurf eines Gesetzes zur Stärkung des Wettbewerbs in der gesetzlichen Krankenversicherung vom 24.10.2006, BT-Drucks. 16/3100 und die Ausführungen in *Abschnitt B. III.*

576 Stellungnahme des Bundesrats zum Gesetzesentwurf vom 15.12.2006, BR-Drucks. 755/06(B), S. 25.

erklärt würden und zum anderen die Kontrolle hierüber nicht einmal den Kartellbehörden zugewiesen worden wäre. Sieht man den heutigen § 69 Abs. 2 S. 1 SGB V richtigerweise als ein Entgegenkommen des Bundestags gegenüber der Forderung des Bundesrats an, so lässt dies nur den Schluss zu, dass die kartellrechtliche Immunisierung des Leistungsmarkts in der gesetzlichen Krankenversicherung bezogen auf die Missbrauchskontrolle aufgegeben werden sollte, und zwar möglichst weitgehend und mit allen Konsequenzen.[577]

Ferner kann mit dem Faktum argumentiert werden, dass die § 69 SGB V flankierenden Bestimmungen des § 51 Abs. 2 SGG und des § 87 S. 3 GWB nur die Frage der *gerichtlichen* Zuständigkeit regeln und nicht die Frage der Missbrauchskontrolle, die – wie im Kartellrecht allgemein üblich – von Amts wegen und nicht auf Antrag zu erfolgen hat. Überdies sprechen zwei weitere Argumente dafür, dem heutigen § 69 Abs. 2 S. 1 SGB V den Charakter einer Zuständigkeitszuweisungsnorm zu den Kartellbehörden zuzusprechen, auch wenn sich dies im Wortlaut der Vorschrift noch immer nicht positiv niedergeschlagen hat:

Zunächst ist in Übereinstimmung mit dem Willen des Reformgesetzgebers von 2007 die Neufassung des § 69 SGB V so weit auszulegen, dass dem mit ihr verfolgten Zweck, also der Re-Installation kartellrechtlicher Kontrolle, optimal Rechnung getragen wird. Dieser Zweck würde nicht dadurch erreicht, die §§ 19 bis 21 GWB lediglich als Kontrollmaßstab der sozialgerichtlichen Beurteilung für den Missbrauchsfall vorzusehen. Denn den Sozialgerichten steht kein so effektives Kontroll- und Sanktionsinstrumentarium zur Verfügung wie den Kartellbehörden.[578] So können diese unter anderem von Amts wegen tätig werden, Untersagungsverfügungen erlassen (§ 32 GWB) oder Bußgelder gegen die Zuwiderhandelnden verhängen (§ 81 GWB).

Darüber hinaus folgt die Zuständigkeit der Kartellbehörden noch aus einem weiteren Umstand, nämlich aus der materiellrechtlichen Bedeutung des § 69 SGB V selbst. Wenn die Gesetzgeber der GKV-Reformgesetze 2000 und 2007 mit der Anordnung der ausschließlichen Geltung des öffentlichen Rechts im Bereich der Leistungsbeschaffung verdeutlicht haben, dass auch dieser Teil des Systems der gesetzlichen Krankenversicherung *„einem ausschließlich öffentlich-rechtlichen Regime unterliegen soll“*[579], muss konsequenterweise der zwar kom-

---

577 *Gassner* in: NZS 2007, 281, 284.

578 In diesem Sinne auch *Sauter/Ellenbrock* in: GesR 2007, 497, 503, die die Vorzüge der einer Kontrollzuständigkeit der Kartellbehörden zwar darlegen, aber den Schluss auf den Gesetzgeberwillen nicht ziehen.

579 Vgl. BSG, NZS 2006, 249, 249.

promissbedingten aber bewussten Teilrevision dieser Entscheidung ebenfalls eine materiellrechtliche Bedeutung zukommen.[580]

dd) Eigene Stellungnahme

Während die erstgenannte Ansicht bei der derzeitigen Gesetzeslage nicht vertretbar ist, kommen die beiden letztgenannten Ansichten zu diametralen Ergebnissen hinsichtlich der Kontrollzuständigkeit der Kartellbehörden. Es fragt sich nun, welche Ansicht vorzugswürdig ist. Entgegen der Ansicht von *Möschel* wird durch die relativierende Wortwahl des Reformgesetzgebers von der „entsprechenden" Geltung der §§ 19 bis 21 der Auslegung des § 69 Abs. 2 S. 1 SGB V, die eine Zuständigkeit der Kartellbehörden begründen will, nicht notwendigerweise widersprochen.[581] *Möschel* übersieht bei seiner Argumentation, dass der Gesetzgeber mit der Formulierung „entsprechend" nur klarstellen wollte, dass die gesetzlichen Krankenversicherungen wie Unternehmen zu behandeln sind, obwohl sie nach seinem Dafürhalten solche gerade nicht sind. Überdies war der Gesetzgeber darum bemüht, wie oben ausführlich dargestellt, der herrschenden Unsicherheit in Bezug auf die Unternehmenseigenschaft der gesetzlichen Krankenkassen klarstellend bzw. *„präventiv-deklaratorisch"* entgegenzutreten.[582] Hierin lag die maßgebliche Intention des Gesetzgebers bei der Verwendung des Begriffs „entsprechend". Das Argument, dass so eine Zuständigkeit der Kartellbehörden ausgeschlossen werden sollte, da dies ein Merkmal der direkten Anwendung der §§ 19 bis 21 GWB gewesen wäre, vermag daher nicht zu überzeugen. Auch das Argument, dass ein subjektiver Wille des Gesetzgebers zur Wiederbeteiligung der Kartellbehörden einen Anklang im Gesetzestext hätte finden müssen, ist vor dem Hintergrund des bereits mehrfach kritisierten Zustandekommens des GKV-WSG nicht angängig. Meines Erachtens wurde die Frage der Kontrollzuständigkeit der Kartellbehörden vom Gesetzgeber schlichtweg übersehen und nur deswegen nicht ausdrücklich im Gesetzestext geregelt. Nur diesen Schluss lassen die zeitlichen Abläufe zum Ende des Gesetzgebungsprozesses zu. Am Abend des 30.01.2007 einigten sich die führenden Vertreter der Regierungskoalition darauf, den ursprünglichen Entwurf des GKV-WSG mit

---

580 So völlig zu Recht *Gassner* in: NZS 2007, 281, 285; zustimmend *Bartram/Broch* in: PharmR 2008, 5, 9.

581 *Möschel* spricht in: JZ 2007, 601, 603, davon, dass man nicht durch „Auslegungskunststücke" versuchen sollte, eine Zuständigkeit der Kartellbehörden zu kreieren.

582 Auch wenn er dabei – nach zum Teil vertretener Ansicht – in verfassungsrechtlich bedenklicher Weise seine Kompetenzen überschritt.

insgesamt 81 Änderungsanträgen zu versehen.[583] Daraufhin wurde der neue Entwurf des GKV-WSG samt den Änderungsanträgen dem Bundesausschuss für Gesundheit zugesandt, welcher am Vormittag des 31.01.2007 tagte. Einer dieser 81 Änderungsanträge war die Wiedereinführung der §§ 19 bis 21 GWB in den Bereich der Rechtsbeziehungen in der gesetzlichen Krankenversicherung. Der Ausschuss für Gesundheit verfasste sodann am 01.02.2007 einen 72-seitigen Bericht, indem er die vorgenannte Wiedereinführung der §§ 19 bis 21 GWB befürwortete.[584] Am 02.02.2007 fand schließlich im Plenum des Deutschen Bundestags die letzte Lesung des Gesetzentwurfs statt. Das GKV-WSG wurde in der Fassung der Beschlussempfehlung des Ausschusses für Gesundheit verabschiedet. Bedenkt man, dass die entsprechende Geltung der §§ 19 bis 21 GWB in „letzter Minute" Einzug in den § 69 SGB V gefunden hat und die Mitglieder des Gesundheitsausschusses erst am Vorabend der abschließenden Ausschusssitzung um 20.41 Uhr noch 81 Änderungsanträge für das gesamte Gesetzesvorhaben per E-Mail erhielten, die sie bis zum nächsten Morgen um 8.30 Uhr durcharbeiten mussten[585], kann es nicht verwundern, dass die Frage der Zuständigkeit der Kartellbehörden keinen Anklang in der Beschlussempfehlung des Ausschusses gefunden hat. Ebenso kann es nicht verwundern, dass die abstimmenden Mitglieder des Bundestags wohl nicht wirklich wussten worüber sie abstimmten bzw. welche Reichweite die vorgenommenen Veränderungen im Gesetzesentwurf des GKV-WSG hatten. Denn im Regelungsbereich des öffentlichen Gesundheitswesens, der so komplex ist, dass es um Details geht, war es aufgrund der Kurzfristigkeit der Vorlage der umfangreichen Änderungen des Gesetzentwurfs des GKV-WSG für die Abgeordneten praktisch unmöglich, sich mit der Materie in angemessenen Weise auseinanderzusetzen. Wäre Zeit für eine solche Auseinandersetzung mit der Reichweite und den Auswirkungen der vorgenommenen Änderungen gewesen, wäre die Frage der Kontrollzuständigkeit für Verstöße gegen die wiedereingeführten §§ 19 bis 21 GWB sicherlich aufgekommen und geklärt worden. So aber wurde sie aufgrund der engen zeitlichen Gegebenheiten übersehen. Diese Annahme wird ferner durch die am 02.02.2007 abgegebene Erklärung des damals an der Abstimmung beteiligten Abgeordneten Friedrich Merz gestützt, der rügte, dass *„das Gesetzgebungsverfahren selbst (...) eine angemessene Beratung und Beschlussfassung eines Gesetzes von solcher Tragweite im Deutschen Bundestag nicht ermöglicht* [hat]. *Insbesondere die noch in*

583 Vgl. Beschlussempfehlung des Ausschusses für Gesundheit vom 31.01.2007, BT-Drucks. 16/4200.

584 Bericht des Ausschusses für Gesundheit vom 01.02.2007, BT-Drucks. 16/4247, S. 35.

585 vgl. *Lanfermann* (FDP), Deutscher Bundestag, Plenarprotokoll, 80. Sitzung, 02.02.2007, 8028 A.

den letzten Tagen beschlossenen, umfangreichen Änderungen des Gesetzentwurfs haben die Abgeordneten auch in den Ausschüssen des Deutschen Bundestags kaum noch beraten und in ihrer Wirkung beurteilen können".[586]

Im Übrigen kann dies auch dahin stehen, denn wenn man erneut einen Blick auf die vorangegangene Entstehungs- und Entwicklungsgeschichte des § 69 SGB V wirft, ergibt sich ein klar erkennbarer Wille des Gesetzgebers. So zeigt der Vergleich der unterschiedlichen Beweggründe des historischen Gesetzgebers der Jahre 2000 und 2007, dass das Motiv der damaligen Regelung gerade darin lag, das gesamte Leistungserbringungsrecht des 4. Kapitels im SGB V samt den hierauf bezogenen Ansprüchen Dritter von der Anwendung kartellrechtlicher Vorschriften auszunehmen, um die gesetzlichen Krankenkassen hierdurch auf dem Gesundheitsmarkt zu privilegieren, indem ihnen ein Wettbewerbsverhalten ermöglicht wird, welches bei Anwendung des Kartellrechts untersagt worden wäre.[587] Drastisch formuliert – aber auf den Punkt gebracht – wurden die gesetzlichen Krankenkassen vom Gesetzgeber zu wettbewerbs-/kartellrechtswidrigen Verhaltensweisen geradezu eingeladen[588], um so ihren Finanzierungsproblemen kurzfristig entgegentreten zu können.

Demgegenüber war die Gesundheitsreform aus dem Jahr 2007, wie die Entstehungsgeschichte des GKV-WSG zeigt[589], gerade umgekehrt von dem gesetzgeberischen Bestreben getragen, die machtbegrenzende Funktion der §§ 19 bis 21 GWB zu reaktivieren. Die Zuständigkeit der Kartellbehörden ist jedoch untrennbar mit der vorgenannten machtbegrenzenden Funktion der Missbrauchskontrolle verbunden. Insbesondere ist zu beachten, dass der historische Gesetzgeber des GWB seinerzeit aus guten Gründen die Missbrauchskontrolle durch spezielle Behörden installiert hat. Diese Behörden verfügen heutzutage über einen reichhaltigen Erfahrungsschatz in kartellrechtlicher sowie in ökonomischer Hinsicht, der es ihnen ermöglicht, sach- und marktgerechte Entscheidungen auch in schwierigen Einzelfällen treffen zu können.[590] Über ein solches Erfahrungswissen verfügen die Sozialgerichte nicht. Auch die vorgeschaltete Zuständigkeit des Bundesversicherungssamts bzw. der übrigen für die Sozialversicherung zuständigen Verwaltungsbehörden der Länder bietet keine ausreichende präventive

586 Dieses aussagekräftige Zitat findet sich bei *Sodan* in: NJW 2007, 1313, 1314.

587 BSG, NZS 2006, 249, 249; vgl. auch *Gassner* in: VSSR 2000, 121 ff.

588 *Steiner* in: GesR 2007, 245, 248, nennt das gesamte System der gesetzlichen Krankenversicherung einen „gesetzgeberisch gewollten Wettbewerbsverstoß".

589 Siehe zur Entstehungsgeschichte der Norm schon ausführlich *Abschnitt B.* dieser Arbeit.

590 *Sauter/Ellenbrock* in: GesR 2007, 497, 501; *Möschel* in: JZ 2007, 601, 605; *Gassner* in: NZS 2007, 281, 286; *Wigge* in: NZS 2000, 533, 535; *Peikert/Kroel* in: MedR 2001, 14, 18; *Hänlein* in: NZS 2003, 617, 623; *Bartram/Broch* in: PharmR 2008, 5, 9.

(kartellrechtliche) Kontrolle. Dies folgt schon aus dem Umstand, dass sie nach ihrem Verständnis nur über eine Rechtsaufsicht über die Kassen verfügen.[591]

Sieht man dies in Verbindung mit den übrigen angeführten Argumenten, wird zudem die Ansicht von Teilen der Gegenauffassung entkräftet, die in der entsprechenden Geltung der §§ 19 bis 21 GWB die gesetzgeberische Schaffung eines eigenständigen Sozial-Kartellrechts sehen wollen. Es ist nicht sinnvoll, den über jahrzehntelangen Erfahrungsschatz der ordentlichen Gerichtsbarkeit bzw. der Kartellsenate und der Kartellbehörden durch ohnehin überlastete[592] Sozialgerichte ersetzen zu wollen. Zumindest die Absicht, den Sozialgerichten durch eine vorhergehende Kontrolle der Kartellbehörden Unterstützung zukommen zu lassen, muss dem Gesetzgeber demzufolge unterstellt werden. Von entscheidender Bedeutung ist zudem noch folgender Umstand: Durch die Wiedereinführung der machtbegrenzenden Funktion der Missbrauchskontrolle sollten die Handlungsspielräume der gesetzlichen Kassen wieder eingeschränkt werden. Hierdurch sollte zudem sichergestellt werden, dass die von etwaigem missbräuchlichem Verhalten der Krankenkassen betroffenen Unternehmen, insbesondere solche des Mittelstands, einen ausreichenden Schutz erfahren. Vertritt man die Auffassung, dass die Kartellbehörden für die Kontrolle zuständig seien, würden diese gemäß § 54 GWB von Amts wegen tätig werden und gemäß § 32a einstweilige Maßnahmen erlassen können.[593] Andernfalls, also bei einer Alleinzuständigkeit der Sozialgerichte, würden die Sozialgerichte nicht von Amts wegen, sondern nur auf Antrag tätig werden, wodurch automatisch Kosten anfallen.

Der Rechtssuchende, möglicherweise ein betroffenes und ohnehin finanziell angeschlagenes mittelständisches Unternehmen, wäre auf eine Klageerhebung unter Hinzuziehung eines kostspieligen Rechtsbeistands angewiesen, um effekti-

591 *Bartram/Broch* in: PharmR 2008, 5, 9.

592 Die Überforderung der Sozialgerichte folgt aus dem Umstand, dass immer mehr Hartz IV-Bezieher mit ihren Anliegen vor die Sozialgerichte ziehen. Im Jahr 2007 wurden nach Zahlen der Bundesagentur für Arbeit 99.200 Klagen zu den Sozialgerichten gereicht. Nach Aussage des Landessozialgerichts Sachsen-Anhalt hat die Klagewelle im Jahr 2009 ein neues „Rekordhoch" erreicht. Trotz stetig schrumpfender Bevölkerungszahlen gingen im Jahr 2009 bei den vier Sozialgerichten des Landes Sachsen-Anhalt knapp 25.000 Rechtsmittel ein. Vgl. Pressemitteilung des LSG Sachsen-Anhalt vom 05.05.2010, zuletzt abgerufen am 16.07.2010 unter: *http://www.asp.sachsen-anhalt.de/presseapp/data/lsg/2010/004_2010_6c32fbe5bc46ef791b1076f0726b2125.htm*; vgl. zur Überlastung der Sozialgerichte insgesamt auch die Studie der *Hans-Boeckler-Stiftung*, wonach die Zahl der Klagen vor den deutschen Sozialgerichten ist zwischen 1995 und 2007 um rund 55 Prozent gewachsen ist, zuletzt abgerufen am 16.07.2010 unter: *http://www.boeckler.de/320_94505.html*.

593 Gemäß § 54 Abs. 1 GWB leitet die Kartellbehörde ein Verfahren von Amts wegen oder auf Antrag ein. Die Kartellbehörde kann auf entsprechendes Ersuchen zum Schutz eines Beschwerdeführers ein Verfahren von Amts wegen einleiten.

ven Schutz vor dem missbräuchlichen Verhalten zu erlangen. Vor diesem Hintergrund erscheint es schwer zumutbar, den privaten Unternehmen, die sich auf dem öffentlichen Gesundheitsmarkt bewegen, das gesamte Kosten- und Verfahrensrisiko eines Prozesses vor den Sozialgerichten aufzuerlegen, während Unternehmen in anderen Wirtschaftszweigen auf die Mithilfe der Kartellbehörden zurückgreifen können, die aufgrund ihrer Befugnisse aus den §§ 32 ff. GWB selbstständig Sanktionsmaßnahmen gegen die Zuwiderhandelnden verhängen können. Während für ein Verfahren vor dem Sozialgericht Gerichtskosten gemäß der §§ 184 ff. SGG sowie außergerichtliche Anwaltsgebühren anfallen, erheben die Kartellbehörden keine vergleichbaren Kosten bei den von den Zuwiderhandlungen Betroffenen. Eine solche Risikoverteilung zu Lasten der Rechtssuchenden kann nicht im Sinne des Gesetzgebers gewesen sein, der vor allem den Rechtsschutz der Betroffenen wieder stärken wollte. Es zeigt sich also, dass die besseren Argumente für eine Zuständigkeit der Kartellbehörden hinsichtlich der Missbrauchskontrolle (§§ 19 bis 21 GWB) und der Sanktion eines missbräuchlichen Verhaltens sprechen.

Selbst wenn diese Ansicht im Jahr 2009 – also nach dem GKV-OrgWG – keinen Anklang im Gesetzeswortlaut gefunden hat, so findet sich dort auch keine klarstellende gegenteilige Formulierung. Die Auslegung nach dem Willen des Gesetzgebers kann nur zu der Annahme führen, dass er durch die entsprechende Geltung der §§ 19 bis 21 GWB auch die Kartellbehörden wieder in die Kontrolle miteinbeziehen wollte. Darüber hinaus sind nach der hier im Einklang mit der von *Gassner*[594] vertretenen Auffassung, schon nach derzeitiger Gesetzeslage, die Kartellbehörden dazu berufen, ihre Kontrollaufgabe auch im Bereich der Rechtsbeziehungen der gesetzlichen Krankenkassen wahrzunehmen.

ee) Nochmal: Unionsrechtswidrigkeit des § 69 SGB V – abschließendes Ergebnis

Letztlich ist die hier in Bezug auf *Gassner* vorgenommene Auslegung der „entsprechenden Geltung“ der §§ 19 bis 21 GWB auch diejenige, die zum einen im Einklang mit dem Willen des Gesetzgebers steht und zum anderen die oben bereits problematisierte Unionsrechtskonformität des § 69 SGB V gewährleistet. Denn, um auf die oben nicht abschließend beantwortete Frage zurückzukommen, der Gesetzgeber wollte durch die Re-Installation der Missbrauchskontrolle auch ihre machtbegrenzende Funktion wieder vollumfänglich einführen. Dies wird man ihm deshalb unterstellen dürfen, da er sich bei seinen Gesetzgebungsarbei-

594 *Gassner* in: NZS 2007, 281, 286.

ten in der Regel unionsrechtskonform verhalten will.[595] Zu den vorgenannten machtbegrenzenden Instrumentarien gehören vor allem die einstweiligen Befugnisse der Kartellbehörden gemäß § 32a GWB und das Einschreiten von Amts wegen gemäß § 54 GW. Diese sind dazu geeignet, einen adäquaten Ersatz für die ansonsten bestehenden Schutzlücken im einstweiligen Rechtsschutzverfahren vor den Sozialgerichten darzustellen bzw. gewährleisten erst, dass ein ausreichender Rechtsschutz, wie er vom europäischen Recht verlangt wird, besteht. Der Einwand, der Gesetzgeber verletzte durch die von § 69 SGB V bewirkte Zuweisung der kartellrechtlichen Streitigkeiten an die Sozialgerichte seine Pflicht zur effektiven Durchsetzung des Unionsrechts, kann daher – gänzlich unabhängig von der Unternehmenseigenschaft der gesetzlichen Kassen im Sinne des europäischen Kartellrechts – nicht mehr gehört werden. Die nach der hier vertretenen Auffassung zuständigen Kartellbehörden können nämlich, sofern ihnen Verstöße gegen das nationale oder europäische Kartellrecht gegenwärtig werden, einschreiten und diese mit den effektiven Instrumentarien des GWB zeitnah abstellen. Hierdurch wird auch ein effektiver Rechtsschutz in Bezug auf das Unionsrecht gewährleistet, was folgerichtig die Unionsrechtskonformität des § 69 SGB V zur Folge hat.

d) Anwendbarkeit der §§ 33 ff. GWB

Aus der Anordnung der entsprechenden Geltung der §§ 19 bis 21 GWB ergibt sich das weitere Problem, ob auf die §§ 33 ff. GWB als zivilrechtliche Sanktionsmechanismen im Falle eines Verstoßes gegen die §§ 19 bis 21 GWB zurückgegriffen werden kann oder ob die Anwendung dieser Vorschriften – ebenso wie die Anwendung des § 1 GWB – ausgeschlossen bleibt. Insbesondere geht es hierbei um die Frage nach etwaigen Schadensersatzansprüchen der von den missbräuchlichen Verhaltensweisen Betroffenen, die sich aus § 33 Abs. 3 S. 1 GWB ergeben würden sowie um deren Unterlassungsansprüche gemäß § 33 Abs. 1 GWB.

Diese Frage stellt sich unabhängig davon, wie man die zuvor (siehe Abschnitt b)) diskutierte Problemstellung hinsichtlich der „Kontroll-Zuständigkeitsfrage“ beantwortet. Denn es macht keinen Unterschied, ob letztendlich nur die Sozialgerichte oder die Kartellbehörden –mit anschließender Zuständigkeit der Sozialgerichte – zur Missbrauchskontrolle berufen sind. Es sind nach der derzeitigen Gesetzeslage aufgrund von § 51 SGG und § 87 GWB die Sozialgerichte,

595 Von einer solchen sogar aus dem Unionsrecht ableitbaren Auslegungsregel geht auch der EuGH aus: EuGH, Slg. I-2004, C-397/01 – Pfeiffer u. a.

die sich im Falle von Schadensersatz- oder Unterlassungsklagen durch betroffene Mitbewerber oder sonstige Marktteilnehmer mit dem Problem auseinanderzusetzen haben, ob beispielsweise ein auf der Grundlage von § 33 Abs. 3 S. 1 GWB geltend gemachter Schadensersatzanspruch begründet oder schon mangels Anwendbarkeit dieser Norm als unbegründet abzuweisen ist. Auch an der durch diese Problematik noch gesteigerten Ungewissheit der klagenden Partei über die Erfolgsaussichten einer solchen Klage zeigen sich die rechtsstaatlichen Bedenken an der derzeitigen Rechtslage. Erneut muss schon jetzt ein erhebliches Maß an Rechtsunsicherheit konstatiert werden.

aa) Ablehnung der Anwendbarkeit der §§ 33 ff. GWB

Vereinzelt wird in der Literatur die Auffassung vertreten, dass der Gesetzgeber mit der entsprechenden Geltung der §§ 19 bis 21 GWB auch nur auf diese Normen Bezug nehmen wollte und die §§ 33 ff. GWB daher mangels Niederschlags im Gesetzestext auf ein etwaiges missbräuchliches Verhalten der gesetzlichen Krankenkassen oder der Leistungserbringer nicht anwendbar seien und demzufolge entsprechende Schadensersatz- oder Unterlassungsklagen stets unbegründet wären.[596] Die Vertreter dieser Ansicht bedienen sich hierbei keinerlei weitergehender Argumentation. Sie ziehen diesen Schluss lediglich aus dem eindeutigen Wortlaut der Norm und der fehlenden Stellungnahme des Gesetzgebers zu dieser Frage in der Gesetzesbegründung. Gleichwohl verdeutlicht *Steiner*, dass er die §§ 33 ff. GWB zwar als ausgeschlossen ansieht, die derzeitige gesetzliche Konstruktion jedoch für unstimmig hält und zudem die Europarechtskonformität der Vorgehensweise des Gesetzgebers anzweifelt.[597] Neben dem fehlenden Niederschlag im Gesetzeswortlaut könnte man sich noch eines weiteren Argumentes bedienen. Erneut ausgehend von der Prämisse, dass der Gesetzgeber die gesetzlichen Krankenversicherungen mit der Gesundheitsreform von 2000 privilegieren wollte, diese Privilegierung aber im Jahr 2007 einer Teilrevision unterzog, könnte man sich auf den Standpunkt stellen, dass der Gesetzgeber die Privilegierung zumindest in der Hinsicht aufrechterhalten wollte, dass die gesetzlichen Kassen bei Verstößen zumindest nicht mit Schadensersatz- und Unterlassungsansprüchen konfrontiert werden, sondern ihnen gegenüber andere „sozial-kartellrechtstypische" Maßnahmen ergriffen werden müssten.

596 *Schlegel* in: Gesetzliche Krankenversicherung und Wettbewerb, S. 44; *Steiner* in: GesR 2007, 245, 248.

597 *Steiner* in: GesR 2007, 245, 248.

bb) Befürwortung der Anwendbarkeit der §§ 33 ff. GWB

Die ganz herrschende Meinung in der Literatur geht jedoch davon aus, dass die §§ 33 ff. GWB ebenfalls (entsprechende) Anwendung finden. Davon sei auszugehen, da mit der entsprechenden Geltung der §§ 19 bis 21 GWB denknotwendig auch die §§ 33 ff. GWB verbunden seien und sich darüber hinaus aus der Gesetzesbegründung ergebe, dass sich die entsprechende Anwendung gerade auch auf die Rechtsfolgen der §§ 19 bis 21 GWB beziehen soll und somit Schadensersatz-, Beseitigungs- und Unterlassungsansprüche der Betroffenen gegeben und im Missbrauchsfall begründet sein müssen.[598]

cc) Eigene Stellungnahme

Die besseren Argumente sprechen für die Ansicht, die eine Anwendung der §§ 33 ff. GWB im Missbrauchsfalle bejaht. Der Gesetzgeber wollte im Rahmen eines gesetzgeberischen Kompromisses die machtbegrenzende Funktion der kartellrechtlichen Missbrauchskontrolle reaktivieren. Dies tat er vollumfänglich und mit aller Konsequenz auch in den Rechtsfolgen. Die machtbegrenzende Funktion der §§ 19 bis 21 GWB wäre – bildlich gesprochen – ihrer *scharfen Klinge* beraubt, wenn sie nicht Hand in Hand mit der generalpräventiven Wirkung von drohenden Schadensersatzansprüchen Dritter einhergehen würde (vgl. schon oben Abschnitt E. I. 2. b) dd)). Es muss auf Verwunderung stoßen, wenn vor allem *Roth* als Vertreter eines „öffentlich-rechtlichen Sozialrecht-Kartellrechts“ ohne Bedenken oder weitere Argumentation[599] von der Anwendbarkeit der §§ 33 ff. GWB ausgeht, aber eine ebenso präventiv wirkende Kontroll- und Sanktionszuständigkeit der Kartellbehörden mit dem Hinweis auf einen fehlenden Anklang im Gesetzeswortlaut ablehnt. Sowohl die Zuständigkeit der Kartellbehörden als auch die Geltung der §§ 33 GWB finden gleichermaßen keinen Anklang in Gesetzestext und Gesetzesbegründung. Bei derselben Sachlage müssten dann auch dieselben Schlüsse gezogen werden.

---

598 *Möschel* in: JZ 2007, 601, 604; *Gassner* in: NZS 2007, 281, 286; *Sauter/Ellenbrock* in: GesR 2007, 497, 504; *Roth* in: GRUR 2007, 645, 655 mit dem Hinweis, dass, „wer eine entsprechende Anwendung des § 33 GWB wegen fehlender Inbezugnahme in § 69 S. 2 SGB V ablehnen will, muss, was die Anspruchsberechtigung und den Schadensersatzanspruch angeht, zu einer entsprechenden Anwendung des § 823 Abs. 2 BGB über § 69 S. 4 SGB V n. F. kommen“; *Sodan* in: Ausschussdrucks. 16(14)0410(51), S. 7.

599 Siehe *Roth* in: GRUR 2007, 645, 655; *Ders.* in: Auswirkungen des GKV-WSG auf Versorgungsstruktur und Wettbewerb, S. 124.

3. Zwischenergebnis

Der Gesetzeswortlaut ordnet zwar nur die entsprechende Geltung der §§ 19 bis 21 GWB an, dennoch ergibt sich nach diesseits vertretener Auffassung, dass im Rahmen der Reform auch die Kontrollzuständigkeit der Kartellbehörden wiederbegründet werden sollte. Ferner steht den von missbräuchlichem Verhalten Betroffenen für ihre Schadensersatz- und Unterlassungsklagen nach § 33 GWB der Rechtsweg zu den Sozialgerichten offen. Hierdurch wird die vom Gesetzgeber intendierte Machtbegrenzung der gesetzlichen Krankenversicherungen durch Re-Installation der Missbrauchskontrolle und all ihrer generalpräventiven Instrumente[600] verwirklicht. Da über beide Punkte jedoch partiell Uneinigkeit besteht und dies für den kartellrechtlichen Rechtsschutz misslich ist, bin ich der Auffassung, dass der Gesetzgeber hierzu gesetzliche Klarstellungen erlassen sollte.

Zur Rechtswegfrage ist Folgendes anzumerken: Dieselben Argumente, die für eine – nach der hier vertretenen Auffassung bereits bestehende – Kontrollbefugnis der Kartellbehörden sprechen, können auch für eine – derzeit unstreitig nicht gegebene –anschließende Kontrollzuständigkeit der ordentlichen Gerichtsbarkeit ins Feld geführt werden. Für die ordentlichen Gerichte spricht ebenfalls ihre Sachnähe und Fachkompetenz. Das Kartellrecht als spezielles Rechtsgebiet behandelt neben grundsätzlichen Fragen der Wirtschaftsverfassung insbesondere auch Fragen der relevanten Marktabgrenzung, der Wettbewerbsbeeinträchtigungen und des missbräuchlichen Verhaltens. [601] Während sich die Sozialgerichte mit den vorgenannten kartellrechtlichen Problemlagen in ihrer eigentlichen Praxis so gut wie nie befassen mussten, verfügen die Kartellsenate der ordentlichen Gerichte über einen langjährigen Erfahrungsschatz und bieten Gewähr für kartellrechtlich zutreffende Entscheidungen. Im Interesse einer konsequenten, einheitlichen und schließlich korrekten kartellrechtlichen Rechtsprechung sollte der Gesetzgeber die Zuständigkeit der ordentlichen Gerichtsbarkeit wieder gesetzlich anordnen.

II. Deutsches und Europäisches Kartellvergaberecht

Nachdem der Gesetzgeber durch das GKV-OrgWG § 69 Abs. 2 S. 1 Halbs. 2 SGB V einführte, um den Streit über die grundsätzliche Anwendbarkeit des deutschen Kartellvergaberechts auf die Rechtsbeziehungen der gesetzlichen

600 Hiermit sind sowohl die potentiellen Maßnahmen der Kartellbehörden als auch die möglichen Klagen Betroffener gemeint.

601 Vgl. *Bartram/Broch* in: PharmR 2008, 5, 9.

Krankenkassen zu klären, verbleibt die Fragestellung, in welchen Vertragskonstellationen die Tätigkeit der gesetzlichen Krankenkassen die in den §§ 97 bis 115 und 128 GWB genannten Voraussetzungen erfüllt. Die (Kartell-)Vergaberechtsvorschriften des GWB sind das Ergebnis der nationalen Umsetzung unionsrechtlichen Richtlinienrechts und insoweit für den Gesetzgeber nicht dispositiv[602], weshalb § 69 Abs. 2 S. 1 Halbs. 2 SGB V auch als rein deklaratorisch bezeichnet wird.[603]

Die heute einzig relevanten Fragen sind daher, ob die gesetzlichen Krankenkassen als öffentliche Auftraggeber im Sinne des § 98 GWB anzusehen und die von ihnen geschlossenen (Einzel-)Verträge als öffentliche Aufträge im Sinne des § 99 GWB zu qualifizieren sind. Da dies maßgeblich von der Auslegung der Richtlinie 2004/18/EG[604] abhängt, ist hierfür die Rechtsprechung des EuGH von entscheidender Bedeutung. Die Entscheidungen, die der EuGH[605] für die Auslegung der oben genannten Richtlinie trifft, sind gleichzeitig Vorgaben für die Auslegung der nationalen Vorschriften.

1. Gesetzliche Krankenkassen als öffentliche Auftraggeber

Während das Kartellrecht an den Unternehmensbegriff anknüpft, stellt das Vergaberecht auf den Auftraggeberbegriff ab. Es war in der deutschen Rechtsprechung und Literatur umstritten, ob die gesetzlichen Krankenkassen als öffentliche Auftraggeber im Sinne des § 98 GWB anzusehen sind.[606] Auf Vorlage des Oberlandesgerichts Düsseldorf vom 27.05.2007 hatte sich der EuGH mit dieser Problematik zu befassen und beurteilte die deutschen gesetzlichen Krankenkassen als eben solche.[607] Die Entscheidung ist im Kontext der Rechtspre-

602 EuGH, Slg. I-2005, 142 ff.

603 *Knispel* in: GesR 2009, 236, 237; *Dreher/Hoffmann* in: NZBau 2009, 273, 274; in diesem Sinne auch *Müller* in: A&R 2007, 195, 198. Das LSG Berlin-Brandenburg, Beschluss vom 06.03.2009 – Az.: L 9 KR 72/09 ER, meint ohnehin, dass die Frage, ob eine gesetzliche Krankenkasse ein öffentlicher Auftraggeber sei, grundsätzlich „*vergaberechtsfreundlich*" zu beantworten sei.

604 Richtlinie des Europaparlaments und des Rates vom 31.03.2004 über die Koordinierung der Verfahren zur Vergabe öffentliche Bauaufträge, Lieferaufträge und Dienstleistungsaufträge, ABl. L 134 vom 30.4.2004, S. 114.

605 EuGH, Urteil vom 11.06.2009, C-300/07-Oymanns.

606 Bejahend *Heuvels* in: NZBau 2008, 166, 169; *Goodarzi/Schmidt* in: NZS 2008, 518, 521; *Hartmann/Suoglu* in: SGb 2007, 404, 411; *Frenz* in: NZS 2007, 233, 236; die Auftraggebereigenschaft ablehnend *Heßhaus* in: VergabeR 2007, 333, 337; *Dreher* in: NZBau 2005, 297, 302; *Eschenbruch* in: Kulartz/Kus/Portz, § 98, Rn. 196.

607 EuGH, Urteil vom 11.06.2009, C-300/07-Oymanns., Leitsatz 1 a. E.

chung des EuGH zur Unternehmenseigenschaft der deutschen gesetzlichen Krankenkassen konsequent.[608] Fraglich ist, ob sie dem derzeitigen nationalen gesetzlichen Krankenversicherungssystem auch optimal Rechnung trägt.

Die öffentliche Auftraggebereigenschaft ist im deutschen Recht in § 98 GWB geregelt. Für die gesetzlichen Krankenkassen kommt nur die Nummer 2 dieser Norm in Betracht. Aus § 98 Nr. 2 GWB ergeben sich drei Voraussetzungen für die öffentliche Auftraggebereigenschaft, die *kumulativen* Charakter haben.[609] Hiernach sind öffentlicher Auftraggeber alle juristischen Personen des öffentlichen Rechts, die zu dem besonderen Zweck gegründet wurden, im Allgemeininteresse liegende Aufgaben nicht gewerblicher Art zu erfüllen, und überwiegend durch den Staat finanziert werden. Alternativ, also bei Fehlen der überwiegenden staatlichen Finanzierung, reicht es auch aus, wenn der Staat über die Leitung die Aufsicht ausübt oder mehr als die Hälfte der Leitungsorgane bestimmt hat. Diese Voraussetzungen entsprechen denen des Art. 1 Abs. 9 Unterabs. 2 lit. a–c)[610] der Richtlinie 2004/18/EG und sind im Lichte dieser Vorgaben und der hierzu ergangenen Rechtsprechung der europäischen Gerichte auszulegen.

a) Juristische Person des öffentlichen Rechts

Daran, dass die gesetzlichen Krankenkassen juristische Personen des öffentlichen Rechts sind, bestehen in Ansehung des § 4 Abs. 1 SGB V keine Zweifel.

b) Gründungszweck

Die gesetzlichen Kassen müssten ferner zu dem Zweck gegründet worden sein, im *Allgemeininteresse* liegende Aufgaben in *nichtgewerblicher Art* zu erfüllen. Hierunter versteht der EuGH in der Regel alle *„Aufgaben, die zum einen auf andere Art als durch das Angebot von Waren oder Dienstleistungen auf dem Markt erfüllt werden und die zum anderen der Staat aus Gründen des Allgemeininteresses selbst erfüllen oder bei denen er einen entscheidenden Einfluss behalten möchte*“.[611] Auch diese Voraussetzung ist in Bezug auf die deutschen gesetzlichen Krankenkassen zu bejahen. Denn auch wenn die tradierte Ansicht, gesetz-

---

608 Ausführlich zur Entscheidung des EuGH siehe *Kingreen* in: NJW 2009, 2417 ff.; *Marx/Hölzl* in: NZBau 2010, 31 ff.

609 EuGH, Slg. 2008, I-2339, Rn. 36 – Ing.Aigner.

610 Art. 1 Abs. 9 Unterabs.2 der Richtlinie 2004/18/EG verwendet den Begriff der „Einrichtung des öffentlichen Rechts“. Der deutsche Gesetzgeber hat die Richtlinie mit der Formulierung „öffentlicher Auftraggeber“ umgesetzt.

611 EuGH, Slg. 2003, I-1931, Rn. 50; EuGH, Slg.1998, I-6821, Rn. 50.

liche Krankenkassen stünden nicht im Wettbewerb zueinander und handelten ohne Gewinnerzielungsabsicht, womöglich nicht länger aktuell ist, befindet sich das gesetzliche Krankenversicherungssystem zwar im wettbewerblichen Wandel, ist aber gleichwohl noch immer vom Solidargedanken geprägt.

So besteht zwar ein Wettbewerb zwischen den einzelnen gesetzlichen Krankenkassen, der aber dadurch eingeschränkt wird, dass ca. 90 % der Leistungen gesetzlich vorgeschrieben sind (§ 11 SGB V) und überdies die sich durch die unterschiedliche Struktur der Versicherten ergebenden Kostenrisiken durch einen Risikostrukturausgleich weitgehend ausgeglichen werden.[612] Da es zudem unstreitig ist, dass die gesetzlichen Kassen gemäß § 1 S. 3, 2 SGB V geschaffen wurden, um die Gesundheit der Versicherten zu erhalten, wiederherzustellen oder zu verbessern, sie zu diesem Zweck Aufklärung, Beratung und Leistungen zu erbringen haben und die vorgenannten Aufgaben zum Schutz und zur Förderung der Volksgesundheit erfolgen, wird man zumindest für den weit überwiegenden Teil der Pflichtleistungen ein Handeln im Allgemeininteresse bejahen müssen.[613]

Diese im Allgemeininteresse liegende Aufgabe wird auch in nichtgewerblicher Art erfüllt. Zwar befinden sich die gesetzlichen Krankenkassen in einem Wettbewerbsverhältnis zueinander, jedoch ist dieser Wettbewerb nicht gewinnorientiert im wirtschaftlichen Sinne. Es handelt sich insoweit um einen atypischen Wettbewerb, denn es ist den gesetzlichen Krankenkassen nicht möglich, Gewinne zu erzielen. Vielmehr sind sie dazu verpflichtet, mit sämtlichen eingenommenen Geldern wirtschaftlich und sparsam zu verfahren (§ 4 Abs. 4 SGB V). Das bedeutet letztendlich, dass die gesetzlichen Kassen ihren Wettbewerb nicht ausführen, um die beste „Bilanz“ ausweisen zu können, sondern um die Versorgung der Versicherten, also ihre gesetzliche Aufgabe, am besten/kosteneffektivsten erfüllen zu können. Hinzu kommt, dass der Großteil der von den gesetzlichen Kassen eingenommenen Gelder in den Gesundheitsfonds fließt und erst von dort auf die einzelnen Kassen umverteilt wird. Von einer Gewinnorientierung im eigentlich wirtschaftlichen Sinne kann daher nicht gesprochen werden, da sie im Bereich der Pflichtversicherung keine wirklichen Einnahmen erzielen.[614] Folglich ist – mit dem EuGH – von einer nichtgewerbli-

612 So das OLG Düsseldorf, NZBau 2007, 525, 526.

613 So schon *Roth* in: Auswirkungen des GKV-WSG auf Versorgungsstruktur und Wettbewerb, S. 149; Der EuGH sah die Voraussetzung des „besonderen Gründungszwecks“ in seiner Oymanns-Entscheidung als unproblematisch erfüllt an, EuGH, Urteil vom 11.06.2009, C-300/07-Oymanns, Rn. 49.

614 Vgl. *Wigge* in: Gesundheitsreform 2007, S. 130.

chen Tätigkeit bei der Leistungserbringung im Rahmen der Pflichtversicherung auszugehen.[615]

c) Überwiegende Finanzierung durch den Staat

Die Frage, ob unter den tatsächlichen Gegebenheiten des gesetzlichen Krankenversicherungssystems in Deutschland von einer überwiegenden staatlichen Finanzierung ausgegangen werden kann, legte das Oberlandesgericht Düsseldorf dem EuGH zur Vorabentscheidung nach Art. 234 EGV vor. Das Gericht stellte zunächst erneut klar, dass die Richtlinie keine *direkte* Finanzierung vom Staat oder einer anderen Stelle des öffentlichen Rechts verlange, sondern auch eine *indirekte* Finanzierung durch den Staat die Voraussetzungen der Richtlinie erfüllen würde.[616] Es führte im Anschluss daran aus, dass die gesetzlichen Kassen im Wesentlichen zwar durch die Pflichtbeiträge der Versicherten finanziert würden, ihre Leistungen aber keine vertragliche Gegenleistung für die Beitragszahlungen der Versicherten darstellten[617]. Zwar würde der Beitragssatz von den gesetzlichen Krankenkassen selbst festgelegt werden können, unterläge aber der staatlichen Kontrolle.[618] Letztlich erfolge die Erhebung der Beiträge ohne Interventionsmöglichkeit der Versicherten, da diese aufgrund öffentlich-rechtlicher Vorschriften zwangsweise eingezogen würden.[619] Der EuGH judizierte daher, dass:

> *„(...) davon auszugehen[sei], dass eine Finanzierung eines öffentlichen Krankenversicherungssystems wie die im Ausgangsverfahren fragliche, die durch einen staatlichen Akt eingeführt worden ist, in der Praxis durch die Träger der öffentlichen Gewalt garantiert wird und durch eine öffentlich-rechtlichen Vorschriften unterliegende Art der Erhebung der sich hierauf beziehenden Beiträge sichergestellt wird, die Voraussetzung der überwiegenden Finanzierung durch den Staat für die Anwendung der Gemeinschaftsvorschriften auf dem Gebiet der Vergabe öffentlicher Aufträge erfüllt“.*[620]

---

615 Siehe hierzu auch ausführlich *Klock* in: NZS 2008, 178, 180; ohne nähere Auseinandersetzung bejahend EuGH, Urteil vom 11.06.2009, C-300/07-Oymanns, Rn. 49.

616 EuGH, Urteil vom 11.06.2009, C-300/07-Oymanns, Rn. 51 mit Verweis auf EuGH, Slg. 2007 I-11173 – Bayrischer Rundfunk. Diese Rechtsprechung des EuGH ist in der Literatur dahingehend kritisiert worden, dass die Gleichsetzung von unmittelbarer Finanzierung und mittelbarer Finanzierung den Wortlaut der Norm erheblich überdehne und die Krankenkassen tatsächlich nur in geringem Umfang „durch den Staat“, hauptsächlich aber durch Beiträge der Mitglieder finanziert würden, vgl. *Dreher* in: NZBau 2005, 297, 301; *Eschenbruch* in: Kulartz/Kus/Portz, § 98, Rn. 159.

617 EuGH, Urteil vom 11.06.2009, C-300/07-Oymanns, Rn. 52 und 53.

618 EuGH, Urteil vom 11.06.2009, C-300/07-Oymanns, Rn. 54 und 55.

619 EuGH, Urteil vom 11.06.2009, C-300/07-Oymanns, Rn. 56.

620 EuGH, Urteil vom 11.06.2009, C-300/07-Oymanns, Rn. 57.

Von der Auftraggebereigenschaft der gesetzlichen Krankenkassen ist somit bei derzeitiger Rechtslage und aufgrund der eindeutigen Rechtsprechung des EuGH auch im nationalen Recht (§ 98 Nr. 2 GWB) auszugehen.[621]

d) Kritische Würdigung

Inhaltlich ist die Entscheidung meines Erachtens nicht kritikwürdig. Aber: Der EuGH entschied die Vorlagefrage vom 27.06.2007 mit Urteil vom 11.06.2009, mithin ca. zwei Jahre später. Folglich beurteilte die „aktuelle" Entscheidung des EuGH eine bereits wieder überholte deutsche Rechtslage. Durch die Neuregelungen des GKV-WSG, die erst zum 01.01.2009 in Kraft traten, veränderte sich das Finanzierungssystem der gesetzlichen Krankenversicherung (siehe hierzu unten Abschnitt F. IV.), so dass der EuGH, wenn er von der kassenindividuellen Beitragserhebung spricht, schon wieder von einer veralteten Rechtslage ausgeht. Da das „neue" Finanzierungssystem der gesetzlichen Krankenversicherung im Grunde noch stärker eine Finanzierung der gesetzlichen Krankenkassen durch den Staat darstellt, ist dies für den vorliegenden Fall unschädlich. An der Richtigkeit der Erwägungen des EuGH ändert dies zwar nichts. Gleichwohl offenbart sich hier (erneut) eine missliche Tatsache. Wie schon im Rahmen der Erörterungen zum Unternehmensbegriff festgestellt wurde, haben die Entscheidungen des EuGH, insbesondere in einem so „schnelllebigen" Rechtsgebiet wie dem Gesundheitsrecht, oftmals veraltete Gesetzeslagen zum Gegenstand. Dies ist ein Problem, das unlösbar ist. Man wird die Verfahrensdauer vor dem EuGH nicht verkürzen können. Gerade deshalb ist daher Vorsicht geboten, trotz vermeintlich eindeutiger Entscheidungen des EuGH nunmehr längerfristig davon auszugehen, dass gesetzliche Krankenkassen öffentliche Auftraggeber im Sinne des § 98 GWB sind. Vielmehr ist nach jeder Veränderung des deutschen Gesundheitsrechts die Gesetzeslage erneut zu würdigen.[622]

Angesichts der kommenden Gesundheitsreform, die den Wettbewerb im System der gesetzlichen Krankenversicherung weiter ausweiten wird, muss kritisch hinterfragt werden, ob das Vergaberecht, das als besonderes Verwaltungsverfahrensrecht für die öffentliche Beschaffungstätigkeit die Bedingungen eines funk-

---

621 So *Kingreen* in: NJW 2009, 2417, 2419; *Byok* in: NJW 2010, 817, 818; *Marx/Hölzl* in: NZBau 2010, 31, 32; bereits vor der Entscheidung des EuGH bejahend LSG Berlin-Brandenburg, Beschluss vom 06.03.2009 – Az.: L 9 KR 72/09 ER.

622 In diesem Sinne, allerdings in Bezug auf die Rechtsprechung des EuGH zum Unternehmensbegriff, *Monopolkommission*, 18. Hauptgutachten, S. 488.

tionierenden Wettbewerbs *simulieren* soll, überhaupt noch auf den abermals intensivierten Wettbewerb im Leistungserbringungsrecht passen wird.[623]

aa) Ausblick auf künftige Reformen des Finanzierungssystems

Auch wenn es noch keinen konkreten Gesetzesentwurf gibt, lässt sich die in Aussicht gestellte Reform der Finanzierung der gesetzlichen Krankenversicherung zumindest grob näher klassifizieren. Zunächst hatte sich der Wissenschaftliche Beirat beim Bundesministerium für Wirtschaft und Technologie im April 2010 in mehreren Sitzungen mit den Reformmöglichkeiten des Finanzierungssystems der gesetzlichen Krankenversicherung auseinandergesetzt und in einem Gutachten[624] eine Handlungsempfehlung für den Gesetzgeber ausgesprochen. Der Beirat kam zu dem Ergebnis, dass es, um den Wettbewerb in der gesetzlichen Krankenversicherung zu stärken und die gravierenden Ungerechtigkeiten im geltenden Beitragssystem zu beseitigen, zunächst notwendig ist, den Arbeitnehmerbeitrag in eine kassenspezifische Gesundheitsprämie umzuwandeln.[625] In diesem Zusammenhang äußerte der Beirat die Auffassung, dass die reine Einkommensumverteilung in der Form eines sozialen Ausgleichs aus der gesetzlichen Krankenversicherung in das Steuer-Transfer-System verlagert werden sollte.[626] Darüber hinaus spricht er sich auch gegen ein Aufrechterhalten der anteiligen Beitragsfinanzierung durch den Arbeitgeber aus.[627] Im Ergebnis – dies ist der konkreten Handlungsempfehlung zu entnehmen – befürwortet der Beirat die Einführung der so genannten „*vollen Gesundheitsprämie*", die dadurch gekennzeichnet ist, dass der Beitrag in voller Höhe vom Versicherten selbst bezahlt wird, und zwar in Form einer kassenspezifischen Prämie, die nicht vom Einkommen abhängt, sondern lediglich nach dem Alter des Versicherten in Stufen gestaffelt ist.[628] Würde der Gesetzgeber dieser Handlungsempfehlung vollständig („*volle Gesundheitsprämie*") oder auch nur teilweise („*halbe Gesundheitsprämie*") im Rahmen einer der kommenden Gesundheitsreformen folgen, wären sowohl die Entkopplung der Beitrags-/Prämienhöhe vom Einkommen der Versicherten als auch die Abschaffung der anteiligen Finanzierung durch den Arbeit-

623 Vgl. *Kingreen* in: NJW 2009, 2417, 2419.

624 Gutachten des *Wissenschaftlichen Beirats* beim Bundesministerium für Wirtschaft und Technologie: Zu Reform der Finanzierung der Gesetzlichen Krankenversicherung, Stand Mai 2010 (fortan: *Wiss.-Beirat*, Gutachten Mai 2010, S.), zuletzt eingesehen am 28.06.2010 unter: *http://www.bmwi.de/BMWi/Navigation/Service/publikationen,did=342546.html.*

625 *Wiss.-Beirat*, Gutachten Mai 2010, S. 3.

626 *Wiss.-Beirat*, Gutachten Mai 2010, S. 3.

627 *Wiss.-Beirat*, Gutachten Mai 2010, S. 7.

628 *Wiss.-Beirat*, Gutachten Mai 2010, S. 20.

geber[629] die Folgen. Der Sozialausgleich würde dann notwendigerweise in das Steuer-Transfer-System verlagert werden. Beide Varianten, also sowohl die volle als auch die halbe Gesundheitsprämie, hätten jedenfalls eine erhebliche Schwächung des Solidargedankens im Finanzierungssystem der gesetzlichen Krankenversicherung zur Folge. Diese Schwächung des Solidargedankens würde sich vor allem zu Gunsten einer weiteren Intensivierung des Wettbewerbs im gesamten gesetzlichen Krankenversicherungssystem auswirken.[630]

Gleichwohl scheiterte das vorbezeichnete Konzept der Gesundheitsprämie im Juli 2010 wohl vorerst an seiner politischen Durchsetzbarkeit. Nach einer monatelangen Debatte der Regierungskoalition über ein zielführendes Konzept für die im Jahre 2011 anstehende Gesundheitsreform, einigten sich die Vertreter von CDU/CSU und FDP unter dem 06.07.2010 auf eine andere Herangehensweise an die Reform der Finanzierung der gesetzlichen Krankenversicherung.[631] Nach dem bisherigen Stand will die Regierung zunächst den Krankenkassenbeitragssatz ab dem Jahr 2011 von 14,9 auf 15,5 Prozent erhöhen. Die Beiträge der Arbeitgeber steigen demnach von 7,0 auf 7,3 Prozent vom Bruttolohn und werden dann dort festgeschrieben. Die Beiträge der Arbeitnehmer steigen dementsprechend von 7,9 auf 8,2 Prozent.[632] Alle weiteren Kostensteigerungen sollen in Zukunft von den Versicherten über Zusatzbeiträge (allgemein hierzu Abschnitt F. IV. 2.) getragen werden. Hierzu sollen die Kassen höhere Zusatzbeiträge als bislang erheben dürfen. Der Zusatzbeitrag für die gesetzliche Krankenversicherung soll künftig jedes Jahr neu berechnet werden. Ferner soll die bisherige Deckelung der Zusatzbeiträge auf ein Prozent des beitragspflichtigen Einkommens in diesem Zusammenhang abgeschafft werden.[633] Darüber hinaus soll es bei den Zusatzbeiträgen einen Sozialausgleich geben, der aus Steuermitteln finanziert wird. Es soll eine so genannte „Überforderungsklausel" von zwei Prozent des

629 Sollte sich der Gesetzgeber für die „halbe Gesundheitsprämie" entscheiden, würde die anteilige Finanzierung durch den Arbeitgeber allerdings nicht abgeschafft, sondern in geringfügig veränderter Form aufrecht erhalten.

630 *Wiss.-Beirat*, Gutachten Mai 2010, S. 14.

631 Vgl. hierzu die von der Regierungskoalition aufgestellten *„Eckpunkte für ein gerechtes, soziales, stabiles, wettbewerbliches und transparentes Gesundheitswesen"* (im Folgenden: Eckpunktepapier vom 06.07.2010, S.), einsehbar unter: *http://www.bmg.bund.de/cln_178/SharedDocs/Downloads/DE/Presse/Presse-2010/pm-10-07-06-gesundheitsreform-eckpunkte-anhang,templateId=raw,property=publicationFile.pdf/pm-10-07-06-gesundheitsreform-eckpunkte-anhang.pdf.*

632 Eckpunktepapier vom 06.07.2010, S. 3.

633 Eckpunktepapier vom 06.07.2010, S. 3.

beitragspflichtigen Einkommens installiert werden. Das heißt, wenn der Zusatzbeitrag diese Grenze übersteigt, greift ein steuerfinanzierter Sozialausgleich.[634]

bb) Schlussfolgerungen und Stellungnahme

Bereits unmittelbar nach Bekanntwerden der groben Eckpunkte der kommenden Gesundheitsreform wurde von vielen Seiten zu Recht Kritik an den geplanten Maßnahmen geübt. Der Generalsekretär des Wirtschaftsrates der CDU, Wolfgang Steiger, gab zu bedenken: „*Mehr Geld in den Gesundheitsfonds zu pumpen, mag helfen, kurzfristig Finanzlöcher zu stopfen, der langfristige Nutzen zur Sicherung der Zukunftsfähigkeit des deutschen Gesundheitswesens ist jedoch gleich Null*" (...) „ *Statt Flickschusterei brauchen wir ein mutiges Gesamtkonzept*".

Das Institut der deutschen Wirtschaft (IW) in Köln ist ebenfalls der Auffassung, dass die von der Koalition geplante Beitragssteigerung zur Finanzierung der gesetzlichen Krankenversicherung nicht ausreichen wird, um die Kosten dauerhaft zu decken.

Auch wenn die Koalition bisher nur grobe Eckpunkte der Reform bekanntgab, muss meines Erachtens davon ausgegangen werden, dass es 2011 wohl keine grundlegende Neuordnung der Finanzierung des gesetzlichen Krankenversicherungssystems geben wird. Die Erhöhung des Beitragssatzes und die Möglichkeit zur Erhebung höherer Zusatzbeiträge stellen keine wirklichen Reformmaßnahmen dar. Es handelt sich vielmehr um eine bloße Erhöhung der Kosten für die Versicherten über bereits vorhandene – und offenbar nicht funktionierende – Finanzierungsmechanismen.

Ohne grundlegende Reformen auf der Finanzierungsseite lässt sich die Ausgabendynamik meines Erachtens jedoch nicht bremsen. Notwendig wäre ein Umstieg auf die Prämienfinanzierung, ergänzt um mehr Vertragsfreiheiten auf Seiten der Kassen und Leistungserbringer. Denn erst wenn die Versicherten mit der Wahl eines Tarifs auch die Kosten ihres Versicherungsschutzes beeinflussen können, entsteht ein Interesse für sie, günstige Versorgungsformen nachzufragen.

Einzig der Mechanismus die Allgemeinheit über einen steuerfinanzierten Sozialausgleich in die Finanzierung mit einzubeziehen stellt eine begrüßenswerte *Teilreform* in der Finanzierungsweise des gesetzlichen Krankenversicherungssystems dar. Selbst wenn derzeit abschließende Bewertungen zur kommenden „Reform" zu früh erscheinen, halte ich es auf der Grundlage der in Aussicht gestellten Veränderungen für unumgänglich über 2011 hinaus weitere (grundle-

634 Eckpunktepapier vom 06.07.2010, S. 3 und 4.

gende) Reformen vorzunehmen, um eine langfristige Finanzierbarkeit des gesetzlichen Krankenversicherungssystems sicherzustellen. Daher verwundert es nicht, wenn Bundesgesundheitsminister Rösler unmittelbar im Zusammenhang mit der Verkündung der Reformpläne davon spricht, dass *„(...) der Einstieg in eine dauerhaft solide Finanzierung des Gesundheitssystems"* geschaffen werde, es aber *„eine Daueraufgabe* [bliebe], das *System und die Ausgaben zu reformieren"*.[635]

Da meines Erachtens die *kommenden Reformen* die Intensivierung des Wettbewerbs bei gleichzeitiger Schwächung des Solidargedankens[636] im gesetzlichen Krankenversicherungssystem bewirken werden, kann in dem hiesigen Kontext geschlussfolgert werden, dass nicht länger bloß von einer *Simulation* des Wettbewerbs zwischen gesetzlichen Kassen bzw. zwischen den Leistungserbringern ausgegangen werden kann.[637] Vielmehr werden sich nach den *Reformen* erneut die Fragen stellen lassen, ob die gesetzlichen Krankenkassen als Unternehmen oder als öffentliche Auftraggeber anzusehen sind, oder ob sie gar eine „Zwitterstellung" als Wirtschaftseinheit einerseits und staatlich gesteuerte Sozialeinheit andererseits einnehmen und daher sowohl Unternehmen als auch öffentlicher Auftraggeber sein können.[638] Dieses wäre kein neues „Phänomen", denn auf europäischer Ebene wurden bereits öffentliche Rundfunkanstalten vergaberechtlich als öffentliche Auftraggeber[639] und gleichzeitig als Unternehmen im Sinne des europäischen Beihilferechts qualifiziert.[640]

Die Begründung dieser „Zwitterstellung" von Unternehmen wurde in der Literatur mit dem Einwand kritisiert, dass *„ein und dieselbe Organisation (...) im Vergaberecht und im Beihilferecht nicht unterschiedlich, nämlich einmal als im Wettbewerb stehendes Unternehmen und ein anderes Mal als nicht im Wettbewerb stehende Einrichtung beurteilt werden [könne]"*.[641] Der gleiche Einwand könnte im Zusammenhang mit den gesetzlichen Krankenkassen erhoben werden. Der Unterschied zu dem vorzitierten Beispiel besteht allerdings darin, dass der

635 Vgl. das Interview mit Bundesgesundheitsminister *Phillip Rösler* vom 07.07.2010, zuletzt abgerufen am 10.07.2010 unter: *http://www.fdp-bundespartei.de/webcom/show_article.php/_c-955/_nr-157/_p-1/i.html.*

636 Diese Schwächung würde beispielsweise durch die vom Gesetzgeber für 2011 angedachte teilweise Transferierung des Solidarausgleichs ins Steuersystem bewirkt werden.

637 In diesem Sinne auch *Kingreen* in: NJW 2009, 2417, 2419.

638 Diese Auffassung äußert *Frenz* in: NZS 2007, 233, 236; auch *Kingreen* gelangt hierzu in: NJW 2009, 2417, 2419, der in diesem Zusammenhang vom „Unternehmen Gesundheit" spricht.

639 EuGH, Slg. 2007, I-11173.

640 Pressemitteilung der Kommission vom 10.01.2008, IP/08/24: „Öffentlich-rechtlicher Auftrag im neuen Medienumfeld".

641 *Hertwig* in: VergabeR 2008, 589, 589.

EuGH noch nicht zu einer Überschneidung gelangt ist, da er einen anderen Unternehmensbegriff entwickelt hat als die deutsche Rechtsprechung. Dennoch könnte es zu einer Beurteilung der gesetzlichen Krankenkassen als Unternehmen und öffentliche Auftraggeber zugleich kommen, nämlich wenn diese wegen einer fortgeführten wettbewerblichen Ausrichtung auf nationaler Ebene als Unternehmen eingestuft würden und aufgrund europäischer Rechtsprechung im nationalen Recht weiterhin als öffentliche Auftraggeber angesehen werden müssten. Die Folge wäre eine Überregulation durch das Vergaberecht.

Langfristig wird man auf nationaler Ebene ein höheres Maß an Rechtssicherheit erzielen, wenn man sich für eine Klassifikation (Unternehmen oder öffentlicher Auftraggeber) entscheidet und das gesetzliche Krankenversicherungssystem sowie die entsprechenden gesetzlichen Regelungen danach ausrichtet. Vor dem Hintergrund der stetigen Intensivierung des Wettbewerbs, wird es sinnvoller sein, die gesetzlichen Kassen zu Unternehmen im Sinne des Kartellrechts auszuformen, beispielsweise indem man das Solidarprinzip in der gesetzlichen Krankenversicherung weiter aufweicht und den Ausgleich in das Steuer-Transfersystem verlagert. Sodann wäre auf die Schutzmechanismen des Kartellrechts zu vertrauen. [642] Hiernach wäre es aber auch unnötig, die Bedingungen eines funktionierenden Wettbewerbs zu simulieren, da ein solcher bestehen würde. Um eine Überregulation zu vermeiden, sollte daher dann auf eine Anwendung des (Kartell-)Vergaberechts verzichtet werden. Auch dies wäre durch entsprechende klarstellende gesetzliche Regelungen sicherzustellen, um Rechtsunklarheit zu vermeiden.

2. Öffentlicher Auftrag gemäß § 99 GWB

Im Einklang mit Art. 1 Abs. 2 lit. a der Richtlinie 2004/18/EG definiert § 99 Abs. 1 GWB öffentliche Aufträge als *„entgeltliche Verträge zwischen öffentli-*

642 In diesem Sinne auch *Baake /Kuchinke/Wey* in: WuW 2010, 502, 513; gegen eine Überregulation ist auch *Bernhardt* in: Auswirkungen des GKV-WSG auf Versorgungsstruktur und Wettbewerb, S. 110. Er hält jedoch das Kartellrecht für verzichtbar; für eine differenzierende Fortentwicklung des Vergaberechts und der Grundrechte zur wettbewerbsrechtlichen Regulierung des öffentlichen Gesundheitswesens sprechen sich *Becker/Kingreen* in: NZS 2010, 417, 423 aus, mit der Begründung, dass das Kartellrecht den Besonderheiten des noch immer stark sozialrechtlich geprägten Krankenversicherungsrecht aufgrund mangelender Differenzierungsmöglichkeiten nicht gerecht werden könne und daher eine Überschneidung von Kompetenzen zu erwarten wäre. Diese Argumentation erfolgt allerdings unter dem Vorbehalt, dass der Gesetzgeber die Krankenkassen nicht zu Unternehmen im Sinne des europäischen Kartellrechts fortentwickelt.

chen Auftraggebern und Unternehmen, die Liefer-, Bau- oder Dienstleistungen zum Gegenstand haben, und Auslobungsverfahren, die zu Dienstleistungsaufträgen führen sollen". Erfasst werden nach heute unstreitiger Auffassung auch öffentlich-rechtliche Verträge; daher ist für die Qualifikation als öffentlicher Auftrag im Sinne des § 99 GWB auch ohne Belang, dass die Verträge zwischen gesetzlichen Kassen und Leistungserbringern allesamt als öffentlich-rechtlich zu qualifizieren sind.[643] Die Voraussetzung der Entgeltlichkeit ist funktional und weit auszulegen, so dass hiervon jede geldwerte Leistung erfasst wird, die unter Einbeziehung sämtlicher wirtschaftlicher Vorteile zu ermitteln ist.[644] Danach wird der Entgeltbegriff bei den so genannten Dienstleistungskonzessionen nicht erfüllt, da hier kein Entgelt, sondern nur eine Nutzungsbefugnis als Gegenleistung eingeräumt wird.[645] Ob die relevanten Verträge der gesetzlichen Krankenkassen im Einzel- bzw. Anwendungsfall öffentliche Aufträge im Sinne der vorgenannten Voraussetzungen sind, soll an dieser Stelle nicht abstrakt, sondern an späterer Stelle im entsprechenden Zusammenhang erörtert werden.[646]

Zunächst ist also das deutsche und europäische Kartellvergaberecht grundsätzlich auf die Vertragsbeziehungen der gesetzlichen Krankenkassen anwendbar, da zum einen die gesetzlichen Krankenkassen öffentliche Auftraggeber sind und zum anderen § 69 SGB V unschädlich für die Klassifikation der Vereinbarungen als öffentlicher Auftrag im Sinne des § 99 GWB ist.

III. Deutsches Lauterkeitsrecht

Das Lauterkeitsrecht ist neben dem Kartellrecht der zweite Teil des generell als Wettbewerbsrecht umschriebenen Regelungskomplexes.[647] Es wird zum Teil auch als „*Wettbewerbsrecht im engeren Sinne*" bezeichnet.[648] Seinen gesetzlichen Niederschlag hat es zum weit überwiegenden Teil in den Bestimmungen des Gesetzes gegen den unlauteren Wettbewerb (UWG) gefunden.

643 *Hartmann/Suoglu* in: SGb 2007, 404, 412.

644 Vgl. OLG Düsseldorf, VergabeR 2007, 90, 95.

645 Art. 1 IV der Richtlinie 2004/18/EG.

646 Siehe *Abschnitt F. II. 2. c) cc).*

647 *Sosnitza* in: MüKo-Lauterkeitsrecht, Grundl, Rn. 13; *Lehmler*, Das Recht des unlauteren Wettbewerbs, S. 1.

648 *Meessen* in: L/M/R, Band 1, Einf., Rn. 113; *Sosnitza* in: MüKo-Lauterkeitsrecht, Grundl, Rn. 13; *Lehmler*, Das Recht des unlauteren Wettbewerbs, S. 2.

1. Schutzziele des UWG und Bedeutung für den Krankenkassenmarkt

a) Schutzziele im Allgemeinen

Das Gesetz gegen den unlauteren Wettbewerb (UWG) dient zum einen der Vermeidung und zum anderen der Bekämpfung von unlauteren Wettbewerbshandlungen der jeweiligen Marktteilnehmer. Es sanktioniert also Verhaltensunrecht gegenüber Mitbewerbern. Es befasst sich jedoch nicht mit der Frage, warum sich jemand am Markt befindet.[649] Die §§ 3 ff. UWG enthalten einen ausdifferenzierten Katalog von Ge- und Verboten, die von den Wettbewerbsteilnehmern zu beachten sind. Ihr Hauptzweck liegt dabei darin, den Wettbewerb sowohl im Interesse der Mitbewerber oder anderer Marktteilnehmer als auch im Interesse der „Verbraucher" von Verfälschungen freizuhalten.[650]

Als Rechtsfolgen von unlauteren Verhaltensweisen hält das Gesetz sowohl präventiv wie repressiv Unterlassungs- und Beseitigungs- sowie Schadensersatzansprüche gegen die Zuwiderhandelnden bereit. Eine Besonderheit stellt § 8 Abs. 3 UWG dar, wonach neben den von den unlauteren Verhaltensweisen der Marktkonkurrenten Betroffenen auch Einrichtungen wie Wettbewerbsvereine, Verbraucherverbände, Berufsverbände, Industrie- und Handelskammern sowie Handwerkskammern ebenfalls unmittelbar klagebefugt sind.

b) Bedeutung für den Markt der gesetzlichen Krankenversicherung

Durch die Einführung der freien Kassenwahl im Jahre 1996 ist es den (Pflicht-) Mitgliedern der gesetzlichen Krankenversicherung möglich, im Wesentlichen frei von Beschränkungen, zu einer anderen Krankenkasse zu wechseln.[651] Infolgedessen ist ein Wettbewerb der gesetzlichen Krankenkassen um Mitglieder entstanden, der sich nicht mehr wesentlich von dem zwischen privaten Unternehmen herrschenden Wettbewerb unterscheidet.[652] Diese These kann im Jahr 2009 auch nicht mehr durch die tradierte Sichtweise des Bundessozialgerichts

---

649 *Ullmann* in: jurisPK-UWG, Einleitung, Rn. 9.

650 *Ullmann* in: jurisPK-UWG, Einleitung, Rn. 44; Zum Verhältnis von Kartell- und Lauterkeitsrecht siehe *Sosnitza* in: MüKo-Lauterkeitsrecht, Grundl., Rn. 25 ff.

651 Für freiwillig in der GKV Versicherte gilt die 18-monatige Bindungsfrist des § 175 Abs. 4 SGB V.

652 So auch *Luxenburger/Wölk* in: ZMGR 2008, 111, 113; *Koenig/Engelmann/Hentschel* in: WRP 2003, 831, 838; *Stumpf* in: WRP 2008, 286, 288; *Zentrale zur Bekämpfung unlauteren Wettbewerbs e.V.* in: BT-Drucks. 16/0130, S. 3 und schon *Kingreen* in: MedR 2004, 188, 189.

widerlegt werden, wonach das Verhältnis der gesetzlichen Krankenkassen durch gegenseitige Kooperation, Information und Aufklärung (gemäß §§ 13 bis 15 SGB I) geprägt sei und auch die Mitgliederwerbung nur einen Teil der ihr übertragenen hoheitlichen Aufgabe auf dem Gebiet der gesundheitlichen Daseinsvorsorge darstelle.[653] Diese Ansicht ist mittlerweile nicht mehr zeitgemäß und realitätsfern bzw. verkennt die tatsächlichen Gegebenheiten auf dem gesetzlichen Krankenversicherungsmarkt völlig.

Der tatsächlich und unstreitig eingetretene Mitgliederwettbewerb zwischen den gesetzlichen Krankenkassen schlägt sich vor allem in einem sehr alltäglichen Bereich nieder: der kommerziellen Werbung in TV, Internet und Printmedien. Unabhängig davon in welches Medium die Verbraucher (hier die Pflicht- oder freiwillig Versicherten) blicken, sehen sie sich einer breiten Front von Werbemaßnahmen der gesetzlichen Krankenkassen ausgesetzt. Dabei belegt die Anzahl und Häufigkeit der auftretenden Werbeanzeigen und Werbeblöcke der verschiedenen gesetzlichen Kassen nur die oben aufgestellte und in der Literatur weit verbreitete These, dass tatsächlich längst ein intensiver und stetig zunehmender[654] Mitgliederwettbewerb[655] eingetreten ist. Hier sind vor allem der Inhalt und die Art und Weise der einschlägigen Werbemaßnahmen von Bedeutung. Die gesetzlichen Krankenkassen bedienen sich im Rahmen ihrer Werbung immer häufiger anpreisender Schlagworte. Nicht selten ist von „hervorragenden Leistungen, bestem Service, persönlicher Beratung und individuellen Tarifen" die Rede, und dies, obschon die Leistungen für alle gesetzlich Versicherten im SGB V einheitlich definiert sind und von den Ärzten und sonstigen medizinischen Leistungserbringern durch fachliches Wissen und Kompetenz für jeden gesetzlich Versicherten gleich gut ausgeführt werden (sollten).

Des Weiteren sind im Rahmen dieser Untersuchung insbesondere die Werbemaßnahmen von Interesse, die mit der Durchführung alternativer Versorgungsformen (bspw. integrierte und hausarztzentrierte Versorgung) durch die gesetzlichen Krankenversicherungen oder mit der Bewerbung von Wahltarifen gemäß § 53 SGB V in Verbindung stehen. Denn die Möglichkeit der gesetzlichen Kassen, von Modellvorhaben sowie integrierten Versorgungssystemen Gebrauch zu machen oder ihren Versicherten Wahltarife anzubieten, wird durch die wettbewerbsfördernde Gesetzgebung immer stärker ausgeweitet. Unter Lau-

653 BSGE 36, 238, 239; 56, 140, 142; 90, 162, 166.

654 So sprechen *Luxenburger/Wölk* in: ZMGR 2008, 111, 113, von einem „Verdrängungswettbewerb" zwischen den gesetzlichen Kassen; vgl. auch *Kingreen* in: NJW 2009, 2417, 2419.

655 Dass dieser Mitgliederwettbewerb (noch) größtenteils durch Fehlanreize geprägt ist, das heißt sich vornehmlich auf gute Risiken mit hohem Einkommen konzentriert, spielt in diesem Rahmen keine Rolle, wird jedoch an späterer Stelle noch kritisch aufgegriffen werden, vgl. die Ausführungen unter *Abschnitt G. IV. 2.*

terkeitsgesichtspunkten verdient die werbende Ankündigung vorgenannter Maßnahmen daher der besonderen Beachtung. Überdies wäre die (unzulässige) Bewerbung ausgeschlossener Leistungen durch die Kassen ein Anwendungsfall des UWG.

Es verwundert daher nicht – und belegt im Übrigen erneut die These hinsichtlich des vorhandenen Mitgliederwettbewerbs zwischen den gesetzlichen Krankenkassen – dass sich laut Aussage der *Zentrale zur Bekämpfung von unlauterem Wettbewerb* die Zahl der jährlich bei der Zentrale eingegangen Anfragen und Beschwerden innerhalb von 9 Jahren (1996–2005) verdreifacht hat.[656] Vor dem Hintergrund der rapide sinkenden Zahl der gesetzlichen Krankenkassen[657] deuten diese Daten umso stärker darauf hin, dass unlautere Verhaltensweisen der Kassen im Rahmen ihrer Werbestrategien immer mehr zu einem Problem in der Rechtspraxis werden und somit die deutschen Gerichte regelmäßig damit befasst sind.[658]

Obwohl zwischen den gesetzlichen Krankenkassen auch zahlreiche andere unlautere Verhaltensweisen im Sinne des UWG, wie zum Beispiel eine gezielte Behinderung von Wettbewerbern (§ 4 Nr. 10 UWG) oder ein Rechtsbruch (§ 4 Nr. 11 UWG) denkbar sind, konzentriert sich die Arbeit beispielhaft auf das häufigste Problem der irreführenden Werbung gesetzlicher Krankenkassen im Sinne des § 5 UWG. Doch bevor hierauf vertieft eingegangen werden kann, ist zunächst zu klären, ob und inwieweit das UWG im Bereich der gesetzlichen Krankenversicherung überhaupt anwendbar ist. Für den Fall, dass eine Unanwendbarkeit des UWG festzustellen ist, wäre im nach Gründen bzw. Argumenten zu suchen sein, ob und warum eine Anwendbarkeit des UWG wünschenswert wäre.

2. Anwendbarkeit des UWG

Bei Beantwortung der Frage nach der Anwendbarkeit des UWG auf die Rechtsbeziehungen der gesetzlichen Krankenkassen ist erneut § 69 SGB V als „Pro-

656 *Wettbewerbszentrale*, Ausschussdrucks. 16(14)0130(58) vom 22.01.2007, S. 3; von einer Zunahme gerichtlicher Verfahren sprechen auch *Luxenburger/Wölk* in: ZMGR 2008, 111, 111.

657 *Vogt* spricht in: KrV 2009, 170 ff. davon, dass es 1991 noch 1209 gesetzliche Krankenkassen, im Jahr 2006 nur noch 262 und sich die Zahl zum 01.01.2009 auf 213 reduzierte. Bis zum heutigen Tage (Juli 2010) sank die Zahl der Krankenkassen sogar auf 167, vgl. GKV-Spitzenverband, Stand: 01.04.2010, zuletzt eingesehen am 13.07.2010 unter: *http://www.gkv-spitzenverband.de/Presse_Zahlen_und_Grafiken.gkvnet.*

658 Dies belegt vor allem die steigende Zahl der gerichtlichen Streitigkeiten, vgl. *Wettbewerbszentrale*, Ausschussdrucks. 16(14)0130(58) vom 22.01.2007, S. 3.

blemherd“ zu identifizieren. Der das Gesundheitssystem reformierende Gesetzgeber von 2007 wollte an der im Jahre 2000 durch den § 69 SGB V geschaffenen Bereichsausnahme vom deutschen Wettbewerbsrecht[659] für den Bereich der gesetzlichen Krankenversicherung festhalten, soweit er nicht reformierend in den Normtext des § 69 SGB V eingriff.[660] Durch die beiden Novellierungen im Rahmen des GKV-WSG und des GKV-OrgWG wurden jedoch nur einige Vorschriften des GWB für entsprechend anwendbar erklärt. Eine unmittelbare oder entsprechende Geltung des *UWG* fand im Gesetzeswortlaut allerdings keinen Niederschlag.

Erneut muss Rückgriff genommen werden auf die schon mehrfach zitierten Gesetzesmaterialien des GKV-WSG, welche die Aussage enthalten, dass die Krankenkassen und ihre Verbände in den dort genannten Rechtsbeziehungen ihren öffentlich-rechtlichen Versorgungsauftrag erfüllten und deshalb nicht als Unternehmen im Sinne des Privatrechts, einschließlich des *Wettbewerbs- und Kartellrechts* handelten.[661] Mit der Formulierung „*Wettbewerbsrecht*“ kann hier nur das Lauterkeitsrecht – also das UWG – gemeint sein. Die Absicht des Gesetzgebers, den gesetzlichen Krankenkassen die Unternehmenseigenschaft auch im Sinne des Lauterkeitsrechts abzusprechen, ist vor dem Hintergrund des § 2 Abs. 1 Nr. 6 UWG n. F., der nunmehr den Unternehmensbegriff des UWG festlegt, ebenfalls problematisch.[662] Bis zur UWG-Novelle aus dem Jahr 2009[663] verwies § 2 Abs. 2 UWG a. F. zur Bestimmung des Unternehmensbegriffs ausdrücklich auf § 14 BGB. Heute findet sich diese Bezugnahme nicht länger in § 2 Abs. 2 UWG. Nunmehr formuliert der neugefasste § 2 Abs. 1 Nr. 6 UWG einen eigenständigen lauterkeitsrechtlichen Unternehmensbegriff. Vor der Reform wurde zu Recht vertreten, dass § 2 Abs. 2 UWG a. F. i. V. m. § 14 BGB die Körperschaften des öffentlichen Rechts, also auch die gesetzliche Krankenkassen, erfasse.[664]

Aber auch die Neudefinition des Unternehmer-/Unternehmensbegriffs in § 2 Abs. 1 Nr. 6 UWG ist nach herrschender Auffassung weit zu verstehen.[665] Geboten ist eine wirtschaftliche Betrachtungsweise, die nicht auf die Rechtsform,

---

659 Gemeint sind sowohl Kartell- als auch das hier in Frage stehende Lauterkeitsrecht.

660 Vgl. dazu schon *Abschnitte D. und E.*

661 Bericht des Ausschusses für Gesundheit vom 01.02.2007, BT-Drucks. 16/4247, S. 35.

662 Es kann hier zunächst auf die Ausführungen zum kartellrechtlichen Unternehmensbegriff verwiesen werden, *Abschnitt E. I. 2 b) bb) ccc) und Abschnitt F. VIII. 2. c)*.

663 Erstes Gesetz zur Änderung des Gesetzes gegen den unlauteren Wettbewerb vom 22.12.2008, BGBl. I S. 2949 ff.

664 So zu Recht *Piper/Ohly*, § 2, Rn. 104; a. A. – jedoch ohne nähere Begründung – ist *Bernhardt* in: Auswirkungen des GKV-WSG auf Versorgungsstruktur und Wettbewerbsordnung, S. 100.

665 *Köhler* in: Hefermehl/Köhler/Bornkamm, § 2, Rn. 21; *Ernst* in: jurisPK-UWG, § 2, Rn. 44.

sondern auf die tatsächliche Stellung im Wettbewerb abhebt. Erforderlich ist also lediglich eine auf Dauer angelegte, selbstständige wirtschaftliche Betätigung, die darauf gerichtet ist, Waren oder Dienstleistungen gegen Entgelt zu vertreiben.[666] Dabei ist die Tätigkeit entgeltlich, wenn sie auf Erzielung einer Gegenleistung gerichtet ist, wobei die rechtliche Gestaltung unerheblich ist. Die Erhebung eines Entgelts kann somit auch in der Zahlung von Mitgliedsbeiträgen bestehen. Überdies wird im Lauterkeitsrecht auch eine Gewinnerzielungsabsicht nicht für erforderlich gehalten.[667] Es sprechen somit keine Argumente dagegen, die gesetzlichen Krankenkassen auch nach heutiger Gesetzeslage grundsätzlich als Unternehmen im Sinne des Lauterkeitsrechts anzusehen. Dies gilt insbesondere für die Teilbereiche, in denen die gesetzlichen Kassen in den Wettbewerb mit den privaten Versicherern eintreten.

Einer möglichen Unternehmenseigenschaft der gesetzlichen Krankenkassen im Sinne des UWG zum Trotz, wurde und wird im Rahmen dieser Arbeit aufgrund des Wortlauts[668] und der Entstehungsgeschichte des § 69 SGB V sowie des eindeutigen Willens des Gesetzgebers, die Bereichsausnahme vom deutschen Wettbewerbsrecht aufrechtzuerhalten, von einem Ausschluss des UWG im Bereich der gesetzlichen Krankenversicherung ausgegangen. Auch in der Literatur wurde die Unanwendbarkeit des UWG hingenommen[669] und von der höchstrichterlichen Rechtsprechung entsprechend praktiziert (hierzu sogleich). Dies entspricht zwar der herrschenden Meinung, gleichwohl mehren sich, insbesondere nach der Gesundheitsreform 2007, die Stimmen in der Literatur, die für eine Anwendung des UWG im Rahmen von wettbewerbsrechtlichen Streitigkeiten zwischen gesetzlichen Krankenkassen plädieren. Dies gilt vor allem für den Bereich der Mitgliederwerbung. Obschon sich an dem Wortlaut des § 69 SGB V hinsichtlich einer Anwendbarkeit des UWG nichts geändert hat, hat es vielfach den Anschein, als würde zum einen nach „Aus- oder Umwegen" gesucht, um die Ausschlusswirkung des § 69 SGB V zu umgehen, und zum anderen der Wunsch nach einer Rückkehr des UWG in den Bereich der gesetzlichen Krankenversicherung immer größer.[670]

---

666 *Köhler* in: Hefermehl/Köhler/Bornkamm, § 2, Rn. 21.

667 *Köhler* in: Hefermehl/Köhler/Bornkamm, § 2, Rn. 24.

668 Aber nicht aufgrund der Tatsache, dass der Gesetzgeber „einfach" behauptet die gesetzlichen Kassen seien keine Unternehmen im Sinne des UWG.

669 Exemplarisch für die Literatur: *Möschel* in: JZ 2007, 601, 606; *Stumpf* in: WRP 2008, 286, 289; *Bernhardt* in: Auswirkungen des GKV-WSG auf Versorgungsstruktur und Wettbewerb, S. 100.

670 Vgl. *Bloch* in: SGb 2006, 456, 457 m. w. N; *Koenig/Engelmann/Hentschel in:* WRP 2003, 831, 831.

Vorangestellt werden soll zunächst eine kurze Betrachtung der nach dem Jahr 2000 ergangenen Rechtsprechung der Gerichte, die sich mit dem Thema der Anwendbarkeit des UWG im Bereich der gesetzlichen Krankenversicherung zu befassen hatten. Dabei ist zu beachten, dass einmal mehr die Frage nach dem materiellrechtlichen Bewertungsmaßstab eng verknüpft ist mit der Frage nach dem einschlägigen Rechtsweg. Daher soll auch dieser immer noch umstrittenen, aber stets aktuellen Problemlage nachgegangen werden.

a) Die Problematik des Rechtswegs bei Streitigkeiten aufgrund unlauterer Verhaltensweisen gesetzlicher Krankenkassen

Man sollte eigentlich davon ausgehen können, dass sich das Problem der Rechtswegzuweisung durch die gesetzgeberische Entscheidung im SGG (§ 51) und SGB V (§ 69) erledigt habe.[671] Zumindest in den Fällen, in denen die wettbewerbsrechtliche[672] Streitigkeit lediglich zwischen gesetzlichen Krankenversicherungen geführt wird, herrscht Einigkeit und Rechtssicherheit, dass hierfür die Sozialgerichte zuständig sind.[673]

aa) Grundproblematik

Soweit jedoch eine private Krankenversicherung oder eine in § 8 Abs. 3 UWG genannte Einrichtung das unlautere Verhalten einer gesetzlichen Krankenversicherung rügt, ist der Rechtsweg umstritten. Während die Literatur aus der Novellierung des § 51 Abs. 2 SGG und des § 69 SGB V den nahe liegenden Schluss zog, dass die Sozialgerichte nun für alle – also auch die durch private Krankenversicherungen oder andere Verbände ausgelöste – Streitigkeiten, die den unlauteren Wettbewerb von gesetzlichen Krankenversicherungen betreffen, zuständig seien[674], entschied der Gemeinsame Senat der obersten Gerichtshöfe, dass in den vorgenannten Fallkonstellationen der Weg zu den ordentlichen Gerichten eröff-

---

671 Vgl. *Meyer-Ladewig in:* Meyer-Ladewig/Keller/Leitherer, § 51, Rn. 14.

672 Gemeint sind hier Streitigkeiten nach dem UWG, insbesondere solche im Bereich der Mitgliederwerbung.

673 *Gem-Sen.* der obersten Gerichtshöfe, BGHZ 108, 284 ff.; *Keßler* in: WRP 2006, 1283, 1284.

674 *Meyer-Ladewig* in: Meyer- Ladewig/Keller/Leitherer, § 51, Rn. 14; *Diekmann/Wildberger/v.Quast* in: NZS 2005, 187, 189; *Keßler* in: WRP 2006, 1283, 1286.

net sei.[675] Diese Ansicht hatte sich in der Rechtsprechung zunächst durchgesetzt.[676]

Die für den Rechtssuchenden verwirrende Aufspaltung des Rechtswegs wurde von der Rechtsprechung dabei in Kauf genommen. Es liegt die Vermutung nahe, dass sich die Zivilgerichte in der Praxis anfangs schwer damit getan haben, Abwehransprüche privater Krankenversicherungen gegen rechtswidrige Werbemaßnahen gesetzlicher Krankenkassen an die selten mit Problemen der unlauteren Werbung konfrontierten Sozialgerichte zu verweisen.[677]

Ab dem Jahr 2006 wurde dann eine Rechtsprechungstendenz erkennbar, in den Fällen des unlauteren Wettbewerbs von gesetzlichen Krankenversicherungen uneingeschränkt an die Sozialgerichtsbarkeit zu verweisen. Von einigen Land- und Oberlandesgerichten wurden – wegen § 69 SGB V und § 51 SGG – zahlreiche von der Wettbewerbszentrale aufgrund unlauterer Werbemaßnahmen eingeleitete Verfahren gegen gesetzliche Krankenkassen den Sozialgerichten zugeleitet.[678] Dies geschah unabhängig davon, ob private Krankenversicherungen betroffen waren oder nicht. Von besonderer Bedeutung war und ist dies für den Bereich der immer stärker zunehmenden Werbung um die so genannten „freiwillig Versicherten", da hier die privaten Krankenversicherungen als *vollwertige Alternative* zur gesetzlichen Krankenversicherung stets tangiert sind.

Andererseits sah sich das Oberlandesgericht Braunschweig in einem vergleichbaren Sachverhalt als zuständig an und judizierte in einem recht aktuellen Urteil, dass das *„UWG [...] auf gesetzliche Krankenkassen Anwendung* [findet], *wenn diese gem. § 194 Abs. 1a SGB V ihren Versicherten die Vermittlung von privaten Zusatzversicherungen bei einem privaten Krankenversicherungsunternehmen anbieten. § 69 SGB V, wonach bestimmte Rechtsbeziehungen der Krankenkassen unter Ausschluss des UWG abschließend im 4. Kapitel des SGB V geregelt sind, greift in diesem Bereich nicht ein*".[679] Schon in dieser schwankenden Rechtsprechungspraxis der Zivilgerichte war und ist ein erhebliches Maß an Rechtsunsicherheit begründet, welches durch die Existenz des § 69 SGB V hervorgerufen wird.

675 BGHZ 66, 229 ff.

676 Vgl. OLG Celle, WRP 2002, 858 ff.; OLG München, WRP 2003, 1145 ff.; OLG Koblenz, WRP 2004, 922 ff.

677 So *Luxenburger/Wölk* in: ZMGR 2008, 111, 112.

678 OLG Saarbrücken, Beschluss vom 07.03.2006, Az.: 5 W 43/06-15; LG Hamburg, Beschluss vom 31.01.2006, Az.: 312 O 49/06; LG Osnabrück, Beschluss vom 26.09.2006, Az.: 18 O 487/06; Schleswig-Holsteinisches OLG, Beschluss vom 28.09.2005, Az.: 16 W 117/05; OLG Düsseldorf, GRUR-RR 2003, 378 ff.

679 OLG Braunschweig, GRUR-RR 2009, 182 ff.

bb) Position des Bundesgerichtshofs

Erschwerend hinzu kommt allerdings, dass durch zwei Entscheidungen des Bundesgerichtshofs aus dem Jahr 2006 die Unsicherheiten sowohl im Bereich des Rechtswegs als auch im Hinblick auf die Frage des anwendbaren Rechts weiter zugenommen haben. Diese Unsicherheiten resultieren aus den in den Urteilsgründen getroffenen Erwägungen des Bundesgerichtshofes, die zum besseren Verständnis summarisch zusammengefasst werden müssen. In der Entscheidung vom 23.02.2006 traf der Bundesgerichtshof die Aussage, dass entgegen der Ansicht des Berufungsgerichts[680] die Klage nicht schon mangels Zuständigkeit der ordentlichen Gerichtsbarkeit unzulässig sei, sondern, dass „*die prozessuale Klagebefugnis nur voraussetzt, dass ein wettbewerbsrechtlicher Anspruch behauptet wird. Ob dieser Anspruch durchgreift, ist eine Frage der Begründetheit der Klage. Dies gilt auch für die Frage, ob wettbewerbsrechtliche Ansprüche durch § 69 SGB V ausgeschlossen werden.*[681] Daran anschließend lässt der Bundesgerichtshof die Klage jedoch an der materiellen Ausschlusswirkung des § 69 SGB V scheitern, da Handlungen der Krankenkassen und der von ihnen eingeschalteten Leistungserbringer, die der Erfüllung des öffentlich-rechtlichen Versorgungsauftrags gegenüber den Versicherten dienen sollen, nicht nach dem Gesetz gegen den unlauteren Wettbewerb zu beurteilen wären.[682] Der Bundesgerichtshof sagt in ein und derselben Entscheidung, dass die Anwendung des UWG aus materiellrechtlichen Gründen ausgeschlossen sei, es der Klage aber nicht an der Zulässigkeit fehle, da die prozessuale Klagebefugnis nur voraussetze, dass ein wettbewerbsrechtlicher Anspruch behauptet würde.

Hieraus kann geschlussfolgert werden, dass jeder Klage des Verbands zur Bekämpfung des unlauteren Wettbewerbs oder einer anderen in § 8 Abs. 3 UWG genannten Einrichtung, die bei einem ordentlichen Gericht anhängig gemacht wird, aufgrund der stets immanenten Behauptung der Klagebefugnis niemals mit dem Einwand der Unzuständigkeit der ordentlichen Gerichtsbarkeit begegnet werden könnte, mithin § 51 Abs. SGG und § 69 SGB V im Falle einer Verbandsklage obsolet wären, sofern nicht das Zivilgericht die Zuständigkeit von sich und hin zu der Sozialgerichtsbarkeit verweist. Gleichwohl wäre eine auf das UWG gestützte Klage eines Verbandes im Sinne des § 8 Abs. 3 UWG gegen eine gesetzliche Krankenkasse aufgrund der materiellen Ausschlusswirkung des § 69 SGB V – sofern eine Angelegenheit der gesetzlichen Krankenversicherung betroffen ist – regelmäßig unbegründet. Denn auch Abwehransprüche aus

680 OLG Düsseldorf, GRUR-RR 2003, 378 ff.

681 BGH, NJW-RR 2006, 1046, 1047.

682 BGH, NJW-RR 2006, 1046, 1047.

Art. 12 GG oder Art. 3 GG können den klagenden Verbänden nicht zustehen, da sich ihre Klagebefugnis nur auf § 8 Abs. 3 Nr. 2 UWG stützt[683]. Dies erscheint widersprüchlich.

Umso überraschender war es, dass der Bundesgerichtshof in einem anderen Urteil aus dem Jahre 2006[684], in welchem gleichfalls ein Verband im Sinne des § 8 Abs. 3 UWG gegen das Verhalten einer gesetzlichen Krankenversicherung klagte, zu dem Ergebnis gelangte, nicht nur den Zivilrechtsweg zu bejahen, sondern auch die Vorschriften des UWG auf die Werbung der gesetzlichen Krankenversicherung anzuwenden. Das erstinstanzliche Zivilgericht hatte die Klage für unzulässig erklärt (entgegen der oben zitierten BGH-Entscheidung) und an die Sozialgerichte verwiesen. Die daraufhin eingelegte Beschwerde hatte das Berufungsgericht zurückgewiesen. Beide Zivilgerichte bezogen sich in ihren Entscheidungsgründen auf § 51 SGG und § 69 SGB V[685] sowie den dahinter stehenden Gesetzgeberwillen. Der Bundesgerichtshof begründete seine Revisionsentscheidung, indem er dem *Verhalten* der beklagten gesetzlichen Krankenkasse die Eigenschaft absprach, eine *„Angelegenheit der gesetzlichen Krankenversicherung“*[686] im Sinne des § 51 Abs. 1 Nr. 2 SGG bzw. § 51 Abs. 2 SGG zu sein.[687] Außerdem – so der Bundesgerichtshof – greife § 69 SGB V nicht ein (mit der Folge der *Anwendbarkeit* des UWG), da ausschließlich wettbewerbsrechtliche Normen betroffen seien, die auch für jeden privaten Mitbewerber Geltung hätten.

Für die umstrittene[688] Rechtswegfrage in den Fällen, in denen gleichzeitig private Krankenversicherungen tangiert sind, hat die Entscheidung folgende Konsequenzen:

- Zunächst ist klargestellt, dass in den Fällen, in denen eine *gesetzliche* Krankenkasse ein unlauteres Verhalten (bspw. eine Werbemaßnahme) einer *anderen gesetzlichen* Krankenkasse behauptet, *immer* die Sozialgerichte zuständig sind.

---

683 BGH, NJW-RR 2006, 1046, 1048.

684 BGH, GRUR 2007, 535 ff.

685 LG Saarbrücken, Beschluss vom 13.01.2006, Az.: 12 O 417/05; OLG Saarbrücken, Beschluss vom 07.03.2006, Az.: 5 W 43/06-15.

686 Angelegenheiten der GKV sind alle Aufgaben welche die gesetzlichen Kassen im Rahmen ihres öffentlichen Versorgungsauftrags also zur hoheitlichen Daseinsvorsorge wahrnehmen.

687 BGH, GRUR 2007, 535, 536.

688 Meinungsstand laut BGH: den Rechtsweg zu den Sozialgerichten bejahend *Meyer-Ladewig in:* Meyer-Ladewig/Keller/Leitherer, § 51, Rn. 21; *Groß* in: HK-SGG, § 51, Rn. 21; *Diekmann/ Wildberger/ v. Quast* in: NZS 2005, 187, 189 ff.; den Rechtsweg zu den ordentlichen Gerichten annehmend OLG Celle, WRP 2002, 858; OLG München, WRP 2003, 1145, 1146; OLG Koblenz, WRP 2004, 922, 922; OLG Stuttgart, Beschluss vom 24.04.2006, Az.: 2 W 68/ 05.

– Geht dagegen eine private Krankenkasse oder eine Einrichtung im Sinne des § 8 Abs. 3 UWG gegen ein mögliches unlauteres Verhalten – bspw. eine Werbemaßnahme – einer gesetzlichen Krankenkasse vor, hängt der Rechtsweg von der Frage ab, ob es sich bei dem Verhalten der gesetzlichen Krankenkasse um eine „*Angelegenheit der gesetzlichen Krankenversicherung*" im Sinne des § 51 Abs. 1 Nr. 2 SGG bzw. § 51 Abs. 2 SGG handelt.

Falls es sich nicht um eine Angelegenheit der gesetzlichen Krankenversicherung handelt, ist der Rechtsweg zu den ordentlichen Gerichten eröffnet. Andernfalls sind die Sozialgerichte zuständig. Der Bundesgerichtshof erkannte und billigte die Tatsache, dass „*im Einzelfall zur gerichtlichen Überprüfung einer unlauteren Verhaltensweise je nachdem, ob Klägerin eine gesetzliche oder eine private Krankenkasse bzw. eine Einrichtung i.S. von § 8 Abs. 3 Nr. 2 bis 4 UWG ist, der Rechtsweg zu den Sozialgerichten oder den ordentlichen Gerichten eröffnet sein kann*"[689]. Dies habe seinen Grund in den besonders geregelten Rechtsbeziehungen der gesetzlichen Krankenkassen untereinander, die durch Normen des Sozialrechts geprägt seien[690].

cc) Zwischenergebnis zur Rechtswegfrage

Die detaillierte Darstellung der Rechtswegproblematik war aufgrund ihrer engen Verknüpfung mit der Ausgangsfrage, das heißt der Frage nach der grundsätzlichen Anwendbarkeit des UWG im Bereich der Rechtsbeziehungen der gesetzlichen Krankenkassen, unentbehrlich. Zudem wurde durch die vorangegangenen Ausführungen einmal mehr aufgezeigt, dass § 69 SGB V in diesem Bereich ebenfalls zu erheblichen Unsicherheiten in der Rechtsanwendung führt. Dass diese nicht nur theoretischer Natur sind, zeigt sich an dem Verhalten der Zivilgerichte, die vielfach im Glauben, eine gesetzliche Anordnung zu befolgen, an die Sozialgerichte verwiesen, letztendlich dann doch vom Bundesgerichtshof dafür gerügt wurden. Dass die Rechtsprechung des Bundesgerichtshofes in mehrfacher Hinsicht problematisch ist, liegt auf der Hand. Die vom Kläger – soweit es sich um eine private Krankenversicherung oder einen Verband handelt – vorzunehmende Abgrenzung, ob es sich im Einzelfall um eine „*Angelegenheit der gesetzlichen Krankenversicherung*" handelt oder nicht, ist äußerst vage und kann diesem aufgrund der oben veranschaulichten Uneinheitlichkeit der Zivilrecht-

689 BGH, GRUR 2007, 535, 536.
690 BGH, GRUR 2007, 535, 536.

sprechung nicht zugemutet werden. Rechtssicherheit und Rechtsklarheit für den Rechtssuchenden sehen jedenfalls anders aus.[691]

b) Materiellrechtliche Ausschlusswirkung des § 69 SGB V bei unlauteren Verhaltensweisen von gesetzlichen Krankenkassen

aa) Ansicht des Bundesgerichtshofs

Aus den beiden Entscheidungen des Bundesgerichtshofes zur Rechtswegfrage[692] ergibt sich sodann auch seine Auffassung zur Anwendbarkeit des UWG auf die möglichen Fallkonstellationen. Analog der hinsichtlich des Rechtswegs vorgenommenen Abgrenzung kommt der Bundesgerichtshof hinsichtlich der materiellen Frage ebenfalls zu unterschiedlichen Ergebnissen:

- Im Rahmen von Streitigkeiten, an denen sowohl auf aktiver als auch auf passiver Seite gesetzliche Krankenkassen beteiligt sind, sind nicht nur die Sozialgerichte zuständig, sondern das UWG ist auch vollständig ausgeschlossen, da hier regelmäßig ein Handeln im öffentlichen Versorgungsauftrag, also eine Angelegenheit der gesetzlichen Krankenversicherung, vorliegt.[693]
- Für den Fall, dass es sich *nicht* um eine „Angelegenheit der gesetzlichen Krankenversicherung“ im Sinne des § 51 Abs. 1 und 2 SGG handelt – also Handlungen außerhalb des öffentlichen Versorgungsauftrags vorliegen – und auf Klägerseite eine private Krankenversicherung oder eine Einrichtung nach § 8 Abs. 3 UWG steht, soll das UWG uneingeschränkte Anwendung finden.
- Liegt der Sachverhalt so, dass es sich um eine „Angelegenheit der gesetzlichen Krankenversicherung“ handelt und eine private Krankenversicherung oder eine Einrichtung im Sinne des § 8 Abs. 3 UWG dennoch klagt, hält der Bundesgerichtshof die Klage nicht für unzulässig, aber im Falle der Verbandsklage regelmäßig für unbegründet, da die Verbände sich nicht auf verfassungsrechtliche Gewährleistungen Dritter berufen können.[694]

---

691 Zu der festgestellten Rechtsunsicherheit und den Abgrenzungsproblemen siehe: *Luxenburger/Wölk* in: ZMGR 2008, 111, 113 und 114, die darlegen, dass ein vom BGH als Gesundheitsprävention – und damit als Angelegenheit der GKV – eingestuftes Verhalten ebenso gut als übertriebenes Anlocken im Sinne von § 4 Nr. 10 UWG gedeutet werden kann.

692 BGH, NJW-RR 2006, 1046 ff. sowie BGH, GRUR 2007, 535 ff.

693 BGH, GRUR 2007, 535, 536.

694 BGH, NJW-RR 2006, 1046, 1048; a. A: BSGE 89, 24, 33. Das Bundessozialgericht wies die Klage eines Landesinnungs- und Bundesinnungsverband aufgrund § 69 SGB V bereits als *unzulässig* zurück; so auch SG Frankfurt a. M., Beschluss vom 23.09.2003, Az.: S-9/KR-1133/03 ER, explizit für die Klagebefugnis der Wettbewerbszentrale was die *Wettbewerbszentrale* be-

Faktisch führt der Bundesgerichtshof durch seine Entscheidung vom 09.11.2006 somit die Geltung des UWG im Bereich der Mitgliederwerbung – sofern auch private Krankenversicherungen tangiert sind – wieder ein. Private Krankenversicherungen sind immer dann tangiert, wenn sich eine Werbeaussage oder Werbemaßnahme zumindest auch an die so genannten freiwillig Versicherten richtet.[695] Darüber hinaus findet das UWG auch Anwendung in den sonstigen Bereichen, in denen die gesetzlichen Krankenkassen nicht im Rahmen ihres öffentlichen Versorgungsauftrags handeln, wie zum Beispiel bei der Vermittlung privater Zusatzversicherungen.[696] Die enge Verknüpfung der Rechtswegfrage mit der Frage der materiellen Anwendbarkeit des UWG wird nunmehr offensichtlich. Die begrüßenswerte Folge – und letztendlich auch ihr „Vorteil" – liegt darin, dass die ordentlichen Gerichte im Einklang mit der Rechtsansicht des Bundesgerichtshofes das UWG, zumindest im Bereich der (systemübergreifenden) Mitgliederwerbung, wieder voll zur Anwendung kommen lassen können. Der Nachteil besteht in der beim Rechtssuchenden liegenden Unsicherheit, ob es sich bei dem unlauteren Verhalten tatsächlich um eine „Angelegenheit der gesetzlichen Krankenversicherung" handelt oder nicht. Ob das jeweilige angerufene Zivilgericht das inkriminierte Verhalten als eine solche Angelegenheit der gesetzlichen Krankenversicherung ansehen wird, ist unvorhersehbar, da es – wie die Ausführungen ebenfalls zeigen – eine klare Linie in der zivilgerichtlichen Rechtsprechung nicht gibt.

bb) Ansicht des Bundessozialgerichts bzw. der Sozialgerichte

Die sozialgerichtliche Rechtsprechung hat sich sowohl vor als auch unmittelbar nach Einführung des § 69 SGB V gegen eine Anwendung des UWG auf die dort geregelten Rechtsbeziehungen ausgesprochen und dies mit den besonderen, öffentlich-rechtlich geprägten Rechtsbeziehungen zwischen Krankenkassen begründet.[697] Danach sind die Rechtsbeziehungen der Krankenkassen untereinander ausschließlich dem öffentlichen Recht zuzuordnen, und der Prüfungsmaßstab für die Wettbewerbshandlungen ergibt sich allein aus den SGB. Die

fürchten ließ, zukünftig schon keine Klagebefugnis mehr zu haben, vgl. Ausschussdrucks. 16(14)0130(58) vom 22.01.2007, S. 9. Diese Befürchtung wurde jedoch durch die Entscheidung des *BGH* entschärft.

695 Dies war z. B. in dem Sachverhalt der Fall, welcher der vorzitierten BGH Entscheidung zugrunde lag. Dort pries sich eine gesetzliche Krankenkasse aufgrund einer nicht näher benannten Umfrage mit den Worten an, sie sei die Krankenkasse mit der „höchsten Kundenzufriedenheit".

696 Siehe hierzu OLG Braunschweig, GRUR-RR 2009, 182 ff.

697 BSGE 36, 238 ff.; 56, 140 ff.; 63, 144 ff.; 82, 78 ff.; 89, 24 ff.

alleinige Anwendbarkeit des öffentlichen Rechts folge aus der *„besonderen Stellung der gesetzlichen Krankenkassen als Körperschaften des öffentlichen Rechts im System des SGB“*[698], die auch ausschlaggebend für ihr Verhalten im Wettbewerb sei.

In Bezug auf die Mitgliederwerbung judizierten die Sozialgerichte, dass deren Formen und Grenzen mit der vorgenannten besonderen Stellung der gesetzlichen Krankenkassen zu vereinbaren seien. Das Bundessozialgericht hat schon mehrfach klargestellt, dass es in der Mitgliederwerbung der gesetzlichen Krankenversicherungen eine hoheitliche Aufgabenerfüllung im Rahmen ihres öffentlichen Daseinsvorsorgeauftrags sehe und somit eine Anwendung des UWG in diesen Fällen ausscheiden müsse.[699] Aufgrund dessen hat die Sozialgerichtsbarkeit im Laufe der Zeit richterrechtlich eine eigenständige öffentlich-rechtliche Wettbewerbsordnung zwischen den gesetzlichen Krankenversicherungen entwickelt.[700] In einer jüngeren Entscheidung, der ein Rechtsstreit zwischen gesetzlicher und privater Krankenversicherung (ein Antrag auf Erlass einer einstweiligen Anordnung gegen Wahltarife nach § 53 Abs. 4 SGB V) zugrunde lag, hat das Landessozialgericht NRW entschieden: *“§ 69 SGB V trifft eine Wertungsentscheidung, die generell die Anwendung der Vorschriften des UWG und GWB auf das Leistungsrecht des SGB V ausschließt, und zwar auch dann, wenn durch die aufgrund gesetzlicher Vorschriften des SGB V angebotenen Leistungen an Versicherte Dritte betroffen sind“*.[701]

Hiermit wendet sich das Landessozialgericht NRW ausdrücklich gegen die vom Bundesgerichtshof aufgestellten Grundsätze und festigt gleichzeitig die jahrelange tradierte Rechtsauffassung der Sozialgerichte, wonach das UWG bei jeglicher Berührung mit einer gesetzlichen Krankenversicherung ausgeschlossen sei[702].

---

698 BSGE 63, 144, 150.

699 BSGE 36, 238, 239; 90, 162, 166.

700 BSGE 63, 144 ff.; 82, 78 ff.; 89, 24 ff.; so auch *Engelmann* in: VSSR 1999, 167, 172. Zu den Inhalten dieser eigenständigen öffentlich-rechtlichen Wettbewerbsordnung und ob diese ein adäquater Ersatz zum UWG sind, wird später noch Stellung genommen werden.

701 LSG Nordrhein-Westfalen, Beschluss vom 07.05.2008, Az.: L 5 B 8/08 KR ER.

702 Vgl. auch LSG Hessen, Beschluss vom 01.06.2010, Az.: L 1 KR 89/10 KL. Das Gericht stellt in dieser Entscheidung klar, dass es von einem in den SGBen verankerten eigenständigen sozialrechtlichen Kartellrecht ausgeht. Daher seien sowohl das GWB (mit Ausnahme von §§ 19 bis 21) als auch das UWG auf alle Rechtsbeziehungen der gesetzlichen Krankenversicherung unanwendbar und überdies auch stets nur der Rechtsweg zu den Sozialgerichten eröffnet.

cc) Entwicklung des Meinungsstands in der Literatur

Diese Rechtsprechung der Sozialgerichtsbarkeit ist in der Literatur auf Kritik gestoßen. Viele Stimmen in der Literatur sprachen sich für eine uneingeschränkte Anwendung des UWG auf unlautere Verhaltensweisen der gesetzlichen Krankenkassen aus.[703] Diese Kritik hatte durch die Entscheidung des Bundesgerichtshofs vom 09.11.2006[704] selbstredend erhebliche Unterstützung erhalten. Nach der Gesundheitsreform 2007 zeichnete sich in der Literatur jedoch eine andere Tendenz ab. Da der Gesetzgeber die Möglichkeit wahrgenommen hatte, dem deutschen Kartellrecht zu einer „*Teilrückkehr*" in den Bereich der gesetzlichen Krankenversicherung zu verhelfen, das deutsche Lauterkeitsrecht jedoch nicht entsprechend gewürdigt hatte, neigten einige Stimmen in der Literatur dazu, sich der gesetzgeberischen Entscheidung zum Ausschluss der Anwendung des UWG auf die Rechtsbeziehungen der gesetzlichen Krankenversicherungen zu beugen.[705]

dd) Auffassung von Roth

Eine besonders interessante Sichtweise zu dieser Fragestellung vertritt hingegen *Roth*.[706] Er ist der Auffassung, dass es durch die gesetzgeberische Entscheidung zur Einführung der entsprechenden Geltung der §§ 19 bis 21 GWB zu einer „*Disharmonie*" im Gesamtgefüge des § 69 SGB V gekommen sei. Seiner Meinung nach gibt es keine einleuchtenden Gründe dafür, die gesetzlichen Krankenkassen und die Leistungserbringer an die Verhaltensregeln des Kartellrechts zu binden, aber nicht an diejenigen des Lauterkeitsrechts. Diese *Disharmonie* wird von ihm als Regelungslücke beschrieben, die durch eine grundgesetzlich gebotene Auslegung des § 69 SGB V in der Form zu schließen ist, dass das Prinzip der entsprechenden Anwendbarkeit im Wege einer *Analogie* auf das Lauterkeitsrecht zu übertragen sei.[707] Hierdurch würde die Forderung nach einem öffentlich-

703 Vgl. statt vieler *Bloch* in: SGb 2006, 456, 457 m. w. N; *Koenig/Engelmann/Hentschel in:* WRP 2003, 831, 831; *Schlegel* in: Gesetzliche Krankenversicherung und Wettbewerb, S. 41; *Engelmann* in: NZS 2000, 213, 220.

704 BGH, GRUR 2007, 535 ff.

705 Vgl. *Stumpf* in: WRP 2008, 286, 289; *Bernhardt* in: Auswirkungen des GKV-WSG auf Versorgungsstruktur und Wettbewerb, S. 100; wohl auch *Möschel* in: JZ 2007, 601, 606.

706 *Roth* in: GRUR 2007, 645, 655 (Exkurs).

707 *Roth* in: GRUR 2007, 645, 659; auch in diese Richtung argumentierend *Engelhard* in: juris-PK-SGB V, § 69, Rn. 217; *Luxenburger/Wölk* in: ZMGR 2008, 111, 116.

rechtlichen Lauterkeitsrecht erfüllt, für die sich das Schrifttum schon lange ausspreche.[708]

ee) Eigene Stellungnahme und Schlussfolgerung

Folgt man der Auffassung von *Roth*, wären die gesetzlichen Kassen sowohl gegenüber den privaten Krankenversicherern als auch gegenüber anderen gesetzlichen Kassen vollumfänglich an das UWG gebunden. Daher ist diese Ansicht vom Ergebnis her zu begrüßen. Einerseits würde sie die Gewährleistung der derzeit fehlenden (vgl. zuvor Abschnitt 2. a) und b)), aber notwendigen Rechtsklarheit im Bereich lauterkeitsrechtlicher Fragen, welche sich im Zusammenhang mit gesetzlichen Krankenkassen stellen können, sicherstellen. Andererseits ist auch die Bindung der gesetzlichen Kassen an die Regelungen des UWG aus später darzulegenden Gründen (vgl. Abschnitt 3.) wünschenswert. Gleichwohl wird die Ansicht von *Roth* sich meines Erachtens bei der derzeitigen Rechtslage nicht durchsetzen können. Richtig ist zwar, dass im Gesamtkomplex „Wettbewerbsrecht" eine Disharmonie entstanden ist. Während das Kartellrecht teilweise in den Bereich der Rechtsbeziehungen der gesetzlichen Kassen zueinander zurückgekehrt ist, bleibt das Lauterkeitsrecht in diesem Bereich nach der absolut herrschenden Meinung in Rechtsprechung und Literatur ausgeschlossen.[709] Voraussetzung für eine Analogie wie sie *Roth* konzipiert, wäre eine planwidrige Regelungslücke im Bereich der lauterkeitsrechtlichen Beziehungen gesetzlicher Krankenkassen. In Anbetracht des § 69 SGB V ist schon fraglich, ob überhaupt von einer Regelungslücke im Gesetz ausgegangen werden kann. Denn § 69 Abs. 1 SGB V weist die Streitigkeiten im Bereich der gesetzlichen Krankenversicherung abschließend dem Sozialrecht zu. Auch für lauterkeitsrechtliche Streitigkeiten sollen die Regelungen also im Sozialrecht zu finden sein. Man könnte sich noch auf den Standpunkt stellen, der Gesetzgeber habe, indem er Teile des deutschen Wettbewerbsrechts wieder anwendbar machte, aber für die übrigen Teile keine gesetzlichen Anweisungen traf, für die letztgenannten Bereiche des

708 *Roth* in: GRUR 2007, 645, 655; zur Forderung im Schrifttum: *Schricker*, Wirtschaftliche Tätigkeit der öffentlichen Hand und unlauterer Wettbewerb, S. 28 ff.; *Schliesky*, Öffentliches Wettbewerbsrecht 1997, S. 278 ff.; *Storr*, Der Staat als Unternehmer, S. 489 ff.; *Stelkens*, Verwaltungsprivatrecht, S. 484 ff.; *Diekmann/Wildberger* in: NZS 2004, 15, 18.

709 BSGE 36, 238, 239; 90, 162, 166; LSG Nordrhein-Westfalen, Beschluss vom 07.05.2008, Az.: L 5 B 8/08 KR ER; LSG Hessen, Beschluss vom 01.06.2010, Az.: L 1 KR 89/10 KL; BGH, NJW-RR 2006, 1046 ff. sowie BGH, GRUR 2007, 535 ff. gehen von einem Ausschluss des UWG im Rahmen von Streitigkeiten der gesetzlichen Kassen untereinander aus; vgl. aus der Literatur *Stumpf* in: WRP 2008, 286, 289; *Bernhardt* in: Auswirkungen des GKV-WSG auf Versorgungsstruktur und Wettbewerb, S. 100; wohl auch *Möschel* in: JZ 2007, 601, 606.

Wettbewerbsrechts eine Regelungslücke herbeigeführt. Schon diese Argumentation erscheint vor dem Hintergrund der in zahlreichen Gesetzen vorzufindenden Regel-Ausnahme-Technik konstruiert. Schafft der Gesetzgeber für einen bestimmten Bereich eine Ausnahme, bedeutet dies nicht, dass er die weiteren potentiellen Ausnahmebereiche übersehen hat. Vielmehr ist davon auszugehen, dass er keine Ausnahme schaffen und es bei der alten Regelung belassen wollte. Aber selbst wenn man eine Regelungslücke annehmen bzw. unterstellen würde, so wäre diese nicht *planwidrig*. Planwidrig ist eine Regelungslücke nämlich nur, wenn der Gesetzgeber bei der Regelung des Gesamtkomplexes schlicht vergessen hätte, eine Ausnahmeregelung für das Lauterkeitsrecht zu treffen. Dies ist aber gerade nicht der Fall. Zwar wurde zuvor einmal (vgl. Abschnitt E. I. 2. b) dd)) davon ausgegangen, dass der Gesetzgeber es im Rahmen der Beschlussfassung zum GKV-WSG übersah, die Zuständigkeit der Kartellbehörden für die Überprüfung der §§ 19 bis 21 GWB anzuordnen. Gleichwohl liegt die Sache hier anders. Der Gesetzgeber wollte an dem von § 69 SGB V bewirkten Ausschluss des UWG festhalten. Die einzige Veränderung, die er vornehmen wollte, und zwar um einen Kompromiss mit dem Bundesrat zu erreichen, verankerte er ausdrücklich im Gesetzestext, nämlich in § 69 Abs. 2 SGB V. Während die oben erörterte Frage der Kontrollzuständigkeit eine bloße *Folgefrage* zur Anwendbarkeit der §§ 19 bis 21 GWB ist, ist die Anwendbarkeit des UWG eine grundsätzlich *andere Frage*, über die der Gesetzgeber durch Nichtvornahme von Ausnahmeregelungen entschieden hat.[710] Dies wird insbesondere dadurch deutlich, dass in der Gesetzesbegründung ausdrücklich festgehalten ist, dass der Gesetzgeber die gesetzlichen Krankenkassen nicht als Unternehmen im Sinne des *deutschen Wettbewerbs*- und Kartellrechts ansieht.[711] Die Unternehmenseigenschaft – gleich ob man die Auffassung des Gesetzgebers teilt oder nicht – ist jedoch konstitutiv für eine Anwendbarkeit des UWG. Hätte der Gesetzgeber das UWG im Bereich der gesetzlichen Kassen dennoch fungibel machen wollen, hätte er eine entsprechende Anwendbarkeit des UWG angeordnet. Dies unterließ er allerdings planvoll. *Roths* Auffassung von einer analogen Anwendung der Regelungen des UWG lässt sich meines Erachtens (leider) nicht vertreten. Vielmehr ist entsprechend der herrschenden Meinung in der Literatur derzeit von einer Unanwendbarkeit des UWG im Bereich der gesetzlichen Krankenversicherung auszugehen.[712]

---

710 Vgl. BVerfGE 98, 265, 300. Aus dieser Entscheidung zu Art. 72 GG ergibt sich, dass dem Gesetzgeber die Möglichkeit eingeräumt wird, seinen Willen durch ein „absichtsvolles Unterlassen" auszuüben.

711 Bericht des Ausschusses für Gesundheit vom 01.02.2007, BT-Drucks. 16/4247, S. 35.

712 *Stumpf* in: WRP 2008, 286, 289; *Bernhardt* in: Auswirkungen des GKV-WSG auf Versorgungsstruktur und Wettbewerb, S. 100; wohl auch *Möschel* in: JZ 2007, 601, 606.

Es kann also geschlussfolgert werden, dass auch hinsichtlich der Anwendbarkeit des UWG auf die Rechtsbeziehungen der gesetzlichen Krankenkassen weder in der Rechtsprechung noch in der Literatur eine „klare Linie“ erkennbar ist. Im Gegenteil, in vielen Bereichen herrscht Streit zwischen den Gerichtsbarkeiten, und es entsteht Verwirrung beim Rechtssuchenden. Ursächlich hierfür ist die Existenz des § 69 SGB V. Immerhin herrscht zwischen Zivil- und Sozialgerichtsbarkeit Einigkeit darüber, dass bei Streitigkeiten, welche das reine Innenverhältnis von gesetzlichen Krankenkassen betreffen, die Anwendung des UWG ausgeschlossen ist. Folglich besteht für eine gesetzliche Krankenkasse, die sich gegen das unlautere Verhalten einer anderen gesetzlichen Krankenkasse im Rahmen ihrer Angelegenheiten zur Wehr setzen will, die Gewissheit, dass für sie nur der Rechtsweg zu den Sozialgerichten eröffnet und ein Berufen auf das UWG ausgeschlossen ist. Zumindest insofern besteht Rechtssicherheit, obschon dies ein unbefriedigender Zustand ist. Sobald an der Rechtsstreitigkeit eine private Krankenversicherung oder eine Einrichtung gemäß § 8 Abs. 3 UWG beteiligt sind, kommt es in der Rechtsprechung sowohl in der Rechtswegfrage als auch in der Frage nach der Anwendung des UWG zu Streitigkeiten und somit zu Rechtsunsicherheiten für die Rechtssuchenden.

3. Konsequenzen der Rechtsprechung für die kommerzielle Mitgliederwerbung zwischen gesetzlichen Krankenkassen

a) Fallkonstellationen der wettbewerbswidrigen Werbung

Die gesetzlichen Krankenkassen bedienen sich in ihrer (Werbe-)Praxis immer häufiger unlauterer Werbemaßnahmen.[713] So übersandten einige gesetzliche Krankenkassen unaufgefordert Schreiben an diverse Unternehmen die zahlreiche Pflichtversicherte beschäftigten. Diese Schreiben beschäftigten sich jedoch nicht mit konkreten Versicherungsleistungen, sondern vielmehr mit den finanziellen Verhältnissen konkurrierender gesetzlicher Krankenkassen. Zusammen mit diesen Schreiben wurden spezielle Zeitungsartikel übersandt, welche Hinweise auf angeblich bestehende Finanznöte und künftig drohende Beitragserhöhungen anderer gesetzlicher Krankenkassen enthielten.[714] Hierbei handelte es sich eindeutig um einen Fall der unsachlichen und negativen Vergleichswerbung.

---

713 Ein ausführlicher Überblick mit den hier kurz skizzierten Beispielen findet sich bei *Luxenburger/Wölk* in: ZMGR 2008, 111, 118 ff.

714 SG Saarland, Beschluss vom 20.07.2007, Az.: S 1 ER 16/07 KR; SG Speyer, Beschluss vom 28.02.2007, Az.: S 11 ER 265/07 KR.

Ein anderes Beispiel ist die Werbung mit überhöhten „Mitgliederwerbeprämien“. Im Rahmen solcher Werbemaßnahmen werden sowohl Mitglieder als auch Personen, die in der werbenden Krankenkasse weder versichert noch beschäftigt sind, durch überhöhte[715] Geldprämien dazu angehalten, andere Personen als Neumitglieder der jeweiligen Krankenkasse zu werben. Zwar ist die Werbung neuer Mitglieder über Dritte grundsätzlich zulässig, jedoch nur in den Grenzen der „Gemeinsamen Wettbewerbsgrundsätze der gesetzlichen Krankenversicherungen“[716], die jedoch regelmäßig nachgewiesenermaßen überschritten werden.[717]

Ein weiteres beliebtes Werbeinstrument der gesetzlichen Kassen ist die Verwendung von den Meinungsumfrageergebnissen aus Marketingstudien. Hierbei sind die verwendeten Studien jedoch oft nicht ausreichend repräsentativ. Außerdem kommt es vor, dass die sich anpreisende Krankenkasse die zitierte Studie nicht offenlegen will.[718]

Eine nähere Analyse der Werbemaßnahmen kann an dieser Stelle nicht vorgenommen werden. Dies ist allerdings auch nicht vonnöten. Entscheidend ist nur, dass es in der Rechtspraxis immer häufiger zu zweifelhaften Werbemaßnahmen von gesetzlichen Krankenkassen kommt und sie hierdurch ihre direkten Konkurrenten schädigen bzw. benachteiligen. In Fällen, in denen ausschließlich andere gesetzliche Krankenkassen tangiert sind, steht diesen nur der Rechtsweg zu den Sozialgerichten offen. Ein Berufen auf die Rechtsschutzmechanismen des UWG ist für sie nach Meinung beider Gerichtsbarkeiten ausgeschlossen. Da der Bundesgerichtshof die Mitgliederwerbung in seinem Urteil vom 09.11.2006 *nicht* als „Angelegenheit der gesetzlichen Krankenversicherung“ ansah, sofern auch private Dritte davon betroffen sein können, hat sich zumindest in diesem Bereich Rechtssicherheit eingestellt. Ferner ist der Rechtsschutz privater Kläger durch die Anwendung des UWG in den Fällen unlauterer Werbung sichergestellt.

---

715 Gemäß Abschnitt II. 2, Rn. 10 der Gemeinsamen Wettbewerbsgrundsätze der GKV ist die Zahlung einer Werbeprämie für die Gewinnung neuer Mitglieder nur in Höhe von 7 % der monatlichen Bezugsgröße nach § 18 SGB VI zulässig. Faktisch liegen viele Sach- oder Geldprämien aber wesentlich höher als dieser Betrag.

716 Vgl. die „Gemeinsamen Wettbewerbsgrundsätze der Aufsichtsbehörden der gesetzlichen Krankenversicherungen“ vom 19.03.1998, aktuell in der Fassung vom 09.11.2006, zuletzt eingesehen am 10.01.2010 unter: *http://www.bundesversicherungsamt.de/cln_100/nn_1046658/DE/Krankenversicherung/Wettbewerbsgrundsaetze.html.*

717 Vgl. SG Saarland, Beschluss vom 03.02.2006, Az.: S 1 ER 25/05; LSG Rheinland-Pfalz, vom 14.06.2006, Az.: I 5 ER 57/06 KR.

718 So war es z. B. bei: BGH, GRUR 2007, 535 ff.

b) Richterrechtliche Entwicklung anderweitiger Abwehransprüche durch die Sozialgerichtsbarkeit

Auf welche Normen sich gesetzliche Krankenkassen, die sich gegen rechtswidrige Werbemaßnahmen und sonstige unlautere Verhaltensweisen anderer gesetzlicher Krankenkassen zur Wehr setzen wollen, berufen können, ist im Folgenden zu klären. Diese Ausführungen betreffen im Übrigen auch diejenigen Sachverhalte, in denen sich private Krankenkassen gegen unlauteres Verhalten gesetzlicher Krankenkassen, welches aber im Rahmen ihrer Aufgabe zur Daseinsvorsorge erfolgt[719] und somit von den Zivilgerichten als „Angelegenheit der gesetzlichen Krankenversicherung" im Sinne des § 51 SGG beurteilt wird, zur Wehr setzen wollen. Es geht also um die Frage, welche anderweitigen Abwehransprüche einerseits für gesetzliche Krankenkassen und andererseits für private Krankenversicherer gegen das unlautere Verhalten einer gesetzlichen Krankenkasse einschlägig sind, wenn die Anwendung des UWG ausgeschlossen ist. Daran anschließend ist konsequenterweise danach zu fragen, ob die gefundenen Rechtsschutzalternativen ein adäquater Ersatz für das UWG sind.

aa) Unterlassungsansprüche

Die gefestigte Rechtsprechung der Sozialgerichtsbarkeit verneint eine Anwendung des UWG auf unlauteres Verhalten gesetzlicher Krankenkassen.[720] Dennoch bedeutet dies nicht, dass die hiervon betroffenen Krankenkassen gänzlich schutzlos gestellt wären. Die Grenzen für jedes Wettbewerbshandeln ergeben sich nach Meinung der Sozialgerichte aus der Pflicht der gesetzlichen Krankenkassen zur Aufklärung, Beratung und Information der Versicherten sowie dem Gebot, mit anderen Sozialleistungsträgern zu kooperieren (§ 4 Abs. 3 SGB V, § 86 SGB X und §§ 13 bis 15 SGB I). Verstößt eine gesetzliche Krankenkasse gegen diese Grundsätze durch unlauteres Verhalten, so werden den Betroffenen[721] auch von der Sozialgerichtsbarkeit Unterlassungsansprüche aus einer Verletzung der Art. 12 und 3 GG zugebilligt. Voraussetzung ist, dass Krankenkassen durch ihr hoheitliches Verhalten das Recht der freien Berufsausübung oder der Gleichbehandlung im Wettbewerb beeinträchtigen.[722] Allerdings wird in

719 Ansonsten wäre nach Ansicht des Bundesgerichtshofes der Zivilrechtsweg eröffnet und die Anwendung des UWG möglich.

720 Vgl. den Rechtsprechungsüberblick in *Abschnitt E. III. 2 b) bb)*.

721 Gemeint sind für den Bereich der Mitgliederwerbung grundsätzlich die gesetzlichen Kassen, aber für anderes unlauteres Verhalten, welches nicht unter die „Angelegenheiten der gesetzlichen Krankenversicherung" zu fassen sind, auch die privaten Versicherer.

722 BSGE 87, 95 ff.; 86, 223 ff.; 89, 24, 33.

der Rechtsprechung des Bundessozialgerichts und der übrigen Sozialgerichtsbarkeit bewusst offen gelassen, ob die von der Zivilrechtsprechung entwickelten Grundsätze über die Untersagung unlauteren Wettbewerbs von Seiten der Krankenkassen in vollem Umfang auf die nunmehr ausschließlich öffentlich-rechtlichen Rechtsbeziehungen übertragen werden können, da der verfassungsrechtlich gebotene Mindestschutz in jedem Fall gewährleistet ist.[723]

Ein etwaiger öffentlich-rechtlicher Unterlassungsanspruch muss seine Grundlage also im öffentlichen Recht finden. Dabei kommt allerdings eine direkte Ableitung aus den Grundrechten nicht in Betracht, denn die gesetzlichen Krankenversicherungen sind als Körperschaften des öffentlichen Rechts nicht grundrechtsfähig.[724] Handelt es sich bei der Betroffenen jedoch um eine private Krankenversicherung, so leiten sich diese Ansprüche auf Unterlassung und Abwehr unmittelbar aus der Verfassung (Art. 12 und Art. 3 GG) ab.[725] Der einklagbare Unterlassungsanspruch einer gesetzlichen Krankenkasse wird von den Sozialgerichten dogmatisch aus den Vorgaben in § 4 Abs. 3 SGB V, § 86 SGB X und §§ 13 bis 15 SGB I, hergeleitet, wonach die gesetzlichen Krankenkassen zur engen Zusammenarbeit bei Erfüllung ihrer Aufgaben und zur Information, Aufklärung und Beratung der Versicherten angehalten sind.[726] Immerhin greifen die Sozialgerichte zur Konkretisierung der „sozialrechtlichen Unterlassungsansprüche" des Öfteren auf die „Gemeinsamen Wettbewerbsgrundsätze der Aufsichtsbehörden der gesetzlichen Krankenversicherung" zurück, in denen pauschal festgestellt wird, dass alle Werbemaßnahmen von Krankenkassen, die gegen §§ 1 und 3 UWG verstoßen, unzulässig sind.[727] Demzufolge werden einige (wenige) Regelungen des UWG mittelbar auch durch die Sozialgerichte angewendet, allerdings stets unter der Prämisse, dass die gesetzlichen Krankenkassen aufgrund ihres gesetzlichen Auftrags zugleich besonderen Bedingungen unterliegen, die bei der mittelbaren Anwendung des UWG zu beachten sind.[728]

723 BSGE 89, 24, 29.

724 BVerfGE 35, 263, 271; 45, 63, 78; 78, 101, 102; explizit für die Allgemeinen Ortskrankenkassen vgl. BVerfG, NVwZ 2008, 671; zuletzt für gesetzliche Krankenkassen im Allgemeinen vgl. BVerfG, NVwZ-RR 2009, 361, 361; BSGE 90, 231 ff.; BGH, NJW-RR 2006, 1046, 1047; *Kannengießer* in: S/H/H, Art. 3, Rn. 12.

725 Vgl. *BGH*, NRW-RR 2006, 1046, 1046.

726 BSGE 63, 144, 145; siehe zum Ganzen auch *Koenig/Engelmann* in: WRP 2003, 831, 833.

727 Vgl. BSGE 82, 78, 80; LSG Nordrhein-Westfalen, Beschluss vom 28.05.2002, Az.: L 5 B 29/92 KR ER.

728 Vgl. auch *Bernhardt in:* Auswirkungen des GKV-WSG auf Versorgungsstruktur und Wettbewerb, S. 100.

bb) Verfahrenserleichterungen

Unerwähnt bleiben in den „Gemeinsamen Wettbewerbsgrundsätzen“ jedoch zahlreiche Verfahrenserleichterungen des UWG, die von erheblicher Bedeutung sowohl für die Prävention unlauterer Verhaltensweisen als auch für den nachgelagerten Rechtsschutz sind. Beispielsweise wurden durch die Sozialgerichtsbarkeit die gesetzliche Dringlichkeitsvermutung für den einstweiligen Rechtsschutz des § 12 UWG[729] sowie die Verbandsklagemöglichkeit des § 8 UWG nicht anerkannt. Gerade diese bewusst vom Gesetzgeber im zivilrechtlichen Lauterkeitsrecht installierten, besonderen Mechanismen zur Verfahrenserleichterung sind für einen effektiven Rechtsschutz gegen unlautere Handlungen von Mitbewerbern *prägend und essentiell.* Solche Erleichterungen im Bereich des Rechtsschutzes können auch nicht aus den Grundrechten abgeleitet werden. Sie würden damit vollkommen überfrachtet.[730] Eine subjektive Rechtsverletzung im Rahmen eines grundrechtlichen Unterlassungsanspruchs einer privaten Krankenversicherung ist nämlich nur dann zu bejahen, wenn der *Betroffene* in seinen Wettbewerbsmöglichkeiten unzumutbar eingeschränkt wird. Daraus folgt aber auch, dass im Hinblick auf die Klagebefugnis zumindest eine Verletzung *eigener Rechte* möglich sein muss, so dass eine Verbandsklagebefugnis, wie sie etwa § 8 Abs. 3 UWG vorsieht, ausscheidet. Somit wird die Möglichkeit der Verbände (z.B. der Wettbewerbszentrale), gegen unlauteres Wettbewerbsverhalten von Amts wegen einzuschreiten, ausgehöhlt, da ihnen keine eigenständige Klagebefugnis zusteht.

cc) Schadensersatzansprüche

Außerdem anerkennt die Sozialgerichtsbarkeit *keine* sekundären Schadensersatzverpflichtungen zugunsten der Geschädigten oder Gewinnabschöpfungen zu Lasten der Schädiger, die sich aus § 9 bzw. § 10 UWG ergeben, da es an einer

---

729 Siehe hierzu LSG Hamburg, Beschluss vom 18.09.2008, Az.: L 1 B 139 und Az.: 149/08 ER KR, in dem das Gericht im Leitsatz feststellt: „Auf die Glaubhaftmachung eines Anordnungsgrundes kann im einstweiligen Anordnungsverfahren wegen der Untersagung von Maßnahmen der Mitgliederwerbung einer gesetzlichen Krankenkasse nicht verzichtet werden. Die Rechtsschutzerleichterungen des § 12 Abs. 2 UWG gelten im sozialgerichtlichen Verfahren nicht“.

730 So zum Beispiel *Möschel* in: JZ 2007, 601, 602, dort generell zu Ableitung von wettbewerbsschützenden Ansprüchen aus den Grundrechten: „Die Vorstellung, grundrechtliche Generalklausel sollten die Aufgaben einer über 100jährigen und hochdifferenzierten Gesetzgebung zum Schutz des Wettbewerbs übernehmen, muss man in der Tat in die Kategorie des Abwegigen einordnen“; in diesem Sinne wohl auch *Becker* in: ZMGR 2007, 101, 111.

sozialgesetzlichen Grundlage hierfür mangele.[731] Die generalpräventive Wirkung dieser Vorschriften des UWG wird demzufolge in der so genannten „öffentlich-rechtlichen Wettbewerbsordnung" nicht ausgenutzt. Die sozialgerichtliche Rechtsprechung hat also über Jahre hinweg richterrechtlich diese eigenständige „öffentlich-rechtliche Wettbewerbsordnung" zwischen gesetzlichen Krankenkassen entwickelt und etabliert, die jedoch – wie soeben angedeutet – erhebliche Lücken im Rechtsschutz aufweist und dem heutigen Konkurrenzkampf der gesetzlichen Krankenkassen um Mitglieder – der sich vor allem in umstrittenem Werbeverhalten niederschlägt – nicht mehr gerecht werden kann. Es ist also zu hinterfragen, ob die dargestellte Rechtsprechung, insbesondere auch vor dem Hintergrund des Bestrebens, den Wettbewerb zwischen den gesetzlichen Krankenkassen weiter zu fördern, noch zeitgemäß ist oder ob nicht die besseren Argumente dafür sprechen, das UWG auch im Bereich der Rechtsverhältnisse der gesetzlichen Krankenversicherung unmittelbar und vollständig zur Anwendung zu bringen.

c) Argumente für eine vollständige Anwendung des UWG und eine Zuständigkeit der ordentlichen Gerichtsbarkeit

Unter dem 22.01.2007 wandte sich die Zentrale zur Bekämpfung unlauteren Wettbewerbs in einem Brief[732] an die Vorsitzende des Bundestagsausschusses für Gesundheit, Frau Andrea Bischoff, und führte hierin ein „Plädoyer" für die Wiedereinführung der Anwendbarkeit des Gesetzes gegen den unlauteren Wettbewerb in den Bereich der gesetzlichen Krankenversicherung durch das GKV-WSG. Doch auch dieses Ansinnen blieb ohne Erfolg. Das „Plädoyer" der Wettbewerbszentrale greift hierbei die maßgeblichen Argumente für eine Anwendbarkeit des UWG auf, die seit Einführung des § 69 SGB V von Teilen der Literatur ins Feld geführt wurden:

aa) Langjähriges Erfahrungswissen

Das UWG ist das Ergebnis einer langjährigen hochdifferenzierten Gesetzgebung. Außerdem weist die dazugehörige Rechtsprechung eine jahrzehntelange Tradition auf. So hat das UWG in Deutschland stets dazu beigetragen, einen funktionierenden und fairen Wettbewerb zu gewährleisten. Auch der entsprechende Erfahrungsschatz der deutschen Wettbewerbsbehörden und Zivilgerichte ist enorm

731 BSGE 82, 78, 81.

732 *Wettbewerbszentrale*, Ausschussdrucks. 16(14)0130(58) vom 22.01.2007.

und kommt sowohl dem Rechtssuchenden als auch der optimalen *Rechtsfindung* zugute.[733] Die im Bereich der gesetzlichen Krankenversicherungen zur Wettbewerbskontrolle berufenen Aufsichtsbehörden[734] sowie die Sozialgerichte verfügen über einen solchen Erfahrungsschatz hingegen nicht. Ein überdeutliches Indiz für die Anerkennung dieses Erfahrungsschatzes der zivilen Wettbewerbsbehörden ist, dass zahlreiche gesetzliche Krankenkassen Mitglieder der Zentrale zur Bekämpfung unlauteren Wettbewerbs sind.[735] Hierdurch wird ein Interesse der am Wettbewerb Beteiligten daran dokumentiert, sich diesen Normen zu unterwerfen, um auf dem Gesundheitsmarkt einen funktionierenden Wettbewerb zu gewährleisten und von der ausdifferenzierten Rechtsprechung der Zivilgerichte profitieren zu können.[736]

bb) Mittelbarer Schutz der Versicherten

Darüber hinaus muss berücksichtigt werden, dass durch das Wettbewerbsrecht nicht nur die Krankenkassen als Wettbewerber geschützt werden sollen. Das UWG dient nämlich mittelbar auch dem Schutz der Interessen der Verbraucher. Offensichtlich wird dies, wenn man sich die steigende Fallzahl der irreführenden Werbung vor Augen führt.[737] Verwiesen werden kann an dieser Stelle auf das oben genannte Beispiel, in dem eine Krankenkasse vorgab, die Kasse mit der höchsten Kundenzufriedenheit zu sein, ohne einen Beleg dafür abzuliefern. Auch die Versicherten verdienen den bestmöglichen Schutz vor irreführender Werbung der gesetzlichen Krankenkassen. Dieser wird durch das UWG zumindest mittelbar gewährleistet.[738] Die Möglichkeit der Versicherten, ihre Krankenkasse frei wählen zu können, darf nämlich nicht durch unlautere Werbung beeinträchtigt werden, sondern muss vielmehr frei von jeglicher (falscher) Beeinflussung stattfinden können.

Auch aus diesem Grund bedarf es effektiver und ausdifferenzierter rechtlicher Mechanismen, die einer Irreführung der Verbraucher vorbeugen, solche im Bedarfsfall zeitnah abstellen können und zu Präventionszwecken finanziell sanktionieren. Solche Instrumentarien finden sich im Sozialrecht nicht. In diesem Zusammenhang kann nicht damit argumentiert werden, dass durch eine Nicht-

733 So auch *Hänlein* in: NZS 2003, 617, 623 m. w. N.; in diesem Sinne auch *Möschel* in: JZ 2007, 601, 602.

734 Gemeint sind das Bundesversicherungsamt und die entsprechenden Behörden der Länder.

735 Siehe *Wettbewerbszentrale*, Ausschussdrucks. 16(14)0130(58) vom 22.01.2007, S. 9.

736 Siehe *Wettbewerbszentrale*, Ausschussdrucks. 16(14)0130(58) vom 22.01.2007, S. 9.

737 Vgl. *Wettbewerbszentrale*, Ausschussdrucks. 16(14)0130(58) vom 22.01.2007, S. 3 (Diagramm).

738 So auch *Schlegel* in: Gesetzliche Krankenversicherung und Wettbewerb, S. 37.

Anwendung des Lauterkeitsrechts die Gewährleistung und Förderung der Volksgesundheit als staatliche Aufgabe in irgendeiner Form gefördert würde.[739] Denn die Kassen werden durch die Möglichkeit, unlauteren Wettbewerb einfacher oder mit milderen Sanktionen betreiben zu können, nicht die Qualität ihrer Gesundheitsleistungen steigern oder Kosten senken können. Vielmehr ist vor dem Hintergrund, dass die so genannten neuen Versorgungsformen durch das GKV-WSG ausgeweitet worden sind, die Kontrolle der Lauterkeit von entsprechenden, diese neuen Versorgungsformen bewerbenden Maßnahmen im Interesse der Versicherten von noch größerer Bedeutung.[740] Auch die Bewerbung von Zusatzbeiträgen, Beitragsrückerstattungen und Wahltarifen bedarf einer umfassenden lauterkeitsrechtlichen Kontrolle.

cc) Rechtstaatlicher Rückschritt

Im Ausschluss der lauterkeitsrechtlichen Spezialregelungen ist zudem ein rechtsstaatlicher Rückschritt zu sehen.[741] Dieser Rückschritt lässt sich nicht mit dem besonderen sozialpolitischen Auftrag und der Rechtsform der Krankenkassen als Körperschaften des öffentlichen Rechts rechtfertigen. Seit jeher muss sich die öffentliche Hand am allgemeinen Wettbewerbsrecht messen lassen.[742] Es sind keine Gründe dafür ersichtlich, im Bereich der gesetzlichen Krankenversicherung die Anforderungen an ein lauteres Wettbewerbsverhalten zu verringern. Nicht ohne Grund weigerte sich die ordentliche Gerichtsbarkeit nach der Einführung des § 69 SGB V lange Zeit, die Verfahren, in denen das unlautere Verhalten gesetzlicher Krankenkassen gerügt wurde, in dem Wissen an die Sozialgerichte zu verweisen, dass dort die wettbewerbsrechtlichen Grundsätze des UWG nur in stark verdünnter Form zur Anwendung gebracht werden würden.

Unstreitig ist, dass das Sozialrecht keine klaren Aussagen über wettbewerbsrelevante Verhaltenspflichten trifft. Die von der Sozialgerichtsbarkeit angewandten Normen, aus denen sie einen Unterlassungsanspruch ableitet, hatten zuvor nie die Funktion, wettbewerbsrechtliche Streitigkeiten zu regeln. Es handelt sich wie oben aufgezeigt um eine richterrechtliche Konstruktion. Vor dem Hinter-

---

739 a. A. wohl *Dieckmann/Wildberger* in: NZS 2004, 16, 19, sie sehen den Ausschluss des UWG als gerechtfertigt an, da es dem Gesetzgeber nicht genommen werden dürfe im Rahmen seiner staatlichen Aufgabe, wettbewerbsrelevante Aufgaben kraft öffentlichen Rechts und auch in den Grenzen des öffentlichen Rechts außerhalb der für den Markt bestehenden einfachgesetzlichen Wettbewerbsregeln zu delegieren.

740 Vgl. *Schlegel* in: Gesetzliche Krankenversicherung und Wettbewerb, S. 37.

741 Vgl. *Bloch* in: SGb 2006, 456, 457; *Meyer-Lindermann* in: JR 2002, 284, 285.

742 Vgl. hierzu *Bloch* in: SGb 2006, 456, 457; *Pester*, Die wettbewerblichen Rechtsbeziehungen, S. 167 ff., die auf die Zeit vor Einführung des § 69 SGB V verweisen.

grund, dass ein reger Wettbewerb zwischen den gesetzlichen Krankenkassen existiert, sich ausweitet und immer schärfer wird, leuchtet es nicht mehr länger ein, eine konstruierte Rechtsprechung den vorhandenen und bewährten Regelungen des UWG mit der pauschalen Begründung vorzuziehen, dass gesetzlichen Krankenkassen als Körperschaften des öffentlichen Rechts im System des SGB eine besondere Stellung einnehmen würden und daher lediglich öffentliches Recht zur Anwendung kommen könne.[743] Der zwischen den gesetzlichen Krankenkassen vorhandene und ausgetragene Wettbewerb ist längst nicht mehr ein von ihrer sozialen Aufgabe gedeckter, sondern vielmehr ein „Verdrängungswettbewerb", wie er auf jedem anderen privatrechtlichen Markt anzutreffen ist.[744] Auch unter rechtsstaatlichen Gesichtspunkten ist die uneingeschränkte und unmittelbare Anwendung des UWG auf unlauteres Wettbewerbsverhalten von gesetzlichen Krankenkassen daher nicht nur wünschenswert, sondern geboten.

dd) Rechtssicherheit

Wie bereits im Rahmen der Ausführungen zur Rechtswegfrage und der generellen Ausführungen zur Anwendbarkeit des UWG erörtert wurde, ist durch die divergierenden Urteile innerhalb der Zivilgerichtsbarkeit und zwischen den Zivil- und Sozialgerichten eine erhebliche Rechtsunsicherheit aufgekommen. Durch die oben veranschaulichte Rechtsprechung des Bundesgerichtshofs wird diese Rechtsunsicherheit für den Rechtssuchenden aufrechterhalten. Die Wiedereröffnung der Anwendbarkeit des UWG bei gleichzeitiger Zuständigkeit der Zivilgerichte würde diese Rechtsunsicherheit endgültig beheben und eine sich widersprechende Rechtsprechung zwischen Zivil- und Sozialgerichten abstellen bzw. verhindern. So wäre die Einschätzung der Erfolgsaussichten einer potentiellen Klage gegen unlauteres Verhalten wieder leichter vorzunehmen.

ee) Effektiver und umfassender Rechtsschutz

Letztendlich sprechen Gesichtspunkte eines effektiveren und umfassenderen Rechtsschutzes ebenfalls für die Anwendbarkeit des UWG und die Zuständigkeit der Zivilgerichte. Unstreitig besteht ein Bedürfnis daran, einen ruchbar gewordenen Wettbewerbsverstoß bzw. ein unlauteres Verhalten der gesetzlichen Kran-

---

743 Vgl. BSGE 63, 144, 151.

744 So *Luxenburger/Wölk* in: ZMGR 2008, 111, 115; *Pester*, Die wettbewerblichen Rechtsbeziehungen, S. 163; *Kingreen* in: NJW 2009, 2417, 2419, ist sogar der Auffassung, dass die gesetzlichen Krankenkassen untereinander in einem schärferen Wettbewerb stehen, als dies zwischen den privaten Krankenversicherungsunternehmen der Fall sei.

kenkassen abzustellen. Dies anerkennt auch die Sozialgerichtsbarkeit, indem sie den Betroffenen zumindest einen Unterlassungsanspruch zugesteht. Dass hier auch die zeitliche Komponente eine Rolle spielt, ist evident. Je länger ein Wettbewerbsverstoß unbereinigt bleibt, desto größer ist der Schaden, welchen er anrichtet. Daher kommt dem einstweiligen Rechtsschutzverfahren bei Wettbewerbsverstößen eine besondere Bedeutung zu.

Im Zivilverfahren können die ruchbar gewordenen Wettbewerbsverstöße schnell und effizient im Wege des einstweiligen Verfügungsverfahrens unterbunden werden. So können gemäß § 12 Abs. 2 UWG einstweilige Verfügungen auch ohne die Darlegung und Glaubhaftmachung der in den §§ 935 und 940 ZPO bezeichneten Voraussetzungen erlassen werden. Bezeichnend ist, dass das einstweilige Verfügungsverfahren in der Regel zur endgültigen Beilegung der geführten Wettbewerbsstreitigkeit führt, obschon es grundsätzlich nur vorläufige Wirkung hat.[745] Die einstweilige Verfügung wird im Allgemeinen durch Beschluss und ohne mündliche Verhandlung erlassen. Zwischen Antragstellung und Zustellung der einstweiligen Verfügung liegen in der Regel nicht mehr als drei Tage, so dass aufgrund des meist akuten Handlungsbedarfs das einstweilige Verfahren des UWG den Anforderungen besonders gerecht wird.[746]

Das sozialgerichtliche Verfahren kennt einen mit § 12 Abs. 1 UWG vergleichbaren einstweiligen Rechtsschutz nicht. Auch verfahrensrechtlich gesehen stellt somit nur das Lauterkeitsrecht (UWG) die Mittel zur Verfügung, den sich häufenden Wettbewerbsverstößen gesetzlicher Krankenversicherungen schnell und effektiv entgegenzutreten.

Neben die prozessuale Komponente tritt ein weiteres Problem der sozialgerichtlichen Rechtsprechung: Das Bundessozialgericht bzw. die Sozialgerichtsbarkeit lehnen Schadensersatzansprüche der betroffenen Wettbewerber ab.[747] Finanziell gesehen droht den unlauter werbenden gesetzlichen Krankenkassen also kein Schaden mit Ausnahme der Kosten des Verfahrens. Der präventiven Wirkung eines drohenden Schadensersatzanspruches bedient sich die Sozialgerichtsbarkeit somit nicht. Letztendlich fördert die Verbandsklagemöglichkeit des § 8 Abs. 3 UWG ebenfalls die Lauterkeit des Wettbewerbs. Denn die entsprechenden Einrichtungen gehen eventuellen Wettbewerbsverstößen selbstständig nach und haben eine eigene Klagebefugnis, ohne die Verletzung eigener Rechte behaupten zu müssen. Etwas Vergleichbares kennt das Sozialrecht wiederum nicht. Insbesondere für private Krankenversicherungen, die von unlauteren Verhaltensweisen gesetzlicher Krankenversicherungen, die im Rahmen ihrer Ange-

745 *Wettbewerbszentrale*, Ausschussdrucks. 16(14)0130(58) vom 22.01.2007, S. 10.

746 *Wettbewerbszentrale*, Ausschussdrucks. 16(14)0130(58) vom 22.01.2007, S. 10.

747 Vgl. hierzu schon BSGE 82, 78 ff.

legenheiten im Sinne des § 51 SGG stattfinden, tangiert werden, ist diese „Unterstützung“ durch die Wettbewerbsbehörden von erheblicher Bedeutung. Denn eine kleinere private Krankenversicherung wird möglicherweise – auch aufgrund der festgestellten unklaren Rechtslage – eine gerichtliche Auseinandersetzung aus Kostengründen scheuen.

ff) Unionsrechtliche Aspekte

Grundsätzlich ist für den Bereich des Rechts des unlauteren Wettbewerbs die Gemeinschaft zur Rechtssetzung befugt (Art. 2, Art. 3 Abs. 1 b), Art. 5 AEUV). Bisher hat der europäische Gesetzgeber seine Kompetenzen nur für Teilbereiche genutzt. Die umfassende Regelung des Wettbewerbsrechts steht weiterhin aus. Die Richtlinie über unlautere Geschäftspraktiken hat der deutsche Gesetzgeber im UWG umgesetzt. Allerdings entfaltet die europäische Richtlinie selbst keine unmittelbare Wirkung zwischen privaten oder juristischen Personen. Ferner unterliegt das nationale Lauterkeitsrecht zahlreichen Einwirkungen des Unionsrechts, und zwar sowohl auf der Ebene des primären Unionsrechts als auch auf der Ebene des sekundären Unionsrechts. Für die in diesem Abschnitt diskutierte Problemstellung ist das Unionsrecht allerdings nicht bedeutsam, denn im Bereich der hier behandelten Mitgliederwerbung zwischen deutschen (gesetzlichen und privaten) Krankenkassen wird es regelmäßig an einem zwischenstaatlichen Bezug fehlen. Überdies verstößt die so genannte Inländerdiskriminierung nicht gegen das unionsrechtliche Diskriminierungsverbot des Art. 18 AEUV (ex-Art. 12 EGV)[748], denn ihre Beseitigung ist nicht Aufgabe des Unionsrechts.[749] Hilfe vom Unionsrecht können somit sowohl die gesetzlichen als auch die privaten Krankenkassen in diesem Problemkreis nicht erwarten.

d) Ergebnis zur Anwendbarkeit des UWG

Das UWG ist in zahlreichen Fallkonstellationen generell unanwendbar. In den wenigen Bereichen, in denen von der Zivilgerichtsbarkeit von einer Anwendbarkeit ausgegangen wird, herrscht Uneinigkeit mit der Sozialgerichtsbarkeit. Wie die vorangegangen Ausführungen belegen, spricht allerdings viel dafür, das UWG auf unlauteres Verhalten von gesetzlichen Krankenkassen anwendbar zu machen, und zwar umfassend und für alle Sachverhalte.

---

748 EuGH, Slg. 1981, 1993 ff. – Oebel.

749 EuGH, Slg. 1986, 3238, 3376; EuGH, Slg. 1994 I–2715, Rn. 9 – Steen.

Hiermit einhergehen sollte überdies die Zuständigkeit der Zivilgerichte für entsprechende Anträge und Klagen von Betroffenen oder Dritten. Insgesamt scheint nämlich ein effektiver Rechtsschutz sowohl für private als auch für gesetzliche Krankenkassen, die von unlauteren Verhaltensweisen ihrer Konkurrenten betroffen werden, allein auf der Basis des SGB langfristig nicht mehr realisierbar zu sein.[750] Der bloße Rückgriff auf die gemeinsamen Wettbewerbsgrundsätze der gesetzlichen Krankenversicherungen oder der Rückgriff auf grundrechtliche Wertungsmaßstäbe wird den derzeitigen Gegebenheiten auf dem gesamten Krankenversicherungsmarkt nicht gerecht. Da der Wettbewerb aufgrund der Einführung neuer Versorgungsformen, der Wahltarife und des Basistarifs nicht ab, sondern vielmehr noch zunehmen wird, ist hier ein Handeln des Gesetzgebers erforderlich. Dabei ist der Wettbewerb kein Selbstzweck, sondern sollte im Ergebnis der verbesserten Versorgung der Versicherten dienen.[751]

Auch für das Lauterkeitsrecht gilt, dass es nicht ausreicht, Wettbewerb zu ermöglichen und zu fördern, sondern es bedarf vielmehr auch seiner effektiven rechtlichen Regulierung.[752] Es ist jedoch zu befürchten, dass – solange § 69 SGB V weiterhin in diesem Bereich für Verwirrung sorgt und den Sozialgerichten ein gewichtiges Argument für die Nichtanwendung des UWG an die Hand gibt – diese sich auch nicht von den zu befürwortenden Literaturmeinungen – wie beispielsweise *Roth*[753] – zum Umdenken bewegen bzw. von ihrer „öffentlich-rechtlichen Wettbewerbsordnung" abbringen lassen werden.[754]

750 So wohl auch *Luxenburger/Wölk* in: ZMGR 2008, 111, 116.

751 *Bloch* in: SGb 2006, 456, 459.

752 Es gilt also auch für das Lauterkeitsrecht: „Wer Wettbewerb sät, wird eben irgendwann Wettbewerbsrecht ernten", so *Kingreen* in: ZESAR 2007, 139, 149; *Hänlein* in: NZS 2003, 617, 623.

753 Siehe *Abschnitt E. II. 2. b) dd).*

754 Dies dokumentiert auch die noch relativ junge Entscheidung des LSG Nordrhein-Westfalen, Beschluss vom 07.05.2008, Az.: L 5 B 8/08 KR ER.

F. Überblick über die wichtigsten wettbewerbsfördernden/wettbewerbshemmenden Elemente des GKV-WSG

§ 69 SGB V hat weitreichende praktische Konsequenzen für die Rechtsbeziehungen auf dem öffentlichen Gesundheitsmarkt. Dass es sich hierbei nicht um abstrakte *„dogmatische Glasperlenspiele"*[755], sondern um zentrale gesamtwirtschaftliche Rahmenbedingungen handelt, wurde durch die vorangegangenen Ausführungen verdeutlicht. § 69 SGB V sorgt für Rechtsunsicherheit bei der Bestimmung der Kontroll- und Rechtswegzuständigkeiten. Materiellrechtlich hat seine Wirkung als teilweise Bereichsausnahme vom deutschen Wettbewerbsrecht diverse unangenehme Folgen für den gewünschten Wettbewerb in der Praxis. Ein weiterer Schwerpunkt dieser Arbeit ist die Forderung nach der Ausweitung des Wettbewerbs im Bereich bzw. im System der gesetzlichen Krankenversicherung. Denn es gibt viele Stimmen, die dem Gesetzgeber bei Erlass des GKV-WSG „Halbherzigkeit" vorwarfen und sich ein stringenteres Vorgehen bei der Etablierung und Ausweitung des Wettbewerbs in der gesetzlichen Krankenversicherung gewünscht hätten.[756]

Bisher wurde die teilweise Bereichsausnahme vom deutschen Wettbewerbsrecht, die § 69 SGB V darstellt, als umso kritikwürdiger betrachtet, da der Gesetzgeber mit der Gesundheitsreform aus dem Jahr 2007 – dem Gesetz zur Stärkung des Wettbewerbs in der Gesetzlichen Krankenversicherung (GKV-WSG) – das Gesundheitssystem bewusst wettbewerblicher ausrichtete. Im Folgenden werden die eingeführten wettbewerblichen Elemente und Instrumente des GKV-WSG vorgestellt, analysiert und – soweit notwendig – im Zusammenhang mit § 69 SGB V betrachtet.

---

755 Dieses Bildnis findet sich bei *Gassner* in: ZVersWiss 2008, 411, 412.

756 *Sauter/Ellenbrock* in: GesR 2007, 497, 501; *Sodan* in: NJW 2006, 3617 ff.; *Sachverständigenrat* zur Begutachtung der gesamtwirtschaftlichen Entwicklung, Jahresgutachten 2006/2007: „Widerstreitende Interessen – Ungenutzte Chancen", 2006, dort S. 219 ff., Rn. 284 ff., zuletzt abgerufen am 10.01.2010 unter: *http://www.sachverstaendigenrat-wirtschaft.de/gutacht/ga-content.php?gaid=50&node=f.*

I. Umfassende Krankenversicherungspflicht und Kontrahierungszwang

Das GKV-WSG führte eine grundsätzliche Verpflichtung zum Abschluss einer Krankenversicherung (§ 5 SGB V, § 193 Abs. 3 VVG) ein und erweiterte so den Kreis der versicherten Personen. Sämtliche Bürger, die ohne Versicherungsschutz waren, wurden dazu verpflichtet, sich in der gesetzlichen Krankenversicherung zu versichern, wenn sie vor dem Verlust des Schutzes gesetzlich oder gar nicht krankenversichert waren (§ 5 Abs. 1 Nr. 13 SGB V). Der Gesetzgeber wollte damit eine Schutzlücke in der umfassenden gesundheitlichen Absicherung der Gesellschaft schließen.[757] Gleichzeitig wirkt die Gesetzesänderung der zunehmenden Zahl von Nichtversicherten in der Bevölkerung entgegen.[758]

Für diejenigen, die von der Versicherungspflicht in der gesetzlichen Krankenversicherung nicht betroffen waren[759], wurde mit Wirkung zum 01.01.2009 eine umfassende Krankenversicherungspflicht durch § 12 Abs. 1b VAG und § 193 Abs. 5 VVG eingeführt. Die gesetzlichen Vorgaben des VVG sehen nunmehr vor, dass die privaten Versicherer zur Aufnahme des von der Versicherungspflicht in der gesetzlichen Krankenversicherung ausgenommenen Personenkreises verpflichtet sind (Kontrahierungszwang, § 315 Abs. 1 S. 2 SGB V; § 12 Abs. 1b VAG), für diese Versicherten keine Risikozuschläge erheben dürfen (§ 315 Abs. 1 S. 3 Halbs. 2 SGB V) und die Kassenärztlichen Vereinigungen bzw. Bundesvereinigungen die ärztliche Versorgung dieser Versicherten sicherstellen müssen (§ 75 Abs. 3a S. 1 SGB V). Zum 01.01.2009 wurden die Verträge, die bislang im so genannten Standardtarif geschlossen wurden, auf Verträge im Basistarif umgestellt (§ 315 Abs. 4 SGB V). Personen die zu diesem Zeitpunkt nicht versichert und der privaten Krankenversicherung zugeordnet waren, mussten sich sodann im neuen Basistarif versichern (§ 193 Abs. 3 VVG, § 12b Abs. 1 Nr. 2 VAG).

Die umfassende Versicherungspflicht sämtlicher Bürger hat unmittelbar zwar keine wettbewerbsfördernden Auswirkungen, sie wirkt sich jedoch im Bereich des Basistarifs auf den Wettbewerb zwischen gesetzlicher und privater Krankenkasse zumindest mittelbar aus. Der mittlerweile sowohl in gesetzlicher als auch in privater Krankenversicherung herrschende Kontrahierungszwang wird als ein unabdingbarer Faktor für einen funktionsfähigen Wettbewerb auf dem Versiche-

757 Entwurf eines Gesetzes zur Stärkung des Wettbewerbs in der gesetzlichen Krankenversicherung vom 24.10.2006, BT-Drucks. 16/3100, S. 94.

758 Entwurf eines Gesetzes zur Stärkung des Wettbewerbs in der gesetzlichen Krankenversicherung vom 24.10.2006, BT-Drucks. 16/3100, S. 94.

759 Siehe zu dieser Personengruppe ausführlich *Sodan* in: NJW 2007, 1313, 1314.

rungsmarkt angesehen. Der Kontrahierungszwang führt vor allem in der gesetzlichen Krankenversicherung dazu, dass sämtliche Versicherte, also auch die so genannten „schlechten Risiken" ohne Vorprüfung zu Versicherungen wechseln können, die aufgrund von Effizienzvorteilen günstige Preise oder eine bessere Versorgung anbieten können.[760] Die Anreizeffekte Preis und Versorgung werden zur Folge haben, dass nur die kosteneffizient und qualitativ hochwertig arbeitenden Krankenkassen Mitglieder rekrutieren können und so langfristig überlebensfähig auf dem Gesamtmarkt bleiben. Gelingt ihnen dies nicht, droht als Konsequenz die Insolvenz (siehe hierzu Abschnitt III.).

II. Einführung und Ausweitung von Einzel-/Selektivverträgen

1. Allgemeines

Der Gesetzgeber hat im Rahmen des GKV-WSG die Möglichkeiten zum Abschluss von Einzel-/Selektivverträgen der gesetzlichen Krankenkassen mit den unterschiedlichen Leistungserbringern merklich ausgeweitet.[761] Die Möglichkeit des individualvertraglichen Aushandelns von Vertragskonditionen stellt selbstredend einen erheblichen Wettbewerbsfaktor dar. Dies gilt sowohl im Konkurrenzverhältnis der Kassen zueinander als auch im Wettbewerbsverhältnis der vertraglichen Leistungserbringer untereinander.[762] Das Recht der Leistungserbringung erlangt durch seine zunehmend einzel-/selektivvertragliche Ausrichtung eine neue Struktur, die starken Einfluss auf die Rechtsverhältnisse der beteiligten Vertragspartner hat. Da die Krankenkassen die entsprechenden Versorgungsverträge mit den jeweiligen Leistungserbringern in zunehmender Zahl individuell aushandeln können, haben sie damit ein tatsächliches Wahlrecht, mit wem und unter welchen Konditionen sie Verträge schließen wollen.[763] Konsequenz dieser Wahlmöglichkeit der Krankenkassen ist, dass ein Wettbewerb der Leistungserbringer um selektive Vertragsabschlüsse entsteht. Die einzelnen Kassen werden nämlich nicht zwingend mit jedem Leistungserbringer einen Vertrag abschließen können. Ein solcher Wettbewerb ist – wie bereits in der

760 So der *Wiss.-Beirat*, Gutachten, S. 10.

761 Entwurf eines Gesetzes zur Stärkung des Wettbewerbs in der gesetzlichen Krankenversicherung vom 24.10.2006, BT-Drucks. 16/3100, S. 1 und 2.

762 Vgl. *Gassner* in: NZS 2007, 281, 28; *Schlegel* in: Gesetzliche Krankenversicherung und Wettbewerb S. 30 ff.; *Wigge/Harney* in: MedR 2008, 139, 139; *Becker* in: ZMGR 2007, 101, 107; *Steiner* in: GesR 2007, 245, 249.

763 Vgl. hierzu bzw. zum mittlerweile etablierten Selektivvertragswettbewerb grundsätzlich *Koenig/Schreiber* in: GesR 2010, 127, 128.

Einleitung dieser Arbeit erwähnt (vgl. Abschnitt A. IV. 1. a) cc)) – sinnvoll, da die Effizienz und Qualität der Leistungen der Kassen vor allem von der Qualität der Leistungen der tatsächlichen Dienstleister, also der Leistungserbringer, abhängig ist. Durch die Möglichkeit zum Abschluss von Einzelverträgen wird notwendigerweise auch der Leistungswettbewerb der Krankenkassen untereinander gefördert.[764] Denn der Wettbewerb zwischen den Kassen kann sich nach der Einführung des Gesundheitsfonds im Jahre 2009 nicht länger primär auf die Höhe des Beitragssatzes konzentrieren, sondern muss auch die Qualität der Versorgung ihrer Versicherten berücksichtigen, für welche die Kassen in einem einzelvertraglichen System aufgrund ihrer Auswahlmöglichkeit hinsichtlich der Leistungserbringer umso stärker einzustehen haben.[765] Durch den erhöhten Wettbewerbsdruck werden die Leistungserbringer ihre bzw. die Effizienz und Qualität ihrer Leistungen steigern müssen, da ihnen ansonsten im Fall der „Schlechtleistung“ ein Auftragsentzug durch die gesetzlichen Krankenkassen droht. Die Erweiterung einzelvertraglicher Möglichkeiten eröffnet bei den Leistungserbringern also zusätzliche Wettbewerbspotentiale, welche sich dann wiederum die Kassen in ihrem Wettbewerb um Mitglieder zunutze machen können.[766]

Im Rahmen der ärztlichen Versorgung ist zunächst auf die durch das GKV-WSG erheblich ausgeweiteten Versorgungsformen der hausarztzentrierten Versorgung gemäß § 73b SGB V, die Strukturverträge gemäß § 73a SGB V, die besondere ambulante ärztliche Versorgung nach § 73c SGB V, die integrierte Versorgung nach §§ 140a ff. und die ambulante Versorgung im Krankenhaus nach § 116b SGB V hinzuweisen.[767] Vor allem (Vertrags-)Ärzte sind nunmehr verstärkt auf diese individualvertraglichen Vereinbarungen angewiesen, da zum Beispiel im Rahmen der hausarztzentrierten Versorgung und der integrierten Versorgung sich die Versicherten dazu verpflichten, nur die Vertragsärzte ihrer jeweiligen Krankenkasse aufzusuchen. Bedenkt man, dass diese Versorgungsformen die Zukunft im öffentlichen Gesundheitssystem darstellen, liegt es auf der Hand, dass der Wettbewerb zwischen den Ärzten um Vertragsschlüsse mit den Krankenkassen zunehmen wird. Da sich Ärzte vor allem über ihre Qualität

---

764 *Krogull*, Wettbewerbsstrukturen im Selbstverwaltungssystem der gesetzlichen Krankenversicherung, S. 64; *Fröck*, Die GKV im Wettbewerb, S. 108, der zwischen Kern- und Zusatzleistungen der gesetzlichen Kassen unterscheidet und (zu Recht) die für den Wettbewerb notwendige Möglichkeit der Differenzierung gerade bei den Zusatzleistungen sieht.

765 Vgl. *Wigge/Harney* in: MedR 2008, 139, 144; in diesem Sinne auch *Monopolkommission*, 18. Hauptgutachten, S. 442 und 458 ff.

766 Wohl auch in diese Richtung argumentierend *Baake/Kuchinke/Wey* in: WuW 2010, 502, 508.

767 Zu weiteren Einzelheiten dieser „neuen Versorgungsformen“ siehe *Schlegel*, Gesetzliche Krankenversicherung und Wettbewerb S. 30–34.

und Effizienz empfehlen können, wird hierdurch auch das Niveau der Versorgung steigen, was dann unmittelbar den Versicherten zugutekommt.

Ferner ermöglicht es der Abschluss von Einzelverträgen mit Leistungserbringern den Kassen, sich im Mitgliederwettbewerb um Versicherte werbewirksam, das heißt im Sinne einer optimalen Versorgung, zu profilieren. Denn die ausgehandelten Verträge wirken sich mittelbar auf Umfang und Qualität der Leistungsangebote der Kassen aus.[768] Da es evident ist, dass gerade durch diese Verträge der Wettbewerb auf mehreren Ebenen stimuliert werden sollte und auch stimuliert worden ist, bedarf es der intensiveren Auseinandersetzung mit diesen Vertragstypen in den folgenden Abschnitten.

Des Weiteren müssen in diesem Zusammenhang auch die Rabattvereinbarungen zwischen den gesetzlichen Kassen und den Pharmaunternehmen gemäß § 130a Abs. 8 SGB V sowie die Hilfsmittelverträge der Krankenkassen mit den Hilfsmittelerbringern gemäß § 127 SGB V besonders erwähnt und ausführlicher betrachtet werden.

Neben den zuvor genannten Vertragstypen finden sich noch – in diesem Zusammenhang jedoch zu vernachlässigende – weitere individualvertragliche Gestaltungsmöglichkeiten für die gesetzlichen Krankenkassen im SGB V. Lediglich der Vollständigkeit halber sollen an dieser Stelle die Versorgungsverträge mit Krankenhäusern, die weder nach den landesrechtlichen Vorschriften als Hochschulklinik anerkannt noch in den Krankenhausplan eines Landes aufgenommen sind (§ 109 SGB V), Versorgungsverträge mit Vorsorge- und Rehabilitationseinrichtungen (§ 111 SGB V), Verträge mit Apothekern (§ 129 Abs. 5b SGB V) sowie Verträge über die Beteiligung von Leistungserbringern an strukturierten Behandlungsprogrammen (§ 137f SGB V) genannt werden.

2. Einzelvertragliche Erscheinungsformen in der gesundheitsrechtlichen Rechtspraxis und die Bedeutung des § 69 SGB V in diesem Zusammenhang

Während sich die Erörterung in Abschnitt E. schwerpunktmäßig auf das Verhältnis der Krankenkassen zueinander konzentrierte, ist es nunmehr angezeigt, auf die Auswirkungen des § 69 SGB V für die Rechtsverhältnisse der Krankenkassen zu Dritten, also den Leistungserbringern, einzugehen. Dabei werden diese Rechtsverhältnisse im Zusammenhang mit den oben (vgl. Abschnitt E.) erörterten Auswirkungen des § 69 SGB V gesehen, wodurch dessen praktische Bedeu-

768 Vgl. *Gaßner/Ahrens* in: SGb 2007, 528, 530.

tung auch für diesen Bereich des öffentlichen Gesundheitsmarkts veranschaulicht werden soll. Das Hauptaugenmerk wird auf die Verträge der Krankenkassen mit Hilfsmittellieferanten gemäß § 127 SGB V, die Selektivverträge zwischen Ärzten und Krankenkassen (insbesondere §§ 73a, 73b, 73c SGB V) und die Rabattvereinbarungen zwischen Krankenkassen und Pharmaunternehmen nach § 130a Abs. 8 SGB V gelegt.

a) Hilfsmittelverträge zwischen gesetzlichen Krankenkassen und Lieferanten (§ 127 SGB V)

Im Rahmen des GKV-WSG und des GKV-OrgWG wurde, um auch den Wettbewerb auf dem Markt der Hilfsmittelerbringer zu fördern, § 127 SGB V gleich mehrfach reformiert.

§ 127 SGB V in der Fassung nach den Reformen durch das GKV-WSG und GKV-OrgWG verändert die Vertragsbeziehungen der gesetzlichen Krankenkassen zu den Leistungserbringern im Bereich der Hilfsmittelversorgung fundamental. Infolge der Novellierungen besteht für die gesetzlichen Krankenkassen und ihre Verbände oder Arbeitsgemeinschaften nunmehr die Möglichkeit, mit *einzelnen* Leistungserbringern oder zu diesem Zweck gebildeten Zusammenschlüssen der Leistungserbringer Hilfsmittelversorgungsverträge zu schließen. Infolgedessen ist sowohl für die Hilfsmittelproduzenten/-lieferanten als auch für die gesetzlichen Krankenkassen eine neue Form der Zusammenarbeit entstanden, die insbesondere *zwischen* den Herstellern/Lieferanten medizinischer Hilfsmittel zu einer Intensivierung des Wettbewerbs führt. Vor allem durch die Möglichkeit des Abschlusses so genannter Rahmenverträge gemäß § 127 Abs. 2 SGB V zwischen den Krankenkassen und *einzelnen* Herstellern sowie der Möglichkeit der Kassen, darüber hinaus Einzelverträge mit den Leistungserbringern zu schließen (§ 127 Abs. 3 SGB V), wird der wettbewerbliche Bedeutungszuwachs auf dem „Hilfsmittelmarkt“ bewirkt. § 127 SGB V sieht im Wesentlichen drei verschiedene Möglichkeiten vor, um zum Vertragsschluss bzw. zu einer Preisfindung zu gelangen. Diese standen nach dem GKV-WSG zunächst in einem Stufenverhältnis zueinander.[769]

aa) Die Ausschreibung nach § 127 Abs. 1 SGB V

§ 127 Abs. 1 SGB V in der Fassung nach dem GKV-WSG sah als *Soll-Vorschrift* ein Ausschreibungserfordernis vor. Durch das GKV-OrgWG hat die Norm aller-

769 Vgl. *Bühring/Linnemannstöns* in: MedR 2008, 149, 152.

dings eine neuerliche Änderung erfahren. Soweit es für die Gewährleistung einer wirtschaftlichen und in der Qualität gesicherten Versorgung *zweckmäßig* ist, *kann* das Instrument der Ausschreibung eingesetzt werden, um zu einer Preisfindung zwischen den Beteiligten zu gelangen. Ob eine Ausschreibung zweckmäßig ist, haben die jeweilige Krankenversicherung bzw. der Verband oder die Arbeitsgemeinschaft nach den gesetzlich bestimmten Kriterien abzuwägen.[770] Durch das GKV-OrgWG wurde § 127 Abs. 1 S. 1 SGB V also von einer Soll-Vorschrift zu einer *Kann-Vorschrift* umgestaltet. Ein Vorrang der Ausschreibung im Rahmen des oben genannten Stufenverhältnisses der Absätze des § 127 SGB V besteht folglich nicht mehr. Es kann insoweit von einer Abkehr von der Ausschreibungs*pflicht* hin zur Ausschreibungs*möglichkeit* gesprochen werden, was zu einer weiteren Intensivierung der Wettbewerbsmöglichkeiten geführt hat.

aaa) Materiellrechtliche Komponente

Durch die Neufassung des § 69 SGB V im Rahmen des GKV-OrgWG ist § 69 Abs. 2 S. 2 SGB V eingefügt worden, der die anfängliche Streitfrage, ob im Falle rechtswidriger und damit unzweckmäßiger Ausschreibungen der Krankenkassen den Hilfsmittellieferanten das Vergaberecht zur Seite steht, sofern die Voraussetzungen im Einzelfall erfüllt sind, positiv klärte.[771] Die durch das GKV-OrgWG eingeführte Anwendbarkeit des Kartellvergaberechts ist im Hinblick darauf, dass der Großteil der kartellrechtlichen Vorschriften unanwendbar ist (hierzu sogleich Abschnitt dd) bbb)), zu begrüßen.

bbb) Verfahrensrechtliche Komponente – Rechtswegzuständigkeit

Zwar sind zunächst zur Überprüfung möglicher kartellvergaberechtswidriger Verhaltensweisen die Vergabekammern befugt (§ 104 GWB), dennoch werden gemäß § 29 Abs. 5 SGG in der Fassung nach dem GKV-OrgWG diese Entscheidungen nicht von den Vergaberechtssenaten der Oberlandesgerichte, sondern von den Landessozialgerichten auf ihre Richtigkeit hin überprüft. Es ist positiv zu bemerken, dass der Gesetzgeber die Unsicherheit hinsichtlich des Rechtswegs[772] beseitigt hat. Negativ fällt aber auf, dass § 29 Abs. 5 SGG nach richtiger Auffassung des Bundeskartellamts einen deutlichen Systembruch darstellt. Die

770 Ausführlich zum Begriff der Zweckmäßigkeit siehe *Steiner* in: GesR 2007, 245, 247.

771 Siehe hierzu bereits *Abschnitt B. IV.*

772 Das BSG hatte mit Beschluss vom 22.04.2008 (BSG, NJW 2008, 3228 ff.) die Zuständigkeit des Landessozialgerichts bejaht, während der BGH in einem Beschluss vom 15.07.2008 (BGH, NJW 2008, 3222 ff.) das Oberlandesgericht für zuständig erachtete.

Zuständigkeitsverteilung der Anwendung identischer Vergaberechtsrechtsnormen zur Überprüfung potentiell vergaberechtswidriger Sachverhalte durch divergierende Instanzenzüge anzuordnen, führt zu einer erheblichen Rechtsunsicherheit, die sich in keiner anderen (öffentlichen) Branche wiederfindet.[773] Zu Recht führt das Bundeskartellamt in seiner Stellungnahme zum GKV-OrgWG vom 08.10.2008 weiter aus, dass das Kartellvergaberecht eine stark durch Rechtsanwendungspraxis und Rechtsprechung geprägte Materie sei und eine entsprechende fachliche Konzentrierung mit einem Fundus an einschlägiger Erfahrung nur im ordentlichen Instanzenzug gefunden werden könne.[774]

Des Weiteren spricht auch das Gebot eines effektiven primären Vergaberechtschutzes für eine Zuständigkeit der ordentlichen Gerichte, da dem vergaberechtlichen Beschleunigungsgebot durch die Sozialgerichte aufgrund ihrer Zuständigkeit für die Fülle an sozialrechtlicher Fragestellungen nicht ausreichend nachgekommen werden kann.[775] Im Ergebnis handelt es sich in weiten Teilen um dieselbe Argumentation, welcher sich die Befürworter der Anwendung des UWG und der Zuständigkeit der ordentlichen Gerichtsbarkeit für die entsprechende gerichtliche Überprüfung bedienen.[776] Auch für das Kartellvergaberecht hinterlässt § 69 SGB V trotz seiner begrüßenswerten Novellierung im materiellrechtlichen Bereich Rechtsunsicherheiten in der Praxis, die durch den Systembruch in der Rechtswegfrage bewirkt werden. Hier ist der Gesetzgeber erneut gehalten, korrigierend einzugreifen, da der kartellvergaberechtliche Schutz der Hilfsmittellieferanten und der sonstigen Leistungserbringer effektiv nur bei einer Zuständigkeit der ordentlichen Gerichtsbarkeit bewirkt werden kann.

bb) Rahmenverträge gemäß § 127 Abs. 2 SGB V

§ 127 Abs. 2 S. 1 SGB V ermöglicht es den gesetzlichen Kassen oder den Kassenverbänden, *Rahmenverträge* mit den Leistungserbringern bzw. ihren Verbänden zu schließen. Als Rahmenvertrag wird eine vorvertragliche Abmachung, die gewisse Modalitäten später abzuschließender Hauptverträge bereits verbindlich festlegen soll, bezeichnet. Gleichwohl ist sie selbst schon Vertrag.[777] Die Ausgestaltung dieser Verträge liegt – anders als vor dem GKV-WSG – in den Händen der vertragsschließenden Parteien. Die Krankenkassen oder ihre Verbände können in den verschiedensten Konstellationen mit Leistungserbringern oder ihren

773 *BKartA*, Stellungnahme vom 08.10.2008, S. 3.

774 *BKartA*, Stellungnahme vom 08.10.2008, S. 4.

775 *BKartA*, Stellungnahme vom 08.10.2008, S. 4, vgl. zur Überforderung der Sozialgerichte schon Fn. 592.

776 Siehe hierzu die Ausführungen unter *Abschnitt E. III. 3. c) cc).*

777 *Eckert* in: Bamberger/Roth, § 145, Rn. 20 ff.

Organisationen individuelle Verträge aushandeln. Hierin ist die wettbewerbliche Innovation zur vorherigen Gesetzeslage und zur Ausschreibung nach § 127 Abs. 1 SGB V zu sehen. Durch den Rahmenvertrag ist ein Vertragsschluss durch Individualvereinbarung, das heißt nach vorheriger Verhandlung der Parteien, möglich. Die spätere Leistungsinanspruchnahme durch den Versicherten ist dann nur bei den Hilfsmittellieferanten möglich, mit denen „ihre" Krankenkasse einen solchen Hilfsmittelrahmenvertrag geschlossen hat (§ 33 Abs. 6 S. 2 SGB V).

cc) Einzelvereinbarungen gemäß § 127 Abs. 3 SGB V

Bis zum GKV-WSG stellten die vorgenannten Rahmenverträge den Normalfall der individualvertraglichen Rechtsbeziehungen zwischen den Krankenversicherungen und den Hilfsmittelherstellern dar[778]. Einzelverträge spielten dagegen bis zur Reform nur eine sehr untergeordnete Rolle, da § 127 Abs. 2 S. 2 SGB V a. F. eine Ausschreibung vorsah, deren Voraussetzungen unklar waren. Nach derzeitiger Rechtslage sind Einzelvereinbarungen dann vorgesehen, wenn für Hilfsmittel, die für die Versorgung der Versicherten erforderlich sind, darüber hinaus keine Verträge der Krankenkassen nach § 127 Abs. 1 oder 2 SGB V bestehen oder durch Vertragspartner eine Versorgung der Versicherten in einer für sie zumutbaren Weise nicht möglich ist.

Ferner sind in den Fällen von § 127 Abs. 3 S. 3, § 33 Abs. 1 S. 5, Abs. 6 S. 3 SGB V Einzelvereinbarungen zu treffen, wenn Versicherte Hilfsmittel auswählen, die über das Maß des Notwendigen hinausgehen oder wenn Versicherte trotz des Bestehens von Verträgen nach § 127 Abs. 1 SGB V ein berechtigtes Interesse daran haben, ausnahmsweise einen anderen Leistungserbringer zu wählen. Sie werden somit in der Regel „extra" für einzelne Versicherte geschlossen.

aaa) Abkehr vom Zulassungsmodell hin zum Vertragsmodell

Die zunehmende Etablierung von Einzelvereinbarungen in § 127 Abs. 3 SGB V geht mit der ebenfalls durch das GKV-WSG bewirkten Abkehr vom Zulassungsmodell hin zum Vertragsmodell als notwendige Konsequenz einher.[779] Nach alter Rechtslage konnte ein gesetzlich Versicherter zwischen sämtlichen zugelassenen Leistungserbringern auswählen. Das neu etablierte Vertragsmodell hat zur Folge, dass der Versicherte eine Versorgung nur über Vertragspartner seiner Krankenkasse erhalten kann. Durch das Anbieten attraktiver(er) Vertragspartner erhält die jeweilige gesetzliche Krankenkasse so die Möglichkeit, sich

778 *Steiner* nennt sie das „*Grundgesetz der Rechtsbeziehungen* (...)" in: GesR 2007, 245, 246.
779 So *Bühring/Linnemannstöns* in: MedR 2008, 149, 151.

von anderen Krankenkassen abzusetzen, um so einen Vorteil am Markt zu erlangen.

Darüber hinaus wird die Konkurrenzsituation und somit der Wettbewerb zwischen den Hilfsmittellieferanten verschärft bzw. gestärkt, was sich positiv auf die Qualität der Leistungserbringung auswirken wird und so letztendlich dem Versicherten zugutekommt. Hierin ist ein weiteres Detail im Gesamtkonzept des Gesetzgebers, den Wettbewerb auf dem gesamten öffentlichen Gesundheitsmarkt auszuweiten, zu sehen.

bbb) Sinn und Zweck der Einzelvereinbarung

Da für sämtliche Hilfsmittel, auch für ausgefallene, die Versorgung sichergestellt sein muss und keine Versorgungslücken entstehen dürfen, ist in § 127 Abs. 3 SGB V das notwendige Instrument der gesetzlichen Kassen zu sehen, eventuelle Lücken durch Einzelvereinbarungen zu schließen.[780] Dennoch ist zu erwarten, dass von der Möglichkeit zur Einzelvereinbarung, vor allem um einen Wettbewerbsvorteil zu erzielen und Wettbewerbsdruck zwischen den Leistungserbringern zu kreieren, seitens der Krankenkassen immer häufiger Gebrauch gemacht werden wird, um wie oben angedeutet einen Sonderbedarf ihrer Versicherten gewährleisten zu können. Hierin liegt auch der maßgebliche Sinn der Einzelvereinbarung.

dd) Materiellrechtliche Bedeutung des § 69 SGB V für die Hilfsmittellieferanten

aaa) Mögliche Auswirkungen der Individualvereinbarungen

Vereinbarungen im Einzelfall stellen zwar noch die Ausnahme dar, sind jedoch im Vergleich zur vorherigen Gesetzeslage erheblich ausgeweitet worden. So wurde der Wettbewerb vor allem zwischen lokalen Konkurrenten gestärkt.[781] Mit der vorbezeichneten Intensivierung des Wettbewerbs und der Ausweitung der Handlungsmöglichkeiten der gesetzlichen Krankenkassen durch individuelle Vertragsgestaltungen gemäß § 127 Abs. 2 und Abs. 3 SGB V geht daher stets auch die Frage nach einer wettbewerbsrechtlichen Regulierung dieser erweiterten Handlungsmöglichkeiten einher.

---

780 Vgl. *Bühring/Linnemannstöns* in: MedR 2008, 149, 152.

781 Ob dies in ausreichendem Maße geschah und ob weitergehende Einzelvereinbarungen für den Bereich der GKV wünschenswert bzw. notwendig sind, wird in dieser Arbeit an späterer Stelle erörtert werden, siehe *Abschnitt G. IV.*

bbb) Anwendbarkeit des Wettbewerbsrechts

Mithin stellt sich für Hilfsmittelverträge gemäß § 127 SGB V die Frage, ob das Wettbewerbsrecht auf sie Anwendung findet. Für die Beantwortung dieser Frage ist auf § 69 SGB V abzustellen. Da § 69 Abs. 2 S. 3 SGB V *nicht* die Rahmen- und Einzelverträge zwischen gesetzlichen Krankenkassen und den Leistungserbringern nach § 127 SGB V erfasst, ist § 69 Abs. 2 S. 1 SGB V anwendbar.[782] Für die hier angesprochenen Vertragsbeziehungen stellen sich somit die oben (Abschnitt E.) erörterten Rechtsprobleme und Rechtsunsicherheiten hinsichtlich der Rechtswegfrage und Kontrollzuständigkeit im konkreten Anwendungsfall.

(1) Missbrauchskontrolle

Für die in § 127 SGB V statuierten Vertragsbeziehungen gelten „nur" die §§ 19 bis 21 GWB und die §§ 97 bis 115 und 128 GWB[783], soweit die dort genannten Voraussetzungen erfüllt sind. In entsprechender Anwendung des § 20 GWB müssen die gesetzlichen Krankenkassen bei der Auswahl ihrer Vertragspartner somit das Diskriminierungsverbot beachten, wenn auch die übrigen Voraussetzungen, hier ist insbesondere an die marktbeherrschende Stellung gemäß § 19 Abs. 2 GWB zu denken, vorliegen. Um das Bestehen einer marktbeherrschenden Stellung feststellen zu können, bedarf es einer Gesamtbetrachtung der für den betroffenen Markt einschlägigen Wettbewerbsbedingungen[784]. Die Einordnung einer Marktposition als marktbeherrschend hängt dabei maßgeblich vom Verhältnis der Zahl der in der jeweiligen Krankenkasse Versicherten zur Bevölkerungszahl ab. Im Rahmen ihrer Nachfragetätigkeit auf dem Hilfsmittelmarkt haben diverse Krankenkassen (z. B. die AOKen) entweder allein oder zumindest gemeinsam mit anderen Krankenkassen eine marktbeherrschende Stellung im Sinne des § 19 Abs. 2 GWB inne[785]. Erst recht gilt dies für die Verbände und Arbeitsgemeinschaften der gesetzlichen Krankenversicherungen.[786] Grundsätzlich steht jedem Normadressaten des § 20 GWB, also auch den gesetzlichen

---

782 *Steiner* in: GesR 2007, 245, 249.

783 Also die Vorschriften des Kartellvergaberechts: §§ 97–115 GWB.

784 *Sodan*, Die Hilfsmittelversorgung in der gesetzlichen Krankenversicherung nach dem GKV-Wettbewerbsstärkungsgesetz, Rechtsgutachten erstattet im Auftrag des Bundesverband Medizintechnologie e. V. (Juli 2007), S. 31.

785 Vgl. *Sodan*, Die Hilfsmittelversorgung in der gesetzlichen Krankenversicherung nach dem GKV-Wettbewerbsstärkungsgesetz, Rechtsgutachten erstattet im Auftrag des Bundesverband Medizintechnologie e. V. (Juli 2007), S. 59.

786 Vgl. zur Missbrauchskontrolle (§§ 19–21 GWB) im selektivvertraglichen Bereich *Wigge/Harney* in: MedR 2008, 139, 146 ff.

Kassen, bei der Wahl seines Vertragspartners ein gewisser Freiraum zu. Es kann daher nicht ausgeschlossen werden, dass Krankenkassen bzw. ihre Verbände oder Arbeitsgemeinschaften einen Hilfsmittelanbieter als Vertragspartner erwählen, der nach sämtlichen objektiven Kriterien *kein* besseres Angebot unterbreitet hat als seine Mitbewerber. Hierin wäre sodann sowohl eine unbillige Behinderung als auch eine ungerechtfertigte unterschiedliche Behandlung zu sehen[787].

(2) Schadensersatzansprüche

Als Rechtsfolge stehen den Diskriminierten nach ganz herrschender Meinung Schadensersatzansprüche gemäß §§ 33 ff. GWB zu.[788] Die Verpflichtung zum Schadensersatz richtet sich primär auf die Beseitigung des entstandenen Schadens im Wege der Naturalrestitution. Im Verletzungsfalle müsste der Schädiger also den Zustand wiederherstellen, der bestehen würde, wenn der zum Ersatz verpflichtende Umstand nicht eingetreten wäre (§ 249 Abs. 1 BGB). Konsequenz hieraus wäre, dass die Krankenkasse einen weiteren Vertrag mit dem rechtswidrig nicht ausgewählten Leistungserbringer abschließen müsste, mithin also einen weiteren Vertragspartner hätte[789].

(3) § 1 GWB und das UWG

Über die §§ 19 bis 21 GWB hinaus sind die übrigen Vorschriften des deutschen Wettbewerbsrechts, insbesondere § 1 GWB und das gesamte UWG, *nicht* auf die Hilfsmittelverträge bzw. die Beziehungen der Leistungserbringer untereinander (hier ist auch an unlauteres Verhalten zu denken) anwendbar.[790]

(4) Kartellvergaberecht

Nunmehr ist zu untersuchen, ob die Voraussetzungen der §§ 97 ff. GWB bei Vertragsschlüssen im Hilfsmittelbereich vorliegen. Da die gesetzlichen Krankenkassen öffentliche Auftraggeber im Sinne des § 98 GWB sind (dazu oben Abschnitt E. II. 1.), ist einzig fraglich, ob die Hilfsmittelverträge als öffentliche

---

787 So *Sodan*, Die Hilfsmittelversorgung in der gesetzlichen Krankenversicherung nach dem GKV-Wettbewerbsstärkungsgesetz, Rechtsgutachten erstattet im Auftrag des Bundesverband Medizintechnologie e. V. (Juli 2007), S. 59.

788 Siehe *Abschnitt E. I. 2. d) cc)*.

789 Vgl. *Sodan*, Die Hilfsmittelversorgung in der gesetzlichen Krankenversicherung nach dem GKV-Wettbewerbsstärkungsgesetz, Rechtsgutachten erstattet im Auftrag des Bundesverband Medizintechnologie e. V. (Juli 2007), S. 60.

790 Vgl. *Wigge/Harney* in: MedR 2008, 139, 147; *Dieners/Heil* in: PharmR 2007, 80, 93.

Aufträge einzuordnen sind und ob die Schwellenwerte des § 100 GWB i. V. m. § 2 VgV[791] überschritten werden. Letzteres lässt sich jedoch nur für den konkreten Anwendungsfall beantworten.

Sämtliche *Hilfsmittelversorgungsverträge* werden naturgemäß zwischen einer gesetzlichen Krankenkasse als öffentlichem Auftraggeber und dem Hilfsmittellieferanten als Unternehmen geschlossen. Die Bestimmung der vertragsmäßigen *Leistung* divergiert zwischen den Alternativen des § 127 SGB V. Es sind zwei Leistungsvarianten zu unterscheiden: Verträge im Sinne § 127 Abs. 1 oder Abs. 3 SGB V haben die Lieferung einer bestimmten Anzahl von Hilfsmitteln zu einem vereinbarten Preis zum Gegenstand. Hier wird von der so genannten Lieferleistung gesprochen.[792] Im Rahmen von Hilfsmittelversorgungsverträgen ist nämlich die Besonderheit zu berücksichtigen, dass es sich um sächliche Hilfs- und nicht um Heilmittel handelt, so dass selbst dann kein Dienstleistungsauftrag nach § 99 Abs. 4 GWB vorliegen würde, wenn der Wert der Dienstleistung den Wert der Waren übersteigen würde.[793]

§ 127 Abs. 2 SGB V, der Rahmenverträge zwischen den gesetzlichen Kassen und den Hilfsmittellieferanten ermöglicht, bildet die zweite Variante. Auch hier liegt trotz der fehlenden Unmittelbarkeit zwischen den Vertragspartnern eine Leistung vor. Die gesetzlichen Krankenkassen sind aufgrund des Sachleistungsprinzips aus § 33 SGB V selbst verpflichtet, die Leistung gegenüber ihren Versicherten zu erbringen. Zwar ist es regelmäßig so, dass tatsächlich der Hilfsmittellieferant die Leistung gegenüber dem Versicherten erbringt, ihm also das Hilfsmittel anpasst und aushändigt, gleichwohl sind die Leistungsbeziehungen entsprechend dem für die gesetzliche Krankenversicherung typischen Sachleistungsprinzips einzuordnen. So erwirbt zunächst die jeweilige Krankenkasse aufgrund einer geschlossenen Rahmenvereinbarung die Hilfsmittel, die der Lieferant dann an den Versicherten weitergibt. Zu beachten ist außerdem, dass die Versicherten nach § 33 Abs. 6 S. 2 SGB V verpflichtet sind, sich die Hilfsmittel bei dem Lieferanten auszusuchen, mit dem ihre Krankenkasse einen entsprechenden Rahmenliefervertrag geschlossen hat. Folglich ist die eigentliche Auswahlentscheidung schon im Vorfeld von der Krankenkasse getroffen worden. Der Lieferant stellt dann infolge des konkreten Einzelauftrags des Versicherten, die Leistung für die Krankenkasse bereit.[794] Rechtlich gesehen leistet also der Lieferant an die Krankenkasse, diese – durch die tatsächliche Leistung des Lieferanten – mittelbar an ihre Versicherten.

791 Verordnung über die Vergabe öffentlicher Aufträge vom 11.02.2003, BGBl. I S. 169.
792 Vgl. *Koenig/Klahn* in: VSSR 2005, 183, 188.
793 Vgl. *Butzer* in: Becker/Kingreen, § 32, Rn. 7; *Beck* in: jurisPK-SGB V, § 32, Rn. 13.
794 *Goodarzi/Junker* in: NZS 2007, 632, 634; *Hartmann/Suoglu* in: SGb 2007, 404, 412.

Schließlich müsste auch eine *Entgeltlichkeit* vorliegen. In den Fällen der Absätze 1 und 3 ist diese offensichtlich gegeben, da die Krankenkassen die Hilfsmittel unmittelbar erwerben (§ 33 Abs. 7 S. 1 SGB V). Für Absatz 2 kann nichts anderes gelten, auch hier hat die Krankenkasse den Preis der Hilfsmittel zu tragen. Die Versicherten können nur diejenigen Leistungserbringer beauftragen, die Rahmenverträge mit ihrer Krankenkasse geschlossen haben (§ 33 Abs. 6 S. 2 SGB V). Der wirtschaftliche Vorteil des Rahmenvertrags zwischen gesetzlicher Krankenkasse und Hilfsmittellieferant liegt für den Letztgenannten also darin, dass die Versicherten seiner Vertragspartnerin im Fall des Einzelabrufs stets auf sie angewiesen sind bzw. an sie verwiesen werden. Der Einwand, es handele sich in der vorbezeichneten Konstellation um eine Konzessionsvergabe, ist zurückzuweisen, da das wirtschaftliche Risiko – und dies würde eine Konzession gerade ausmachen – auf den Hilfsmittellieferanten abgewälzt würde. So verhält es sich hier aber gerade nicht.[795] Demnach sind die Voraussetzungen des § 99 GWB erfüllt, so dass es sich bei den Hilfsmittelverträgen nach § 127 SGB V um öffentliche Aufträge handelt.[796] Die kartellvergaberechtlichen Grundsätze, insbesondere das Erfordernis der Ausschreibung, sind daher entgegen dem Wortlaut des § 127 SGB V in allen Konstellationen grundsätzlich zu beachten. Folglich wird vertreten, dass sowohl § 127 Abs. 1, Abs. 2 als auch Abs. 2a[797] – soweit sie einen Ausschreibungsverzicht vorsehen – wegen eines Verstoßes gegen vorrangiges Unionsrecht unanwendbar seien.[798] Es wird darauf hingewiesen, dass nationales Sozialrecht von einer europarechtlich angeordneten Ausschreibungspflicht keine Ausnahme schaffen könne.[799]

---

795 Vgl. *Dreher/Hoffmann* in: NZBau 2009, 273, 279 m. w. N.

796 So auch *Burgi* in: NZBau 2008, 480, 485; *Hartmann/Suoglu* in: SGB 2007, 404, 413.

797 Der § 127 Abs. 2a SGB V ermöglicht es den Leistungserbringern, welche nicht Vertragspartner wurden, den Rahmenverträgen zu den geschlossenen Konditionen beizutreten. Dies hat zur Folge, dass die notwendige Voraussetzung der Entgeltlichkeit der Rahmenverträge entfiele, da der wirtschaftliche Vorteil der Hilfsmittellieferanten welchen diesen aus der Vorauswahlentscheidung der Kassen ziehen, verloren ginge. In der Literatur wird daher zum Teil von der Unionsrechtswidrigkeit dieser Norm ausgegangen, siehe: *Dreher/Hoffmann* in: NZBau 2009, 273, 279 und 282. Letzteres gilt allerdings erneut nur bei Überschreitung der Schwellenwerte.

798 So *Dreher/Hoffmann* in: NZBau 2009, 273, 282; a. A. *Knispel* in: GesR 2009, 236, 241, der darauf hinweist, dass die Rahmenverträge nach § 127 Abs. 2 SGB V ohnehin nicht zu einer exklusiven Versorgungsberechtigung führen würden, da in ihnen kein bestimmtes Auftragsvolumen vereinbart werden könne. Hinzu trete der Umstand, dass ein Zugang zu den Rahmenverträgen schon aufgrund Art. 12 GG allein geeigneten Leistungserbringern möglich sein müsse. Folglich fehlt es nach Auffassung *Knispels* wohl an der „Entgeltlichkeit" dieser Verträge, so dass eine Ausschreibung schon deswegen entbehrlich ist und die Regelung des § 127 Abs. 2a auch nicht unionsrechtswidrig sein kann.

799 *Dreher/Hoffmann* in: NZBau 2009, 273, 282.

Die Bedeutung der vorgenannten Bedenken ist jedoch sehr gering. Das Ausschreibungserfordernis gilt nämlich nur, soweit die Auftragswerte den Schwellenwert des § 100 GWB i.V. m. § 2 Nr. 3 VgV im konkreten Einzelfall auch tatsächlich überschreiten. Da dieser für die hier in Frage kommenden Lieferaufträge bei 211.000 Euro liegt, wird die Anwendung des Kartellvergaberechts im Rahmen der Einzelverträge nach § 127 Abs. 3 SGB V regelmäßig scheitern. Unterhalb des Schwellenwerts ist in daher auch in den Fällen der Absätze 1 und 2 von vornherein kein Verstoß gegen Unionsrecht möglich.

b) Selektivverträge zwischen gesetzlichen Krankenkassen und den ärztlichen Leistungserbringern

Ein weiteres Ziel des GKV-WSG war es, das System der ambulanten und stationären Leistungserbringung neu zu strukturieren und wettbewerblicher auszurichten.[800] Im Interesse einer effektiven und qualitativ hochwertigen Behandlung der Patienten sollte die Zusammenarbeit der verschiedenen Arztgruppen untereinander und zwischen ambulantem und stationärem Sektor verbessert werden. Um diese Ziele zu erreichen, wurde den Krankenkassen der selektive Vertragsschluss mit den Vertragsärzten weiter erleichtert.

aa) Die Ursprünge des Kollektivvertragssystems

Für ein besseres Verständnis ist es zunächst erforderlich, einen Blick auf die gesetzliche Lage lange vor dem GKV-WSG zu werfen. Bis zum Jahre 1932 basierten in Deutschland die vertraglichen Beziehungen zwischen Ärzten und Krankenkassen ausschließlich auf *einzelvertraglichen* Vereinbarungen. Erst durch die Verordnung über die kassenärztliche Versorgung vom 14.01.1932[801] wurde durch den damaligen Gesetzgeber ein Kollektivvertragssystem eingeführt, das in seinen Grundzügen auch noch bis zum heutigen Tage Bestand hat. Sinn und Zweck der Errichtung der kassenärztlichen Vereinigungen war es, den Ärzten eine bessere Verhandlungsposition gegenüber den gesetzlichen Krankenkassen zu verschaffen, um so höhere Honorare aushandeln zu können. Von diesem Zeitpunkt an waren auch nur noch die kassenärztlichen Vereinigungen Vertragspartner der Krankenkassen, wobei die Berechtigung des einzelnen Arztes zur Teilnahme an der vertragsärztlichen Versorgung von einer Zulassung durch die

800 Entwurf eines Gesetzes zur Stärkung des Wettbewerbs in der gesetzlichen Krankenversicherung vom 24.10.2006, BT-Drucks. 16/3100, S. 247.

801 RGBl. 1932 I, S. 19 ff.

Vereinigung abhängig gemacht wurde. Das Vertragsabschlussrecht lag aber exklusiv bei den kassenärztlichen Vereinigungen.[802]

bb) Wandel hin zum Selektivvertragssystem

Knapp 60 Jahre später erkannte der Gesetzgeber, dass das vorbezeichnete Kollektivvertragssystem allein eher ein Hindernis für eine wirtschaftliche, effiziente und qualitätsgerechte ärztliche Versorgung ist. Erstmals wurden im Rahmen des GSG 1992[803] durch den Gesetzgeber Ansätze der heute bestehenden individualvertraglichen Versorgungsformen wie der integrierten Versorgung, der hausarztzentrierten Versorgung[804] und weiterer Modellvorhaben in das Gesundheitssystem eingeführt. Dieses Vorhaben führte der Gesetzgeber durch das Zweite GKV-NOG[805] sowie das GKV-GRG 2000[806] und das GMG 2003[807] fort und erweiterte hierdurch die so genannten *neuen Versorgungsformen*.

Durch diese drei Gesundheitsreformgesetze etablierte der Gesetzgeber ein selbstständiges Einzelvertragssystem *neben* dem Kollektivvertragssystem, um alternative Versorgungsangebote auf der Grundlage individualvertraglicher Vereinbarungen zu ermöglichen.[808] Im Rahmen dieser individualvertraglichen Vereinbarungen können die kassenärztlichen Vereinigungen allerdings nicht Vertragspartner der Krankenkassen sein, so dass auch die Vereinbarung und Verteilung der Arzthonorare nicht über sie erfolgt, sondern von der individuellen Vereinbarung zwischen Arzt und Krankenkasse abhängig ist und eine Liquidation nur zwischen den Vertragsparteien stattfindet. Ziel des Gesetzgebers war und ist es bis zum heutigen Tag, durch die einzelvertraglichen Versorgungsangebote eine sich durch Wettbewerb auszeichnende, alternative ärztliche Versorgungsstruktur zu erschaffen. Dem Versicherten stand es jedoch stets frei, sich einer der neuen Versorgungsformen anzuschließen oder davon abzusehen.

802 Vgl. Hierzu *Wigge/Harney* in: MedR 2008, 139, 140 m. w. N; zu den weiteren Hintergründen des Übergangs vom Einzelvertragssystem zum Kollektivvertragssystem siehe *Quaas/Zuck*, Medizinrecht, S. 89 ff.

803 Gesetz zur Sicherung und Strukturverbesserung der gesetzlichen Krankenversicherung vom 21.12.1992, BGBl. I S. 2266.

804 Siehe zu den Verträgen zu hausarztzentrierten Versorgung ausführlich *Walter* in: NZS 2009, 307 ff.

805 Zweites Gesetz zur Neuordnung von Selbstverwaltung und Eigenverantwortung in der gesetzlichen Krankenversicherung vom 23.06.1997, BGBl. I S. 1520.

806 Gesetz zur Reform der gesetzlichen Krankenversicherung ab dem Jahr 2000 vom 22.12.1999, BGBl. I S. 2626.

807 Gesetz zur Modernisierung der gesetzlichen Krankenversicherung vom 14.11.2003, BGBl. I S. 2190.

808 *Wigge/Harney* in: MedR 2008, 139, 140.

cc) Veränderungen durch das GKV-WSG

Angesichts der noch immer vorhandenen Finanzierungsprobleme im System der gesetzlichen Krankenversicherung bestand in den Jahren 2006/2007 weiterhin Reformbedarf. Folglich führte der Gesetzgeber die begonnene Entwicklung alternativer Versorgungsformen mit dem Ziel fort, im Rahmen des GKV-WSG Wettbewerb zu generieren und Kosten zu senken. Der Gesetzgeber erklärte in der Begründung seines Gesetzesentwurfs explizit, dass *„künftig Krankenkassen in erweitertem Umfang mit Ärzten besondere Vereinbarungen treffen [können], die von der kollektiv-vertraglichen Versorgung abweichen oder darüber hinausgehen. Kassen können solche Verträge allein oder in Kooperation mit anderen Kassen aushandeln. Ärzte können einzeln oder als Gruppe Vertragspartner sein. Vertragspartner können auch Managementgesellschaften sein, wie in der integrierten Versorgung bereits vorher möglich. Das Wettbewerbsfeld der Einzelverträge umfasst die hausarztzentrierte Versorgung, die gesamte ambulante ärztliche Versorgung sowie auch einzelne Bereiche der ambulanten Versorgung (besondere Versorgungsaufträge)*“.[809]

Der vorgenommene Rückblick auf die historische Entwicklung des Krankenversicherungssystems zeigt deutlich, dass der Gesetzgeber gerade durch die beiden letzten Gesundheitsreformen aus den Jahren 2003 und 2007 einen Systemwandel vollzogen hat, der eine teilweise Abkehr vom Kollektivvertragssystem bedingt und langfristig zu einer Ablösung durch flächendeckende Einzelverträge führen kann (soll), die ihrerseits dann von den Kollektivverträgen nur noch ergänzend flankiert werden sollen.[810] Zwar wird die vertragsärztliche Versorgung gegenwärtig noch vorrangig durch Kollektivverträge geregelt, die durch die kassenärztlichen Vereinigungen geschlossen werden und die Bedeutung von Einzelverträgen darüber hinaus wegen des vorhandenen, nicht durch die vollständige Geltung des Wettbewerbsrecht kompensierten, Ungleichgewichts der Kräfte von Leistungserbringern und Krankenkassen noch als gering angesehen.[811] Gleichwohl kann heute schon gemutmaßt werden, dass die Bedeutung der kassenärztlichen Vereinigungen aufgrund des derzeit ablaufenden Systemwandels hin zu einem Einzelvertragssystem und ihrer in diesem System fehlenden Vertragsabschlusskompetenz stark abnehmen wird. Hiermit geht sodann eine anwachsende Steuerungskompetenz der gesetzlichen Krankenkassen einher[812].

809 Entwurf eines Gesetzes zur Stärkung des Wettbewerbs in der gesetzlichen Krankenversicherung vom 24.10.2006, BT-Drucks. 16/3100, S. 252.

810 Vgl. *Wigge/Harney* in: MedR 2008, 139, 142.

811 *Becker/Kingreen* in: Becker/Kingreen, § 69, Rn. 19.

812 So *Wigge/Harney* in: MedR 2008, 139, 142.

Denn diese haben in einem Einzelvertragssystem naturgemäß flexiblere Gestaltungsmöglichkeiten.

dd) Konsequenzen des Wandels

Der zuvor beschriebene Wandel im Vertragssystem der gesetzlichen Krankenversicherung bringt bzw. wird Folgen mit sich bringen.

aaa) Schrittweiser Übergang des Sicherstellungsauftrags

Zunächst hat die Abkehr vom Kollektivvertragssystem hin zu Einzelvertragssystem – eine konsequente Fortführung vorausgesetzt – zur Folge, dass sowohl der allgemeine Sicherstellungsauftrag (§ 75 Abs. 1 SGB V), welcher bislang allein die kassenärztlichen Vereinigungen traf, als auch der besondere Sicherstellungsauftrag (§ 72 Abs. 1 S. 1), der den kassenärztlichen Vereinigungen und den Verbänden der Krankenkassen oblag, durch die einzelvertraglichen Bindungsmöglichkeiten teilweise auf die einzelnen Krankenkassen übergehen. Soweit die durch einzelvertragliche Vereinbarungen abgedeckten Leistungsbereiche aus dem Sicherstellungsauftrag der kassenärztlichen Vereinigung herausfallen, sind dann die Krankenkassen zur Sicherstellung der vertragsärztlichen Versorgung berufen (§ 72a Abs. 3 SGB V). Dies gilt jedoch nur sofern die kassenärztliche Vereinigung aufgrund des Vorliegens der Voraussetzungen des § 72a Abs. 1 SGB V ihren Sicherstellungsauftrag nicht mehr gewährleisten kann. Zwar verlieren die kassenärztlichen Vereinigungen im Bereich der Einzelverträge ihre Funktion als Verhandlungspartner, gleichwohl sind sie auch in diesem Bereich nicht überflüssig. Denn sie dienen weiterhin als Abrechnungsstelle für die vertragsärztlichen Leistungen, auch im Rahmen der Einzelverträge. Zu diesem Zweck besteht für sie gemäß § 77a SGB V die Möglichkeit, Dienstleistungsgesellschaften zu gründen.[813]

bbb) Bedürfnis der wettbewerbsrechtlichen Regulation

Darüber hinaus ist ein entsprechender wettbewerbsrechtlicher Rahmen für die einzelvertraglichen Möglichkeiten der Kassen zum Schutz vor wettbewerbsschädigendem Verhalten sowohl im Interesse der Leistungserbringer als auch im Interesse der Krankenkassen die Grundvoraussetzung für das Funktionieren

813 So *Wigge/Harney* in: MedR 2008, 139, 144, die der Auffassung sind, dass die kassenärztlichen Vereinigungen hierdurch auf ihre zukünftige Primärfunktion als reine Abrechnungsstelle vorbereitet werden.

eines intensivierten Wettbewerbs in diesem Sektor des öffentlichen Gesundheitsmarkts.[814] Für den Bereich der Einzel- und Selektivverträge gilt das im Rahmen der Ausführungen zu den Hilfsmittelverträgen Gesagte ebenfalls: Der Gesetzgeber hat lediglich die entsprechende Anwendbarkeit der *§§ 19 bis 21 GWB* angeordnet. Problematisch ist hier ebenfalls, dass die Rechtswegzuweisung zu den Sozialgerichten besteht, obwohl im Ergebnis „herkömmliches" Kartellrecht zu prüfen ist. Des Weiteren ist fraglich, ob eine eigenständige Kontrolle der individualvertraglichen Vereinbarungen durch die Kartellbehörden erfolgen kann. Aus dieser „Rechtswegzersplitterung" und der ungeklärten Frage der Zuständigkeit der Kartellbehörden resultiert ein erhebliches Maß an Rechtsunsicherheit für die Beteiligten. Materiellrechtlich gesehen sind auf die oben dargestellten Verträge weder § 1 GWB noch das gesamte UWG anwendbar. Die Entfaltung selektivvertraglicher Gestaltungen setzt aber eine umfassende Anwendung des Wettbewerbsrechts voraus, um ein vollständiges Kräftegleichgewicht und damit einen fairen wettbewerbsrechtlichen Rahmen zwischen den Vertragsparteien zu gewährleisten.[815]

c) Würdigung der derzeitigen Gesetzeslage

Der Wettbewerb hat infolge der Etablierung und Ausweitung von einzelvertraglichen Gestaltungsmöglichkeiten weiter Einzug in das Vertragssystem der gesetzlichen Krankenversicherung gehalten. Vor diesem Hintergrund stellt sich die berechtigte Frage, ob der Rechtsschutz der Leistungserbringer (Hilfsmittellieferanten I. und der Ärzte II.) über die nur entsprechende Anwendung der §§ 19 bis 21 GWB in ausreichendem Maße gewährleistet ist. Schon der Bundesrat hatte im Rahmen seiner Stellungnahme zum ersten Entwurf des GKV-WSG[816] mahnend ausgeführt:

> *„Die Möglichkeiten der Kassen, Rabattverträge sowie Einzelverträge abzuschließen, werden erheblich erweitert. Die liberalisierten Fusionsmöglichkeiten für die Kassen werden in kürzester Zeit flächendeckende Monopole und Oligopole entstehen lassen. Vom Gesetzgeber gewünschte Elemente wie Ausschreibungen, insbesondere im größtenteils handwerklich strukturierten Hilfsmittelbereich, werden den Selektionsprozess auf der Leistungserbringer-*

---

814 Vgl. *Wigge/Harney* in: MedR 2008, 139, 139.

815 *Becker/Kingreen* in: Becker/Kingreen, § 69, Rn. 19; *Franken*, Die privatrechtliche Binnenstruktur der integrierten Versorgung, S. 176, ging im Jahre 2003 davon aus, dass § 69 SGB V den Bereich der Leistungserbringung nicht erfasse, da es sich bei sämtlichen Verschaffungsverträgen zwischen gesetzlichen Kassen und Leistungserbringern um rein bürgerlichrechtliche Rechtsbeziehungen handele. Dass diese Ansicht nach den Neuerungen des GKV-WSG nicht mehr vertretbar ist, wurde bereits im *Abschnitt D.* aufgezeigt.

816 Stellungnahme Bundesrat zum Gesetzesentwurfs vom 15.12.2006, BR-Drucks. 755/06(B).

seite drastisch erhöhen. Dies gilt insbesondere deshalb, da bei kleineren regionalen Teilmärkten der Zuschlag zu Gunsten eines Leistungserbringers existenzvernichtend für die übrigen wirken kann. Deshalb ist angesichts der Marktmacht der Kassen zum Schutz der Leistungserbringer erforderlich, die allgemein geltenden Vorschriften des Wettbewerbsrechts für anwendbar zu erklären (...).

GWB und UWG haben einen grundsätzlich universellen Anspruch, bereits jetzt umfasst das Wettbewerbsrecht eine Vielzahl unterschiedlicher Teilmärkte (z. B. Strommarkt, Telekommunikationsmarkt, Baugewerbe). Es muss und kann deshalb auch im Bereich des Gesundheitsmarktes zur Geltung gebracht werden. Umgekehrt müssen auch die Kassen durch die Anwendung des Wettbewerbsrechts geschützt werden. Das liberalisierte Vertragsrecht birgt bei monopol- bzw. oligopolartigen Strukturen der Leistungserbringer die dringende Gefahr der Erpressung der Kassen zur Durchsetzung höherer Vergütungen oder Entgelte".[817]

Die bewusst ausführlich und ausdrücklich zitierten Ausführungen des Bundesrats weisen den nötigen Weitblick auf. Ihnen ist zu zustimmen. Der Bundesrat sieht die Möglichkeit zum Selektivvertragsschluss zu Recht nicht als Einzelmechanismus an, sondern deutet ihn vielmehr als einen Bestandteil im Gesamtgefüge der wettbewerblichen Umstrukturierung des Gesundheitssystems.

aa) Zum Kartellrecht

Vor dem Hintergrund, dass die Entwicklung vom Kollektiv- hin zum Einzelvertragssystem sich sowohl auf dem Hilfsmittelmarkt als auch im Bereich der ärztlichen Versorgung noch im Gange befindet, ist zum Schutze eines fairen und funktionierenden Gesundheitsmarktes eine vollständige Anwendung des deutschen Wettbewerbsrechts erforderlich. Je weiter die kollektivvertragliche Regulierung der Leistungsbeziehungen durch einen sich grundsätzlich selbst steuernden Wettbewerbsmechanismus ersetzt wird, desto virulenter wird die Frage, ob die Missbrauchskontrolle der §§ 19 bis 21 GWB ausreichend ist. Eine weitere Ausweitung der selektivvertraglichen Möglichkeiten wird auch die Anwendbarkeit des gesamten Kartell- und Lauterkeitsrechts erforderlich machen.[818] Schon die derzeitige Rechtslage nach der heutigen Fassung des § 69 SGB V führt zu einer Reihe von wettbewerbspolitisch unerwünschten Folgen, da die gesetzlichen Krankenkassen die ihnen überlassene Freiheit zum Selektivvertragsschluss noch nicht rein individuell nutzen, sondern – ohne wettbewerbsrechtliche Regelungen beachten zu müssen – dazu übergehen, diese Selektivverträge mit anderen Kassen kollektiv abzuschließen.[819]

---

817 Stellungnahme des Bundesrates zum Gesetzesentwurf vom 15.12.2006, BR-Drucks. 755/06(B), S. 25.

818 Vgl. *Gassner* in: NZS 2007, 281, 286.

819 *BKartA*, Stellungnahme vom 08.10.2008, S. 1.

Mit der umfassenden Geltung des Kartellrechts einhergehen sollte sodann die entsprechende Kontrolle durch die zuständigen Kartellbehörden und eine ausschließliche Rechtsschutzzuständigkeit der ordentlichen Gerichtsbarkeit. Durch die vom Gesetzgeber intendierte und vorangetriebene Ausweitung des Wettbewerbs im System der gesetzlichen Krankenversicherung unterscheidet sich dieser Wettbewerb auf jeder Ebene nicht mehr länger von einem auf anderen Märkten herrschenden Konkurrenzwettbewerb. Insbesondere die Unanwendbarkeit des § 1 GWB ist daher nicht länger zu rechtfertigen. So muss das Kartellverbot des § 1 GWB für gesetzliche Krankenkassen ebenfalls gelten. Denn dass mit dem GKV-WSG die §§ 19 bis 21 GWB für entsprechend anwendbar erklärt wurden, reicht als Korrektiv nicht aus, um den betroffenen Leistungserbringern ein Verhandeln auf Augenhöhe mit den gesetzlichen Krankenversicherungen zu ermöglichen. Es muss von den gesetzlichen Krankenkassen verlangt werden, dass sie sich in dem nun immer stärker vom Wettbewerb geprägten Gesundheitssystem auf eine Ebene mit den Leistungserbringern begeben. Nur so kann das notwendige Verhandeln mit „*gleich langen Spießen*" ermöglicht werden.[820]

Für die Anwendbarkeit des Kartellrechts, insbesondere des § 1 GWB, sprechen zudem gesetzessystematische Erwägungen. § 1 GWB ist die „Generalklausel" des deutschen Kartellrechts und verbietet wettbewerbsbeschränkende Vereinbarungen sowie abgestimmte Verhaltensweisen und Beschlüsse, die schon mit ihrem Abschluss geahndet werden können.[821] Es ist aus rechtlicher und ordnungspolitischer Sicht systemwidrig, wenn den gesetzlichen Krankenkassen auf der einen Seite mit den zahlreichen einzelvertraglichen Möglichkeiten Instrumente zur Verfügung gestellt werden, mit denen sie wettbewerbliche Handlungsspielräume ausschöpfen sollen, aber auf der anderen Seite potentielle wettbewerbswidrige Verhaltensweisen ihrerseits, die den hierdurch eröffneten Wettbewerb verhindern, einschränken oder verfälschen können, von vornherein dem Kartellrecht entzogen werden.[822] Die §§ 19 bis 21 GWB reichen nicht aus, um dem denkbaren Missbrauch der Wettbewerbsmöglichkeiten entgegenzutreten. Es erscheint ohnehin widersprüchlich, den Krankenkassen ein Handeln (durch §§ 19 bis 21 GWB) zu untersagen, das ihnen überhaupt nur dadurch ermöglicht wird, weil das Gesetz sie vom Kartellverbot des § 1 GWB ausnimmt.[823]

---

820 Vgl. Stellungnahme des Verbands Forschender Arzneimittelhersteller (*VFA*), Ausschussdrucks. 16(14)/0410(29) vom 15.09.2008, S. 6.

821 *Nordemann* in: L/M/R, Band 2, GWB, § 1, Rn. 10.

822 *BKartA*, Stellungnahme vom 08.10.2008, S. 1; Stellungnahme des Verbands Forschender Arzneimittelhersteller (*VFA*), Ausschussdrucks. 16(14)/0410(29) vom 15.09.2008, S. 6; Ausschussdrucks. 16(14)0410(34), S. 3.

823 *BKartA*, Stellungnahme vom 28.11.2006, S. 10.

Ein weiteres Argument für die umfassende Anwendbarkeit des Kartellrechts sieht das Bundeskartellamt zu Recht in folgendem Umstand begründet: Im Gesundheitswesen steht die Preismissbrauchsaufsicht im Vordergrund.[824] So hat die Praxis der Wettbewerbsbehörden in der Vergangenheit gezeigt, dass – anders als das Diskriminierungsverbot – ein Preismissbrauch nur in extrem seltenen Einzelfällen und meist nur unter besonderen Marktbedingungen fest- und abgestellt werden kann.[825] Verfahren wegen Preismissbrauchs der Krankenkassen würden im Bereich der gesetzlichen Krankenversicherung jedoch zu einem grundsätzlichen Markt- und Massenphänomen werden. Um dies abzustellen, ist die Missbrauchskontrolle der §§ 19 bis 21 GWB jedoch ungeeignet.

Es bedarf also der Geltung des gesamten Kartellrechts, um einem etwaigen Missbrauch wirksam entgegentreten zu können. Ansonsten ist zu befürchten, dass die jetzige Regelung des § 69 SGB V mittel- bis langfristig wettbewerbspolitisch unerwünschte Folgen für die Strukturen auf dem Markt der Leistungserbringer haben wird.[826]

bb) Zum Lauterkeitsrecht

Auch im Verhältnis der gesetzlichen Krankenkassen zu ihren Leistungserbringern sind unlautere Verhaltensweisen, vor allem im Bereich der Bewerbung[827] der neuen Versorgungsformen und Tarifmöglichkeiten, unerwünscht und auch nicht länger mit der besonderen Aufgabe der gesetzlichen Kassen zu rechtfertigen.[828] Erforderlich sind somit auch für diesen Bereich die umfassende Anwendbarkeit des UWG sowie die Zuständigkeit der ordentlichen Gerichtsbarkeit.

cc) Zum Kartellvergaberecht

Im Rahmen der in diesem Abschnitt behandelten Selektivverträge zwischen Krankenkassen und Ärzten bzw. Leistungserbringern im Allgemeinen sind aus kartellvergaberechtlicher Sicht insbesondere die Verträge zur integrierten Versorgung, zur hausarztzentrierten Versorgung und zur ambulanten ärztlichen Versorgung von Interesse. Bei den vorgenannten Verträgen handelt es sich nämlich mit Abstand um die „beliebtesten" neuen Versorgungsformen. Darüber hinaus

---

824 *BKartA*, Stellungnahme vom 28.11.2006, S. 10 und 11.

825 *BKartA*, Stellungnahme vom 28.11.2006, S. 10.

826 *BKartA*, Stellungnahme vom 08.10.2008, S. 2.

827 Vgl. zu einem Fall nach wie vor nicht sanktionierbarer unzulässiger Werbung von Krankenkassen etwa BGH, NJW-RR 2006, 1046 ff.

828 *BKartA*, Stellungnahme vom 28.11.2006, S. 10; vgl. auch die im *Abschnitt E. III. 3. c)* geführte Argumentation.

soll an dieser Stelle auch auf die öffentliche Auftragseigenschaft von Rabattvereinbarungen zwischen Kassen und Pharmaherstellern eingegangen werden

aaa) Integrierte Versorgung

Gesetzliche Krankenkassen als öffentliche Auftraggeber und die in § 140b Abs. 1 SGB V genannten Vertragspartner schließen im Rahmen ihrer wirtschaftlichen Tätigkeit Verträge über die so genannte integrierte Versorgung.

Zunächst erscheint es problematisch, dass die Krankenkassen durch die integrierten Versorgungsverträge unmittelbar noch keine Waren oder Dienstleistungen erwerben. Vielmehr wird bei der integrierten Versorgung das Vertragsverhältnis im Dreieck zwischen Leistungserbringern, Krankenkasse und Versicherten abgewickelt. Dies ist für das Vorliegen eines öffentlichen Auftrags jedoch unschädlich, da es ausreicht, wenn eine Krankenkasse als Nachfrager am Markt tätig wird.[829] Nicht nur im Bereich der integrierten Versorgung gilt nämlich, dass selbst wenn der Dienstleistungsanteil den Lieferanteil überwiegt, das Vorliegen einer Dienstleistungskonzession verneint werden muss. Denn der Leistungserbringer trägt das wirtschaftliche Risiko nicht.[830] Überdies tritt der Auftragnehmer nicht in Vorlage mit einer Leistung, die er später verwerten kann, was für eine Konzession charakteristisch wäre. Einer Differenzierung zwischen Dienst- und Lieferauftrag bedarf es somit zumindest unter dem Gesichtspunkt der Dienstleistungskonzession nicht. Demnach kann grundsätzlich davon ausgegangen werden dass die Verträge zur integrierten Versorgung Dienstleistungsverträge und keine bloßen Konzessionen sind.[831]

Problematisch erscheint, ob der Leistungserbringer im Rahmen der integrierten Versorgung eine geldwerte Leistung erhält, also ob eine *Entgeltlichkeit* im Sinne des § 99 GWB vorliegt. Da der Versicherte entsprechend seines Rechts zur freien Arztwahl die konkrete Auswahl des Leistungserbringers übernimmt und außerdem die Teilnahme an der integrierten Versorgung gemäß § 140a Abs. 2 S. 1 SGB V freiwillig ist, könnte man an dem Vorliegen eines geldwerten Vorteils bzw. der Entgeltlichkeit dieser Verträge zunächst zweifeln.[832] Jedoch kommt im Rahmen der integrierten Versorgung ein Anreizsystem in Betracht, das die Versicherten auf die Leistungserbringer verweist. Es bietet sich beispielsweise

---

829 *Gabriel* in: NZS 2007, 344, 348; *Byok* in: GesR 2007, 553, 557; *Goodarzi/Schmid* in: NZS 2008, 518, 522; zur Abgrenzung zwischen einer Dienst- und einer Lieferleistung, die bei Verträgen zur integrierten Versorgung zu treffen sein kann, vgl. schon *Abschnitt F. II .2 a) dd) bbb)*.

830 *Gabriel* in: NZS 2007, 344, 350.

831 Vgl. *Baumeister/Struß* in: NZS 2010, 247, 250.

832 Vgl. *Gabriel* in: NZS 2007, 344, 348; ebenso *Baumeister/Struß* in: NZS 2010, 247, 249.

die Möglichkeit, dass bestimmte Konzepte zur integrierten Versorgung exklusiv nur von bestimmten Vertragspartnern angeboten werden.[833] Ferner kann die Krankenkasse ihren Versicherten Bonuszahlungen für gesundheitsbewusstes Verhalten nach § 65a SGB V bei Inanspruchnahme der integrierten Versorgung gewähren. Auch dies stellt eine Form der Verhaltenssteuerung dar. Schließlich müssen die Krankenkassen ihren Versicherten, die an der integrierten Versorgung nach § 140a SGB V teilnehmen, gemäß § 53 Abs. 3 S. 1 SGB V spezielle Tarife anbieten, die eine Prämienzahlung oder Zuzahlungsermäßigungen vorsehen können.

Es wird deutlich, dass den Kassen zahlreiche Steuerungsmechanismen zur Verfügung stehen, um die Entscheidung der Versicherten auf die von ihnen vorausgewählten Vertragspartner zu lenken. Da dem Vertragspartner der wirtschaftliche Vorteil zufällt, ist folglich auch die Entgeltlichkeit der Verträge zur integrierten Versorgung zu bejahen, weshalb sie grundsätzlich als öffentliche Aufträge im Sinne des § 99 GWB anzusehen sind.[834]

bbb) Hausarztzentrierte Versorgung

Im Unterschied zur integrierten Versorgung sind die Krankenkassen per Gesetz verpflichtet, ihren Versicherten die Möglichkeit zur hausarztzentrierten Versorgung anzubieten. Für ihre Versicherten ist die Teilnahme an der hausarztzentrierten Versorgung nach § 73b Abs. 3 S. 1 SGB V allerdings freiwillig. Entschließt sich der Versicherte zu einer Teilnahme, verpflichtet er sich hiermit, nur einen Hausarzt zu konsultieren, mit dem seine Krankenkasse einen Vertrag nach § 73b Abs. 4 SGB V abgeschlossen hat. Als Anreiz können die Kassen ihren Versicherten wiederum Prämien oder Zuzahlungsermäßigungen nach § 53 Abs. 3 S. 2 SGB V gewähren. § 73b Abs. 4 S. 4 SGB V besagt, dass die „Aufforderung zur Abgabe eines Angebots“ öffentlich auszuschreiben ist. Die sozialrechtlichen Ausschreibungsgebote haben allerdings keine Auswirkung auf die europarechtlich gebotene Anwendung des Kartellvergaberechts.[835]

Die öffentliche Auftragseigenschaft dieser Verträge ist zu bejahen.[836] Zwar ist die Teilnahme an der hausarztzentrierten Versorgung wiederum freiwillig, sie

833 *Goodarzi/Schmid* in: NZS 2008, 518, 522; *Gabriel in:* NZS 2007, 344, 348.

834 So auch *Gabriel* in: NZS 2007, 344, 348; *Baumeister/Struß* in: NZS 2010, 247, 249.

835 Vgl. hierzu *Goodarzi/Schmid* in: NZS 2008, 518, 520; *Wigge/Harney* in: MedR 2008, 139.

836 Vgl. ausführlich zur Frage der öffentlichen Auftragseigenschaft der hausarztzentrierten Versorgungsverträge *Stolz/Kraus* in: MedR 2010, 86, 94, die diese letztlich bejahen. Zur Beantwortung der Frage, ob ein öffentlicher Auftrag vorliegt, kann zunächst auf die Ausführungen zu den Verträgen zur integrierten Versorgung verwiesen werden (vgl. Abschnitt a)). Hinsicht-

kann aber ebenfalls durch ein umfassendes (finanzielles) Anreizsystem für die Versicherten attraktiv ausgestaltet werden. Nach seiner (positiven) Entscheidung kann der Versicherte dann aufgrund der Bestimmung des § 73b Abs. 4 SGB V nur noch die Ärzte als Hausärzte auswählen, mit denen seine Kasse in einzelvertraglicher Verbindung steht. So schränkt die Krankenkasse den Kreis potenzieller Leistungserbringer (Hausärzte) im Voraus ein und „lenkt" ihre Versicherten – *bildlich gesprochen* – in die Arme ihrer Vertragspartner.

Der wirtschaftliche Vorteil der Hausärzte ergibt sich folgerichtig aus der Tatsache, dass nur sie von den Versicherten ihrer Vertragspartner konsultiert werden können. Aufgrund der somit gegebenen Entgeltlichkeit sind auch die Verträge zur hausarztzentrierten Versorgung grundsätzlich öffentliche Aufträge im Sinne des § 99 GWB, wobei im Einzelfall zu berücksichtigen ist, wie hoch die Wahrscheinlichkeit ist, dass durch den Vertragsschluss tatsächlich ein wirtschaftlicher Mehrwert eintritt.[837] Ausreichend hierfür ist nach der aktuellen Rechtsprechung des LSG Nordrhein-Westfalens zu den Rabattvereinbarungen (vgl. dazu Abschnitt ddd)), dass infolge einer Vorauswahl der Vertragspartner ein tatsächlicher Wettbewerbsvorteil entsteht.[838] Diese Grundsätze lassen sich auch auf die Selektivverträge zwischen Kassen und ärztlichen Leistungserbringern übertragen. Folglich dürfte die Bejahung der öffentlichen Auftragseigenschaft der Verträge zur hausarztzentrierten Versorgung der absolute Regelfall sein, da stets ein solcher Wettbewerbsvorteil gegeben sein wird.

ccc) Ambulante ärztliche Versorgung

Die Verträge zur ambulanten ärztlichen Versorgung und deren gesetzliche Rahmenbedingungen stimmen zu weiten Teilen mit denen der hausarztzentrierten Versorgung überein. Infolgedessen kann sich auch kein anderes Ergebnis bei der kartellvergaberechtlichen Einordnung ergeben.[839] Sie sind ebenfalls als öffentliche Aufträge im Sinne des § 99 GWB anzusehen. Entscheidendes Argument ist erneut, dass die gesetzlichen Krankenkassen eine Vorauswahl treffen und ihre Versicherten auf die entsprechenden Vertragspartner verweisen. Dass die Krankenkassen keine gesetzliche Verpflichtung trifft, Verträge zur ambulanten ärztli-

lich der Vertragsleistung gilt das zur integrierten Versorgung Gesagte, mit der Einschränkung, dass Gegenstand nur ärztliche Dienstleistungen sind.

837 Vgl. *Weiner* in: GesR 2010, 237, 244; *Stolz/Kraus* in: MedR 2010, 86, 90.

838 LSG Nordrhein-Westfalen, NZBau 2010, 458, 462.

839 Vgl. hierzu ausführlich *Weiner* in: GesR 2010, 237, 240 ff.

chen Versorgung ihrer Versicherten zu schließen, kann für die Beurteilung zu keinem anderen Ergebnis führen.[840]

ddd) Rabattvereinbarungen nach § 130a Abs. 8 SGB V

Zunächst ist es erforderlich klarzustellen, dass es sich bei den Rabattvereinbarung nach § 130a Abs. 8 SGB V nicht um Selektivverträge zwischen gesetzlichen Krankenkassen und Ärzten handelt. Vielmehr werden diese Verträge zwischen den Kassen und den Pharmaherstellern geschlossen. Gleichwohl bietet es sich an, die Frage, ob diese Verträge ebenfalls öffentliche Aufträge im Sinne des § 99 GWB sind, im Zusammenhang mit den zuvor behandelten Vertragsformen zu klären. Zunächst ist es für ein besseres Verständnis erforderlich, einige generelle Bemerkungen zu den Rabattvereinbarungen anzubringen.

(1) Systematischer Zusammenhang der Rabattvereinbarungen

Die Rabattvereinbarungen sind im systematischen Zusammenhang zur Leistungsstruktur im öffentlichen Gesundheitswesen zu sehen. Ausgangspunkt ist die Tatsache, dass den gesetzlich Krankenversicherten im Krankheitsfall ein Anspruch auf die Versorgung mit verschreibungspflichtigen Arzneimitteln zusteht. Diese werden dem Versicherten vom behandelnden Arzt verschrieben. Die gesetzliche Krankenkasse des Versicherten stellt ihm die benötigte Arznei als *Sachleistung* zur Verfügung. Gleichzeitig vergütet sie die Apotheke und das Pharmaunternehmen. Die Apotheken und die Pharmaunternehmen gewähren den gesetzlichen Krankenkassen allerdings Rabatte auf Arzneimittel, die sie ihren Versicherten zur Verfügung stellen. Diese Rabatte sind teilweise gesetzlich vorgeschrieben, können durch Allgemeinverfügung oder Rechtsverordnung festgesetzt oder mit den Pharmaunternehmen zusätzlich auch vertraglich vereinbart werden. Letztgenannte Möglichkeit bietet die in § 130a Abs. 8 SGB V geregelte Rabattvereinbarung. Hierdurch soll es unter anderem ermöglicht werden, die Pharmaunternehmen in angemessener Weise an der Stabilisierung der Kosten der gesetzlichen Krankenkassen für Arzneimittel zu beteiligen.

(2) Funktionsweise

Zunächst ist festzustellen, dass diesen Rabattvereinbarungen stets ein *Vertrag* zwischen der jeweiligen Krankenkasse und einem Pharmaunternehmen zugrunde

840 *Dreher/Hoffmann* in: NZBau 2009, 273, 282.

liegt.[841] Nach § 130a Abs. 8 SGB V können die Krankenkassen oder ihre Verbände mit den Pharmaunternehmen Rabatte für die zu ihren Lasten abgegebenen Arzneimittel vereinbaren. Durch diese Vereinbarungen verpflichtet sich das Unternehmen, sowohl die Lieferfähigkeit der betroffenen Arznei sicherzustellen als auch einen bestimmten Preisnachlass zu gewähren. Dieser Preisabschlag vollzieht sich allerdings nicht in der Form eines herkömmlichen Abschlags, sondern durch Zahlung eines Differenzbetrags seitens des Pharmaunternehmens an die jeweilige Krankenkasse, welche der Apotheke den höheren Gesamtbetrag vergütet hatte.[842]

(3) Qualifikation als öffentlicher Auftrag im Sinne des § 99 GWB

Unter anderem aufgrund der vorbeschriebenen Funktionsweise wird zum Teil bezweifelt, dass die Rabattvereinbarungen öffentliche Aufträge im Sinne des § 99 GWB sind. Insbesondere das Kriterium der *Entgeltlichkeit* im Sinne von § 99 GWB erscheint dabei problematisch. An dem Vorliegen der Entgeltlichkeit kann gezweifelt werden, da die Kassen bei den Rabattvereinbarungen keine Abnahmeverpflichtungen eingehen, sondern ihnen nur Preisnachlässe für später benötigte Arzneimittel in Aussicht gestellt werden.[843] Zwar fehlt es somit an einer synallagmatischen Leistungsbeziehung zwischen dem Pharmaunternehmen und der Krankenkasse, gleichwohl ist dies nach richtiger Auffassung in Rechtsprechung und Literatur im Hinblick auf eine Qualifizierung als öffentlicher Auftrag nicht von Bedeutung.[844] Insbesondere soll es nicht auf die Unterscheidung von Rabattvereinbarungen über generische und patentgeschützte Arzneien ankommen.[845] Unabhängig von der Frage der Exklusivität bestehen beim Ab-

841 *Stolz/Kraus* in: VergabeR 2008, 1, 2; aus wirtschaftlicher Sicht siehe *Großmann* in: Die BKK 2007, 446 ff.

842 Vgl. *Burgi* in: NZBau 2008, 480, 483.

843 Vgl. *Roth* in: Auswirkungen des GKV-WSG auf Versorgungsstruktur und Wettbewerbsordnung, S. 156; *Koenig/Klahn/Schreiber* in: GesR 2007, 559, 563; *Brixius/Esch*, Rabattverträge im Lichte des Vergaberechts, S. 47 ff.; *Lietz/Natz* in: A&R 2009, 3, 10, allerdings nur hinsichtlich der patentgeschützten Arzneien.

844 LSG Nordrhein-Westfalen, NZBau 2010, 458, 461; OLG Düsseldorf, VergabeR 2008, 73, 77; 2. Vergabekammer des Bundes, Beschluss vom 22.08.2008, Az.: VK 2-73/08; *Marx/Hölzl* in: NZBau 2010, 31, 34; *Röbke* in: NVwZ 2008, 726, 731.

845 Vgl. 2. Vergabekammer des Bundes, Beschluss vom 22.08.2008, Az.: VK 2-73/08; a. A. *Lietz/Natz* in: A&R 2009, 3, 10, die davon ausgehen, dass Rabattvereinbarung über patentgeschützte Arzneien keine öffentlichen Aufträge sind, da es mangels einer Exklusivität gerade an wirksamen Steuerungsmechanismen fehle.

schluss aller Rabattvereinbarungen nämlich schon Wettbewerbsvorteile aufgrund der Lenkungswirkung der übrigen sozialrechtlichen Anreizmechanismen.[846]

Den oben genannten Einwänden gegen die Entgeltlichkeit der Rabattvereinbarungen ist ferner entgegenzuhalten, dass der Entgeltbegriff, um die Regelungsfunktion des Vergaberechts sicherzustellen, weit auszulegen ist. Ausschlaggebend ist nur, dass rechtlich miteinander verknüpfte Leistungen geschuldet sind und erbracht werden. Der hierin begründete rechtliche Zusammenhang muss aber nicht zwingend durch ein Synallagma begründet werden.[847] Mithin erfasst der Entgeltbegriff des § 99 GWB jede Art von Vergütung, die einen Geldwert haben kann.[848] Dies folgt aus seiner primären Funktion, vergabefreie Verträge von außerrechtlichen Gefälligkeitsverhältnissen (bspw. karitativen Zwecken) abzugrenzen.[849]

Das „Entgelt" kann vielmehr auch darin gesehen werden, dass durch die geschlossene Rabattvereinbarung Exklusivität gewährleistet und so ein tatsächlicher Wettbewerbsvorteil für den Auftragnehmer gegenüber den Mitbewerbern bewirkt wird.[850] Das bedeutet jedoch nicht, dass diese Exklusivität zwischen den Parteien unmittelbar vereinbart worden sein muss. Rein tatsächlich gegebene Marktvorteile sind ausreichend, um die öffentliche Auftragseigenschaft einer Rabattvereinbarung zu begründen.[851] Hiervon ist der Gesetzgeber nämlich ausdrücklich ausgegangen.[852]

---

846 Vgl. hierzu 2. Vergabekammer des Bundes, Beschluss vom 22.08.2008, Az.: VK 2-73/08; a. A. *Lietz/Natz* in: A&R 2009, 3, 10, die davon ausgehen, dass Rabattvereinbarung über patentgeschützte Arzneien keine öffentlichen Aufträge sind, da es an wirksamen Steuerungsmechanismen fehle. Siehe hierzu den Überblick über den Streitstand im Bereich der patentgeschützten Arzneimittel bei *Gabriel/Weiner* in: NZS 2009, 422 ff.

847 *Röbke* in: NVwZ 2008, 726, 731; OLG Düsseldorf, VergabeR 2008, 73, 77.

848 LSG Nordrhein-Westfalen, NZBau 2010, 458, 461; OLG Düsseldorf, Beschluss vom 08.09.2004, Az.: Verg 35/04 (nur teilweise abgedruckt in NZBau 2005, 650 ff.); OLG Düsseldorf, OLGR 2004, 301 ff. m. w. N.,; vgl. auch *Röbke* in: NVwZ 2008, 726, 731; im Ergebnis auch *Kaeding* in: PharmR 2007, 239, 244.

849 LSG Nordrhein-Westfalen, NZBau 2010, 458, 461; OLG Naumburg, Beschluss vom 03.11.2005, Az.: 1 Verg 9/05; so auch *Marx/Hölzl* in: NZBau 2010, 31, 34.

850 LSG Nordrhein-Westfalen, NZBau 2010, 458, 461; LSG Baden-Württemberg, Beschluss vom 28.10.2008, Az.: L 11 KR 4810/08 ER-B (Leitsätze in: NZS 2009, 329); OLG Düsseldorf, VergabeR 2009, 173 ff.; OLG Düsseldorf, VergabeR 2009, 176 ff.; 2. Vergabekammer des Bundes, Beschluss vom 22.08.2008, Az.: VK 2-73/08.

851 LSG Nordrhein-Westfalen, NZBau 2010, 458, 461 mit Bezug auf *Byok* in: GesR 2007, 553, 556; sich der vorzitierten Entscheidung anschließend *Weiner* in: GesR 2010, 237, 244.

852 Vgl. Beschlussempfehlung und Bericht des Ausschusses für Gesundheit vom 15.10.2008 zum Entwurf eines Gesetzes zur Weiterentwicklung der Organisationsstrukturen in der gesetzlichen Krankenversicherung, BT-Drucks. 16/10609, S. 52 ff.

Konkret besteht der Vorteil darin, dass die Rabattvereinbarung die Auswahlentscheidungen der Apotheker wegen der Ersetzungspflicht zugunsten der rabattierten Arzneien beeinflusst und damit umsatzsteigernd wirkt.[853]

Durch die zuvor festgestellte Entgeltlichkeit der Rahmenvereinbarungen im Sinne des § 99 GWB, wird auch dem Einwand einiger gesetzlicher Krankenkassen entgegengetreten, es handele sich hierbei nur um *Dienstleistungskonzessionen*. Da die als Rahmenvereinbarung ausgestalteten Rabattvereinbarungen die Lieferung von Medikamenten betreffen, geht es hier um Lieferaufträge im Sinne des § 99 Abs. 2 S. 1 GWB. Eine Dienstleistungskonzession ist aber gemäß Art. 1 Abs. 4 der Richtlinie 2004/18/EG ein Vertrag bei dem der Auftragnehmer für die Erbringung seiner Dienstleistung nur die Einräumung einer Nutzungsbefugnis erhält. Dies ist aus den oben dargestellten Gründen bei den Rahmenvereinbarungen nach § 130a Abs. 8 SGB V gerade nicht der Fall, so dass das Vorliegen einer bloßen Konzession, auf die das Vergaberecht nicht anwendbar wäre, ausgeschlossen ist.[854]

Ferner handelt es sich bei einer Rabattvereinbarung auch um einen *gegenseitigen* Vertrag über Leistungen, nämlich, wie oben schon angedeutet, über Dienstleistungen. Der Begriff der Dienstleistung ist als Auffangtatbestand für jene Beschaffungsvorgänge gedacht, die keine Liefer- oder Bauaufträge sind. Vorliegend ist es unschädlich, dass eine Lieferung an Dritte erfolgt, denn ein eigener Beschaffungsbedarf ist für die Anwendbarkeit des Vergaberechts nicht erforderlich.[855]

Schließlich bestehen einzig noch Zweifel an der Eigenschaft der Rabattvereinbarung als *typischer Austauschvertrag* im Sinne des § 99 GWB. Eine Rahmenvereinbarung nach § 130a Abs. 8 SGB V regelt zwar allein die Vertragsbedingungen für *künftige* Einzelverträge, also solche, die erst zu einem in der Zukunft liegenden Zeitpunkt tatsächlich abgeschlossen werden. Gleichwohl

---

853 LSG Nordrhein-Westfalen, NZBau 2010, 458, 461; *Marx/Hölzl* in: NZBau 2010, 31, 34; hinsichtlich generischer und patentgeschützter Arzneimittel unterscheidend *Lietz/Natz* in: A&R 2009, 3, 10, die letztlich davon ausgehen, dass Rabattvereinbarung über generische Arzneien dem Vergaberecht unterliegen, solche über patentgeschützte Arzneien jedoch nicht, da es an einem wirksamen Steuerungsmechanismus in dem oben beschriebenen Sinne fehle. Ebenfalls die öffentliche Auftragseigenschaft von Rabattvereinbarungen über patentgeschützte Arzneien verneinend LSG Baden-Württemberg, Beschluss vom 28.10.2008, Az.: L 11 KR 4810/08 ER-B (Leitsätze in: NZS 2009, 329).

854 So OLG Düsseldorf, NZBau 2008, 194, 196; siehe hierzu auch *Roth* in: Auswirkungen des GKV-WSG auf Versorgungsstruktur und Wettbewerb, S. 153; so auch *Byok* in: NJW 2008, 559, 562, der auch auf den Umstand abstellt, dass eine Konzession ausscheide, da es sich bei den im Rahmen der Rabattvereinbarungen erbrachten Leistungen um Lieferleistungen handele. In diesem Sinne wohl auch *Burgi* in: NZBau 2008, 480, 485.

855 OLG Düsseldorf, NZBau 2007, 530, 530; *Byok* in: NJW 2008, 559, 562.

werden vom Auftragsbegriff des § 99 GWB nach einhelliger Auffassung auch eben solche Rahmenvereinbarungen, die gerade auf die Festlegung von Bedingungen für künftige Einzelverträge ausgerichtet sind, erfasst.[856] Der Zwischenschaltung der Apotheken und Versicherten im Beschaffungsvorgang zum Trotz sind die Krankenkassen bei funktionaler Betrachtung des Gesamtvorgangs gegenüber den Pharmaunternehmen die tatsächlichen Abnehmer der Arzneimittel.[857] So beschaffen die Krankenkassen als eigentliche Kostenträger die Arzneimittel für ihre Versicherten, selbst wenn die Pharmaunternehmen nicht unmittelbar durch sie vergütet werden. Rabattvereinbarungen sind somit auch unter diesem Aspekt öffentliche Aufträge im Sinne des § 99 GWB.

eee) Ergebnis zum Kartellvergaberecht

Die Verträge zwischen Kassen und Ärzten zur integrierten, hausarztzentrierten und ambulanten ärztlichen Versorgung sowie die Rabattvereinbarungen zwischen den Kassen und den Pharmaherstellern nach § 130a Abs. 8 SGB V sind grundsätzlich als öffentliche Aufträge im Sinne des § 99 GWB anzusehen. Der teilweise gegen die Auftragsqualität der Verträge aaa)–ccc) geäußerte Einwand, die Entscheidung über den Einzelabruf verbliebe bei dem Versicherten, vermag nicht zu überzeugen. Denn in allen dargestellten Konstellationen treffen die gesetzlichen Krankenkassen mit der Entscheidung über ihre Vertragspartner zumindest eine Vorauswahl. Aufgrund der gesetzlichen Vorgaben können die Versicherten zur Erbringung bestimmter Leistungen nur Vertragspartner ihrer Krankenkasse in Anspruch nehmen. Auf diese Weise wird den Vertragspartnern faktisch Exklusivität eingeräumt. Folglich gewähren die Verträge den Leistungserbringern einen geldwerten Vorteil, so dass deren Entgeltlichkeit zu bejahen ist. Gleiches gilt im Übrigen auch für die Rabattvereinbarungen der gesetzlichen Krankenkassen mit Pharmaunternehmen nach § 130a Abs. 8 SGB V. Diese sind, wie oben aufgezeigt, ebenfalls grundsätzlich als öffentliche Aufträge im Sinne des § 99 GWB zu qualifizieren.

Sollte also der Schwellenwert des § 100 GWB i. V. m. § 2 Nr. 3 VgV überschritten sein, findet das Kartellvergaberecht Anwendung auf die oben erörterten (öffentlichen) Verträge.

---

856 So *BKartA*, Beschluss vom 29.09.2009 – Az.: VK 3-166/09; vgl. auch *Hölzl/Eichler* in: NVwZ 2009, 27, 31.

857 Vgl. hierzu LSG Nordrhein-Westfalen, NZBau 2010, 458, 461; *Marx/Hölzl* in: NZBau 2010, 31, 34 m. w. N.

III. Insolvenzfähigkeit gesetzlicher Krankenkassen

1. Einführung des Insolvenzrechts

Bereits im ursprünglichen Gesetzentwurf zum GKV-WSG war die Insolvenzfähigkeit der gesetzlichen Krankenkassen vorgesehen.[858] Diese sollte durch die Anordnung der Unanwendbarkeit des § 12 Abs. 1 Nr. 2 InsO[859] auf die gesetzlichen Kassen realisiert werden. In der verabschiedeten Fassung des GKV-WSG wurden unter anderem aufgrund der Unklarheit, wie im Insolvenzfalle die Versorgungslasten zu verteilen seien, sowohl die Festlegung des Zeitpunktes zur Einführung der Insolvenzfähigkeit als auch der konkrete gesetzliche Rahmen für die Ausgestaltung auf einen späteren Zeitpunkt verschoben. Ein weiterer Grund für die zeitliche Verzögerung lag in der Tatsache, dass die Einführung der Insolvenzfähigkeit unmittelbar zur Insolvenz vieler Krankenkassen geführt hätte, da der Insolvenzgrund der Überschuldung unmittelbar eingetreten wäre.[860] Inzwischen hat der Gesetzgeber jedoch im Rahmen des GKV-OrgWG (also im Dezember 2008) in den §§ 171b ff. SGB V klarstellende Regelungen zur Insolvenzfähigkeit von gesetzlichen Krankenkassen erlassen, die zum 01.01.2010 in Kraft getreten sind.[861] Seitdem sind auch die Krankenkassen insolvenzfähig, die unter der Aufsicht der Länder stehen. Alle Kassen müssen fortan ihre Bücher nach einheitlichen und gleichen Vorschriften führen, die verstärkt an das Handelsgesetzbuch angepasst worden sind. Die Krankenkassen sind von nun an verpflichtet, für ihre Versorgungszusagen an die Beschäftigten ein ausreichendes Deckungskapital in einem Zeitraum von maximal 40 Jahren zu bilden.[862] Aufgrund der Tatsache, dass die mit dem Art. 5 des Finanzmarktstabilisierungsgesetz vom 17.10.2008[863] eingeführte Änderung des insolvenzrechtlichen Überschuldungsbegriffs (§ 19 Abs. 2 InsO), der bei einer positiven Fortführungsprognose den Überschuldungstatbestand sperrt, ebenfalls für gesetzliche Krankenkassen gilt, bestand nun auch das vor dem GKV-WSG noch gegebene Risiko der unmittelbaren Insolvenz zahlreicher Krankenkassen nicht länger.

---

858 Vgl. § 171b SGB V in der Entwurfsfassung vom 24.10.2006, BT-Drucks. 16/3100.

859 § 12 Abs. 1 Nr. 2 erklärt das Insolvenzverfahren für juristische Personen des öffentlichen Rechts, die der Aufsicht eines Landes unterstehen für unzulässig, wenn das Landesrecht dies bestimmt.

860 Siehe hierzu *Uwer* in: GesR 2009, 113, 114.

861 Vgl. zu den Neuregelungen auch *Gaßner* in: GesR 2009, 121 ff.

862 Siehe hierzu *Gaßner* in: GesR 2009, 121, 132.

863 Gesetz zur Umsetzung eines Maßnahmenpakets zur Stabilisierung des Finanzmarktes vom 17.10.2008, BGBl I S. 1982.

Darüber hinaus enthält § 172 SGB V Maßnahmen, um die Insolvenz oder Schließung einer Kasse zu vermeiden.[864] Dazu gehören freiwillige vertragliche Regelungen über Finanzhilfen innerhalb der Krankenkassen der Kassenart und finanzielle Hilfen zu Fusionen durch die Spitzenverbände.[865]

2. Vorrang des Schließungsrechts

Das sozialrechtlich geregelte Schließungsrecht der §§ 153, 155, 163, 170 SGB V geht dem Insolvenzrecht bzw. dem Insolvenzverfahren aufgrund der gesetzlichen Regelung in § 171b Abs. 3 S. 2 SGB V ausdrücklich vor. Hiernach soll die zuständige Aufsichtsbehörde die Krankenkasse *schließen*, wenn ein Insolvenzgrund vorliegt *und* die Leistungsfähigkeit dauerhaft entfallen ist. In den Fällen, in denen eine Überschuldung im Sinne des § 19 Abs. 2 InsO vorliegt, die Aufsichtsbehörde aber zu der Ansicht gelangt, dass die dauerhafte Leistungsfähigkeit der Kasse nicht gefährdet ist, könnte sie dennoch einen Insolvenzantrag stellen, der ein Insolvenzverfahren zur Folge hätte, wenn die Eröffnungsvoraussetzungen gegeben sind. Dies wird unter Berücksichtigung potentiell drohender Amtshaftungsansprüche auch als sinnvoll angenommen.[866] Teilweise wird daher in der Literatur von einem faktischen Vorrang des Insolvenzverfahrens vor dem Schließungsverfahren ausgegangen.[867] Dass die Aufsichtsbehörden sich letztendlich auch tatsächlich so verhalten werden, erscheint allerdings fraglich.

3. Kritik

Durch die Einführung der Insolvenzfähigkeit gesetzlicher Krankenkassen sollten diese in einem weiteren Bereich den gesamtmarktwirtschaftlichen Gegebenheiten mit all seinen Chancen und Risiken ausgesetzt werden. Den zuvor faktisch gegebenen gesetzlichen „Existenzschutz" sollten die Kassen nicht länger genießen.

---

864 Das Insolvenzrecht ist neben das so genannte Schließungsrecht des SGB V (§§ 153, 163, 170 SGB V) getreten. Zu den teilweise bestehenden Spannungen zwischen den beiden Gebieten vgl. *Vöcking* in: GesR 2009, 138 ff.; zum grundsätzlichen Vorrang des Schließungsrechts gegenüber dem Insolvenzrecht vgl. *Uwer* in: GesR 2009, 113, 116 und *Gaßner* in: GesR 2009, 121, 134.

865 Siehe hierzu ausführlich *Uwer* in: GesR 2009, 113, 118.

866 So *Uwer* in: GesR 2009, 113, 116.

867 *Vöcking* in: GesR 2009, 138, 140

Auch das Element der Insolvenzfähigkeit der gesetzlichen Kassen ist dazu gedacht und geeignet, den Wettbewerb im gesetzlichen Krankenversicherungssystem zu stärken, da die Kassen seit dem Jahr 2010 umso mehr auf ein besonnenes, wirtschaftliches und kosteneffizientes Handeln angewiesen sind, um sich nicht zu überschulden und in „Insolvenzgefahr" zu geraten. Letztendlich ist die Insolvenz ein Instrument des Marktes, um unwirtschaftlich handelnde Wettbewerber auszuschließen. Jede Krankenkasse ist daher umso mehr auf ihre Mitglieder angewiesen und wird sich im Rahmen des Wettbewerbs mit den anderen gesetzlichen Krankenkassen gerade durch ihre Qualität und Effizienz auszeichnen wollen, um nicht den Konsequenzen eines unwirtschaftlichen Handelns, dessen unweigerliche Folge nunmehr die Insolvenz sein kann, zum Opfer zu fallen.

Aufgrund der vorgenannten Erwägungen muss es auf Unverständnis stoßen, dass der Gesetzgeber dem sozialrechtlichen Schließungsverfahren noch immer den gesetzlichen Vorrang vor dem wettbewerbsdienlichen Insolvenzverfahren einräumt.[868] Konsequenterweise hätte auf das Schließungsverfahren gänzlich verzichtet werden können. So aber besteht noch immer die Möglichkeit, dass eine Aufsichtsbehörde durch die Bejahung der wirtschaftlichen Leistungsfähigkeit trotz vorliegender Überschuldung eine Insolvenz bzw. Schließung der Kasse verhindert, obwohl eigentlich ein Insolvenzantragsrecht ihrerseits bestehen würde und die Einleitung des Insolvenzverfahrens die Konsequenz ihres nicht wettbewerbstauglichen Wirtschaftens wäre.

In der Literatur wird aufgrund der Existenz des § 171b Abs. 3 S. 2 SGB V die Vermutung geäußert, dass die Durchführung des Insolvenzverfahrens vom Gesetzgeber eher nicht gewollt sei.[869] In der Tat erscheint der Vorrang des Schließungsverfahrens vor dem gesetzgeberischen Ziel, den Wettbewerb zu stärken und wettbewerbliche Verhältnisse im gesetzlichen Krankenversicherungssystem zu schaffen, als systematisch fragwürdig. Daher ist meines Erachtens eine gesetzliche Regelung vonnöten, welche das Insolvenzverfahren Vorrang vor dem Schließungsverfahren einräumt. Da dies faktisch einer gänzlichen Abschaffung des Schließungsverfahrens gleichkäme, könnte der Gesetzgeber auch diesen Weg beschreiten.[870]

868 Kritisch *Uwer* in: GesR 2009, 113, 116.

869 *Gaßner* in: GesR 2009, 121, 134.

870 In diesem Sinne *Uwer* in: GesR 2009, 113, 116.

IV. Änderungen im Finanzierungssystem der gesetzlichen Krankenversicherung

Das neu eingeführte Finanzierungssystem der gesetzlichen Krankenversicherung unterscheidet sich grundlegend vom bisherigen System.

1. Beitragssatz und „neuer" Risikostrukturausgleich

a) Allgemeines

Zum 01.01.2009 sind die krankenkassenindividuellen Beitragsätze entfallen. Stattdessen legte die Bundesregierung nach § 241 Abs. 2 SGB V durch Rechtsverordnung erstmalig mit Wirkung ab dem 01.01.2009 den allgemeinen Beitragssatz in Hundertsteln der beitragspflichtigen Einnahmen fest.[871] Die hierdurch eingenommenen Beiträge und die diversen Bundesmittel (insbesondere die Steuerzuschüsse) werden gemäß § 271 Abs. 1 SGB V vom Bundesversicherungsamt als Sondervermögen in einem *Gesundheitsfonds* verwaltet. Durch diesen Gesundheitsfonds wird eine Liquiditätsreserve aufgebaut, aus der unterjährige Einnahmeschwankungen und nicht berücksichtigte Einnahmeausfälle gedeckt werden sollen (§ 271 Abs. 2 S. 1 SGB V). Reicht diese Reserve nicht aus, um alle Zuweisungen zu erfüllen, leistet der Bund dem Gesundheitsfonds ein nicht zu verzinsendes Liquiditätsdarlehen in Höhe der fehlenden Mittel (§ 271 Abs. 3 S. 1 SGB V). Die Krankenkassen erhalten nach § 266 Abs. 1 S. 1 SGB V als Zuweisungen aus dem Gesundheitsfonds zur Deckung ihrer Ausgaben eine Grundpauschale, alters-, geschlechts- und risikoadjustierte Zu- und Abschläge zum Ausgleich der unterschiedlichen Risikostrukturen und Zuweisungen für sonstige Ausgaben. Dies sind die Elemente eines morbiditätsorientierten Risikostrukturausgleichs (RSA), mit welchem Unterschiede in der Risikoverteilung zwischen den Krankenkassen ausgeglichen werden sollen.[872] Mit dem Gesundheitsfonds und dem damit verbundenen „neuen" morbiditätsorientierten Risikostrukturausgleich schaffte der Gesetzgeber ein Finanzierungsmodell für das System der gesetzlichen Krankenversicherung, das eine Schwerpunktverlagerung

---

871 Erstmalig lag der Beitragssatz bei 15,5 Prozent, zum Juli 2009 wurde er im Rahmen des „Konjunkturpakets I" auf 14,9 Prozent abgesenkt. Nunmehr soll er zum Jahr 2011 wieder auf 15,6 Prozent angehoben werden.

872 Vgl. ausführlich zum Gesundheitsfonds und derzeitigen RSA *Pfohl/Sichert* in: NZS 2009, 71 ff.; vgl. zum alten RSA näher BVerfGE 113, 167 ff.; BSGE 90, 231 ff.; *Sodan/Gast* in: NZS 1999, 265 ff.

der bisherigen finanziellen Selbstregulierung über eigens festgelegte Beiträge, hin zu einer zentralen staatlichen Finanzierung für die künftige Tätigkeit der Kassen bewirkt. So entsteht bei gesetzgeberischer Regulierung der Einnahmeseite durch Festlegung des einheitlichen Beitragssatzes und gleichzeitig dezentralisierten und wettbewerblichen Leistungseinkauf ein zentrales Verrechnungskonto für alle gesetzlichen Krankenkassen, das die gesetzliche Krankenversicherung als Ganzes zu einer einheitlichen Solidargemeinschaft formt.[873]

b) Kritik

Ein gesetzlich festgelegter einheitlicher Beitragssatz bzw. die tatsächliche Ausgestaltung des Finanzierungsmechanismus „Gesundheitsfonds" müssen vor dem Hintergrund, dass es sich bei der Gesundheitsreform 2007 um das *Gesetz zur Stärkung des Wettbewerbs* handelte, befremden. Bis zum 01.01.2009 war der kassenindividuelle Beitragssatz das Wettbewerbselement „Nummer 1" der gesetzlichen Krankenkassen.[874] Dieses Element wurde ihnen ohne eine hinreichende Kompensation genommen. Für die potentiellen Versicherten war der kassenindividuelle Beitragssatz das Unterscheidungselement von höchster Transparenz, wenn es um den Entschluss zum Beitritt oder Wechsel in eine bestimmte bzw. andere gesetzliche Krankenkasse ging. Derzeit steht den gesetzlichen Krankenkassen dieses Wettbewerbselement vorerst nicht mehr zur Verfügung.[875]

Gleichwohl war die Anpassung des Risikostrukturausgleichs an die Neuregelung des Gesundheitsfonds notwendig, da die Beitragszahler ihre Beiträge nunmehr nicht unmittelbar an die Kassen, sondern über den Gesundheitsfonds an diese nur mittelbar entrichten. Die Notwendigkeit eines einnahmeseitigen Ausgleichs entfiel damit. Der Risikostrukturausgleich bezieht sich seit dem 01.01.2009 allein auf die Ausgabenseite der gesetzlichen Krankenkassen, indem die Zuweisungen, welche die Kassen aus dem Gesundheitsfonds erhalten, nach der Risikostruktur der Versicherten differenziert werden. Der Risikostrukturausgleich wird in wettbewerblicher Hinsicht auch als Ausgleichsmechanismus zum Kontrahierungszwang gesehen, um einen dauerhaft funktionsfähigen Wettbewerb in einem von einem Kontrahierungszwang geprägten System überhaupt erst

873 *Pitschas* in: GesR 2007, 64, 66.

874 Vgl. hierzu *Monopolkommission*, 18. Hauptgutachten, S. 497.

875 Vgl. zur Kritik das Jahresgutachten des *Sachverständigenrats* (Fn. 756), S. 236: „Der Wettbewerb zwischen den Kassen wird durch die Ausgestaltung des Gesundheitsfonds verzerrt und eher abnehmen. Gesetzlich festgelegte einheitliche Beitragssätze und ein weitgehender Verlust der Finanzautonomie der Krankenkassen sind Schritte zu einer ‚Einheitskasse'"; ebenfalls kritisch *Gerlinger* in: KrV 2007, 86.

zu ermöglichen. Denn der Risikostrukturausgleich soll den Fehlanreiz für die Kassen verhindern, sich im Wettbewerb einseitig auf die Anwerbung „guter Risiken“ zu konzentrieren. Durch den Risikostrukturausgleich wird der Krankenkasse die finanzielle Sicherheit gewährleistet, dass die finanziellen Belastungen etwaiger ungleich verteilter Risiken ausgeglichen werden, diese also aus dem Wettbewerb herausgenommen werden. So kann sich der wünschenswerte Wettbewerb auf die übrig gebliebenen Wettbewerbskomponenten konzentrieren.[876]

2. Kassenindividueller Zusatzbeitrag

Da es nicht auszuschließen ist, dass die Zuweisungen aus dem Gesundheitsfonds nicht ausreichen, um den Finanzierungsbedarf einer Krankenkasse zu decken, ist in § 242 Abs. 1 S. 1 SGB V statuiert, dass jede Krankenkasse in ihrer Satzung zu bestimmen hat, dass von ihren Mitgliedern ein Zusatzbeitrag erhoben wird. Der Zusatzbeitrag ist jedoch auf 1% der beitragspflichtigen Einnahmen des jeweiligen Mitglieds begrenzt (§ 242 Abs. 1 S. 2 SGB V). Umgekehrt kann die Satzung der Krankenkasse Prämienzahlungen an die Mitglieder für den Fall vorsehen, dass die Zuweisungen aus dem Fonds den Finanzbedarf der Krankenkasse übersteigen (§ 242 Abs. 1 S. 1 SGB V). Hierüber kann eine gesetzliche Krankenkasse die durch die Einführung des einheitlichen Beitragssatzes möglicherweise entfallenen Wettbewerbsvorteile kompensieren, indem sie an ihre Mitglieder Prämienzahlungen ausschüttet. Ein gleichwertiges Wettbewerbselement ist die Möglichkeit der Prämienzahlung aufgrund ihrer Intransparenz und Ungewissheit jedoch gewiss nicht[877].

3. Teilweise Steuerfinanzierung der gesetzlichen Krankenversicherung

Gemäß § 220 Abs. 1 S. 1 SGB V werden die Mittel der Krankenversicherung durch Beiträge und so genannte sonstige Einnahmen aufgebracht. Solche sonstige Einnahmen sind zum Beispiel die finanziellen Beteiligungen des Bundes an Aufwendungen der Krankenkassen. § 221 Abs. 1 S. 1 SGB V sieht vor, dass der Bund für die Jahre 2007 und 2008 jeweils 2,5 Mrd. Euro in halbjährlich zum

876 Vgl. *Wiss.-Beirat*, Gutachten, S. 11.
877 Zur Kritik vgl. unten *Abschnitt G. IV. 2. a) ee).*

01.05. und zum 01.11. zu überweisenden Teilbeträgen an die Krankenkassen leistet. Die Leistungen des Bundes erhöhen sich in den Folgejahren um jährlich 1,5 Mrd. Euro bis zu einer jährlichen Gesamtsumme von 14 Mrd. Euro (§ 221 Abs. 1 S. 2 SGB V). Aus der Begründung des zugrunde liegenden Gesetzentwurfs lässt sich entnehmen, dass diese Mittel des Bundes zur anteiligen Finanzierung der nach § 10 SGB V beitragsfreien Mitversicherung von Kindern der Versicherten verwandt werden sollen[878]. Die Kinder von Versicherungsnehmern, die eine private Krankenversicherung abgeschlossen haben, müssen dagegen dort eigenständig und beitragspflichtig versichert werden; ihre Krankenversicherung wird durch keine staatlichen Mittel unterstützt.[879]

Durch diese Regelung werden die privat Versicherten zur Erhaltung der Volksgesundheit einmal mehr in die staatliche Aufgabe „in Dienst genommen". Sieht man die Steuerbezuschussung des Solidarausgleichs im Zusammenhang mit den Regelungen zu den Wahltarifen, Beitragserstattungen und Selbstbehalten (§ 53 Abs. 1 und Abs. 2 SGB V), so muss man von einer zunehmenden Schwächung des Solidarprinzips in der gesetzlichen Krankenversicherung und einer gleichzeitigen Etablierung von Elementen versicherungsmäßiger Äquivalenz ausgehen[880], die zu dem Systemwechsel in der gesetzlichen Krankenversicherung bzw. der Annäherung der beiden Versicherungsordnungen beitragen.

V. Kassenwechselmöglichkeiten der Versicherten

Genügte es für einen Wechsel aus der gesetzlichen Krankenversicherung in die private Krankenversicherung vor dem GKV-WSG für Arbeiter und Angestellte, mit ihrem regelmäßigen Jahresarbeitsentgelt die in § 6 Abs. 6 oder 7 SGB V festgelegte Jahresarbeitsentgeltgrenze einmal zu übersteigen, um die Freiheit von einer Pflichtversicherung in der gesetzlichen Krankenversicherung zu erlangen, so muss nunmehr nach § 6 Abs. 1 Nr. 1 SGB das Jahresarbeitseinkommen die Versicherungspflichtgrenze in *drei* aufeinanderfolgenden Kalenderjahren überstiegen haben. Ein Wechsel zu Krankheitskostenvollversicherungen der privaten Krankenversicherungen wird damit merklich erschwert und die Mitglieder der gesetzlichen Krankenversicherung länger an ihre Mitgliedschaft in diesem System gebunden. Auswirkungen auf den Wettbewerb zwischen den gesetzlichen

878 Siehe den Entwurf eines Gesetzes zur Stärkung des Wettbewerbs in der gesetzlichen Krankenversicherung vom 24.10.2006, BT-Drucks. 16/3100, S. 212.

879 Diese Unterscheidung sieht als verfassungswidrig an: *Sodan*, Private Krankenversicherung, S. 93 ff.

880 So *Kingreen* in: ZESAR 2007, 139, 147.

Kassen hat diese Regelung nicht, jedoch wird so der Wettbewerb zwischen den gesetzlichen und den privaten Krankenkassen behindert.

VI. Wahltarife in der gesetzlichen Krankenversicherung

Durch die teils verpflichtende Einführung von Wahltarifen in die gesetzliche Krankenversicherung, die § 53 SGB V vorsieht, wird der Wettbewerb zwischen den gesetzlichem Krankenkassen untereinander sowie zu den privaten Versicherern intensiviert. Zu den Wahltarifmöglichkeiten im Einzelnen wird an dieser Stelle zwecks Meidung von Wiederholungen auf die Ausführungen in Abschnitt C. II. 1. verwiesen. Es kann jedoch erneut festgehalten werden, dass durch die Wahltarife zunächst eine Flexibilisierung des Tarifsystems und des Leistungsangebots erreicht und ein zusätzlicher Wettbewerbsdruck zwischen den gesetzlichen Krankenkassen erzeugt wird. Diese kämpfen nunmehr mit den Mitteln, die ihnen durch dieses erweiterte Leistungsangebot zur Verfügung gestellt werden, um die Gunst der Versicherten auf dem Gesundheitsmarkt. Verkalkuliert sich eine Krankenkasse jedoch in diesem Kampf um Mitglieder, so droht ihr als negative Folge des intensivierten Wettbewerbs die Insolvenz.

Darüber hinaus generiert die größere Vertragsfreiheit der gesetzlichen Krankenkassen einen erhöhten Wettbewerb zwischen den Leistungserbringern.[881]

Schließlich wird durch das Anbieten von Wahltarifen, insbesondere dem Tarif „Kostenerstattung" gemäß § 53 Abs. 4 SGB V und den Zusatztarifen (Abs. 5–6) ein direkter Wettbewerb zwischen den gesetzlichen und privaten Versichern um Mitglieder ausgelöst. Durch die Einführung der Wahltarife entsteht nunmehr ein vielschichtiger Wettbewerb zum einen um die freiwillig Versicherten bzgl. der Vollversicherungen und zum anderen um die gesetzlich Pflichtversicherten bzgl. der die Wahltarife ebenfalls erzielbaren Zusatzversicherungen.[882]

VII. Basistarif der privaten Krankenversicherung

An dieser Stelle kann zunächst auf die allgemeinen Ausführungen zum Basistarif in Abschnitt C. II. 2. b) sowie die darauf folgenden besonderen Ausführungen zur Verfassungsmäßigkeit des Basistarifs verwiesen werden. Da jeder Privatversicherte, jeder freiwillig gesetzlich Versicherte und alle Nichtversicherten in den Basistarif wechseln kann, ist darüber hinaus festzuhalten, dass die Einführung

881 Vgl. *Gassner* in: ZVersWiss 2008, 411, 419; siehe hierzu auch *Abschnitt A. IV. 1. a) cc).*

882 Hierzu und zu der verfassungsrechtlichen Problematik siehe schon *Abschnitt C. II. 1.*

des Basistarifs nicht nur eine umfassende Versicherung der Gesamtbevölkerung gewährleisten, sondern vor allem auch den Wettbewerb zwischen den gesetzlichen Kassen und den privaten Versicherern intensivieren sollte.[883] Dies gilt insbesondere für die freiwillig gesetzlich Versicherten. Durch den Basistarif haben diese nunmehr die Wahl zwischen der gesetzlichen Krankenversicherung, der privaten Versicherung im Basistarif sowie der privaten Vollversicherung. Da der Basistarif für die privaten Versicherer finanziell jedoch wenig attraktiv ist[884], wird die Einführung des Basistarifs auch zur Folge haben, dass die privaten Krankenversicherer die Unterschiede in der Heilbehandlung und der Arzneimittelversorgung sowohl zwischen dem Basistarif und ihren selbst konzipierten Vollversicherungen als auch zwischen ihrer Servicequalität und der der gesetzlichen Kassen herausstellen werden, um so die Attraktivität einer privaten Vollversicherung zu verdeutlichen.[885] Insgesamt soll dieser verstärkte Wettbewerb wiederum eine Effizienz- und Qualitätssteigerung in der Leistungserbringung bewirken.

VIII. Fusionsmöglichkeiten der gesetzlichen Krankenkassen

Durch § 171a SGB V erweiterte der Gesetzgeber im Rahmen des GKV-WSG die Möglichkeit der freiwilligen Vereinigung (Fusion) gesetzlicher Krankenkassen, indem er den Kassen nunmehr auch die *kassenartübergreifenden* Fusionen ermöglicht. Diese Ausweitung der Fusionsmöglichkeiten erscheint vor dem Hintergrund der ebenfalls vergrößerten Möglichkeiten der gesetzlichen Krankenkassen mit den Leistungserbringern Selektivverträge abzuschließen (vgl. Abschnitt F. II.) und der gesetzlichen Verpflichtung der Kassen zum flächendeckenden Angebot von Hausarzttarifen für ihre Versicherten auch als dringend notwendig. Nach Ansicht des Gesetzgebers sind kleine Krankenkassen nämlich nur beschränkt in der Lage, diesen erhöhten wirtschaftlichen Anforderungen gerecht zu werden. Daher sei es vor allem aus wettbewerblicher Sicht wünschenswert, dass sich die Krankenkassen zu größeren Einheiten zusammenschließen, um auf Dauer wettbewerbs- und leistungsfähig zu bleiben.[886]

---

883 BT-Drucks. 16/3100, S. 92; *Sodan*, Private Krankenversicherung und Gesundheitsreform 2007, S. 80.

884 Vgl. hierzu *Sodan*, Private Krankenversicherung und Gesundheitsreform 2007, S. 73.

885 *Voit* in: Gesundheitsreform 2007, S. 76.

886 Vgl. den Entwurf eines Gesetzes zur Stärkung des Wettbewerbs in der gesetzlichen Krankenversicherung vom 24.10.2006, BT-Drucks. 16/3100, S. 155 ff.

1. Allgemeines

Bereits vor dem GKV-WSG aus dem Jahre 2007 fand unter den gesetzlichen Krankenkassen ein starker Konzentrationsprozess statt. Schon durch das GSG 1992[887] wurden Kassenfusionen ermöglicht bzw. erleichtert. Jedoch sah die damalige Regelung nur eine *kassenartinterne* Fusionsmöglichkeit vor. Während es im Jahre 1991 noch über 1.200 gesetzliche Krankenkassen gab, verringerte sich ihre Anzahl bis zum 01.01.2008 auf 219[888], bis zum 01.07.2009 auf 178[889] und bis zum 01.04.2010 auf 167.[890] Der Grund für diese rapide Verringerung in den letzten zwei Jahren folgt aus dem Umstand, dass im Rahmen des GKV-WSG aus dem Jahr 2007 der Gesetzgeber die Möglichkeit von Kassenfusionen nochmals erweiterte. Die bis dahin geltende Regelung, wonach nur Kassen einer Kassenart miteinander fusionieren durften, wurde durch § 171a SGB V ersetzt. Nunmehr sind auch *kassenartübergreifende* Fusionen ausdrücklich zulässig. Neben der erwünschten und eingetretenen Konzentrationswirkung sollte hierdurch auch die Wettbewerbsstellung der Krankenkassen beim Abschluss von Einzelverträgen mit den Ärzten und sonstigen Leistungserbringern gestärkt werden.[891] Bei der Einführung des § 171a SGB V handelt es sich also um ein weiteres Wettbewerbselement, welches aus Sicht des Gesetzgebers notwendigerweise mit der Stärkung des Vertragswettbewerbs in der gesetzlichen Krankenversicherung einhergehen musste. Der durch die Einführung des Gesundheitsfonds erzeugte zusätzliche Wettbewerbsdruck zwischen den gesetzlichen Kassen hat schon zu einigen kassenartübergreifenden Fusionen geführt[892] und lässt weitere erwarten. Jedoch führt der vorbezeichnete Konzentrationsprozess auch dazu, dass es immer wahrscheinlicher wird, dass durch solche Fusionen marktbeherrschende Stellungen einzelner Krankenkassen entstehen. In diesem Zusammenhang stellt sich somit die äußerst relevante wie umstrittene Frage, ob die kartellrechtliche Fusionskontrolle gemäß der §§ 35 ff. GWB anwendbar und das Bundeskartellamt zu der entsprechenden Kontrolle berufen ist.[893]

---

887 Gesetz zur Sicherung und Strukturverbesserung der gesetzlichen Krankenversicherung vom 21.12.1992, BGBl. I S. 2266 ff.

888 *Statistisches Bundesamt*, (siehe Fn. 6).

889 *http://www.focus.de/finanzen/versicherungen/krankenversicherung/krankenkassen-rueckzahlungen-fuer-versicherte-geplant_aid_412100.html*, zuletzt eingesehen am 10.01.2010.

890 Vgl. GKV-Spitzenverband, Stand: 01.04.2010, zuletzt eingesehen am 16.07.2010 unter: *http://www.gkv-spitzenverband.de/Presse_Zahlen_und_Grafiken.gkvnet*.

891 Entwurf eines Gesetzes zur Stärkung des Wettbewerbs in der gesetzlichen Krankenversicherung vom 24.10.2006, BT-Drucks. 16/3100, S. 155 ff.

892 Zum Beispiel die Fusion der TKK und der IKK direkt zum 01.01.2009.

893 Vgl. hierzu *Gassner* in: ZVersWiss 2008, 411, 418.

2. Frage der Anwendbarkeit des GWB

a) Zur generellen Anwendbarkeit der Fusionskontrollvorschriften

Die Fusion gesetzlicher Krankenkassen ist hinsichtlich der Rechtsfolgen mit einer privatrechtlichen Verschmelzung im Wege der Neugründung gemäß § 2 Nr. 2 UmwG vergleichbar.[894] Diese stellt einen Zusammenschluss von Unternehmen im Sinne des § 37 Abs. 1 Nr. 1 GWB dar[895], so dass ein kartellrechtlicher Zusammenschlusstatbestand auch bei Krankenkassenfusionen angenommen werden muss. Betrachtet man den Ablauf des Gesetzgebungsverfahren und den Inhalt der darin geäußerten Stellungnahmen der verschiedenen Beteiligten, erscheint es fraglich, ob man pauschal davon ausgehen kann, dass auf die Fusion gesetzlicher Krankenkassen die Zusammenschlusskontrolle des GWB (§§ 35 ff. GWB) anwendbar und das Bundeskartellamt für die entsprechende Überprüfung zuständig ist. Vielmehr erscheint es ebenso gut möglich anzunehmen, dass sich die gesetzlichen Krankenkassen bei ihren Fusionen[896] in einem kartellrechtlichen Vakuum befinden. Denn die Frage nach der Anwendbarkeit der Fusionskontrollregeln wurde im Gesetzgebungsverfahren zum GKV-WSG zunächst unterschiedlich beantwortet und anschließend nicht hinreichend geklärt. Das heißt, es fehlt derzeit an einer klarstellenden gesetzlichen Regelung.

Die damalige Regierungskoalition bzw. Bundesregierung vertrat in der Begründung[897] ihres Gesetzentwurfes zu § 171a SGB V und in ihrer Gegenäußerung zu der Stellungnahme des Bundesrates[898] die Ansicht, dass die Fusionen gesetzlicher Krankenkassen vom Bundeskartellamt nach den Regeln der Fusionskontrolle des GWB zu prüfen sind. Aus diesem Grunde wurde die Einführung flankierender gesetzlicher Regelungen, die verhindern, dass durch Fusionen wettbewerbsschädliche Monopolbildungen entstehen, für nicht erforderlich gehalten.[899]

---

894 Vgl. *Krasney* in: NZS 2007, 574, 575.

895 Siehe *Mestmäcker/Veelken* in: Immenga/Mestmäcker, Band 2, § 37, Rn. 8; *Bechtold,* § 37, Rn. 6; *Riesenkampff/Lehr* in: L/M/R, § 37, Rn. 6.

896 Gemeint sind hier sowohl die kassenartinternen als auch die kassenartübergreifenden Fusionen.

897 Entwurf eines Gesetzes zur Stärkung des Wettbewerbs in der gesetzlichen Krankenversicherung vom 24.10.2006, BT-Drucks. 16/3100, S. 156.

898 Gegenäußerung der Bundesregierung zur Stellungnahme des Bundesrates vom 11.01.2007, BT-Drucks. 16/4020, S. 7.

899 BT-Drucks. 16/3100, S. 156: „Das Bundeskartellamt hat bisher schon Vereinigungen von Krankenkassen daraufhin geprüft, ob sie zur Entstehung einer marktbeherrschenden Stellung führen. Auch kassenartenübergreifende Fusionen wird es daraufhin überprüfen und bei Entstehung oder Verstärkung einer marktbeherrschenden Stellung untersagen".

Allerdings sprach sich der *Bundesrat* unmissverständlich gegen die Anwendung des Kartellrechts auf die Fusionen von Krankenkassen aus.[900] Denn, so führte er zur Begründung aus, die Anwendung des GWB auf Kassenfusionen würde zu einer ungerechtfertigten Benachteiligung mittelgroßer und kleinerer regional ausgerichteter Krankenkassen führen. Überregional und bundesweit tätige Krankenkassen würden bevorzugt, weil bei der Fusion einer derartigen Krankenkasse mit einer anderen Krankenkasse, auch kassenartenübergreifend, kaum einmal eine marktbeherrschende Stellung entstehen würde. Anders sei dies bei Krankenkassen, die nur regional ausgerichtet sind. Hier könne bei einer kassenartenübergreifenden Fusion mit einer in der gleichen Region tätigen Krankenkasse sehr schnell ein regionaler Marktanteil von mehr als einem Drittel entstehen.[901] Bei den meisten Krankenkassen fand die Auffassung der Bundesregierung ebenfalls keine Zustimmung. Sowohl die Spitzenverbände der Krankenkass*en* in ihrer gemeinsamen Stellungnahme zum GKV-WSG also auch zahlreiche andere Krankenkassen hielten die Anwendbarkeit der Zusammenschlusskontrollvorschriften des GWB auf die Fusionen von gesetzlichen Krankenkassen ohne ausdrückliche gesetzliche Anordnung für problematisch und gingen daher wie der Bundesrat von einer Unanwendbarkeit dieser Vorschriften aus.[902]

Das *Bundesversicherungsamt* vertrat ohnehin die Ansicht, dass das gesamte GWB auf die Rechtsbeziehungen in der gesetzlichen Krankenversicherung nicht anwendbar sei, so auch nicht die Regelungen der Fusionskontrolle. Daher regte es an, die Ausführungen in der Gesetzesbegründung zu streichen, wonach die Fusionen zwischen gesetzlichen Krankenkassen dem GWB und der Kontrolle des Bundeskartellamtes unterliegen sollen.[903] Diese Auffassung teilte das *Bundeskartellamt* im Rahmen seiner Stellungnahme vom 28.11.2006 nicht und forderte, aus Gründen der Rechtssicherheit und Rechtsklarheit in § 171a SGB V folgenden Satz einzufügen.[904]

---

900 Stellungnahme des Bundesrates zum Gesetzesentwurf vom 15.12.2006, BR-Drucks. 755/06(B), S. 63.

901 Stellungnahme des Bundesrates zum Gesetzesentwurf vom 15.12.2006, BR-Drucks. 755/06(B) vom 05.12.2006, S. 63.

902 Gemeinsame Stellungnahme der Spitzenverbände zum Entwurf des GKV-WSG, zuletzt eingesehen am 10.01.2010 unter: http*://www.gkv.info/gkv/fileadmin/user_upload/Positionen/stellungnahme_20061106.pdf*; a. A. ist die KKH – mit 2 Millionen Versicherten die viertgrößte Krankenkasse Deutschlands – welche sich ausdrücklich für eine Anwendbarkeit der Fusionskontrolle ausspricht*: https://www.kkh-allianz.de/fileserver/kkhallianz/files/1460.pdf,* S. 4.

903 *Bundesversicherungsamt*, Stellungnahme zum GKV-WSG – Block II – Organisation, Ausschussdrucks. 14(16)0129(45), S. 1–2.

904 *BKartA*, Stellungnahme vom 28.11.2006, S. 11.

„Die Anwendung der Fusionskontrollvorschriften des Gesetzes gegen Wettbewerbsbeschränkungen durch die zuständige Kartellbehörde bleibt hiervon unberührt".

Der Gesetzgeber ist – obschon eigentlich zu der Auffassung des Bundeskartellamts neigend – dieser Anregung nicht gefolgt. In diesem Zusammenhang für besondere Verwirrung sorgte dann zudem, dass später auf Empfehlung des *Ausschusses für Gesundheit*[905] § 69 SGB V dahin gehend geändert wurde, dass für die Rechtsbeziehungen zwischen den Krankenkassen und den Leistungserbringern die §§ 19–21 GWB *entsprechend* gelten sollten. Nicht erkennbar sind die Motive, die dazu geführt haben, die partielle Geltung des Kartellrechts zwar für die Rechtsbeziehungen der Krankenkassen zu den Leistungserbringern (§ 69 SGB V), nicht aber für das Verhältnis der Krankenkassen untereinander (Fusionsregelungen) anzuordnen. Dies wäre, wie sich an der im Nachhinein entstandenen Diskussion gezeigt hat, aus Gründen der Rechtsklarheit und Rechtssicherheit angezeigt gewesen. Sowohl die Rechtsbeziehungen der Krankenkassen untereinander als auch deren Beziehungen zu den Leistungserbringern werden vom Gesetzgeber als öffentlich-rechtlich angesehen. Insofern hätte es nahe gelegen, die Rechtsbeziehungen auch hinsichtlich der Geltung des GWB gleich zu behandeln und die Fusionsregelungen des Kartellrechts ebenfalls für entsprechend anwendbar zu erklären.[906]

Folglich ist zu klären, welcher Schluss aus der derzeitigen gesetzlichen Lage in Bezug auf die Ausgangsfrage gezogen werden kann bzw. muss und welche Alternative vorzugswürdig erscheint. Die gesetzliche Lage stellt sich zunächst wie folgt dar: Es existiert derzeit keine klarstellende gesetzliche Regelung dahin gehend, dass die Fusionskontrollvorschriften der §§ 35 ff. GWB tatsächlich auf die Zusammenschlüsse gesetzlicher Krankenkassen anwendbar sind. Im Rahmen der Novellierung des § 69 SGB V traf der Gesetzgeber jedoch, im Wissen um den oben dargestellten Streit über die Anwendbarkeit der §§ 35 ff. GWB, die Regelung, dass auf die Rechtsbeziehungen in der gesetzlichen Krankenversicherung die §§ 19 bis 21 GWB entsprechend anwendbar sind.

aa) Argumente für eine Anwendbarkeit der Fusionskontrollvorschriften

Direkt aus § 69 SGB V kann der Ausschluss der Fusionskontrollvorschriften auf Vereinigungen von gesetzlichen Krankenversicherungen nicht entnommen werden, da schon dem Wortlaut des § 69 SGB V zu entnehmen ist, dass nur Rechtsbeziehungen der Krankenkassen zu ihren Leistungserbringern erfasst sein sollen.

905 Beschlussempfehlung des Ausschusses für Gesundheit vom 31.01.2007, BT-Drucks. 16/4200; Bericht des Ausschusses für Gesundheit vom 01.02.2007, BT-Drucks. 16/4247, S. 35.

906 Vgl. *Krasney* in: NZS 2007, 574, 575.

Auf eine *Verhaltenskontrolle* zielen die §§ 35 ff. GWB allerdings nicht ab. Gegenstand der Fusionskontrolle sind nur Sachverhalte, die einem Unternehmen Einfluss auf die unternehmerische Führung eines anderen Unternehmens gewähren. Die Fusionskontrolle zielt mithin auf eine reine *Strukturkontrolle*. Aufgrund der systematischen Stellung des § 69 SGB V und wegen der Tatsache, dass es sich um unterschiedliche Regelungsziele handelt, kann § 69 SGB V schon keine Auswirkungen auf die Anwendbarkeit der §§ 35 ff. GWB bei Kassenfusionen entfalten.[907]

Man könnte zwar behaupten, dass der Gesetzgeber es im Bereich der Fusionskontrolle – anders als im Bereich des § 69 SGB V – wissentlich unterließ, eine entsprechende Anwendung der §§ 35 ff. GWB anzuordnen und daher der Empfehlung des Bundesrates, die Regeln der Fusionskontrolle des GWB nicht auf die kassenartübergreifenden Zusammenschlüsse anzuwenden, stillschweigend gefolgt sei.[908] Gleichwohl würde eine solche Argumentation die extremen zeitlichen Umstände des Zustandekommens der Endfassung des GKV-WSG verkennen.[909] Die Abgeordneten des Ausschusses für Gesundheit hatten sich über Nacht mit 81 Änderungsanträgen zum ursprünglichen Entwurf des GKV-WSG zu beschäftigen. Auch das Bundestagsplenum hatte nur einen Tag Zeit, um sich mit dem 72-seitigen Bericht des Ausschusses für Gesundheit, den Änderungen sowie – und das ist für die vorliegende Frage von Relevanz – mit deren Rechtswirkungen zu befassen. Folglich erscheint es abwegig, den abstimmenden Abgeordneten des Bundestags in dieser kurzen Zeitspanne noch ein planvolles Unterlassen zu unterstellen. Um Wiederholungen zu vermeiden, kann an dieser Stelle vollumfänglich auf die in Abschnitt E. I. 2. b) dd) geführte Argumentation verwiesen werden. Dieselben Gründe, die für ein Übersehen der Kontrollzuständigkeit der Kartellbehörden sprechen, sprechen auch dafür, dass der Gesetzgeber vergas, die Anwendbarkeit der Fusionskontrollvorschriften im Gesetzeswortlaut zu verankern.

Für die Anwendbarkeit der kartellrechtlichen Fusionskontrolle auf den Zusammenschluss von Krankenkassen reklamiert die herrschende Meinung in der Literatur weitere überzeugende Gründe. Ein wesentliches Ziel des GKV-WSG war und ist es nämlich, den Wettbewerb in der gesetzlichen Krankenversicherung zu stärken. Ein weiteres der zahlreichen Mittel zur Intensivierung des Wettbewerbs sollte dabei die Ermöglichung kassenartübergreifender Fusionen sein.

---

907 So *Gassner* in: ZVersWiss 2008, 411, 418; *Heistermann* in: RPG 2007, 104, 115; *Gaßner/Ahrens* in: SGb 2007, 528, 532 und auch *Roth* in: GRUR 2007, 645, 655; *Becker/Kingreen* in: NZS 2010, 417, 421.

908 *Roth* in : GRUR 2007, 645, 656 m. w. N; so zuletzt auch LSG Hessen, Beschluss vom 01.06.2010, Az.: L 1 KR 89/10 KL.

909 Vgl. hierzu *Sodan* in: NJW 2007, 1313, 1314.

Vor dem Hintergrund, dass der Gesetzgeber gleichzeitig – also ebenfalls im GKV-WSG – die Kompetenzen der Kassen zum Abschluss von Einzelverträgen und zum Anbieten von Wahltarifen ausweitete, erscheint die Anwendung der Fusionskontrolle nach dem GWB als erforderlich. Denn die Forderung nach mehr Wettbewerb zwischen den Krankenkassen würde letztlich ins Leere laufen, wenn sich die Krankenkassen aufgrund ihrer marktbeherrschenden Stellung diesem Wettbewerb dann doch nicht stellen müssten, da sie in absehbarer Zeit keine Wettbewerber mehr hätten.[910]

Ein funktionierender Wettbewerb setzt Marktstrukturen voraus, die nicht durch ein oder mehrere Unternehmen dominiert werden. Es ist Ziel der Fusionskontrolle, solche wettbewerblich organisierten Marktstrukturen zu sichern. Mit der Geltung der Zusammenschlusskontrolle des Kartellrechts könnte von daher ein adäquater wettbewerbsrechtlicher Rahmen geschaffen werden, der bereits die Entstehung oder Verstärkung marktbeherrschender Stellungen von Krankenkassen verhindert.[911] Würde man die Fusionen der Krankenkassen nicht der Kontrolle des Bundeskartellamtes unterstellen, könnten die gesetzlichen Krankenkassen den Wettbewerb gegen den Willen des Gesetzgebers gänzlich ausschließen, indem sie sich im Extremfall alle miteinander zusammenschließen. Niemand könnte dies verhindern, weil die sozialrechtliche Aufsicht des Bundesgesundheitsministeriums bzw. des Bundesversicherungsamtes nur die finanzielle Leistungsfähigkeit der Krankenkassen prüft. Die Kriterien des GWB, wie die Frage der Marktbeherrschung oder Monopolisierung bzw. die generellen Auswirkungen auf den Wettbewerb, bleiben im Rahmen der Aufsichtsentscheidungen aber unberücksichtigt.[912]

bb) Argumente gegen eine Anwendbarkeit der Fusionskontrollvorschriften

Mit der oben genannten Argumentation des Bundesrats und unter dem Hinweis auf das Nicht-Handeln des Gesetzgebers, könnte man aufgrund der derzeitigen ungewissen Gesetzeslage auch die gegenteilige Auffassung vertreten[913] bzw. eine Nicht-Anwendung der Fusionskontrolle für vorzugswürdig erachten. Dieser Argumentation von der Bevorzugung regionaler kleinerer Krankenkassen kann jedoch entgegengehalten werden, dass auch die faktische Monopolstellung einer regional tätigen Krankenkasse in einem bestimmten Gebiet eine unzulässige

910 *Böge* in: Krankenhausreport 2006, S. 37.

911 Vgl. *BKartA*, Stellungnahme vom 28.11.2006, S. 11 und 12.

912 Vgl. *BKartA*, Stellungnahme vom 28.11.2006, S. 11 und 12.

913 So z.B. *Schlegel*, Gesetzliche Krankenversicherung und Wettbewerb, S. 36, jedoch ohne nähere Begründung; *Roth* in : GRUR 2007, 645, 656; zuletzt auch LSG Hessen, Beschluss vom 01.06.2010, Az.: L 1 KR 89/10 KL.

marktbeherrschende Position begründen und damit ebenfalls wettbewerbsfeindlich sein kann. Die Auffassung des Bundesrats impliziert, dass wettbewerbsfeindliche Monopolstellungen – regional wie überregional – für die gesetzlichen Krankenkassen als nicht relevant betrachtet werden. Allerdings sind Monopolstellungen in jeglicher Form sowohl bei überregionalen als auch bei kleineren regionalen gesetzlichen Krankenkassen wettbewerbsfeindlich und damit von Bedeutung für ein Funktionieren des Marktes.

Einen anderen Argumentationsansatz, um die Unanwendbarkeit der Fusionskontrollvorschriften auf Kassenfusionen zu begründen, führt dagegen *Krasney*[914]. Er argumentiert, dass die in dem Gesetzgebungsverfahren von der Bundesregierung mehrfach geäußerte Ansicht, das Kartellrecht sei auf die Zusammenschlüsse von Krankenkassen anwendbar, mit der Rechtsprechung der obersten Gerichtshöfe des Bundes und der herrschenden Meinung in der Literatur nicht vereinbar sei. Da sie darüber hinaus keinen Eingang in die gesetzliche Formulierung gefunden habe, sei sie bei der Gesetzesauslegung nicht zu berücksichtigen. Infolgedessen würden sich die Krankenkassen bei ihren Fusionen weiterhin überwiegend im kartellrechtsfreien Raum bewegen.[915] Sein Hauptargument besteht darin, dass die Zusammenschlusskontrolle des GWB auf dem maßgeblichen Sozialversicherungsmarkt keine Anwendung finde, da die von der Fusion auf diesem Markt betroffenen Wettbewerbsverhältnisse öffentlich-rechtlicher Natur seien und das Kartellrecht nach absolut herrschender Meinung als Privatrecht auf diese nicht anwendbar sei.[916]

Auch wenn *Krasney* in der Annahme irrt, der Gesetzgeber bestätige durch den Zusatz der „entsprechenden Geltung" der §§ 19 bis 21 GWB, dass das GWB nur auf privatrechtliche Verhältnisse anwendbar und in § 69 SGB V daher *keine Bereichsausnahme* vom deutschen Kartellrecht zu sehen sei[917], ist ihm zuzugeben, dass nach übereinstimmender Rechtsprechung des BVerfG, des BSG und des BGH die Wettbewerbsbeziehungen zwischen den Krankenkassen grundsätzlich öffentlich-rechtlicher Natur sind und das Konkurrenzverhältnis *allein* zwischen den gesetzlichen Krankenkassen von sozialversicherungsrechtlichen Normen geprägt ist.[918] Wenn man nun den doch recht eindeutigen gesetzgeberischen

914 *Krasney* in: NZS 2007, 574, 576 ff.

915 *Krasney* in: NZS 2007, 574, 580.

916 *Krasney* in: NZS 2007, 574, 580 m. w. N.

917 Vgl. hierzu *Abschnitt D. I bis VI.*

918 Vgl. hierzu *Krasney* in: NZS 2007, 574, 576 mit den Verweisen auf die entsprechenden Urteile in den Fn. 46–50; a. A. sind zu Recht *Gaßner/Ahrens* in: SGb 2007, 528, 530, die zwar grundsätzlich auch von einem öffentlich-rechtlichen Verhältnis der Kassen untereinander ausgehen, aber im Bereich der Fusionen gesetzlicher Kassen das Verhältnis als privatrechtlich einstufen,

Willen zur Anwendbarkeit der §§ 35 ff. GWB und zur Zuständigkeit des Bundeskartellamts als unbeachtlich ansieht, ist es nur konsequent, die Fusionskontrollvorschriften mit *Krasney* für unanwendbar zu deklarieren.

Gleichwohl – und wegen der nicht von der Hand zu weisenden Argumentationslage völlig zu Recht – fordert *Krasney* an gleicher Stelle, dass zur Förderung des Wettbewerbs zwischen den Krankenkassen und zur Erhaltung wettbewerblicher Strukturen die Auswirkungen von Kassenfusionen auch auf dem Sozialversicherungsmarkt der Zusammenschlusskontrolle des GWB unterliegen sollten. Hierfür sollte der Gesetzgeber bei den Vereinigungsvorschriften die entsprechende Geltung der Fusionskontrollvorschriften des GWB anordnen.[919]

b) Eigene Stellungnahme

Meines Erachtens sind die Fusionskontrollvorschriften der §§ 35 ff. GWB bereits nach derzeitiger Rechtslage auf kassenartübergreifende Fusionen anwendbar.[920] Die fehlende gesetzliche Anordnung sorgt zwar für ein erhebliches Maß an Rechtsunsicherheit, gleichwohl ist sie grundsätzlich unschädlich für die Bejahung der Anwendbarkeit der Fusionskontrollvorschriften auf kassenartübergreifende Fusionen. Die Gerichte, welche die Frage nach der Anwendbarkeit der Fusionskontrollvorschriften im praktischen Anwendungsfall zu entscheiden haben, sollten folgende Überlegungen mitberücksichtigen: *Erstens* entspricht es weder dem Zweck noch dem Ziel der im Zusammenhang mit den Kassenfusionen stehenden vorhandenen gesetzlichen Regelungen (§ 69 SGB V und § 171a SGBV), einen Ausschluss der Zusammenschlusskontrolle (§§ 35 ff. GWB) bei Krankenkassenfusionen zu bewirken. So wurde mit der Novellierung des § 69 SGB V nur das Ziel verfolgt, die Tätigkeit der Krankenkassen, die im Zusammenhang mit der *Erfüllung ihres öffentlich-rechtlichen Versorgungsauftrags* stehen, dem Privatrecht und insbesondere dem Wettbewerbs- und Kartellrecht vollständig zu entziehen, soweit nicht eine Ausnahme angeordnet wird (vgl. § 69 Abs. 2 SGB V).[921] Im Rahmen der Krankenkassenfusionen ist jedoch zu beachten, dass es sich hierbei *nicht* um eine Erfüllung des öffentlich-rechtlichen Ver-

---

da sich die Kassen bei Zusammenschlüssen auf dem Boden der Gleichordnung gegenüberstünden und dabei nicht als Träger hoheitlicher Gewalt tätig würden.

919 *Krasney* in: NZS 2007, 574, 576.

920 Wohl auch dieser Auffassung zuneigend *Monopolkommission*, 18. Hauptgutachten, S. 491.

921 Vgl. in Bezug auf Krankenhausfusionen BGH, NJW-RR, 2008, 1426, 1427. Meines Erachtens lassen sich die dort angestellten Erwägungen auch auf Fusion von gesetzlichen Krankenkassen übertragen. Bei der (Neu-)Ordnung ihrer Strukturen, kann für sie nichts anderes gelten, als für die Krankenhäuser.

sorgungsauftrags der Krankenkassen handelt. Schließen sich gesetzliche Krankenkassen zusammen, erfüllen sie dabei nicht ihren Versorgungsauftrag, sondern verändern nur ihre Strukturen, um entweder die eigene wirtschaftliche Leistungsfähigkeit zu erhalten oder wettbewerbsfähig zu bleiben. Zu Handlungen in Erfüllung des öffentlichen Versorgungsauftrags kann es dann aber erst nach Schaffung geeigneter Strukturen kommen.[922] Daher ist die Schaffung der Struktur selbst, im vorliegenden Fall durch die mit § 171a SGB V bewusst eingeräumte Möglichkeit mit anderen Krankenkassen zu fusionieren, noch keine Handlung zur Gewährleistung des öffentlichen Versorgungsauftrags für die das Privatrecht (also auch die §§ 35 ff. GWB) ausgeschlossen ist.[923] Vielmehr ist hierin eine Vorbereitungshandlung der Kassen für ihre eigentliche Tätigkeit, der Versorgung ihrer Versicherten mit Gesundheitsleistungen, zu sehen. Diese ist privatrechtlicher Natur und sollte daher auch vom Privatrecht kontrolliert werden.

Zweitens treten die gesetzlichen Kassen beim Zusammenschluss zu größeren Wirtschaftseinheiten untereinander auch nicht als Träger hoheitlicher Gewalt auf. Folglich handeln sie auch unter diesem Gesichtspunkt nicht öffentlichrechtlich, sondern vielmehr aufgrund der Gleichstellung aller gesetzlichen Krankenkassen im Bereich der Fusionen privatrechtlich.[924] Die Einordnung ihres Handelns im Rahmen von Fusionen als privatrechtlich spricht für eine Anwendbarkeit der Fusionskontrollvorschriften auf diese Zusammenschlüsse.

Unabhängig von der Deutung der derzeitigen Rechtslage dürfte es unstreitig sein, dass der Gesetzgeber in seiner nächsten Reform unbedingt eine klarstellende Regelung hierzu erlassen sollte, um die bestehende Rechtunsicherheit, welche nicht zuletzt zumindest im entfernten Zusammenhang mit § 69 SGB V steht, zu beseitigen.[925] Die Argumente (vgl. oben Abschnitt a) aa)) und die Absicht des bisherigen Gesetzgebers (vgl. oben Abschnitt a)) sollten den neuerlichen Reformgesetzgeber dazu bewegen, im Rahmen des § 171a SGB V die Anwendung der Fusionskontrollvorschriften des GWB vorzusehen und die Zuständigkeit des Bundeskartellamts ausdrücklich anzuordnen.[926]

---

922 BGH, NJW-RR, 2008, 1426, 1427.

923 BGH, NJW-RR, 2008, 1426, 1427.

924 *Gaßner/Ahrens* in: SGb 2007, 528, 532; in diesem Sinne wohl auch *Gassner* in: ZVersWiss 2008, 411, 418.

925 Wie die vorangegangenen Ausführungen gezeigt haben, resultiert diese Rechtsunsicherheit zumindest mittelbar einmal mehr aus der Existenz, dem Wortlaut und der Gesetzgebungsgeschichte des § 69 SGB V.

926 Zu dieser Frage wohl unentschlossen *Becker/Kingreen* in: NZS 2010, 417, 419, die auf den Umstand hinweise, dass die Anordnung der Anwendbarkeit der §§ 35 ff. GWB auf Kassenfusionen zur Folge hätte, dass zum einen die zuständigen Aufsichtsbehörden (vgl. § 90 SGB IV) und zum anderen das Bundeskartellamt geplante Fusionen genehmigen müssten. Die Autoren

c) Zur besonderen Einschlägigkeit der Fusionskontrollvorschriften

Bejaht man schon nach der heutigen Rechtslage die generelle Anwendbarkeit der §§ 35 ff. GWB auf kassenartübergreifende Fusionen mit der Argumentation, das Verhältnis der Krankenkassen untereinander sei *im Bereich der Fusionen* als privatrechtlich einzustufen, da sich die Krankenkassen bei einem Zusammenschluss auf der Ebene der Gleichordnung gegenüberstünden und hierbei nicht als Träger hoheitlicher Gewalt in Wahrnehmung der ihnen durch das SGB übertragenen öffentlichen Aufgaben hoheitlich tätig würden[927], so stellen sich die damit in Zusammenhang stehenden Folgefragen, ob die gesetzlichen Krankenkassen als Unternehmen im Sinne des GWB bzw. als Unternehmen im Sinne der Fusionskontrollvorschriften anzusehen sind.[928]

aa) Gesetzliche Krankenkassen als Unternehmen – Allgemeines

Hinsichtlich des Unternehmensbegriffs bedarf es zum einen der Unterscheidung zwischen deutscher und europäischer Rechtslage und zum anderen der spezifischen Unterscheidung, welcher Bereich des deutschen Wettbewerbsrechts betroffen ist. Denn auch im Rahmen des Kartellrechts (GWB) und des Lauterkeitsrechts (UWG) unterscheiden sich die Unternehmensbegriffe. Das Vorgehen des Gesetzgebers hinsichtlich der Festlegung des kartellrechtlichen Unternehmensbegriffs ist kritisiert worden (dazu oben Abschnitt E. I. 2. b) bb)). In der Literatur wird die Auffassung vertreten, die gesetzlichen Krankenkassen seien jedenfalls als Unternehmen im Sinne des *deutschen* Kartellrechts anzusehen.[929] Dies folge sowohl aus der eindeutigen Gesetzeslage als auch aus der jahrzehntelangen Rechtsprechungstradition, in die der Gesetzgeber aufgrund der grundgesetzlich

befürchten wohl eine Überregulation. Ursprünglich hatte *Kingreen* in: ZESAR 2007, 139, 143, es allerdings als „selbstverständlich" bezeichnet, dass die Fusionskontrolle Anwendung finde, um marktbeherrschende Stellungen zu verhindern.

927 *Gaßner/Ahrens* in: SGb 2007, 528, 530; *Heistermann* in: Auswirkungen des GKV-WSG auf Versorgungsstruktur und Wettbewerbsordnung, S. 176 und 180.

928 Hierauf stellen auch *Becker/Kingreen* in: NZS 2010, 417, 420, entscheidend ab, differenzieren jedoch nicht zwischen dem allgemeinen und dem fusionsrechtlichen Unternehmensbegriff.

929 *Sauter/Ellenbrock* in: GesR 2007, 497, 504; *Pitschas* in: GesR 2008, 64, 68; *Gassner* in: ZVersWiss 2008, 411, 420, der es als „mehr denn je gerechtfertigt" ansieht, die GKV als Unternehmen anzusehen; *Monopolkommission*, 18. Hauptgutachten, S. 488; *BKartA*, Stellungnahme vom 28.11.2006, S. 13 und Stellungnahme zum GKV-OrgWG vom 08.10.2008, S. 2; *Heistermann* in: Auswirkungen des GKV-WSG auf Versorgungsstruktur und Wettbewerbsordnung, S. 176 und auch *Roth* in: GRUR 2007, 645, 659 zumindest im Bereich des Wettbewerb zwischen GKV und PKV um freiwillig Versicherte und im Rahmen der Zusatzleistungen.

angeordneten Teilung der Gewalten nicht in verfassungskonformer Weise eingreifen könne.[930]

bb) Gesetzliche Krankenkassen als Unternehmen im Sinne des europäischen Kartellrechts

Im Abschnitt E. I. 2. b) bb) dieser Arbeit hat der Verfasser sich bereits intensiv mit dem europäischen Unternehmensbegriff auseinandergesetzt. Dabei wurde auch die Rechtsprechung der europäischen Gerichte (EuGH und EuG) zu den deutschen gesetzlichen Krankenversicherungen erörtert. Es wurde festgestellt, dass trotz der bislang eindeutig anderslautenden Rechtsprechung auf europäischer Ebene ein Umdenken bzw. eine Abkehr des EuGH von seiner Rechtsprechung, hin zu einer Bejahung der Unternehmenseigenschaft deutscher gesetzlicher Krankenkassen keine unrealistische Annahme mehr ist.[931] Begründet wurde diese Annahme mit dem schleichenden Systemwechsel, welchen das deutsche Gesundheitssystem derzeit durchläuft.[932] Die herrschende Meinung in der Literatur verlangt demzufolge vom Gesetzgeber angesichts des von ihm selbst vorangetriebenen Wettbewerbs in der gesetzlichen Krankenversicherung ein Umdenken in dieser Frage und führt aus, dass bereits heute (2010) die Voraussetzungen zur Bejahung der Unternehmenseigenschaft gesetzlicher Kassen auch im Sinne des *europäischen* Kartellrechts vorliegen.[933]

cc) Gesetzliche Krankenkassen als Unternehmen im Sinne des deutschen Kartellrechts

Bereits unter Kartellrechtlern ist es umstritten, ob der Unternehmensbegriff des GWB aufgrund der Siebten Novelle zum GWB tatsächlich und vollständig im Gleichlauf mit dem europäischen Unternehmensbegriff auszulegen ist. Nach traditioneller deutscher Kartellrechts-Rechtsprechung wurde die Unternehmenseigenschaft im Gegensatz zum europäischen Unternehmensbegriff schon immer dann bejaht, wenn alleine eine Beschaffungstätigkeit am Markt vorliegt, *unabhängig davon*, ob die beschafften Waren oder Dienstleistungen dann auch wieder am Markt angeboten wurden.[934] Die Nachfragetätigkeit für sich genommen kon-

930 So nur *Sauter/Ellenbrock* in: GesR 2007, 497, 502.

931 Vgl. schon *Abschnitt E. I. 2. b) cc).*

932 *Abschnitt E. I. 2. b) cc).*

933 *Sauter/Ellenbrock* in: GesR 2007, 497, 504; *Gassner* in: ZVersWiss 2008, 411, 420; *Pitschas* in: GesR 2008, 64, 68; *Oberender/Zerth* in: Die BKK 2008, 202, 209; *Monopolkommission*, 18. Hauptgutachten, S. 488.

934 BGHZ 36, 91; 97, 312.

stituiert laut Rechtsprechung des EuG und des EuGH keine wirtschaftliche Tätigkeit im Sinne des europäischen Kartellrechts. In diesem Punkt unterscheiden sich der kartellrechtliche deutsche und der kartellrechtliche europäische Unternehmensbegriff fundamental. Da eine Auseinandersetzung mit dieser Streitfrage an dieser Stelle obsolet wäre, wenn die gesetzlichen Krankenkassen heutzutage, schon nach dem *traditionellen deutschen Unternehmensbegriff des GWB* nicht als Unternehmen anzusehen wären, wird zunächst hierauf eingegangen.

aaa) Unternehmen nach dem traditionellen Unternehmensbegriff

Für die Beantwortung der Frage, ob die gesetzlichen Krankenkassen in ihrer heutigen Form unter den traditionellen deutschen Unternehmensbegriff des GWB fallen, orientiert sich die Literatur[935] vielfach an der bekannten „Gummistrümpfe"-Entscheidung des Bundesgerichtshofs aus dem Jahr 1961[936]. Da der Unternehmensbegriff des GWB aber gerade nicht *institutionell* sondern *funktional*, das heißt unter Beachtung des kartellrechtlichen Regelungszusammenhanges, auszulegen ist[937], ist das pauschale Berufen auf die vorgenannte BGH-Entscheidung aus dem Jahre 1961 nicht zulässig.[938] Für eine aktuelle Beurteilung der Unternehmenseigenschaft der gesetzlichen Krankenkassen ist vielmehr die derzeitige Situation ausschlaggebend, das heißt, ob unter den konkreten gesetzlichen Rahmenbedingungen die gesetzlichen Krankenkassen über die für alle Unternehmen typischen wettbewerblichen Verhaltensspielräume verfügen. Zwar ist es durchaus zulässig, institutionelle Gesichtspunkte mit zu berücksichtigen, entscheidend für die Beurteilung sind aber die wettbewerblichen Handlungsoptionen, welche die gesetzlichen Krankenkassen als Nachfrager und als Anbieter auf dem Markt momentan haben.[939]

Betrachtet man die *institutionellen* Rahmenbedingungen, in denen die gesetzlichen Krankenkassen agieren, lässt sich feststellen, dass sich diese seit der Entscheidung des Bundesgerichtshofes im Jahre 1961 nicht grundlegend geändert

---

935 Vgl. *Möschel* in: JZ 2007, 601, 606; *Gassner* in: ZVersWiss 2008, 411, 418; *Sauter/Ellenbrock* in: GesR 2007, 497, 502.

936 Vgl. BGHZ 36, 91 ff.

937 Vgl. *Bornkamm* in: FS Hirsch, S. 233; *Klees* in: EWS 2010, 1, 1.

938 BGH, NJW 1980, 1046; *Bruhn* in: DStR 1994, 1539; *Bunte* in: Langen/Bunte, 11. Auflage, Band 1, § 1, Rn. 13; *Neumann* in: Kartellrechtliche Sanktionierung von Wettbewerbsbeschränkungen im Gesundheitswesen, S. 70 ff.; *Schwarz* in: BB 1973, 1283, 1284; *Odersky* in: FS Lerche, S. 951; *Bechtold*, § 1, Rn. 6; *Kluckert*, Gesetzliche Krankenkassen als Normadressaten des Europäischen Wettbewerbsrecht, S. 128 m. w. N.

939 *Heistermann* in: Auswirkungen des GKV-WSG auf Versorgungsstruktur und Wettbewerbsordnung, S. 171.

haben. Zwar agieren die gesetzlichen Kassen schon lange nicht mehr als Hoheitsgewalt ausübende Sozialbehörden, sondern haben sich in den letzten Jahren zu dienstleistungsorientierten Servicebetrieben entwickelt, gleichwohl wird ihre Stellung noch immer vom Sozialrecht bestimmt.[940] Noch immer sind die gesetzlichen Krankenkassen rechtsfähige Körperschaften des öffentlichen Rechts, die in Selbstverwaltung einen sozialen Zweck verfolgen. Noch immer handeln sie dem Grunde nach ohne Gewinnerzielungsabsicht, und noch immer beruht ihre Tätigkeit weitestgehend auf dem Grundsatz der Solidarität.

Allerdings führt das neue GKV-WSG sowohl in die private Krankenversicherung als auch in die gesetzliche Krankenversicherung Elemente[941] ein, die eine klare Trennung zwischen den beiden Systemen aufweichen und zudem den nun bereits mehrfach erwähnten Systemwandel in dem System der gesetzlichen, aber auch in der privaten Krankenversicherung bewirken.[942]

Dennoch hat sich seit der Rechtsprechung des Bundesgerichtshofes aus dem Jahre 1961 der institutionelle Kernbereich[943] der gesetzlichen Krankenversicherung in seinen Grundpfeilern (noch) nicht geändert. Allerdings hat sich das Wesen der gesetzlichen Krankenversicherung durch Einführung der Insolvenzfähigkeit, der erweiterten Fusionsmöglichkeiten und im Hinblick auf den Überschneidungsbereich mit den privaten Krankenversicherungen durch Wahl- und Basistarife stärker an die wirtschaftlichen Rahmenbedingungen angenähert, unter denen auch privatwirtschaftliche Unternehmen im Konkurrenzkampf tätig sind.

Des Weiteren hat sich der wettbewerbliche Handlungsspielraum der gesetzlichen Krankenkassen seit der Entscheidung des Bundesgerichtshofes im Jahre 1961 im Rahmen der zahlreichen Gesundheitsreformen zunehmend erweitert. Zwar ist der Leistungsumfang der gesetzlichen Krankenkassen immer noch maßgeblich durch das SGB V vorbestimmt und damit dem Wettbewerb entzogen, gleichwohl ist durch das 1992 verabschiedete Gesundheitsstrukturgesetz (GSG) den Mitgliedern der gesetzlichen Krankenkassen zum Jahre 1996 ein Kassenwahlrecht eingeräumt und so ein Mitgliederwettbewerb der Kassen initialisiert worden.[944] Infolgedessen entstand ein Preiswettbewerb mit Beitragsdifferenzen von mehr als 25%, der eine zunehmende Mitgliederwanderung zum Ergebnis hatte. Mit der Einführung des Risikostrukturausgleiches ab dem Jahre

940 Vgl. *Becker/Kingreen* in: NZS 2010, 417, 417.

941 Siehe hierzu ausführlich schon die Ausführungen in *Abschnitt F. I., VI, VII.*

942 Vgl. *Kingreen* in: ZESAR 2007, 139, 144; *Becker* in: ZMGR 2007, 101, 103; *Axer* in: MedR 2008, 482 ff.

943 Stichworte: Körperschaft des Öffentlichen-Rechts, keine Gewinnerzielung, Solidarität.

944 So auch BVerfGE 113, 167 ff. Das BVerfG erkannte unter Bezugnahme auf BT-Drucks. 12/3608, S. 117, dass sich die gesetzlichen Krankenkassen durch Beitragssatzsenkungen im Kassenwettbewerb für potentielle Wechsler attraktiver machen können.

1994 hat der Gesetzgeber weiter versucht, den Wettbewerb zwischen den gesetzlichen Krankenkassen zu fördern. Daneben hat er, insbesondere durch das GKV-WSG, auf den Wettbewerb zwischen den Kassen maßgebenden Einfluss genommen. Zwar hat nicht jede Maßnahme den Preiswettbewerb gefördert (so z. B der vereinheitliche Beitragssatz), dennoch hat das GKV-WSG seinen Namen nicht zu Unrecht, denn es hat den Krankenkassen, wie oben ausführlich dargestellt, ermöglicht, ihren Mitgliedern, über Wahltarife, Zusatzversicherungen, Zuzahlungen und Rückerstattungen ein ausdifferenziertes Leistungsangebot zu offerieren und so zumindest den Leistungswettbewerb zwischen den gesetzlichen Kassen merklich gesteigert.[945]

Auch im Hinblick auf den Wettbewerb zwischen gesetzlichen Kassen und den privaten Versicherern hat sich der wettbewerbliche Überschneidungsbereich der beiden Versicherungssäulen deutlich vergrößert. Bestand vor dem GKV-WSG ein allenfalls leicht ausgeprägter Wettbewerb um die so genannten freiwillig Versicherten, ist durch die Einführung des Basistarifs und der Wahltarife (insbesondere § 53 Abs. 4–6 SGB V) dieser systemübergreifende Wettbewerb erweitert worden. Denn die Möglichkeit zum Angebot von Wahl-/Zusatztarifen durch gesetzliche Krankenkassen, die Versicherungsleistungen enthalten können, welche bisher nur den Privatversicherungen vorbehalten waren, hat den Wettbewerb nicht nur zwischen den gesetzlichen, sondern auch zu den privaten Krankenkassen deutlich forciert.[946]

Vergleicht man zusammenfassend den möglichen Angebots-/Vertragswettbewerb der gesetzlichen Krankenkassen zum Zeitpunkt der ersten BGH-Entscheidung zum Unternehmensbegriff aus dem Jahre 1961, so kann man zweierlei feststellen: Zum Zeitpunkt der „Gummiströmpfe-Entscheidung“ bestand faktisch kein relevanter Wettbewerb zwischen den gesetzlichen Kassen auf der Angebotsseite. Dieser hat sich in der Folgezeit allerdings, insbesondere nach der Einführung der Wahlfreiheit der Versicherten, deutlich erhöht. Zwar musste der lange im Fokus stehende Preiswettbewerb über die Höhe des Beitragssatzes zugunsten eines stärkeren Angebots-/Vertragswettbewerbs, das heißt Qualitäts- und Servicewettbewerbs zurückweichen, gleichwohl reicht der derzeit vorhandene Wettbewerb aus, um einen wettbewerblichen Handlungsspielraum auf Seiten der gesetzlichen Krankenkassen feststellen zu können, weshalb sie – auch innerhalb des Pflichtversicherungssegements – als Unternehmen im Sinne des deut-

945 Vgl. hierzu schon die Ausführungen unter *Abschnitt F.*

946 Vgl. *Marco*, Private Krankenversicherung, S. 125; *Gassner* in: ZVersWiss 2008, 411, 422; *Roth* in: GRUR 2007, 645, 658 (dort Fn. 168); *Schlegel* in: Gesetzliche Krankenversicherung und Wettbewerb, S. 23 und 37; *Thüsing* in: NZS 2008, 449, 450; *BKartA*, Stellungnahme vom 28.11.2006, S. 13 ff.; *Liessem/Steinmeyer/von Laer* in: Die Anwendbarkeit von Wettbewerbs- und Kartellrecht auf gesetzliche Kassen, S. 30; *Becker* in: ZMGR 2007, 101, 103.

schen Wettbewerbs zu qualifizieren sind.[947] Auch die Betrachtung des Nachfrageverhaltens der gesetzlichen Kassen lässt inzwischen durchaus auf die Unternehmenseigenschaft gesetzlicher Kassen im Sinne des GWB schließen. Denn viel entscheidender als die ausgeweiteten Möglichkeiten der Krankenkassen, ihre Nachfrage zu Lasten der Kollektivverträge individuell zu gestalten, erscheint die Tatsache, dass bei den gesetzlichen Kassen eine deutliche Änderung ihrer Einstellung zu den Einzelverträgen eingetreten ist, mit der Folge, dass sie die ihnen gesetzliche geschaffenen Freiräume zum selektiven Vertragsschluss auch zunehmend wahrnehmen.[948] Die deutschen gesetzlichen Krankenkassen müssen demnach aufgrund ihrer wettbewerblichen Verhaltensspielräume auf der Angebots- wie auch auf der Nachfrageseite, im Rahmen des deutschen Kartellrechts als Unternehmen angesehen werden.[949]

bbb) Einfluss der Siebten Novelle des GWB auf die Auslegung des deutschen Unternehmensbegriffs

Da von der Unternehmenseigenschaft gesetzlicher Krankenversicherungen im traditionellen Sinne des deutschen GWB ausgegangen werden kann (dazu oben Abschnitt aaa)), stellt sich die Frage, welchen Einfluss die Siebte GWB-Novelle[950] auf das soeben gefundene Ergebnis haben könnte.

947 *Sauter/Ellenbrock* in: GesR 2007, 497, 504; *Pitschas* in: GesR 2008, 64, 68; *Gassner* in: ZVersWiss 2008, 411, 420; Monopolkommission, 18. Hauptgutachten, S. 488; *BKartA*, Stellungnahme vom 28.11.2006, S. 13 und Stellungnahme zum GKV-OrgWG vom 08.10.2008, S. 2.

948 *Heistermann* in: Auswirkungen des GKV-WSG auf Versorgungsstruktur und Wettbewerbsordnung, S. 176.

949 Dieser Meinung sind auch *Sauter/Ellenbrock* in: GesR 2007, 497, 504; *Pitschas* in: GesR 2008, 64, 68; *Gassner* in: ZVersWiss 2008, 411, 420; *Monopolkommission*, 18. Hauptgutachten, S. 488; *BKartA*, Stellungnahme vom 28.11.2006, S. 13 und Stellungnahme zum GKV-OrgWG vom 08.10.2008, S. 2; *Heistermann* in: Auswirkungen des GKV-WSG auf Versorgungsstruktur und Wettbewerbsordnung, S. 176; *Roth* in: GRUR 2007, 645, 659 zumindest im Bereich des Wettbewerb zwischen GKV und PKV um freiwillig Versicherte und im Rahmen der Zusatzleistungen; a. A.: *Bernhardt* in: Auswirkungen des GKV-WSG auf Versorgungsstruktur und Wettbewerb, S. 110, der die Kassen aufgrund ihrer Staatsnähe lediglich als „Verwalter eines solidarischen Sozialsystems" ansieht; *Roth* in: GRUR 2007, 645, 659, für die übrigen Bereiche. Insoweit geht *Roth* wohl davon aus, dass es sich bei GKV nur um „Auch-Unternehmen" handelt.

950 Siebtes Gesetz zur Änderung des Gesetzes gegen Wettbewerbsbeschränkungen zur Anpassung an das EU-Wettbewerbsrecht vom 07.07.2005, BGBl. I S. 1954.

Andere Stimmen in der Literatur[951] gehen nämlich aufgrund dieser Reform und der darin geäußerten gesetzgeberischen Intentionen[952] davon aus, dass der deutsche Unternehmensbegriff *einheitlich* mit dem europäischen Unternehmensbegriff auszulegen sei und daher Einrichtungen, die auf der Angebotsseite ihre Waren/Dienstleistungen nicht wirtschaftlich am Markt absetzen, sondern – wie die gesetzlichen Krankenkassen – nur im Rahmen der Erfüllung einer öffentlichen Aufgabe abgeben, nicht als Unternehmen im Sinne des Kartellrechts anzusehen sind. Diese Auslegung des Unternehmensbegriffes und damit auch die Ansicht des Gleichlaufs der Unternehmensbegriffe ist schon aus oben genannten Gründen kritikwürdig und mangels gesetzgeberischer Kodifikation – denn der damals geplante § 23 GWB und die in ihm enthaltenen „Europa-Klausel" sind gerade nicht Gesetz geworden – abzulehnen.[953]

Darüber hinaus wäre eine Auslegung des deutschen Unternehmensbegriffs in Bezug auf die gesetzlichen Krankenversicherungen, im Lichte der zu Artikel 81 Abs. 1 EGV (heute Art. 101 AEUV) ergangenen Rechtsprechung und Rechtsanwendungspraxis, von höchster Rechtsunsicherheit geprägt. Bedenkt man, dass die bis heute ständig zitierte „AOK-Entscheidung"[954] des EuGH aus dem Jahre 2004 stammt und eine Rechtslage, die weitere fünf Jahre zurückliegt, beurteilt, sind Zweifel und Kritik an dieser Auslegungsvorgabe durchaus angebracht. Es wäre widersinnig, die aktuelle deutsche Rechtslage (hier bezogen auf die Unternehmenseigenschaft der gesetzlichen Krankenkasse) anhand von mehrere Jahre zurückliegenden Entscheidungen der Unionsgerichte zu beurteilen oder zu konkretisieren. Es ist durchaus möglich, dass das heutige System der gesetzlichen Krankenversicherung in Deutschland aus dem Jahre 2009 den EuGH dazu veranlassen könnte, die deutschen gesetzlichen Krankenkassen nunmehr als Unternehmen im Sinne der Art. 101 ff. AEUV (ex-Art. 81 ff. EGV) zu beurteilen.[955] Da dies jedoch ungewiss ist, ist es angezeigt, sich bei der Auslegung des Unter-

---

951 So z.B. *Roth* in: GRUR 2007, 645 ff.; *Bernhardt* in: Auswirkungen des GKV-WSG auf Versorgungsstruktur und Wettbewerbsordnung, S. 96; *Bechtold*, Einführung, Rn. 20.

952 Vgl. Entwurf eines Siebten Gesetzes zur Änderung des Gesetzes gegen Wettbewerbsbeschränkungen vom 12.08.2004, BT-Drucks. 15/3640, S. 22, 44: „Die Tatbestandsmerkmale des § 1, wie etwa die Definition von Unternehmen oder Unternehmensvereinigungen (...), sind daher im Lichte der zu Artikel 81 Abs. 1 EG ergangenen Rechtsprechung und Rechtsanwendungspraxis auszulegen und anzuwenden".

953 Siehe hierzu schon *Abschnitt E. I. 2. b) bb) ccc).*

954 EuGH, Slg. 2004, I-2493 – AOK.

955 Dies hält dann wohl auch *Roth* in: GRUR 2007, 645, 656 für möglich: „Auf dem Hintergrund dieser (freilich bestrittenen) Rechtslage wird man sich der Frage zuwenden müssen, ob die Tätigkeit der Kassen im Bereich der Zwangsversicherung im Lichte der Änderungen durch das GKV-WSG noch hinreichend vom Grundsatz der Solidarität geprägt erscheint, um weiterhin eine nichtwirtschaftliche Tätigkeit annehmen zu können".

nehmensbegriffes an den aktuellen nationalen Gegebenheiten zu orientieren, die nationale Rechtsprechung zugrunde zu legen und mit der überwiegenden Auffassung in der Literatur von einer Unternehmenseigenschaft gesetzlicher Krankenkassen im Sinne des GWB auszugehen.

dd) Gesetzliche Krankenkassen als Unternehmen im Sinne der Fusionskontrollvorschriften

Für die Fusionskontrolle wird der Gleichlauf der Unternehmensbegriffe teilweise ohnehin nicht für angezeigt gehalten. Das Bundeskartellamt führte in diesem Zusammenhang aus, dass für das deutsche Fusionskontrollrecht die Urteile der Unionsgerichte ohnehin keine Relevanz hätten, da die nationale Fusionskontrolle gegenüber der europäischen Fusionskontrolle und auch gegenüber den Art. 101 und 102 AEUV (ex-Art. 81 und 82 EGV) autonom sei.[956] So wird ein „Ausnahmebereich" für die Fusionskontrollvorschriften, das heißt ein eigener Unternehmensbegriff im Rahmen der Fusionskontrolle, konzipiert.[957]

ee) Votum für eine gesetzliche Klarstellung

Der „Schaden", den der Gesetzgeber durch die fehlende gesetzliche Anordnung anrichtete, offenbart sich in der Verworrenheit und Vielschichtigkeit der Rechtsfragen. Die Frage der Anwendung der Fusionskontrollvorschriften auf kassenartübergreifende Fusionen wird dabei zum „Kriegsschauplatz" für die Auseinandersetzung um die Unternehmenseigenschaft deutscher gesetzlicher Krankenkassen.

Der Gesetzgeber sollte hier im Rahmen einer kommenden Gesundheitsreform unbedingt für Rechtsklarheit sorgen und darüber hinaus diese Diskussion zum Anlass nehmen, seine Auffassung hinsichtlich der Unternehmenseigenschaft der gesetzlichen Krankenkassen zu überdenken bzw. zu korrigieren. Die Anwendbarkeit der Fusionskontrollvorschriften des GWB auf kassenartübergreifende Fusionen ist aus den oben genannten Argumenten nicht nur folgerichtig, sondern

956 *BKartA*, Stellungnahme vom 28.11.2006, S. 15. Hierfür spricht, dass es in der gesamten Rechtsordnung ohnehin keinen einheitlichen Unternehmensbegriff gibt, vgl. *Bunte* in: Langen/Bunte, 11. Auflage, Band 1, § 1, Rn. 13.

957 So *Kingreen* in: ZESAR 2007, 139, 143, der es als „selbstverständlich" bezeichnet, dass die Fusionskontrolle Anwendung finde, um marktbeherrschende Stellungen zu verhindern; a. A. *Roth* in: GRUR 2007, 645, 656, der aufgrund der von ihm bevorzugten einheitlichen Auslegung des deutschen und europäischen Unternehmensbegriffs davon ausgeht, dass die gesetzlichen Kassen keine Unternehmen im Sinne der Fusionskontrollvorschriften sind und diese folglich auch nicht auf Kassenfusionen Anwendung finden können.

auch aus Rechtsschutzgesichtspunkten angezeigt. Damit einhergehen sollte selbstredend die Anordnung der Kontrollzuständigkeit des Bundeskartellamtes.[958]

958 Ebenso *Monopolkommission*, 18. Hauptgutachten, S. 491.

G. Alternative Regelungsmöglichkeiten zu § 69 SGB V / Forderung nach mehr Wettbewerb in der gesetzlichen Krankenversicherung

I. Einführung

Die bereits in der Einleitung (Abschnitt A. VI. 3. a)) erwähnte, teilweise harsche Kritik, mit der der Reformgesetzgeber konfrontiert wurde, war nicht durchweg berechtigt. Durchaus wurde im Sinne des Gesetzestitels „Wettbewerbsstärkungsgesetz" auch der Wettbewerb im System der gesetzlichen Krankenversicherung bzw. im gesamten Gesundheitssystem gefördert und gestärkt. Gleichwohl sind einige Unstimmigkeiten in der Reform zu konstatieren. Diese sind sicherlich auch und vor allem durch großkoalitionäre Kompromisse bedingt, aber ebenso durch einige „untechnische" Fehler im Gesetzgebungsverfahren.[959]

1. Unstimmigkeiten des § 69 SGB V

Die erste Unstimmigkeit betrifft die Frage der Regulation des geförderten Wettbewerbs und damit den viel kritisierten § 69 SGB V. Dessen Wortlaut und die sich daraus ergebenden Rechtswirkungen sind, im Zusammenhang mit den ihn flankierenden Regelungen bezüglich der Rechtswegzuweisungen, wahrlich kein gesetzgeberisches „Meisterwerk". Im Rahmen dieser Arbeit wurde hinreichend verdeutlicht, welches hohe Maß an Rechtsunsicherheit § 69 SGB V verursacht. Der Reformbedarf des § 69 SGB V ist daher offensichtlich.

2. Unstimmigkeiten im Rahmen der Wettbewerbsförderung an sich

Eine weitere Unstimmigkeit des GKV-WSG wird darin gesehen, dass der Gesetzgeber den „Weg zum Wettbewerb" eingeschlagen hat, ihn aber nicht konsequent gegangen ist. Diese Kritik mag teilweise berechtigt sein, geht aber zu weit,

959 Vgl. zu den kritikwürdigen Umständen des Gesetzgebungsverfahren schon Fn. 555, 585, 586 mit den entsprechenden Literaturnachweisen.

wenn das GKV-WSG als „bloßes Wettbewerbsstrangulierungsgesetz“[960] abgetan wird. Vor allem der Vertragswettbewerb in der gesetzlichen Krankenversicherung wurde durch Schaffung größerer Vertragsfreiheit mittels Einzel- und Selektivverträgen durchaus gefördert (dazu im Einzelnen Abschnitt F. II.). Dies gilt nicht nur für den Bereich der ambulanten ärztlichen Versorgung, sondern auch für den Bereich der Hilfs- und Arzneimittelversorgung, für welche durch die gewonnenen Vertragsfreiheiten ein gesteigerter Preiswettbewerb generiert wurde.

Darüber hinaus bewirken die erweiterten Fusionsmöglichkeiten und die letztendlich durch das GKV-OrgWG eingeführte Insolvenzfähigkeit der Krankenkassen eine Förderung des Wettbewerbs unter den gesetzlichen Krankenkassen. Auch bereits etablierte und durch das GKV-WSG weiter angepasste Mechanismen, wie der Kontrahierungszwang in Verbindung mit dem Risikostrukturausgleich oder die freie Kassenwahl sowie die verbesserten Kassenwechselmöglichkeiten der Versicherten stärken den vorgenannten Wettbewerb zumindest mittelbar.

Ferner verkennen die Kritiker teilweise, dass – wie oben bereits angesprochen – der Gesetzgeber nicht „auf einen Schlag“ ein neues Gesundheitssystem durch einen kompletten Systemwandel in der gesetzlichen Krankenversicherung erschaffen konnte.[961] Einschneidende Reformen, die traditionelle, gewachsene Verfassungsprinzipien wie das Sozialstaatsprinzip berühren, müssen in Form eines dynamischen Prozesses durchgeführt werden und nehmen naturgemäß Zeit in Anspruch. Gleichwohl muss der Gesetzgeber nunmehr – um in dem oben angesprochenen Bild zu bleiben – den eingeschlagenen Weg konsequent weitergehen und in verfassungsmäßiger Weise den Sozialstaat (in Bezug auf die GKV) weiter reformieren. Dies kann vor allem durch die erneute Ausweitung des Wettbewerbs geschehen. Der künftige Reformgesetzgeber wird in der kommenden Legislaturperiode die Zeit haben, sich „in Ruhe“ mit neuen wettbewerbsfördernden Instrumentarien im Gesundheitssystem zu befassen und die misslungenen Komponenten der vergangenen Reform aus dem Jahre 2007 zu korrigieren.[962]

960 Obwohl aus wettbewerbsrechtlicher Sicht Kritik äußernd, ist dieser Auffassung im Hinblick auf den gewonnenen Vertragswettbewerb auch *Gassner* in: NZS 2007, 281, 281 (dort Fn. 6).

961 Siehe hierzu schon *Abschnitt G. II. 4.*

962 So auch der *Sachverständigenrat* zur Begutachtung der gesamtwirtschaftlichen Entwicklung (Fn. 756), S. 386 ff. (dort insbesondere Rn. 662).

II. Ziele des „Schlussteils“

Ein Handlungsbedarf des Gesetzgebers konzentriert sich auf zwei exponierte Faktoren: *Erstens* die Schaffung weiterer bzw. Ausweitung vorhandener Wettbewerbselemente in allen Bereichen des Gesundheitssystems sowie *zweitens* die Verbesserung der wettbewerbsrechtlichen Regulation (§ 69 SGB V) des vorhandenen bzw. sich ausweitenden Wettbewerbs.

1. Reform des § 69 SGB V

Demzufolge muss vor dem Hintergrund, dass die Forderung[963] nach (noch) mehr Wettbewerb allgegenwärtig und berechtigt ist, im Folgenden explizit auf die künftige Rolle und vor allem den Inhalt des § 69 SGB V eingegangen werden. Es wird die Frage zu beantworten sein, wie ein reformierter § 69 SGB V aussehen könnte bzw. ob diese Norm überhaupt eine Zukunft im gesamten Regelungsgefüge des Gesundheitsrechts hat. Überdies wird auf Grundlage der derzeitigen Gesetzeslage auf die Folgen einer möglichen Streichung eingegangen werden.

2. Forderung nach mehr Wettbewerb

Schlussendlich werden die Forderungen des Wissenschaftlichen Beirats, des Bundeskartellamts, der Monopolkommission, des Sachverständigenrats und zahlreicher Stimmen in der Literatur nach einer weiteren Förderung des Wettbewerbs in der gesetzlichen Krankenversicherung aufgegriffen und mögliche weitere umsetzbare Reformschritte vorgestellt und gewürdigt werden. In diesem Rahmen werden die bisher vorhandenen mittelbar und unmittelbar wettbewerbsfördernden Elemente eingehender auf ihre Wettbewerbstauglichkeit untersucht. Auch hier werden weitere Reformschritte angeregt und mögliche Reformmodelle vorgestellt. Überdies wird im Bereich der Fusionskontrolle auf eine Klärung der derzeitigen unsicheren Rechtslage (vgl. Abschnitt F. VIII. 2.) hingewirkt werden.

963 *Monopolkommission*, 18. Hauptgutachten, S. 434 ff.; *Sachverständigenrat* (Fn. 756), S. 386 ff.; *BKartA*, Stellungnahme vom 28.11.2006, S. 3; *Monopolkommission*, BT-Drucks. 16/10140, S. 335 ff.; *Wiss.-Beirat*, Gutachten, S. 3, 7, 9, 16; Antrag der *FDP-Fraktion* vom 28.06.2006, BT-Drucks. 16/1997, S. 2 und 3.

III. Die künftige wettbewerbsrechtliche Regulierung des Wettbewerbs

Dem Reformgesetzgeber bieten sich verschiedene Optionen, die in ihrer Wirkung unterschiedliche Intensitätsgrade aufweisen. Die Reformpotentiale reduzieren sich jedoch im Wesentlichen auf *fünf mögliche* und *ein wünschenswertes* „Reformmodell" des § 69 SGB V.

1. Änderung der Rechtswegzuweisung

Für Kritik und Diskussion sorgt zunächst eine Rechtswirkung des § 69 SGB V, welche diesem nicht unmittelbar innewohnt, sondern sich nur mittelbar im Zusammenhang mit anderen Regelungen einstellt. § 51 Abs. 2 SGG und § 87 Abs. 1 S. 3 GWB bewirken eine Rechtswegzuweisung für (privatrechtliche) Rechtsstreitigkeiten aus den in § 69 SGB V genannten Rechtsbeziehungen an die Sozialgerichtsbarkeit, auch soweit hierdurch Rechte Dritter betroffen sind. Obschon diese Rechtswegzuweisung aufgrund der eindeutigen Rechtlage unstreitig hingenommen wird, sieht sie sich gleichwohl erheblicher Kritik in Literatur und Praxis ausgesetzt.[964] Denn – so wird überwiegend argumentiert – die Sozialgerichte verfügen nicht über das jahrzehntelange Erfahrungswissen der ordentlichen Gerichte bzw. derer Sondersenate in Wettbewerbsfragen, sondern befassen sich seit jeher mit grundverschiedenen Gegenständen. Daher sei die vorgenannte Rechtswegzuweisung sachwidrig.[965] Insbesondere vor dem Hintergrund, dass das GWB verhältnismäßig viele unbestimmte Rechtsbegriffe enthält, die sich den Sozialgerichten nicht ohne weiteres erschließen, liegt in der Zuweisung eine Überforderung der auf sozialrechtliche Fragen spezialisierten Sozialgerichtsbarkeit.[966]

Darüber hinaus wird häufig angemahnt, dass gerade die Sozialgerichte mit den Klagen aufgrund der Hartz-Reformen ohnehin schon überlastet[967] seien. Daher könnten sie ihre Zuständigkeit für die immer häufiger werdenden wettbe-

---

964 Für die Praxis exemplarisch die Stellungnahme des *BAH, BPI* und *VFA* in: Ausschussdrucksache 16(14)0410(34), S. 3; Für die Literatur: *Sauter/Ellenbrock* in: GesR 2007, 497, 501; *Möschel* in: JZ 2007, 601, 605; *Gassner* in: NZS 2007, 281, 286; *Wigge* in: NZS 2000, 533, 535; *Peikert/Kroel* in: MedR 2001, 14, 18; *Hänlein* in: NZS 2003, 617, 623.

965 Kritisch unter dem Gesichtspunkt fehlender Sachkunde insbesondere *Sauter/Ellenbrock* in: GesR 2007, 497, 501; *Möschel* in: JZ 2007, 601, 605; *Neumann* in: WuW 1999, 961, 966.

966 Vgl. *Sauter/Ellenbrock* in: GesR 2007, 497, 501.

967 Vgl. z.B. *Möschel* in: JZ 2007, 601, 605; zur Überlastung der Sozialgerichte siehe schon Fn. 592.

werbsrechtlichen Streitigkeiten im Zusammenhang mit den Rechtsbeziehungen der gesetzlichen Krankenkassen schon gar nicht effektiv wahrnehmen.

Ferner kann in der Rechtswegzuweisung kein tieferer Sinn erkannt werden. Eine sach- und gesetzeswidrige Überlegung seitens des Gesetzgebers wäre es, wenn man sich von der vorgenannten Zuweisung eine Dämpfung des Wettbewerbsschutzes im Bereich der Rechtsbeziehungen der gesetzlichen Krankenkassen erhoffen würde, um selbige zu privilegieren.[968]

Die „mildeste" Lösung im Rahmen einer Reform des § 69 SGB V wäre es, die Rechtswegzuweisungen in § 51 Abs. 2 SGG und § 87 Abs. 1 S. 3 GWB zu streichen und in § 69 SGB V klarzustellen, dass Streitigkeiten im Rahmen dieser Rechtsbeziehungen, sofern sie wettbewerbsrechtlicher Natur sind, vor den ordentlichen Gerichten auszutragen sind. Diese würde jedoch viel zu kurz greifen. Es verbliebe zum einen die Rechtsunklarheit, ob nunmehr auch die Kartellbehörden zur Vorkontrolle berufen sind und zum anderen verbliebe es bei der bloßen „entsprechenden" Anwendung (nur) der §§ 19 bis 21 GWB. Zudem blieben sämtliche Probleme bei der Anwendung des UWG, z.B. im Bereich der kommerziellen Mitgliederwerbung, ungelöst.

2. Miteinbeziehung der Kartellbehörden

Eine andere Option wäre es, die Rechtswegzuweisung an die Sozialgerichte beizubehalten, jedoch eine umfassende vorhergehende Kontrollzuständigkeit der Kartellbehörden, insbesondere des Bundeskartellamts, im Wortlaut des § 69 SGB V ausdrücklich zu verankern. Nach der hier vertretenen Auffassung begründet zwar schon die derzeitige Rechtslage, welche die entsprechende Geltung der §§ 19 bis 21 GWB vorschreibt, eine Zuständigkeit der Kartellbehörden[969], gleichwohl handelt es sich hierbei um eine Mindermeinung. Die herrschende Meinung in der Literatur, auch wenn sie sich einen anderen Rechtszustand wünschen würde, sieht sich *de lege lata* an den Ausschluss der Kartellbehörden gebunden.[970] In der Rechtsprechung wird ebenfalls von einem Ausschluss ausgegangen. Dennoch schreiten vor allem die Landeskartellbehörden immer wieder gegen kartellrechtswidrige Verhaltensweisen gesetzlicher Krankenkassen oder der Leistungserbringer ein bzw. werden von den Betroffenen angerufen. Teils

968 So auch *Möschel* in: JZ 2007 601, 605 und schon weit vor der derzeitigen Gesetzeslage in diese Richtung weisend *Richter* in: Der Kassenarzt 1999, 22, 23.

969 Vgl. auch *Gassner* in: NZS 2007, 281, 284; *Kerssenbrock* in: NZS 2010, 82, 85 und zur ausführlichen Diskussion *Abschnitt E. I. 2. c)*.

970 Vgl. *Sauter/Ellenbrock* in: GesR 2007, 497, 501 ff.; *Möschel* in: JZ 2007, 601, 606.

verhängen sie auch Sanktionen, die sodann vor den Sozialgerichten mit Erfolg angegriffen werden können. Diese unbefriedigende und unsichere Rechtslage gilt es daher zu beseitigen. Dabei könnte man die derzeitige Gesetzeslage als Grundlage heranziehen und die entsprechende Geltung der §§ 19 bis 21 GWB „bei gleichzeitiger Zuständigkeit der Kartellbehörden" anordnen. Diese Lösung würde jedoch ebenfalls zu kurz greifen. Sie würde nach der hier vertretenen Meinung auch gar nicht über den derzeitigen gesetzgeberischen Willen hinausgehen und nur partiell die bestehenden Rechtsunsicherheiten lösen können. Die kommende Reform des § 69 SGB V sollte jedoch eine *ganzheitliche* sein.

3. Abschaffung der Rechtswegzuweisung und Zuständigkeit der Kartellbehörden

Die dritte Option, die sich dem künftigen Reformgesetzgeber bietet, ist eine Kombination aus den Alternativen 1. und 2., das heißt die Abschaffung der Zuweisung an die Sozialgerichte bei gleichzeitiger ausdrücklicher Anordnung der Kontrollzuständigkeit der Kartellbehörden. Im Grunde wäre hierdurch der „normale" prozessuale Rechtszustand bei wettbewerbsrechtlichen Streitigkeiten erreicht. Gleichwohl entspräche dies – entgegen *Möschel*[971] – nicht faktisch der Abschaffung des § 69 SGB V. Denn § 69 SGB V hat nach der absolut herrschenden Meinung nicht nur die derzeitige prozessuale Wirkung, sondern auch eine materielle Ausschlusswirkung im Sinne einer teilweisen Bereichsausnahme vom deutschen Wettbewerbsrecht. Würde man § 69 SGB V streichen, wäre auch die materiellrechtliche Wirkung beseitigt, während dies bei bloßer Anordnung der Zuständigkeit von Kartellbehörden und ordentlicher Gerichtsbarkeit nicht der Fall wäre.

Demzufolge reicht auch diese dritte Variante meines Erachtens nicht weit genug, da die zahlreichen materiellrechtlichen Probleme – beispielhaft seien an dieser Stelle die Unanwendbarkeit des § 1 GWB und des gesamten UWG genannt – nicht behoben wären. Eine künftige Novellierung des § 69 SGB V muss allerdings den materiellrechtlichen Unstimmigkeiten ebenfalls Rechnung tragen. Denn gerade vor dem Hintergrund der ebenso erforderlichen wie wünschenswerten Ausweitung der wettbewerblichen Elemente in der gesetzlichen Krankenversicherung ist die materiellrechtliche Bereichsausnahme nicht länger zu rechtfertigen. Dies gilt im Übrigen gleichermaßen für die *abgemilderte* Variante des § 69 SGB V bei entsprechender Geltung der §§ 19 bis 21 GWB.

971 *Möschel* in: JZ 2007, 601, 606.

4. Ersatzlose Streichung des § 69 SGB V

Die Streichung des „Unruheherds“ § 69 SGB V wird als die einfachste und „ordnungspolitisch sauberste Lösung“[972] bezeichnet, da somit sämtliche prozessualen und materiellrechtlichen Unklarheiten beseitigt wären. Der alte Rechtszustand, der vor Einführung der Norm galt, wäre wiedereingeführt. Daher wurde vielerorts eine solche ersatzlose Streichung des § 69 SGB V vehement gefordert.[973] Konsequenterweise wäre die Rechtswegzuweisung zu den Sozialgerichten aus Gründen der Klarstellung ebenfalls zu beseitigen.[974]

Gegen die im Gesetzgebungsverfahren zum GKV-WSG geäußerte Forderung zur ersatzlosen Streichung des § 69 SGB V wurde seitens des Bundesministerium für Wirtschaft und Technologie der Einwand erhoben, dass ein solches Vorgehen und der dadurch erzielte Rechtszustand *„den derzeitigen Gegebenheiten im Verhältnis der gesetzlichen Krankenversicherungen zu den Leistungserbringern nicht gerecht* [werde]“, da es *„großteils noch von Kollektivverträgen geprägt*“ sei.[975] Dieser Einwand war wohl schon zum damaligen Zeitpunkt unbegründet und wäre es zu einem künftigen Zeitpunkt umso mehr. Denn die Anwendung des deutschen Wettbewerbsrechts hätte nicht zur Folge, dass jede Maßnahme undifferenziert überprüft würde. Sollte im Einzelfall die Anwendung des Sozialrechts im Bereich der Kollektivverträge notwendig sein, wäre diese durch eine gleichzeitige Anwendbarkeit des Wettbewerbsrechts nicht ausgeschlossen. Auch GWB und UWG sind nur einfache Gesetze, die im Einzelfall durch speziellere Regelungen des Sozialrechts verdrängt werden könnten (lex specialis derogat legi generali). Ein rechtfertigender Grund, eine mögliche Kollision der Regelungswerke durch Nichtanwendung des Wettbewerbsrechts präventiv zu verhindern, besteht dagegen nicht.[976]

---

972 So *Bundeswirtschaftsminister a. D. Michael Glos*, BmWi-Pressemitteilung vom 30.01.2007, S. 4.

973 *BKartA*, Stellungnahme vom 28.11.2006, S. 5; Die *FDP-Fraktion* forderte im Gesetzgebungsverfahren die Anwendbarkeit des gesamten Wettbewerbsrechts, Ausschussdrucksache 16(14)0130(58), S. 2; *Wiss.-Beirat* beim Bundesministerium für Wirtschaft und Technologie in: BmWi-Pressemitteilung vom 30.01.2007, S. 2; *VfA* in: BT-Ausschussdrucksache 16(14)0410(29), S. 6 sowie auch *BAH und BPI* in: Ausschussdrucksache 16(14)0410(34), S. 3; aus der Literatur: *Möschel* in: JZ 2007, 601, 606; implizit auch *Sauter/Ellenbrock* in GesR 2007, 497, 501; wohl auch *Gassner* in: ZVersWiss 2008, 411, 423, der die „Immunisierungswirkung des § 69 SGB V weiter reduzieren“ will.

974 § 87 Abs. 1 S. 3 GWB wäre ohnehin obsolet und § 51 Abs. 2 SGG müsste gestrichen werden.

975 Pressemitteilung des Bundesministeriums für Wirtschaft und Technologie vom 30.01.2007, S. 4.

976 Vgl. *Möschel* in: JZ 2007, 601, 605.

Darüber hinaus ist zu hinterfragen, ob die Prägung des Systems durch Kollektivverträge noch tatsächlich vorhanden ist. Wie bereits erwähnt, gehen zahlreiche Krankenkassen dazu über, individualvertragliche Regelungen mit den Leistungserbringern auszuhandeln und diese dann im Kollektiv abzuschließen. Hierin besteht jedoch ein großer Unterschied zu einem durchweg kollektivvertraglichen Verhältnis und macht die Anwendung der wettbewerbsrechtlichen Grundsätze zum Schutze der Leistungserbringer und der konkurrierenden Krankenkassen umso erforderlicher. Vor dem Hintergrund, dass in der/den kommenden Reform(en) weitere individualvertragliche Elemente in das System der gesetzlichen Krankenversicherung installiert werden könnten bzw. die vorhandenen ausgeweitet werden sollten, erscheint die vorzitierte Argumentation des Bundeswirtschaftsministeriums nicht länger angängig. *De lege ferenda* muss sich auch der deutsche Gesetzgeber damit anfreunden: Wer Wettbewerb sät, wird auch das Wettbewerbsrecht akzeptieren müssen.[977]

Ein weiteres Problem der ersatzlosen Streichung des § 69 SGB V könnte darin gesehen werden, dass auch nach dessen Wegfall das Wettbewerbsrecht gleichwohl nicht auf die Rechtsbeziehungen der gesetzlichen Krankenkassen anwendbar wäre. Wie bereits an diversen Stellen dieser Arbeit geschehen (vgl. Abschnitt E. I. 2 b) bb) ccc) und Abschnitt F. VIII. 2.c) cc)), ist wieder auf die Unternehmenseigenschaft der gesetzlichen Krankenkassen zurückzukommen. Es gibt Stimmen in der Literatur, die davon ausgehen, dass die gesetzlichen Krankenkassen keine Unternehmen im Sinne des GWB seien.[978] Diese Auffassung stützen sie vor allem auf die im Zusammenhang mit der Siebten Novelle zum GWB getroffenen Aussagen des Gesetzgebers, wonach der deutsche Unternehmensbegriff im Einklang mit dem europäischen Unternehmensbegriff auszulegen sei.[979]

Da auch der Gesetzgeber des GKV-WSG, wie aus den Gesetzesmaterialien ersichtlich, davon ausging, dass die gesetzlichen Krankenkassen nicht als Unternehmen im Sinne des deutschen und europäischen Wettbewerbsrechts anzusehen sind[980], erscheint es im Hinblick auf den Wunsch nach endlich einkehrender Rechtssicherheit gefährlich zu behaupten, die ersatzlose Streichung des § 69 SGB V würde in jedem Fall zu einer uneingeschränkten Anwendbarkeit des UWG und vor allem des GWB führen. Zwar ist nach der hier vertretenden Auffassung und der wohl herrschenden Meinung in der Literatur von der Unterneh-

977 Vgl. *Kingreen* in: ZESAR 2007, 139, 149.

978 Vgl. *Bechtold*, Einführung, Rn. 20; *Roth* in: GRUR 2007, 645, 654; *Bernhardt* in: Auswirkungen des GKV-WSG auf Versorgungsstruktur und Wettbewerbsordnung, S. 96.

979 Siehe hierzu *Abschnitt F. VIII. 2. b).*

980 Bericht des Ausschusses für Gesundheit vom 01.02.2007, BT-Drucks. 16/4247, S. 35.

menseigenschaft der gesetzlichen Krankenkassen sowohl im nationalen als auch im europäischen Sinne auszugehen, jedoch sollte durch eine neuerliche Reform die größtmögliche Rechtssicherheit im Hinblick auf die Anwendung des deutschen Wettbewerbsrechts angestrebt werden.

Deshalb kann man sich nur für die ersatzlose Streichung des § 69 SGB V aussprechen, wenn an anderer Stelle, das heißt zum Beispiel in einer Gesetzesbegründung, klargestellt würde, dass nunmehr GWB und UWG uneingeschränkt auf die Rechtsverhältnisse der gesetzlichen Krankenkassen und ihrer Leistungserbringer anwendbar sind.[981] Alternativ könnte sich der Gesetzgeber von seiner Meinung, dass gesetzliche Krankenkassen keine Unternehmen im Sinne des deutschen Wettbewerbsrechts seien, distanzieren. Dies wäre zwar ein Widerspruch zu der bisherigen Rechtsprechung des EuG und EuGH, aber unionsrechtlich unbedenklich, denn der Gesetzgeber ist nicht dazu verpflichtet, einen vollständigen Gleichlauf des europäischen und des deutschen Unternehmensbegriffs herzustellen.[982] Sollte der Gesetzgeber im Anschluss an die Siebte Novelle des GWB seine Auslegung des deutschen Unternehmensbegriffs orientiert am europäischen Unternehmensbegriff aufrechterhalten wollen und keine gesetzliche Klarstellung herstellen, so würde sich meines Erachtens eine weitere Option (siehe nun unter Abschnitt 5.) zur Lösung der zahlreichen Probleme anbieten.

5. Vollständige Novellierung des § 69 SGB V

a) Erforderliche Komponenten im Wortlaut der Norm

Eine vollständige Novellierung des § 69 SGB V müsste folgende Komponenten enthalten, um eine rechtssichere und den wettbewerblichen Gegebenheiten gerecht werdende Rechtsgrundlage zu liefern:

981 Dies erkennt auch *Klees* in: EWS 2010, 1, 7 (dort Rn. 99), der die pauschale Streichung des § 69 SGB V ebenfalls nicht als ausreichend ansieht und darüber hinaus gesetzgeberische Klarstellungen fordert; in diesem Sinne hat die Monopolkommission in ihrem 18. Hauptgutachten (S. 500) die Streichung des § 69 SGB V nur im Zusammenhang mit einer entsprechenden gesetzgeberischen Klarstellung hinsichtlich des unternehmerischen Handelns der gesetzlichen Krankenkassen im Sinne des GWB gefordert. Das UWG hingegen findet jedoch unglücklicherweise keine Erwähnung.

982 Vgl. *Gassner* in: ZVersWiss 2008, 411, 423.

- *Entsprechende Geltung des gesamten GWB und UWG für sämtliche Rechtsbeziehungen der gesetzlichen Krankenkassen, also sowohl für die Rechtsbeziehungen zu den Leistungserbringern als auch für die Rechtsbeziehungen zwischen den gesetzlichen Krankenkassen.*

Hierzu ist anzumerken, dass § 69 SGB V auf den ersten Blick zwar nicht der systematisch richtige Standort ist, um die Anwendung des UWG und des GWB auch auf die Rechtsbeziehungen zwischen den gesetzlichen Kassen anzuordnen, gleichwohl würde es meiner Meinung nach der Rechtsklarheit dienen, wenn sämtliche Rechtsbeziehungen der gesetzlichen Krankenkassen an einem Standort im Gesetz geregelt wären. Die Erweiterung der Norm auf die Rechtsbeziehungen zwischen den gesetzlichen Kassen ist unter anderem deshalb angezeigt, weil ansonsten keine Gewissheit über die Anwendung der Fusionskontrollvorschriften auf Zusammenschlüsse gesetzlicher Kassen erzielt würde. Ein reformierter § 69 SGB V, der die Anwendung des gesamten GWB anordnet, würde nämlich nur dann die Frage beantworten, ob die Fusionskontrollvorschriften auf Kassenfusionen anwendbar sind, wenn er im vermeintlichen Widerspruch zu seiner systematischen Stellung auch auf diese Rechtsbeziehungen erweitert wird.[983] Gleiches gilt im Übrigen für die Anordnung der Anwendbarkeit des UWG auf Streitigkeiten zwischen gesetzlichen Kassen, zum Beispiel im Rahmen der Mitgliederwerbung.

Darüber hinaus sollte der Normtext auch eine

- *Anordnung der Zuständigkeit der Kartell- und Wettbewerbsbehörden sowie die*
- *klarstellende Rechtswegzuweisung zur ordentlichen Gerichtsbarkeit*

enthalten.

Die Notwendigkeit und Sinnhaftigkeit der beiden letztgenannten Komponenten ist hinreichend erörtert worden. Es ist aus Gründen der Rechtssicherheit vonnöten die Unklarheiten bezüglich der Kontroll- und Rechtswegzuständigkeit durch eine eindeutige Verankerung im Wortlaut zu lösen. Mit der ausdrücklichen Anordnung der nicht nur entsprechenden Geltung der §§ 19 bis 21 GWB, sondern des gesamten GWB und des gesamten UWG im Wortlaut des § 69 SGB V wäre darüber hinaus sichergestellt, dass nicht länger nur eine „Teilrückkehr des Kartellrechts“[984], sondern die wünschenswerte und angezeigte *Rückkehr des deutschen Wettbewerbsrechts* in die Rechtsbeziehungen der gesetzlichen Krankenversicherung zu konstatieren wäre, das Verfahren wieder in den Händen der

983 Diesen Schluss ziehen angesichts des AMNOG-E auch *Becker/Kingreen* in: NZS 2010, 417, 421.

984 *Gassner* in: NZS 2007, 281, 283.

Kartellbehörden läge und deren Entscheidungen wieder durch die ordentlichen Gerichte überprüfbar wären.

b) Erforderliche Komponenten außerhalb der Norm

Allerdings bedarf es, um eine in sich stimmige, rechtssichere und nachhaltig funktionierende Wettbewerbsordnung im Gesundheitswesen zu erschaffen, auch rechtlicher Veränderungen außerhalb des § 69 SGB V. Diese sind notwendig, um etwaigen Widersprüchlichkeiten zum einen und möglichen unionsrechtlichen Einwänden zum anderen, (präventiv) entgegenzuwirken.

Zunächst wird es daher erforderlich sein, die sich aufgrund der vorbeschriebenen gesetzlichen Klarstellungen hinsichtlich der Kontrollzuständigkeit der Kartell- und Wettbewerbsbehörden sowie der Rechtswegzuweisung zur ordentlichen Gerichtsbarkeit aufdrängenden Anpassungen im Sozialgerichtsgesetz, namentlich der Novellierung der §§ 29 und 51 SGG sowie eine Streichung von § 87 Satz 3 GWB, vorzunehmen.

aa) Relativierung der Kooperationspflichten des § 4 Abs. 3 SGB V

Daneben wird es, um einer vermeintlichen Widersprüchlichkeit der Rechtsordnung entgegenzutreten, sinnvoll sein, die sich aus § 4 Abs. 3 SGB V ergebenden Kooperationspflichten der gesetzlichen Krankenkassen, zumindest entsprechend einer Anerkennung des Wettbewerbs und des Wettbewerbsrechts, zu relativieren.

Bislang ordnet § 4 Abs. 3 SGB V an, dass die gesetzlichen Krankenkassen im Interesse der Leistungsfähigkeit und Wirtschaftlichkeit der gesetzlichen Krankenversicherung sowohl innerhalb einer Kassenart als auch kassenartenübergreifend miteinander und mit allen anderen Einrichtungen des Gesundheitswesens eng zusammen arbeiten sollen. In der Literatur wird der undifferenzierten Anwendung des deutschen Wettbewerbsrechts entgegengehalten, dass einer solchen schon § 4 Abs. 3 SGB V entgegenstehe, da es widersinnig erscheine, die gesetzlichen Krankenkassen einerseits zur Kooperation zu verpflichten, sie aber andererseits kartellrechtlich zur Konkurrenz anzuhalten.[985] Die Monopolkommission hat diesen vermeintlichen Widerspruch ebenfalls identifiziert und sich aufgrund ihrer wettbewerbshemmenden Wirkung für eine Streichung der sozialrechtlichen Kooperationsplicht ausgesprochen, wobei sie auch die Möglichkeit erkennt, die

985 Siehe hierzu *Becker/Kingreen* in: NZS 2010, 417, 419.

sich aus § 4 Abs. 3 SGB V ergebenden Kooperationspflichten auf ein notwendiges Maß zu reduzieren.[986]

Die Variante der Reduktion auf ein notwendiges Mindestmaß an Kooperation zwischen den gesetzlichen Krankenkassen ist meines Erachtens vorzugswürdig. Es bietet sich an, die Verpflichtung zur Kooperation der gesetzlichen Krankenkassen in den Bereichen aufrechtzuerhalten, in denen sie nicht unmittelbar miteinander konkurrieren bzw. in denen Wettbewerb und somit auch wettbewerbsschädigendes Verhalten von vornherein nicht möglich ist. Daher sollten die Kooperationspflichten zwischen den Krankenkassen beibehalten werden, die keine unmittelbare Außenwirkung entfalten, also die Belange der Versicherten nicht tangieren, und daher auch den Wettbewerb der Kassen um Mitglieder nicht schädigen, sondern vielmehr darauf angelegt sind, einen positiven Nutzen für den Versicherten hervorzurufen. Eine mögliche Neufassung des § 4 Abs. 3 SGB V sollte die nur wettbewerbliche Betätigung der Krankenkassen von den Pflichten zur Zusammenarbeit ausnehmen und sie im Übrigen – soweit sie den Wettbewerb nicht hemmen können – aufrechterhalten.[987]

bb) Ausformung der gesetzlichen Krankenkassen zu Unternehmen im Sinne des europäischen Rechts

Darüber hinaus sind auch unionsrechtliche Aspekte bei der Etablierung des Wettbewerbsrechts in das öffentliche Gesundheitssystem zu berücksichtigen. Allein die Tatsache, dass sich im Rahmen dieser Arbeit bereits mehrfach ausführlich sowohl mit dem nationalen als auch dem europäischen Unternehmensbegriff auseinandergesetzt werden musste[988], zeigt die herausragende Bedeutung der Unternehmenseigenschaft gesetzlicher Krankenkassen. Die Anwendung aller wettbewerbsrechtlichen Vorschriften ist grundsätzlich von der Klassifizierung der Krankenkassen als Unternehmen abhängig. Grundsätzlich deshalb, weil der Gesetzgeber die Krankenkassen bislang, entgegen der wohl herrschenden Auffassung in der Literatur[989], weder als Unternehmen im Sinne des nationalen noch

986 *Monopolkommission*, 18. Hauptgutachten, S. 492–493.

987 Soweit die *Monopolkommission* in ihrem 18. Hauptgutachten, S. 493, darüber hinaus fordert, Regeln zur Mitgliederwerbung der gesetzlichen Krankenkassen explizit im SGB V zu normieren, ist dies nach der hier vertretenen Reformvariante nicht notwendig, da über eine (entsprechende) Anwendung des UWG ausreichender Rechtsschutz gewährleistet wäre. Zur Notwendigkeit und zu den Argumenten die für eine Anwendung des UWG auch zwischen den gesetzlichen Kassen sprechen, siehe ausführlich Abschnitt E. III. 2. und 3.

988 Siehe *Abschnitt E. I. 2. b) bb) aaa)* sowie Abschnitt *F. VIII. 2. c) aa)–dd)*.

989 Ausdrücklich *BKartA,* Stellungnahme vom 08.10.2008, S. 2; sich dieser Auffassung anschließend *Monopolkommission*, 18. Hauptgutachten, S. 488; *Sauter/Ellenbrock* in: GesR 2007, 497,

im Sinne des europäischen Wettbewerbsrecht angesehen hat.[990] Gleichwohl hat er die §§ 19 bis 21 GWB für entsprechend anwendbar erklärt. Die Gründe für die nur entsprechende Anwendung sind oben ausführlich erörtert worden.[991]

Nach der hier vertretenen Auffassung bietet es sich an, diesen Weg weiterzuverfolgen und – wie bereits erläutert – das gesamte GWB und UWG auf die Rechtsbeziehungen im gesetzlichen Krankenversicherungssystem für *entsprechend* anwendbar zu erklären. Dieses Vorgehen birgt jedoch eine Gefahr, die in diesem Zusammenhang nicht verschwiegen werden soll. Meines Erachtens sind die deutschen gesetzlichen Krankenkassen bereits derzeit als Unternehmen auch im Sinne des europäischen Kartellrechts anzusehen. Doch diese Schlussfolgerung ist nicht zwingend. Es gibt eine nicht unbedeutende Tendenz in der Literatur, die eben noch nicht von der Unternehmenseigenschaft der Kassen nach europäischem Recht ausgeht.[992] Auch der neuerliche Reformgesetzgeber neigt dieser Auffassung wohl immer noch zu, denn er weist pauschal auf die entsprechende – jedoch „veraltete" Rechtsprechung des EuGH – hin, äußert jedoch keine gegenteilige Auffassung. [993]

Sollte der der EuGH die deutschen gesetzlichen Krankenkassen noch immer nicht als Unternehmen im Sinne des europäischen Wettbewerbs ansehen und der deutsche Gesetzgeber die entsprechende Anwendung des GWB auf die Rechtsbeziehungen in der gesetzlichen Krankenversicherung anordnen, könnte es zu Spannungen zwischen dem europäischen und dem deutschen Kartellrecht kommen. Denn die Vorgaben des Unionsrechts binden nicht nur die mitgliedsstaatlichen Rechtsanwender, sondern auch die Gesetzgeber der Vertragsstaaten beim Erlass bzw. der Novellierung von Gesetzen. Als verbindliches höherrangiges Regime genießt das Wettbewerbsrecht der Union nicht nur Anwendungsvorrang,

---

504; *Gassner* in: ZVersWiss 2008, 411, 420, der es als „mehr denn je gerechtfertigt" ansieht, die GKV als Unternehmen anzusehen; *Pitschas* in: GesR 2008, 64, 68; *Oberender/Zerth* in: Die BKK 2008, 202, 209.

990 Entwurf eines Gesetzes zur Reform der gesetzlichen Krankenversicherung im Jahre 2000 vom 23.06.1999, BT-Drucks. 14/1245, S. 67; Bericht des Ausschusses für Gesundheit vom 01.02.2007, BT-Drucks. 16/4247, S. 35.

991 Siehe *Abschnitt E. I. 2. a).*

992 *Roth* in: GRUR 2007, 645 ff.; *Bernhardt* in: Auswirkungen des GKV-WSG auf Versorgungsstruktur und Wettbewerbsordnung, S. 96; *Bechtold*, Einführung, Rn. 20; wohl auch *Becker/Kingreen* in: NZS 2010, 417, 421.

993 Entwurf eines Gesetzes zur Neuordnung des Arzneimittelmarktes in der gesetzlichen Krankenversicherung, S. 44. Der Entwurf ist einsehbar unter: *http://www.bmg.bund.de/cln_169/SharedDocs/Downloads/DE/Standardartikel/G/Glossar-Gesetze/amnog,templateId=raw,property=publicationFile.pdf/amnog.pdf*. Zum neuerlichen Gesetzesentwurf sogleich ausführlich unter Abschnitt G. III. 7.

es macht überdies Vorgaben für die Ausgestaltung des nationalen Wettbewerbsrechts, soweit ein zwischenstaatlicher Bezug besteht.

Teile der Literatur vertreten daher die Auffassung, dass eine entsprechende Anwendung des Kartellrechts aufgrund des Art. 3 Abs. 2 S. 1 VO (EG) 1/2003[994] unionsrechtlich unzulässig und diese dann, zumindest in Sachverhalten mit grenzüberschreitendem Bezug, ausgeschlossen sei.[995] Die Argumentation stützt sich im Wesentlichen darauf, dass das europäische Wettbewerbsrecht dort, wo es zur Anwendung kommt, auch Anwendungsvorrang genießt. Als spezialgesetzlicher Ausdruck dessen untersage es Art. 3 Abs. 2 S. 1 VO 1/2003 (sog. Konvergenzklausel) den Gesetzgebern der Mitgliedstaaten, im Anwendungsbereich des europäischen Kartellverbotes ein strengeres nationales Kartellrecht zu normieren. Das nationale Recht dürfe nicht verbieten, was das Unionsrecht erlaubt.[996] Eine vom Unionsrecht abweichende Beurteilung der Unternehmenseigenschaft gesetzlicher Kassen wäre ausschließlich für die Unterbindung einseitiger Handlungen oder für rein innerstaatliche Sachverhalte zulässig.[997]

Die Anwendung des GWB hätte aber zur Folge, dass das deutsche Recht bestimmte Verhaltensweisen der gesetzlichen Krankenkassen verbietet, welche vom europäischen Kartellrecht toleriert aber würden, da der EuGH die deutschen gesetzlichen Krankenkassen (bisher) nicht als Unternehmen angesehen hat. Die Anwendung des europäischen Kartellrechts scheitert bisher, wie oben[998] ausgeführt, an der Unternehmenseigenschaft der deutschen gesetzlichen Krankenkassen. Besteht darüber hinaus auch ein zwischenstaatlicher Bezug, verstößt die entsprechende Anwendung des deutschen Kartellrechts womöglich gegen das Unionsrecht.

Dabei ist aber schon sehr umstritten, ob sich die Konvergenzklausel des Art. 3 Abs. 2 S. 1 VO 1/2003 auf sämtliche Tatbestandsmerkmale des Kartellverbots erstreckt[999], oder ob sich die Vorrangwirkung der Klausel nicht auf die Unternehmenseigenschaft bezieht.[1000] Darüber hinaus ist auch streitig, ob mitt-

---

994 Verordnung (EG) Nr. 1/2003 des Rates vom 16.12.2002 zur Durchführung der in den Art. 81 und 82 des Vertrages festgelegten Wettbewerbsregeln, ABl. 2003, Nr. L 1/1.

995 Siehe hierzu ausführlich *Becker/Kingreen* in: NZS 2010, 417, 421.

996 *Becker/Kingreen* in: NZS 2010, 417, 421.

997 Vgl. hierzu und zur Gesamtthematik auch *Monopolkommission*, 18. Hauptgutachten, S. 487 ff.

998 Vgl. hierzu schon *Abschnitt E. II. 2. b)*.

999 *Bechtold*, § 1, Rn. 9a; *Fuchs* in: Immenga/Mestmäcker, Wettbewerbsrecht, Band 1, § 2 GWB, Rn. 164; *Säcker* in: MüKo-Wettbewerbsrecht, Band 2, § 130, Rn. 3; *Roth* in: FS Loewenheim, S. 551 ff.; *Möschel* in: JZ 2007, 601, 604; *Hossenfelder/Lutz* in: WUW 2003, 118, 120.

1000 *Böge/Bardong* in: MüKo-Wettbewerbsrecht, Band 1, Art. 3 VO 1/2003, Rn. 54, 78; *Schneider* in: Langen/Bunte, 10. Auflage, Band 2, § 22 Rn. 19; *Scheffler* in: EuzW 2006, 601, 602; *Klees* in: EWS 2010, 1, 5.

lerweile nicht doch eine anderweitige Beurteilung hinsichtlich der Unternehmenseigenschaft der gesetzlichen Krankenkassen durch den EuGH angezeigt ist.

Beide Streitfragen lassen sich diskutieren und mit den entsprechenden Argumenten vertreten. Der Gesetzgeber sollte jedoch danach bestrebt sein, einen Rechtszustand zu schaffen, der möglichst wenige Fragen oder gar Widersprüche belässt. Er sollte die Problempunkte frühzeitig identifizieren und seinem Willen entsprechend auflösen. Das bedeutet im Klartext: Entscheidet sich der Gesetzgeber für die Anwendung des GWB auf sämtliche Rechtsbeziehungen der gesetzlichen Krankenkassen, so sollte er dies auch in konsequenter Weise und im Sinne einer ganzheitlichen Reform der Wettbewerbsordnung im öffentlichen Gesundheitswesen tun. Denn ob mit der auch hier vertretenen Ansicht von einer Unternehmenseigenschaft der deutschen gesetzlichen Krankenkassen auch nach dem europäischen Recht bereits jetzt ausgegangen werden kann oder nicht, ist letztlich nicht von Bedeutung für die künftige Novellierung des § 69 SGB V. Maßgebend ist einzig die Meinung des EuGH. Diese ist jedoch in Ermangelung einer aktuellen Entscheidung zu dieser Rechtsfrage unbekannt und auch nur schwerlich in eine Prognose zu fassen. Die bloße Anordnung der entsprechenden Anwendung des deutschen Wettbewerbsrechts würde also noch immer nicht die dringend notwendige Rechtssicherheit mit sich bringen.

Der Gesetzgeber sollte, um endgültige und nachhaltige Sicherheit zu schaffen, die gesetzlichen Krankenkassen, den Erfordernissen des EuGH entsprechend, zu Unternehmen (im Sinne des europäischen Kartellrechts) ausformen. Nach wohl einhelliger Auffassung wäre eine unionsrechtliche Neubewertung der Unternehmenseigenschaft der gesetzlichen Krankenkassen dann angezeigt, wenn der Gesetzgeber die Auslagerung des Solidarausgleichs aus dem Beitrags- in das Steuerrecht fortsetzt, also das Solidarprinzip der gesetzlichen Krankenversicherung weiter verdünnt.[1001]

c) Rechtssicherheit und ausreichender Rechtsschutz als Folge

Durch die Gesamtheit der vorgenannten Änderungen bzw. Neuregelungen wäre zum einen sichergestellt, dass der Forderung des weit überwiegenden Teils der Literatur und der Praxis nach einer uneingeschränkten Anwendbarkeit des Wettbewerbsrechts auf die Rechtsbeziehungen der gesetzlichen Krankenversicherung nachgekommen wäre und gleichzeitig sichergestellt, dass hiergegen keine unionsrechtlichen Bedenken erhoben werden könnten, da der Gesetzgeber mögli-

1001 So zu Recht auch *Becker/Kingreen* in: NZS 2010, 417, 422.

chen Einwänden bereits im Vorfeld durch die Ausformung der Kassen zu Unternehmen im Sinne des europäischen Kartellrechts entgegengetreten wäre.

Außerdem wäre durch eine „nur" entsprechende Geltung des GWB und UWG gewährleistet, dass sozialrechtliche Besonderheiten im Einzelfall dann Berücksichtigung finden können, wenn es die Gegebenheiten im Rahmen der Rechtsbeziehungen der gesetzlichen Krankenkassen auch wirklich erfordert.[1002] Die „nur" entsprechende Geltung der §§ 19 bis 21 GWB war bzw. ist aus dem Grunde kritikwürdig, weil sie prozessuale Fragen offen läßt und materiell gesehen nicht weit genug reicht. Eine entsprechende Geltung des gesamten GWB und des gesamten UWG bei Kontrollzuständigkeit der Kartell- und Wettbewerbsbehörden in Verbindung mit der Zuweisung des Rechtswegs zu der ordentlichen Gerichtsbarkeit beseitigt nicht nur die prozessualen Mängel und Rechtsunsicherheiten, sondern gewährleistet darüber hinaus die materiellrechtlich Rechtsschutzintensität, wie die tatsächlichen Gegebenheiten auf dem Markt der gesetzlichen Krankenversicherungen sie erforderen. Im Wettbewerbsverhältnis[1003] der gesetzlichen Krankenkassen mit den privaten Krankenkassen sind die entsprechenden Regelungen ohnehin anwendbar.

d) Geltung des Vergaberechts

An der bereits in § 69 Abs. 2 S. 2 SGB V verankerten Geltung des Kartellvergaberechts würde die vorgenannten Novellierung nichts ändern, da die §§ 97 bis 115 und 128 GWB bei einer entsprechenden Geltung des gesamten GWB ebenfalls anwendbar wären. Ob die Voraussetzungen im Einzelfall dann vorliegen, wird die Analyse der neuen Rechtslage ergeben. Sollten sich die gesetzlichen Krankenkassen nach der Reform nicht mehr als öffentliche Auftraggeber darstellen, wäre dies unschädlich, da bei Geltung des übrigen Kartellrechts ausreichender Schutz bestünde.

1002 In diesem Zusammenhang ist an den im Sozialrecht noch immer verbreiteten Grundsatz der kollektiven Leistungserbringung zu denken. Insbesondere das Prinzip der kollektiven Beschaffung medizinischer Dienst- und Sachleistungen ist im Sozialrecht verankert und eng mit dem politischen Ziel eines einheitlichen Leistungs- und Versorgungsniveaus verbunden.

1003 Also im Bereich des Wettbewerbs um die freiwillig Versicherten und was den Bereich der Zuwahlleistungen (§ 53 SGB V) angeht auch um die gesetzlich Pflichtversicherten.

6. Ergebnis

Resümierend kann festgestellt werden, dass die vermeintlich „ordnungspolitisch“ sauberste Lösung der ersatzlosen Streichung des § 69 SGB V aus Rechtssicherheits- und Rechtsschutzgesichtspunkten nicht die optimale Lösung wäre, da der Gesetzgeber so zu viele Fragen offenließe und durch eine solche Reform wieder einmal den Kritikern genügend Spielraum zu Zweifeln beließe.[1004] Zwar müsste aus der Streichung des § 69 SGB V der unweigerliche Schluss gezogen werden, dass der Gesetzgeber nunmehr eine Anwendung des deutschen Wettbewerbsrechts wünscht, gleichwohl bestünde noch Argumentationsspielraum, zumindest die Anwendbarkeit des GWB zu verneinen. Dauerhafte Rechtssicherheit und ausreichender Rechtsschutz können daher am besten über die gesetzgeberische Anordnung der entsprechenden Geltung des gesamten deutschen Wettbewerbsrechts bei Zuständigkeit der Kartell- und Wettbewerbsbehörden und einer anschließenden Rechtswegzuständigkeit der ordentlichen Gerichte erreicht werden.[1005] Darüber hinaus sind im Sinne einer diesmal ganzheitlichen Reform „aus einem Guss“ auch die oben genannten Veränderungen sinnvoll und notwendig, um Rechtssicherheit zu erreichen. Hier ist insbesondere an Regelungen zu denken, die die Unternehmenseigenschaft der gesetzlichen Kassen unbestreitbar werden lassen.

7. Der erste Entwurf des Arzneimittelneuordnungsgesetzes

Seit Ende Juni 2010 liegt der erste Entwurf für das Gesetz zur Neuordnung des Arzneimittelmarktes in der gesetzlichen Krankenversicherung (AMNOG)[1006] vor. Das Hauptaugenmerk dieses Entwurfes liegt vor allem auf Veränderungen im Bereich der Regulierung der Arzneimittelpreise. Folglich ist dieser Entwurf den Bürgern auch als Kostenbegrenzungsmaßnahme vorgestellt worden. Beinahe versteckt hinter dem Namen „Arzneimittelneuordnungsgesetz“ sieht das zur Diskussion stehende Artikelgesetz jedoch auch eine weit über die Arzneimittelneuordnung hinausgehende Neuregelung der kartellrechtlichen Wirkungen im

1004 In diesem Sinne auch *Klees* in: EWS 2010, 1, 7 (dort Rn. 99).

1005 *Becker/Kingreen* in: NZS 2010, 417, 418, weisen zutreffend darauf hin, dass nur ein öffentlich-rechtlicher Dreiklang von Inhalt, Verfahren und gerichtlicher Zuständigkeit zu einer Harmonie in der Rechtsanwendung führen kann.

1006 Entwurf eines Gesetzes zur Neuordnung des Arzneimittelmarktes in der gesetzlichen Krankenversicherung, einsehbar unter: *http://www.bmg.bund.de/cln_169/SharedDocs/Downloads/DE/Standardartikel/G/Glossar-Gesetze/amnog,templateId=raw,property=publicationFile.pdf/amnog.pdf*.

Recht der Leistungserbringung vor. Dieser Teil des Artikelgesetzes allein ist für die vorliegende Arbeit von Interesse, soll daher kurz inhaltlich dargestellt und im Zusammenhang mit den bisherigen Ausführungen gewürdigt werden.

a) Kartellrechtlicher Inhalt

Der Entwurf sieht für die Anwendung des deutschen Kartellrechts folgende Neuerungen vor:

- § 69 Abs. 2 S. 1 SGB V wird wie folgt gefasst:

> *„Die §§ 1 bis 3, 19 bis 21, 32 bis 34a und 48 bis 95 des Gesetzes gegen Wettbewerbsbeschränkungen gelten für die in Absatz 1 genannten Rechtsbeziehungen entsprechend; die Vorschriften des Vierten Teiles des Gesetzes gegen Wettbewerbsbeschränkungen sind anzuwenden*".

Mit dem Verweis auf die §§ 32 bis 34 a und §§ 48 bis 95 GWB wird zum einen die Kontrollzuständigkeit der Kartellbehörden festgeschrieben, sowie zum anderen der Rechtsweg zu den ordentlichen Gerichten wiedereröffnet.[1007]

- Die Rechtswegzuweisung zu den Sozialgerichten für die Überprüfung von Entscheidungen der Vergabekammern im Gesundheitswesen in § 29 Abs. 5 und § 51 Abs. 2 SGG wird aufgehoben. Es wird eine neuer Abs. 3 eingefügt, der lautet: *„(3) Von der Zuständigkeit der Gerichte der Sozialgerichtsbarkeit nach den Absätzen 1 und 2 ausgenommen sind Streitigkeiten in Verfahren nach dem Gesetz gegen Wettbewerbsbeschränkungen, die Rechtsbeziehungen nach § 69 des 5. Buches Sozialgesetzbuch betreffen"*.
- Im GWB werden § 87 S. 3 und andere Verweise auf Sonderzuständigkeiten der Sozialgerichte im Vergaberecht gestrichen.

Bei den beiden letztgenannten Punkten handelt es sich um einen Teil der oben erwähnten[1008] notwendigen Regelungskomponenten außerhalb der Norm des § 69 SGB V:

- Schließlich sieht der Entwurf vor § 69 Abs. 2 S. 3 SGB V, wonach das Gesetz gegen Wettbewerbsbeschränkungen „mit der Maßgabe" gilt, „dass der Versorgungsauftrag der gesetzlichen Krankenkassen besonders zu berücksichtigen ist", gestrichen wird.

1007 *Becker/Kingreen* in : NZS 2010, 417, 417, sehen in den Neuerungen die Wiederkehr des Wettbewerbsrechts auf „zivilrechtliche Gleise (...], die neben den sozialrechtlichen laufen".

1008 Siehe *Abschnitt G. II. 5. b)*.

b) Eigene Stellungnahme zum Entwurf

Vorweg sei gesagt, dass der „kartellrechtliche Teil“ des Gesetzesentwurf, damit ist die Wiedereinführung des Kartellrechts in den Bereich der Leistungserbringung in der gesetzlichen Krankenversicherung gemeint, grundsätzlich zu begrüßen ist.

Kritikwürdig hingegen erscheinen: Erstens der Regelungskontext, zweitens die Tatsache, dass das UWG keinerlei Erwähnung findet und drittens die mäßige Begründungsleistung des Gesetzgebers.[1009] Aus dieser geht zwar wenig, aber fragwürdiger weise lässt sie immer noch den Schluss zu, der Gesetzgeber sehe die gesetzlichen Krankenkassen noch immer nicht als Unternehmen im Sinne des deutschen und europäischen Kartellrechts an.[1010] Die Probleme, die hieraus resultieren können, sind zuvor benannt worden.

Wenn der Entwurf hinsichtlich der Streichung des § 69 Abs. 2 S. 3 SGB V ausführt, dass dieser entbehrlich sei, da die Kartellbehörden bei der Anwendung der Missbrauchsvorschriften des GWB im Rahmen der Prüfung der Tatbestandsvoraussetzungen und bei einer möglichen sachlichen Rechtfertigung eine umfassende Würdigung des Sachverhaltes vorzunehmen [haben], die auch den Versorgungsauftrag der gesetzlichen Krankenkassen einschließt (...) und darüber hinaus „die zuständigen Stellen (Vergabekammern, Oberlandesgerichte) (...) im Rahmen des Vergabenachprüfungsverfahrens diese besondere Aufgabe der gesetzlichen Krankenkassen zu berücksichtigen [haben], dann ist dies richtig und entspricht der oben geführten Argumentation, dass auch bei einer vollständigen Anwendung des Kartellrechts, die Besonderheiten des Sozialrechts Berücksichtigung finden können. Gleichwohl stellt sich die Frage, warum diese Feststellung nicht rein deklaratorisch im Gesetz bestehen bleiben soll. Auch deklaratorische Anordnungen können einen Sinn erfüllen, indem sie mehr Klarheit für den Rechtsanwender schaffen und Diskussionen vermeiden können.[1011]

1009 Vgl. *Becker/Kingreen* in: NZS 2010, 417, 418.

1010 Siehe hierzu Entwurf eines Gesetzes zur Neuordnung des Arzneimittelmarktes in der gesetzlichen Krankenversicherung, S. 44: „*Krankenkassen nehmen beim Abschluss von Einzelverträgen eine rein soziale Aufgabe wahr, die auf dem Grundsatz der Solidarität beruht und ohne Gewinnerzielungsabsicht ausgeübt wird. Nach der europäischen Rechtsprechung zum Unternehmensbegriff sind sie daher bei Vertragsabschlüssen mit Leistungserbringern, die der Versorgung der Versicherten dienen, nicht als Unternehmen anzusehen*“.

1011 In diesem Zusammenhang lässt sich auf den in den Jahren 2007/2008 geführten Streit, ob das Kartellvergaberecht auf die Leistungsbeziehungen in der gesetzlichen Krankenversicherung anwendbar ist oder nicht, verweisen. Hier erließ der Gesetzgeber auch aus Gründen der Rechtssicherheit eine rein deklaratorische Feststellung. Vgl. hierzu *Abschnitte B. III. und IV.* mit den entsprechenden Nachweisen aus Rechtsprechung und Literatur.

Außerdem ist der Regelungskontext der beabsichtigten Novellierung des § 69 SGB V meinem Erachten nach ungünstig. Mehrfach wurde im Rahmen dieser Arbeit darauf hingewiesen, dass die kommende Gesundheitsreform eine ganzheitliche sein sollte, die die identifizierten Problemlagen durch sachübergreifende Regelungen auflöst. Es leuchtet nicht ein, weshalb der Gesetzgeber darum bemüht ist, die Anwendbarkeit des Kartellrechts in einem Artikelgesetz zu verabschieden, welches ansonsten Kostenregulierungsmaßnahmen enthält. Sinnvoller wäre es, die Anwendbarkeit des Kartellrechts im Zusammenhang mit der anstehenden Finanzierungsreform der gesetzlichen Krankenversicherung zu behandeln.

Aufgrund der vorgenannten Erwägungen zur Bedeutung des europäischen Unternehmensbegriffes, sollte die Anordnung der entsprechenden Anwendung des GWB, wie es der Gesetzgeber in seinem Entwurf bisher vorsieht, an die Finanzierungsreform gekoppelt werden. Hierbei sollte – wie gleich noch zu erörtern sein wird (siehe die nachfolgenden Abschnitte, insbesondere G. IV. 3. ff.) – darauf geachtet werden, dass das Solidarprinzip durch eine Abschwächung des Solidarausgleichs innerhalb des Gesamtsystems auf ein notwendiges, aber nicht länger beherrschendes Maß reduziert wird.

Sollte aufgrund der politischen Durchsetzbarkeit keine „größere" Reform möglich sein[1012], als die bisher angekündigte, so sollte der Gesetzgeber doch zumindest ausdrücklich von der Ansicht Abstand nehmen, die deutschen gesetzlichen Krankenkassen seien keine Unternehmen im Sinne des europäischen Rechts. Dass noch eine anderslautende EuGH-Rechtsprechung existiert, ist unschädlich, da diese eine ohnehin bereits mehrfach überholte Rechtslage analysierte.

Schließlich lässt der Entwurf jegliche Aussagen zur Anwendung des UWG vermissen. Daraus lässt sich schließen, dass der Gesetzgeber entsprechende Absichten nicht verfolgt und die oben[1013] aufgezeigten Problemlagen ungelöst bestehen lassen will.

1012 *Becker/Kingreen* sind in: NZS 2010, 417, 422, ebenfalls der Ansicht, dass die Ausformung der Kassen zu Unternehmen im Sinne des europäischen Rechts viele Probleme lösen und für eine größere Rechtssicherheit sorgen würde. Sie sind gleichzeitig der Auffassung, dass „das gegenwärtig verfolgte, auf den Ausbau der Zusatzbeiträge geschrumpfte Reformvorhaben (...), den kartellrechtlichen Rubikon nicht überschreiten [dürfte]".

1013 Vgl. hierzu schon *Abschnitte E. III. 2. ff.*

IV. Möglichkeiten zum Ausbau vorhandener und zur Installation weiterer wettbewerblicher Elemente in die gesetzliche Krankenversicherung

1. Einführung

Noch immer steht die Politik in Deutschland vor der großen Herausforderung, die langfristige Finanzierbarkeit des deutschen Krankenversicherungssystems vor dem Hintergrund einer deutlich verlängerten Lebenserwartung und einer niedrigen Geburtenrate zu sichern. Noch immer sind die gesetzgeberischen Ziele, die Qualität und Effizienz der Gesundheitsleistungen zu steigern, Bürokratie abzubauen, mehr Eigenverantwortung und Transparenz für den Bürger zu schaffen, die Wahl- und Wechselrechte der Bürger zu verbessern und die Nachhaltigkeit der generationengerechten Finanzierung des Systems der gesetzlichen Krankenversicherung zu gewährleisten, nicht hinreichend verwirklicht. Dies lässt sich aus den aktuellen tatsächlichen Gegebenheiten ableiten. Noch immer ist keine Verbesserung der finanziellen Situation im System der gesetzlichen Krankenversicherung eingetreten. So befürchtete *DAK-Chef Herber Rebscher* zu Recht, dass das derzeitige Finanzierungssystem der gesetzlichen Krankenversicherung, der Gesundheitsfonds, im Jahre 2010 mit bis zu 11 Mrd. Euro unterfinanziert sein werde und sämtliche gesetzlichen Krankenkassen Zusatzbeiträge erheben werden.[1014] Diese Prognose hat sich nachgewiesenermaßen als richtig herausgestellt.

Außerdem fanden sich in den Regierungsprogrammen zur Bundestagswahl 2009 die Ankündigungen der Parteien wieder, das vorhandene System der gesetzlichen Krankenversicherung erneut reformieren zu wollen.[1015] Der Sachverständigenrat zur Begutachtung der gesamtwirtschaftlichen Lage spricht sich in seinem Jahresgutachten 2008/2009 ebenfalls dafür aus, den Reformweg weiterzugehen und die nachweislich im Rahmen der letzten Gesundheitsreform begangenen Fehler zu beseitigen.[1016]

1014 Interview mit Herber *Rebscher* vom 21.07.2009, einsehbar unter: *http://www.rp-online.de/public/article/wirtschaft/news/734744/Krankenkassen-erheben-bald-Zusatzbeitraege.html.*

1015 Programm der *FDP* zur Bundestagswahl 2009, „Die Mitte stärken. Deutschlandprogramm 2009, S. 18 ff.; Regierungsprogramm der *CDU* „Wir haben die Kraft –gemeinsam für Deutschland“, S. 23 ff.; Regierungsprogramm der *SPD*, „Anpacken. Für Deutschland.“, S. 51 ff.

1016 *Sachverständigenrat* (Fn. 756), S. 386 ff. (siehe fort insbesondere Rn. 662 und 674). Dort heißt es u.a.: „Der grundlegende Reformbedarf im Gesundheitswesen wurde mit dem GKV-WSG jedoch nicht beseitigt“ und „der Versuch einer Neuordnung der Finanzierung des Gesundheitswesens ist mit dem GKV-WSG misslungen“.

Der Koalitionsvertrag der heutigen Regierungsparteien CDU/CSU und FDP sieht vor, das deutsche Gesundheitswesen „*innovationsfreundlich, leistungsgerecht und demographiefest*“ zu gestalten. Es soll eine „*zukunftsfeste Finanzierung, Planbarkeit und Verlässlichkeit sowie Solidarität und Eigenverantwortung (...)*“ und eine „*Kultur des Vertrauens anstelle überzogener bürokratischer Vorschriften*“ geschaffen werden.[1017]

Ausgangspunkt für künftige Reformen muss die weitere Stärkung des Wettbewerbs im System der gesetzlichen Krankenversicherung sein.[1018] Denn gerade die Stärkung des doppelseitigen Wettbewerbs in der gesetzlichen Krankenversicherung stellt unstreitig die wesentliche Maßnahme dar, um das öffentliche Gesundheitssystem kostengünstiger und effizienter zu machen.[1019] Um der nach der hier vertretenen Auffassung berechtigten Forderung[1020] nach Implementierung von (noch) mehr Wettbewerbselementen in das Gesamtsystem der gesetzlichen Krankenversicherung nachkommen zu können, bieten sich dem künftigen Gesetzgeber verschiedene Ansatzpunkte für entsprechende Reformen. Die vorgenannten Reformmöglichkeiten lassen sich grob in *zwei* Gruppen einteilen (doppelseitiger Wettbewerb).

a) Wettbewerb zwischen den gesetzlichen Krankenkassen

Zunächst bestehen zahlreiche Möglichkeiten den Wettbewerb *zwischen* den gesetzlichen Krankenkassen zu fördern bzw. zu verschärfen. Hier sind vor allem Veränderungen im so genannten *Preiswettbewerb* zwischen den gesetzlichen Kassen vonnöten, die sich jedoch nur im Zusammenhang mit erneuten Reformen im Bereich der Finanz- bzw. Finanzierungsordnung werden verwirklichen lassen. In diesem Zusammenhang wird auch darüber nachzudenken sein, welchen Umfang die künftige Form der Pflichtversicherung haben könnte, wie die Eigenverantwortung für den pflichtversicherten Bürger und wie die dafür notwendige Transparenz im Krankenversicherungssystem erreicht werden können.

1017 Koalitionsvertrag der Regierungsparteien „Wachstum, Bildung, Zusammenhalt“, S. 76, Rn. 3821 ff.

1018 So auch der Koalitionsvertrag, Rn. 3874.

1019 Vgl. schon: *Wiss.-Beirat*, Gutachten, S. 3 und 7.

1020 *Sachverständigenrat* (Fn. 756), S. 386 ff.; *BKartA*, Stellungnahme vom 28.11.2006, S. 3; *Monopolkommission*, BT-Drucks. 16/10140, S. 335 ff.; *Wiss.-Beirat*, Gutachten, S. 3, 7, 9, 16.; Antrag der *FDP-Fraktion* vom 28.06.2006, BT-Drucks. 16/1997, S. 2 und 3.

b) Wettbewerb zwischen den Leistungserbringern

Der zweite Reformkomplex, um den Wettbewerb im System der gesetzlichen Krankenversicherung auszuweiten, ist im Bereich des so genannten *Vertragswettbewerbs* zu sehen. Durch Ausweitung und Verschärfung eines Vertrags(ausschluss)wettbewerbs zwischen den Leistungserbringern sollte die *andere Seite* im System der gesetzlichen Krankenversicherung ebenfalls stärker mit den wettbewerblichen Mechanismen, also den *Gesetzen des Marktes*, konfrontiert werden. Ziel dieses Vertragswettbewerbs sollte es sein, ineffiziente und unqualifizierte Leistungserbringer allein durch Auftragsentzug vom Markt ausschließen zu können. Für den Ausbau des vorgenannten Vertragswettbewerbs erforderlich und entscheidend sind vor allem Veränderungen bzw. Erweiterungen im Bereich der einzelvertraglichen Handlungsmöglichkeiten der gesetzlichen Krankenkassen. Dieser Vertragswettbewerb hat gleichzeitig zur Folge, dass ein Leistungswettbewerb zwischen den gesetzlichen Krankenkassen entsteht bzw. sich weiterentwickeln kann.

2. Verschärfung des Preiswettbewerbs zwischen den gesetzlichen Krankenkassen

Es dürfte unstreitig sein, dass durch die wettbewerbsfördernde Gesetzgebung der verschiedenen Gesetzgeber in den letzten Jahrzehnten ein erhebliches Maß an Wettbewerb zwischen den gesetzlichen Krankenkassen um Mitglieder entstanden ist. Dieser war und ist auch seitens der Politik gewollt. Für einen funktionierenden Mitgliederwettbewerb, der die angestrebten Ziele nach Verbesserung der Qualität, Effizienz und Transparenz verwirklichen kann, sind vor allem drei Faktoren entscheidend.

Erstens bedarf es gewisser Preisanreize für die Versicherten, da auf einem jeden (Leistungs-)Markt, insbesondere das *Preis-/Kostenargument* ein für den Verbraucherentschluss maßgebliches ist. *Zweitens* muss es den Versicherten leicht möglich sein, die Krankenkasse zu wechseln. *Drittens* erfordert ein funktionierender Wettbewerb, dass sich die Anbieter zusammenschließen können, solange dadurch keine marktbeherrschenden Stellungen entstehen. Denn Änderungen der Marktstruktur durch Fusionen sorgen dafür, dass effiziente Unternehmensgrößen entstehen und dass ineffiziente Marktparteien vom Markt verschwinden.[1021] Das derzeitige System der gesetzlichen Krankenversicherung hat

1021 Vgl. *Wiss.-Beirat*, Gutachten, S. 8.

vor allem in den beiden erstgenannten Bereichen Defizite, die es durch den Reformgesetzgeber zu korrigieren gilt, sofern das gesetzgeberische Festhalten am Vertrauen in die Mechanismen des Markts und des Wettbewerbs ernst gemeint ist.

a) Preisanreize im vorhandenen System?

Derzeit finden sich in dem vorhandenen Finanzierungssystem äußerst geringe und zudem noch verzerrte Preisanreize, die nicht hinreichend geeignet sind, den Preiswettbewerb in der gewünschten Weise zu fördern.

aa) Einkommensabhängiger Beitragssatz

Schon der an das Einkommen des Versicherten gekoppelte Beitragssatz ist für den wünschenswerten Preiswettbewerb hinderlich, da so der Preis der Versicherung von der Höhe des Einkommens bestimmt wird, anstatt von dem Wert der in Aussicht gestellten Leistungen.[1022] Diese Regelung verzerrt das Bild von Leistung und Gegenleistung auf dem Markt der gesetzlichen Krankenversicherung erheblich, weil dort im Unterschied zu allen anderen Märkten der Preis der Gesundheitsdienstleistungen mit den Einkommenserhöhungen steigt, während die Leistungen stets dieselben bleiben.[1023] Erschwerend hinzu kommt in diesem Zusammenhang noch, dass der Leistungskatalog der gesetzlichen Krankenkassen ohnehin zu 95 % gesetzlich vorgeschrieben ist. Die Möglichkeiten der einzelnen Krankenkassen, sich durch Preisanreize auf dem Markt hervorzuheben, sind aufgrund der vorgenannten Verzerrung per se eingeschränkt. Die Abschaffung dieses verzerrenden Faktors wäre jedoch für einen funktionierenden und effektiven Wettbewerb hilfreich.

bb) Einheitlicher Beitragssatz

Durch das GKV-WSG wurde den gesetzlichen Kassen über die Beitragskoppelung an das Einkommen hinaus der letzte vorhandene Preisanreiz genommen, durch welchen sie sich am Markt von ihren Konkurrenten unterscheiden konnten. Infolge der Einführung des Gesundheitsfonds, der nunmehr die Finanzierung der gesetzlichen Krankenversicherung entscheidend regelt, wird ein kassenein-

---

1022 Vgl. *Monopolkommission*, 18. Hauptgutachten, S. 497, die zu Recht der Ansicht ist, „dass der Preis ein unverzichtbarer Wettbewerbsparameter ist, der den Kassen für das Angebot ihrer Versicherungsleistung vollumfänglich zur Verfügung stehen muss".

1023 Vgl. *Wiss.-Beirat*, Gutachten, S. 8.

heitlicher Beitragssatz von derzeit (August 2009) 14,9 % des Bruttoeinkommens erhoben. Jede gesetzliche Krankenkasse ist nach der derzeitigen Gesetzeslage gleich teuer und bietet zu 95 % dieselben Leistungen an. Ein Preiswettbewerb, der durch wettbewerbsförderliche Preisanreize effektiver werden soll, müsste daher anders aussehen.

cc) Wahltarife

Zwar wurden durch die Wahltarife „Selbstbehalt" und „Beitragsrückerstattung" (§ 53 Abs. 1 und Abs. 2 SGB V) mögliche Unterscheidungskriterien zwischen den gesetzlichen Kassen eingeführt, über die sich auch gewisse Preisanreize erzielen lassen, gleichwohl sind diese kein adäquater Ersatz für eventuelle Einsparungen, die sich in der vorherigen Rechtslage unmittelbar über den Beitragssatz erzielen ließen. Der entscheidende Unterschied liegt aber darin, dass die finanziellen Vorteile, die sich für den Versicherten über Wahltarife erreichen lassen, an *Bedingungen* (z.B. die Nicht-Wahrnehmung von Leistungen in einem bestimmten Zeitraum) geknüpft sind, während die Höhe des Beitragssatzes an keinerlei Bedingungen geknüpft war.

dd) Hälftige Finanzierung durch den Arbeitgeber

Neben der vorgenannten Koppelung der Beiträge an das Einkommen und neben dem vereinheitlichten Beitragssatz kommt ein weiterer verzerrender Faktor im derzeitigen Finanzierungssystem hinzu, der wiederum die ohnehin schon rar gesäten Preisanreize weiter verringert. So wird bei unselbständig Beschäftigten der Kassenbeitrag noch immer zur Hälfte vom jeweiligen Arbeitgeber übernommen. Ginge man hypothetisch von einem nicht vereinheitlichten Beitragssatz aus, hätte dies zur Folge, dass der Versicherte die Hälfte einer etwaigen Beitragsersparnis bei einem Kassenwechsel gar nicht selbst erhalten würde. Genauso würde er eine etwaige Beitragserhöhung auch nur zur Hälfte spüren.[1024]

ee) Zusatzbeitrag

Gemäß § 242 Abs. 1 SGB V kann jede gesetzliche Krankenkasse, soweit ihr Finanzbedarf durch die Zuweisungen aus dem Gesundheitsfonds nicht gedeckt

1024 Dieser Faktor hat im derzeitigen Finanzierungssystem bei einem vereinheitlichten Beitragssatz zwar keine Auswirkungen und kann somit auch die Preisanreize nicht verfälschen, gleichwohl bedurfte es der Erwähnung an dieser Stelle, um die an späterer Stelle anzustellenden Reformvorschläge ganzheitlich betrachten zu können.

ist, einen so genannten Zusatzbeitrag von ihren Mitgliedern erheben. Dieser darf 1 % des Einkommens des Versicherten nicht überschreiten, wobei auf eine Einkommensprüfung verzichtet wird, solange der Zusatzbeitrag den Betrag von 8 Euro nicht übersteigt (§ 242 Abs. 1 S. 3 SGB V). Jede Krankenkasse muss also am Ende eines Geschäftsjahres für sich entscheiden, ob sie einen Zusatzbeitrag von ihren Versicherten erheben will/muss oder ob sie sogar dazu in der Lage ist, gemäß § 242 Abs. 2 SGB V einen Überschuss an sie auszukehren. Die Erhebung eines Zusatzbeitrags löst sodann ein Sonderkündigungsrecht der Versicherten gemäß § 175 Abs. 4 S. 5 SGB V aus, von denen sie jedoch keinen Gebrauch machen können, wenn sie einen Wahltarif bei der Krankenkasse abgeschlossen haben.

Zwar wird durch den vorgenannten Zusatzbeitrag der Preiswettbewerb zwischen den gesetzlichen Kassen gefördert, da vor allem die jungen Versicherten, die keine Bindung zu ihrer Kasse aufgebaut haben, sich nicht scheuen werden bei Erhebung der Zusatzprämie von ihrem Sonderkündigungsrecht Gebrauch zu machen und die Kasse zu wechseln. Auch ist diese Form der Finanzierung für die Versicherten spürbarer, da der Zusatzbeitrag nicht vom Lohn einbehalten, sondern vom Konto des Versicherten abgebucht würde. Gleichwohl ist dieser Preiswettbewerbsfaktor zeitlich falsch gelagert und fördert die Transparenz der Kosten nicht hinreichend. Der Versicherte kann im Vorfeld eines Geschäftsjahres nicht erkennen, welche Krankenkasse vermeintlich am besten wirtschaften wird, da er typischerweise auch keine Informationen über die Struktur der Versicherten der von ihnen erwählten gesetzlichen Kasse hat. Es ist also durchaus möglich, dass der im Jahr 2009 von einem Zusatzbeitrag Betroffene zu einer anderen Kasse wechselt und im nächsten Jahr erneut mit einem Zusatzbeitrag konfrontiert wird und erneut wechselt. Im Rahmen eines Beitragsmodells oder eines Festprämienmodells sind die endgültigen finanziellen Belastungen für die Versicherten leichter erkennbar.

Folgekosten, außer solche für Zuwahlleistungen (dazu später mehr), entstehen nicht. Letztendlich setzt der Zusatzbeitrag in dem derzeitigen einkommensabhängigen Finanzierungssystem hinsichtlich der Risikoselektion falsche Preisanreize, da der Druck auf die Kassen wächst, den Zusatzbeitrag zu vermeiden bzw. gering zu halten, und es hierfür notwendig ist, gerade „gute Risiken" mit hohem Einkommen zu rekrutieren.[1025] Ein Wettbewerb allein um gute Risiken mit hohem Einkommen ist aber nicht angestrebt, da er nicht die gewünschten Wirkungen erzielen kann.

1025 Vgl. *Hajen* in: Auswirkungen des GKV-WSG auf Versorgungsstruktur und Wettbewerbsordnung, dort jedoch bezogen auf die Spürbarkeit einer Prämie, S. 48.

ff) Schlussfolgerung

Die Zahl sinnvoller Preisanreize für die Versicherten im gegenwärtigen System ist danach äußerst gering. Hier bedarf es gesetzgeberischer Korrekturen. Die derzeitige Finanzierungsform der gesetzlichen Krankenversicherung, welche Preisanreize für die Versicherten in weiten Maßen ausschließt oder verzerrt, hat unstreitig Rückwirkungen auf Effizienz, Qualität und Transparenz der Leistungen sowie auf den Wettbewerb im Gesundheitssystem.

b) Schaffung neuer Preisanreize

Dem Reformgesetzgeber bieten sich verschiedene Handlungsmöglichkeiten, um neue Preissignale zu setzen und so einen stärkeren Preiswettbewerb zwischen den gesetzlichen Krankenkassen zu kreieren. Dabei lassen sich nicht alle der vorgenannten potentiellen Preisanreize miteinander kombinieren. Bei den im Folgenden beschriebenen Modellen handelt es sich um „*Grobmodelle*". Es können nur die Eckpunkte der vorhandenen Reformmöglichkeiten aufgezeigt werden. Diese jeweiligen Eckpunkte sind weitestgehend frei miteinander kombinierbar. Die jeweiligen konkreten Folgen an dieser Stelle beurteilen zu wollen, wäre spekulativ.

aa) Reformmodell A – Beitragsmodell

Zunächst bietet sich die Möglichkeit, an der Einkommenskoppelung der Krankenkassenbeiträge festzuhalten. Zwar führt dies zu den vorgenannten Verzerrungseffekten, gleichwohl könnten diese weiter hingenommen und durch andere Preisanreize kompensiert werden.

aaa) Notwendige Komponenten

Die entscheidende Komponente dieses Modells liegt darin, den Krankenkassen ihre durch das GKV-WSG verloren gegangene „Beitragshoheit" zurückzugeben, so dass die Beitragssätze wieder durch die Krankenkassen selbstständig festgelegt werden können. Dies würde den Preiswettbewerb unstreitig wieder unmittelbar intensivieren und ein leicht erkennbares Preissignal an die Versicherten aussenden.

Die zweite Komponente in diesem Reformmodell wäre, sodann die Arbeitgeberbeiträge dauerhaft von den Ausgaben der gesetzlichen Krankenversicherung zu entkoppeln, das heißt, dass die Arbeitgeberbeiträge zur gesetzlichen Krankenversicherung von diesem Zeitpunkt an als Lohnbestandteil ausgezahlt werden müssten. Dies hätte zur Folge, dass – wie oben bereits beschrieben – Veränderungen im Beitragssatz für die Versicherten finanziell gesehen spürbarer würden. Bisher hatten die gesetzlich Versicherten häufig keine genaue Vorstellung davon, was ihre Gesundheit „kostet", sondern es wurde nur der auf der Lohnabrechnung ausgewiesene Unterschied zwischen Brutto- und Nettoeinkommen wahrgenommen.[1026] In diesem Reformmodell würde der *Gesamtbeitrag* sodann direkt beim Versicherten erhoben und der volle Beitrag unmittelbar von diesem verlangt. Der Gefahr, dass sich die Versicherten teilweise, aus welchen Gründen auch immer, zahlungsunwillig verhalten, müsste mit entsprechenden wirkungsvollen Sanktionsmaßnahmen entgegengetreten werden, so dass nicht die Situation eintritt, in der die gesetzlichen Kassen den Zahlungen „hinterher laufen müssen". Möglich erscheint auch es bei der derzeitigen Beitragseinziehungsform zu belassen, aber aus Gründen der Transparenz, die tatsächlichen Kosten auf der Lohnabrechnung deutlicher auszuweisen.

Die vor der Gesundheitsreform von 2007 vorhandenen Unterschiede in den Beitragssätzen der verschiedenen gesetzlichen Krankenkassen von bis zu 2,5 %-Punkten würden sodann ein Preissignal von *doppelter Intensität* aussenden.[1027] Als weitere Folge wäre eine höhere Kostentransparenz zu verzeichnen und die Spürbarkeit von Beitragsveränderungen würde intensiviert.

Ferner könnte als dritte Komponente an den Wahltarifen festgehalten werden, so dass sich für die Versicherten auch auf diesem Weg attraktive Preisanreize ergeben können. Erhebt die Krankenkasse einen von ihr festgelegten Beitrag und nimmt ein Versicherter in einem gewissen Zeitraum keine der durch den Beitrag versicherten Leistungen wahr, so spricht nichts dagegen, dies auch durch Beitragsrückerstattungen zu honorieren. Krankenkassen, die einen niedrigen Beitragssatz und die Möglichkeit des Wahltarifs „Beitragsrückerstattung" anbieten, wären – nur gemessen an den Preisanreizen – sowohl für die so genannten „guten Risiken" als auch für die „schlechten Risiken" interessant. Gerade die „schlechten Risiken" werden sich jedoch genau überlegen, zu einer günstigen Kasse zu wechseln, da sie nachvollziehbarer Weise höhere Ansprüche an die Qualität der Leistung stellen und ferner dazu bereit sind, hierfür möglicherweise

1026 Ähnlich *Hajen* in: Auswirkungen des GKV-WSG auf Versorgungsstruktur und Wettbewerbsordnung, S. 44, dort allerdings bezogen auf die Spürbarkeit einer Prämie.

1027 Zudem würde durch die Entkopplung eine Entlastung der Arbeitgeber erreicht. Sie wären nunmehr unabhängig von den steigenden Kosten die ihre Arbeitnehmer im Rahmen der gesetzlichen Krankenversicherung verursachen. Dem „Trend" die menschliche Arbeitskraft mehr und mehr durch Maschinen zu ersetzen würde entgegengewirkt und so Arbeitsplätze erhalten bzw. geschaffen. Vgl. Antrag der *FDP*-Fraktion vom 28.06.2006, BT-Drucks. 16/1997, S. 3.

einen höheren Beitrag zu entrichten. Es wird somit für jede Krankenkasse das Ziel sein, gleichermaßen die „guten Risiken" über attraktive Preissignale anzuziehen, als auch „schlechten Risiken" eine qualitativ hochwertige Versorgung anzubieten.

Überdies werden die primär auf Preissignale achtenden „guten Risiken" im Fall der Inanspruchnahme von Leistungen an einer gewissen Qualität dieser Leistungen interessiert sein und daher nicht allein aufgrund von ansprechenden Preissignalen zu einer Kasse wechseln, die nur eine niedrige Qualität in ihrer Versorgung bietet.[1028] Auf lange Sicht gesehen wird somit nur ein *Mittelweg* der Krankenkassen, welcher gleichermaßen günstige Beiträge wie qualitativ hochwertige Versorgung bereitstellt, der einzig *wirtschaftliche* Weg sein.

Außerdem wäre schon im Rahmen dieses Modells die gesetzliche Vorgabe der Gesundheitsleistungen zu überdenken. Würde man die Zahl der gesetzlich vorgeschriebenen Leistungen – *derzeit sind 95 % der Leistungen vorgegeben* – reduzieren und eine entsprechende darüber hinausgehende Absicherung über Zuwahlleistungen bewerkstelligen, hätte dies positiven Einfluss auf die Beitragssätze. Diese würden selbstredend mit dem Leistungsangebot sinken. Die Versicherten könnten dann über den Abschluss von Zuwahlleistungen selbstständig entscheiden, wie viel ihnen die Absicherung weiterer Gesundheitsrisiken wert ist.

Letztendlich sollte auch die Abkehr vom traditionellen Sachleistungsprinzip in der gesetzlichen Krankenversicherung, hin zum für die private Krankenversicherung typischen Kostenerstattungsprinzip erwogen werden. Letztgenannte Komponenten sind auch entscheidende Kriterien des zweiten Modells.

bbb) Auswirkungen des Modells – Transparenz als entscheidender Faktor

Das vorbezeichnete „Reformmodell A" würde in erster Linie sowohl die Transparenz der *Gesundheitsleistungen* an sich als auch die Transparenz der dafür von den einzelnen Versicherten aufgebrachten *Kosten* entscheidend fördern. Insbesondere die Entkopplung der Arbeitgeberbeiträge von der Finanzierung der gesetzlichen Krankenversicherung hätte zur Folge, dass die Versicherten die Belastungen eines höheren Beitragssatzes oder die Ersparnisse eines niedrigeren Beitragssatzes deutlicher spüren würden (*doppelte Intensität*). Hinzu käme, dass durch die Verringerung der gesetzlich vorgeschriebenen Pflichtleistungen für die gesetzlichen Kassen zum einen die Möglichkeit eröffnet wäre, über das gesetzlich Erforderliche hinaus noch weitere Leistungen kostenfrei zur Verfügung zu

1028 Zu der konkreten Form der Risiko-Umfinanzierung, welche in diesem Modell noch immer vonnöten wäre, sollen an späterer Stelle Ausführungen erfolgen.

stellen und auf diesem Wege Preisanreize zu schaffen, die anziehend auf die Versicherten wirken. Zum anderen könnten die Kassen über das Angebot von Zuwahlleistungen zu individuell festgelegten Preisen ebenfalls eine Unterscheidung bzw. einen Wettbewerbsvorteil gegenüber ihren Konkurrenten auf dem Markt erzielen.

Wären nicht ohnehin 95 % des Leistungsumfangs gesetzlich definiert, würden sich die Versicherten vor ihrer Versicherungswahl umfassender darüber informieren, was genau von der von ihnen in Betracht gezogenen Versicherung abgedeckt wird und welche Angebote über Zuwahlleistungen diese zu welchem Preis bereitstellt. Dies würde sowohl die Transparenz der Leistungen als auch den unmittelbaren Wettbewerb zwischen den gesetzlichen Kassen erheblich steigern.

Die angestrebte *Kostentransparenz* würde durch die Abkehr vom Sachleistungs- zum Kostenerstattungsprinzip ebenfalls merklich verbessert werden können. Indem den Versicherten bei jedem Arztbesuch bzw. bei jeder Inanspruchnahme von Gesundheitsleistungen vor Augen geführt wird, welche teilweise erheblichen Kosten für die einzelnen Gesundheitsleistungen tatsächlich anfallen, würde die Wertschätzung der Versicherten für die Versicherungsleistung steigen. Denn das Sachleistungsprinzip birgt den erheblichen Transparenznachteil, dass der Versicherte nur sehr selten über die tatsächlichen Kosten, die seine Behandlung verursacht, informiert wird.

Durch Einführung des Kostenerstattungsprinzips in der gesetzlichen Krankenversicherung würde neben der Wertschätzung der eigenen Versicherung auch die Motivation der Versicherten steigen, sich über Zuwahlleistungen noch umfassender für weitere Risiken abzusichern, da ihnen die Höhe der möglicherweise drohenden Kosten bewusst wird, die sie im Bedarfsfall dann selbst zu tragen hätten. Dies hätte zur Folge, dass sich die Versicherten über das gesetzlich garantierte Maß hinaus durch Zuwahlleistungen gerade in den Bereichen absichern würden, in denen sie nach ihrer eigenen Einschätzung besondere Gesundheitsrisiken aufweisen, während sie wieder andere Bereiche, in denen sie sich nicht als gefährdet einschätzen, vom Versicherungsschutz ausnehmen würden. So würde sich neben der Transparenz auch die *Eigenverantwortung* der Versicherten erhöhen.[1029]

Es muss unter anderem das Ziel einer neuen Gesundheitsreform sein, den Versicherten stärker in seine eigene Gesundheitsversorgung mit einzubeziehen, um ihn sowohl für die Kosten als auch für seine individuellen Risiken zu sensibi-

1029 Die fehlende Transparenz und Eigenverantwortung im derzeitigen System ebenfalls kritisierend *Preis* in: MedR 2010, 139, 140, der den Patienten „als unmündiges Objekt (...), das nicht in der Lage ist, eine Arztrechnung zu lesen und zu kontrollieren“ ansieht.

lisieren. Gleichzeitig würden sich für die Versicherten – vor allem für die „guten Risiken“ – durchaus nennenswerte Einsparpotentiale auftun.[1030]

Außerdem führt eine erhöhte Leistungstransparenz automatisch zu einer Verbesserung der Effizienz und Qualität der Versorgung, da bei erhöhter Transparenz im Rahmen der Leistungserbringung Mängel bzw. Defizite in diesen Bereichen für die Versicherten früher und leichter erkennbar wären und diese eher zu einem Kassenwechsel motivieren würden. Die vorgenannten Preis- und Qualitätsanreize von „Reformmodell A“ würden mittelfristig dazu führen, dass die Versicherten diejenigen Krankenkassen aus dem Markt ausschließen, die weder gute Preis- noch gute Qualitätsanreize bieten (können) und daher für den Mehrheitsschnitt der Versicherten unattraktiv sind. Durch das gesteigerte Maß an Eigenverantwortung würde den Versicherten die Möglichkeit gegeben, über die individuelle Wertigkeit ihrer Gesundheitsversorgung entscheidend bestimmen zu können. Plakativ formuliert wird sich jeder Versicherte fragen müssen, ob er lieber an seiner Gesundheit sparen möchte oder in sie bzw. ihre Absicherung investieren will.

bb) Reformmodell B – Prämienmodell

Noch einen Schritt weiter ginge das nun im Folgenden beschriebene „Reformmodell B“.[1031] Dieses Modell würde auf einem anderen Wege ebenso intensive Preissignale an die Versicherten aussenden können und so den Wettbewerb zwischen den Kassen in einem mindestens ebenso starken Maße intensivieren wie das vorgenannte Modell.

Darüber hinaus ist das Modell durch eine stark erhöhte Eigenverantwortung der Versicherten für ihre individuelle Gesundheitsversicherung gekennzeichnet. Damit die Versicherten diese Eigenverantwortung überhaupt tragen können, bedarf es auch in diesem Modell eines hohen Maßes an Transparenz bezüglich der Kosten und der Qualität der Gesundheitsleistungen.

1030 Hierdurch würde zudem die Gerechtigkeit der gesetzlichen Versicherung gefördert. „Gute Risiken“ können zu der Zeit zu der sie noch ein „gutes Risiko“ aufweisen, auch davon profitieren.

1031 Reformmodell B beschreibt im Wesentlichen ein Prämienmodell, wie es die Reformkonzepte von *Zweifel und Breuer* (2002, „Züricher Modell“), das Gesundheitsprämienmodell der *Rürup*-Kommission (2003, „Rürup-Modell) und das Modell der CDU-Kommission „Soziale Sicherheit“ (2003, „*Herzog*-Modell“) und das Modell der „solidarischen Gesundheitsprämie“ der CDU/CSU schon vorsahen.

aaa) Notwendige Komponenten

Die prägende Komponente dieses Modells – und damit wäre schon der entscheidende Unterschied zum vorgenannten Reformmodell A ausgemacht – ist, dass es sich um ein so genanntes Prämienmodell[1032] und eben nicht um ein Beitragsmodell (vgl. Reformmodell A) handelt. Einem Prämienmodell wohnt die grundsätzliche Entkopplung der Finanzierung von der Einkommenshöhe des Versicherten inne. Die Kopplung der Beitragshöhe an die Einkommenshöhe hat im Hinblick auf die Preissignale der Versicherungen einen stark verzerrenden Effekt.[1033] Im hier vorgestellten „Reformmodell A" wurde dieser Verzerrungseffekt noch hingenommen und über andere Preissignale kompensiert. Dies ist in dem „Reformmodell B" nicht länger so. Im Rahmen dieses Modells wird eine einheitliche Prämie von jeder erwachsenen gesetzlich versicherten Person erhoben. Die Höhe der einheitlichen Prämie wird davon mitbestimmt werden, welche weiteren Veränderungen im Finanzierungssystem der künftige Gesetzgeber vornehmen will. Minderjährige Kinder sind von der Beitragspflicht auszunehmen, die Finanzierung ihrer Versicherung erfolgt über einen steuerfinanzierten Sozialausgleich.[1034] Außerdem sind Sonderregelungen für sozial Schwache sowie Schüler und sonstige Mitglieder der Gesellschaft, die sich die einheitliche Prämie nicht leisten können, vorzusehen.

Des Weiteren sollte meines Erachtens in einem Prämienmodell die Entlastung der Arbeitgeber von den Kosten der gesetzlichen Krankenversicherung ihrer Arbeitnehmer erfolgen. Zum einen aus Gründen der Transparenz und zum anderen aus Gründen der Arbeitsplatzsicherung sollte der Arbeitgeberanteil auch im Prämienmodell von nun als Lohnbestandteil ausgezahlt werden. Entscheidet man sich für die vorgenannte Entlastung der Arbeitgeber, so würde sich die einheitliche Prämie automatisch erhöhen, da die wegfallenden Arbeitgeberbeiträge zur gesetzlichen Krankenversicherung kompensiert werden müssten. Entschließt man sich dazu, die Arbeitgeber weiter an der Finanzierung der gesetzlichen Krankenversicherung in irgendeiner Form teilhaben zu lassen, so würde dies selbstredend die von dem Versicherten aufzubringende Prämiensumme senken.

Ein vereinheitlichtes Prämienmodell kann selbstständig keine Preissignale aussenden. Allein durch die Einführung einer einheitlichen Gesundheitsprämie bei einem zu 95 % gesetzlich definierten Leistungskatalog wären im Gegenteil

---

1032 Für die Einführung eines Prämienmodells in Form der „*Bürgerpauschale*" im Rahmen einer kommenden Gesundheitsreform spricht sich auch der *Sachverständigenrat* (Fn. 756), dort: Rn. 676 ff.

1033 So auch *Monopolkommission*, 18. Hauptgutachten, S. 474.

1034 Hierzu erfolgen im *Abschnitt G. IV. 3* weitere Ausführungen.

die Preissignale wie im derzeit vorhandenen System auf ein Minimum reduziert. Ferner wäre nur eine Privilegierung der Besserverdienenden erreicht, die nunmehr für die gleichen Leistungen einen geringeren Preis bezahlen müssten.

Die Preissignale in diesem grundsätzlich preislich vereinheitlichten System müssen daher fast ausschließlich über Umfang, Flexibilität und Qualität des Leistungsangebots erfolgen. Da ein Gesundheitssystem anzustreben ist, welches maßgeblich durch die Eigenverantwortung eines jeden Versicherten für seine Gesundheit geprägt wird, sollte durch die einheitlich zu erhebende Prämie nur die *solidarische Mindestversorgung* gesetzlich abgesichert sein. Das heißt, dass im Gegensatz zum derzeitigen Rechtszustand ein erheblich geringerer Umfang an Leistungen der gesetzlichen Kassen von der vereinheitlichten Prämie abgedeckt sein würde und die Versicherten sich über *Zuwahlleistungen* weiter bei der von ihnen erwählten gesetzlichen Krankenversicherung absichern könnten. Entscheidend ist, dass die Versicherten ausschließlich bei der gesetzlichen Krankenkasse Zuwahlleistungen „einkaufen" können, die sie auch für die reguläre solidarische Mindestversorgung erwählt haben.

Ziel dieses Reformmodells ist es, ein freiheitliches System in der gesetzlichen Krankenversicherung zu etablieren, das so viel Gestaltungsfreiheit und Eigenverantwortung für den Einzelnen wie möglich bei gleichzeitig ausreichend garantierter sozialer Sicherheit gewährleistet, um bei einer Erkrankung nicht in eine finanzielle Notlage zu geraten. Das angestrebte System muss dabei so beschaffen sein, dass es die Komponenten *Eigenverantwortung* und *soziale Sicherung* in einen optimalen Ausgleich bringt und gleichzeitig langfristig finanzierbar für den Staat und die Versicherten ist.

Problematisch ist es hierbei, den Begriff der *solidarischen Mindestversorgung* zu spezifizieren. Jede mit einer medizinischen Leistungsausweitung verbundene Erhöhung der Gesundheitsausgaben hat zur Folge, dass die dafür aufgewendeten finanziellen Mittel an anderen wünschenswerten Stellen, wie z.B. Bildung, Kultur oder Sicherheit, fehlen.[1035] Eine allumfassende Versorgung im Gesundheitswesen ist bereits aus Kostengründen nicht möglich. Vielmehr muss jede Gesellschaft – und im Rahmen der dem Bürger/Versicherten übertragenen Eigenverantwortung auch jeder Einzelne – die Entscheidung für sich treffen, wie viele finanzielle Ressourcen für die kollektiv oder individuell als notwendig erachteten Gesundheitsleistungen aufgewendet werden können. Gerade deswegen ist die Erhöhung der Transparenz der Finanzierung und der im Gesundheitswesen tatsächlich anfallenden Kosten von besonderer Bedeutung in diesem Modell. Indem die Versicherten über die einheitliche Prämie zu einer Mindestversorgung verpflichtet werden, werden sie in den essentiellen Bereichen der Ge-

1035 Vgl. *Oberender/Zerth* in: Die BKK 2007, 202, 208.

sundheitsversorgung abgesichert. So erfüllt der Staat auch die ihm verfassungsrechtlich durch das Sozialstaatsprinzip übertragene Aufgabe, eine gesetzliche Mindestgesundheitsversorgung für alle Bürger zu gewährleisten.[1036]

Die Mindestversorgung bietet jede gesetzliche Krankenkasse jedem Versicherten zum gleichen Preis an. Dennoch werden sich diejenigen, die nicht an ihrer Gesundheit sparen wollen, zu denjenigen Krankenkassen orientieren, die ihnen die besten, das heißt günstige und/oder qualitativ hochwertige, Gesundheitsleistungen (gemeint sind hier vor allem die Zuwahlleistungen) anbieten. Die gesetzlichen Kassen werden so in einem unmittelbaren Wettbewerb mit ihren Konkurrenten um die Versicherten „kämpfen". Hierbei können sie auf vielfältige Weise Preissignale für die Gesamtheit der Versicherten und/oder für besondere Versicherten*gruppen* aussenden. Es bieten sich hierfür zahlreiche Möglichkeiten. So ist z.B. an „Paketangebote" oder „Familientarife" zu denken. Zudem wäre die Einführung neuer Vertragsmöglichkeiten, wie die in den Niederlanden entwickelten „Gruppenverträge"[1037], denkbar.

Den gesetzlichen Kassen wäre dadurch die Möglichkeit eröffnet – wie es in jeder anderen Versicherungssparte üblich ist – in einen direkten und intensivierten Wettbewerb um Versicherte mit ihren Konkurrenten treten zu können und hierfür eine umfassende attraktive und innovative „Angebotspalette" zu erstellen. Hierdurch würde die Transparenz, Effizienz und Qualität der zugewählten Leistungen unmittelbar gesteigert. Überdies könnten sich die gesetzlichen Kassen auch im Bereich ihrer Grundversorgung keine Leistungsmängel erlauben, so dass sie stets darum bemüht sein werden, die Versorgung in diesem Bereich auf einem besonders hohen Niveau zu halten.

Eine weitere wichtige Komponente in diesem Modell wäre, die Abkehr vom Sachleistungs- zum Kostenerstattungsprinzip (siehe dazu schon oben Abschnitt aa)) zumindest im Bereich der Zuwahlleistungen zu realisieren und dadurch die Kostentransparenz zu fördern. Wenn jedem Versicherten vor Augen geführt wird, welch hohe Kosten die über die gesetzliche Mindestversorgung hinausgehende Versorgung verursacht, wird er die von ihm abgeschlossene Versicherung mehr zu schätzen wissen und sich infolge dieser Erkenntnis auch dazu veranlasst fühlen, weitere Zuwahlversicherungen für andere Risikobereiche abzuschließen. Damit soll nicht der Umsatz der gesetzlichen Kassen gefördert, sondern für eine

1036 Siehe zur verfassungsmäßigen Verpflichtung des Staates eine Mindestversorgung zu gewährleisten schon die *Abschnitt A. V. 3.*

1037 Im Rahmen von so genannten Gruppenverträgen können in den Niederlanden sowohl Vereine, als auch andere Zusammenschlüsse mit bestimmten Versicherungen Verträge aushandeln, die im Schnitt 7,4 % billiger sind als vergleichbare Individualverträge, vgl. *Hajen*, in: Auswirkungen des GKV-WSG auf Versorgungsstruktur und Wettbewerbsordnung, S. 46.

immer umfassendere Versicherung/Absicherung der Gesundheit in der Bevölkerung gesorgt werden.

Gleichwohl werden diejenigen, die sich weitergehende Zusatzversicherungen nicht „leisten" wollen, im Ernstfall die Konsequenzen ihrer Sparsamkeit zu tragen haben. Zwar kann daran gedacht werden, für diejenigen, die sich nachweislich eine weitergehende aber für sie notwendige Versicherung/Versorgung nicht leisten können, soziale Mechanismen einzuführen und sie möglicherweise durch steuerfinanzierte Zuschüsse bei der Finanzierung der Versicherungen zu unterstützen. Dennoch wird es auch hingenommen werden müssen, dass gewisse Vorzüge eben den finanziell potenteren Mitgliedern der gesetzlichen Krankenversicherung vorbehalten bleiben. Darin steckt nicht der Wunsch nach einer „Zweiklassenmedizin", sondern die Erkenntnis, dass es nicht länger möglich ist, allen Mitgliedern der gesetzlichen Krankenversicherung auch die gleichen Leistungen zur Verfügung zu stellen.[1038] Die soziale Mindestversorgung wird ohnehin über die Prämienzahlung und die damit verbundenen gleichen Leistungen realisiert.

cc) Gemeinsamkeiten und Unterschiede der Modelle

Die Reformmodelle A und B haben beide das Ziel, die derzeit rar gesäten oder falsch gesetzten (Zusatzbeitrag) Preisanreize für die Versicherten im System der gesetzlichen Krankenversicherung auszuweiten und so einen effizienz-, transparenz- und qualitätssteigernden Wettbewerb zwischen gesetzlichen Krankenkassen um Mitglieder auszulösen bzw. diesen entscheidend zu intensivieren. Zwar unterscheiden sich die beiden Modelle an einem entscheidenden Punkt, nämlich ob sie als Beitrags- oder Prämienmodell ausgestaltet sind. Gleichwohl ähneln sie sich doch an anderen entscheidenden Stellen. Gemeinsam ist ihnen nämlich, dass sie die Arbeitgeber nicht länger unmittelbar an der Finanzierung der gesetzlichen Krankenversicherung ihrer Arbeitnehmer beteiligen wollen und zumindest in Teilen das Sachleistungsprinzip abschaffen wollen.

Darüber hinaus werden Preisanreize vor allem über den Bereich der Zuwahlleistungen realisiert. Das Beitragssystem stellt zwar noch einen weiteren Preisanreiz mit den divergierenden Beitragssätzen zur Verfügung. Diese Preisanreize werden jedoch durch die notwendige Koppelung der Beiträge an das Einkommen der Versicherten wieder verzerrt.

1038 Schon heute besteht die Möglichkeit diverse Leistungen zum gesetzlichen Standard hinzu zu wählen. So wird ein gesetzlich Versicherter die gewünschte Behandlung durch den Chefarzt regelmäßig gesondert versichern müssen.

Ferner wird durch beide Reformmodelle die Transparenz der Kosten merklich erhöht und die Sensibilität der Versicherten für Beitrags- bzw. Kostenschwankungen verbessert. Dass diese Bewusstmachung der Kosten unter den gesetzlich Versicherten dringend notwendig ist, zeigt sich anhand von Studien[1039], welche die (fehlende) „Beitragssatzkenntnis" und „Wechselbereitschaft" von gesetzlich Versicherten zum Inhalt hatten. So ergab die Studie von *Greß et al.*[1040] zum Beispiel, dass 82 % der Befragten ihren Beitragssatz vor dem 01.01.2009 nur mit einer Fehlerspanne von 1 % richtig anzugeben im Stande waren.

Die wichtigste Veränderung, die durch beide Systeme bewirkt wird, liegt jedoch darin, dass das Maß der gesetzlich vorgegebenen Leistungen reduziert wird. In welchem Umfang dies zu geschehen hat ist auch eine Frage der politischen Vertretbarkeit. Es ist sinnvoll, den Bürgern mehr Eigenverantwortung bei ihrer gesundheitlichen Absicherung aufzuerlegen und die Transparenz der Kosten und Leistungen stetig zu fördern. Die vorgenannten Ziele – Eigenverantwortung und Transparenz – können im Rahmen einer prämiengeprägten solidarischen Mindestversorgung mit umfangreichen Zuwahlversicherungsmöglichkeiten am besten realisiert werden. Auch in einem prämiengeprägten System besteht im Übrigen die Möglichkeit, von einer *einheitlichen* Prämie abzusehen und es den Kassen freizustellen, in welcher Höhe sie die Prämie erheben wollen. Dies würde einen weiteren Preisanreiz schaffen und den Wettbewerb nochmals intensivieren. Von dieser Prämie wäre dann nur die medizinische Regelversorgung abgedeckt. Weitergehende Leistungen müsste das Mitglied bei seiner Kasse zusätzlich versichern.[1041]

Sollte man sich dazu entschließen an einem an die Einkommenshöhe gekoppelten Beitragssystem festhalten zu wollen, wäre es aus wettbewerblicher Sicht gleichwohl unumgänglich, die Zahl der gesetzlich garantierten Leistungen abzusenken, um so auf dem „Zuwahlmarkt" für weitere Preissignale und die notwendige Transparenz und Eigenverantwortung zu sorgen.

1039 *Greß et al.*, Kassenwechsel als Mechanismus zur Durchsetzung von Versicherteninteressen, S. 20 ff.; *Zok*, Beitragssatzkenntnis und Wechselbereitschaft in der GKV, in: WIdO-Monitor 2006, S. 1 ff.

1040 *Greß* et al., Kassenwechsel als Mechanismus zur Durchsetzung von Versicherteninteressen, S. 20 ff.

1041 Vgl. die „Bürgerprämie" nach dem Vorschlag von *Wagner* zuletzt eingesehen am 10.01.2010 unter: *http://www.diw.de/documents/dokumentenarchiv/17/43935/diwip_Wagner_Berliner%20Zeitg_Buergerpraemie_20051228.pdf*; oder *Zweifel/Breuer* (2003), Weiterentwicklung des deutschen Gesundheitssystems, Gutachten im Auftrag des Verbands forschender Arzneimittelhersteller e.V., Zürich („Züricher-Modell).

c) Anbieterwechsel

Ein funktionierender und effektivierender Wettbewerb auf dem Markt der gesetzlichen Krankenversicherung erfordert neben den vorgenannten Preisanreizen auch die Möglichkeit der Versicherten, ohne größere Hürden zu einer günstigeren Versicherung wechseln zu können.[1042] Im derzeitigen System findet sich in § 53 Abs. 8 SGB V die Regelung, dass Versicherte, die einen Wahltarif bei ihrer gesetzlichen Krankenkasse abschließen, diese für drei volle Jahre nicht verlassen können, selbst wenn die gesetzliche Kasse ihre Beiträge erhöht oder der Versicherte zu einer privaten Krankenversicherung wechseln will, da die Voraussetzungen für einen Wechsel nunmehr gegeben sind.[1043] Zwar ist der Wunsch der gesetzlichen Kassen nach Planungssicherheit hinsichtlich der Wahltarife nachvollziehbar, gleichwohl wäre eine vergleichbare Regelung in einem neuen System dem Wettbewerb der Kassen eher hinderlich. Es sollte eine Kürzung dieser Bindungsverpflichtung erwogen werden, um den Versicherten einen spontaneren Versicherungswechsel zu ermöglichen und so den Wettbewerb zu forcieren.

Darüber hinaus ist in dem „neuen" Gesundheitssystem sowohl ein Kontrahierungszwang der Krankenkassen als auch ein weitestgehendes Diskriminierungsverbot für einen funktionsfähigen Wettbewerb auf dem Markt der gesetzlichen Krankenversicherungen, zumindest für die *gesetzlich definierte Mindestversorgung*, erforderlich. Ließe man zu, dass Versicherungen nur um gute Risiken konkurrieren, schlechte Risiken hingegen abwehren können, so würden die gesetzlichen Kassen mit einer ungünstigen Risikostruktur langfristig aus dem Markt ausscheiden, da ihre Kunden einen Anreiz haben, zu Versicherungen zu wechseln, die bislang gute Risiken selektiert haben und daher günstigere Preise und eine gleichermaßen qualitativ hochwertige Versorgung anbieten können.[1044] Jedoch bedarf es auch weiterhin eines Mechanismus zur Umfinanzierung oder zur Absicherung der verteilten Risikolasten (dazu unten 3.).

d) Flexibilität der Marktstrukturen – Fusion und Insolvenz

Letztlich verlangt ein funktionierender Wettbewerb auf dem Markt der gesetzlichen Krankenversicherung, dass sich diese zusammenschließen können, solange dadurch keine marktbeherrschenden Stellungen entstehen. Änderungen der

1042 *Wiss.-Beirat*, Gutachten, S. 10.

1043 Zuletzt bestätigt durch: LSG Nordrhein-Westfalen, Beschluss vom 23.04.2009, Az.: L 5 B 15/09 KR ER.

1044 *Wiss.-Beirat*, Gutachten, S. 10.

Marktstruktur sorgen dafür, dass effiziente Unternehmensgrößen entstehen und die Zahl der Krankenkassen überschaubar bleibt.[1045]

Außerdem werden die Versicherungen bestrebt sein, ihre Versicherten durch eine hohe Leistungsqualität und im Preis ansprechende Versicherungsmöglichkeiten langfristig an sich zu binden. Versicherungen, denen dies nicht gelingt, werden einen höheren Preis für ihre Zuwahlversicherungen fordern müssen als ihre Konkurrenzunternehmen. Dies kann und soll zu einer Abwanderung von Versicherungsnehmern führen, was in letzter Konsequenz dann die Insolvenz des Versicherungsunternehmens bewirken soll. Denn das „Marktinstrument" der Insolvenz sorgt – genau wie die Fusionsmöglichkeit – dafür, dass die Zahl Krankenkassen überschaubar bleibt und der Markt regelmäßig von unwirtschaftlichen Mitbewerbern bereinigt wird. Dies wird in einem von Eigenverantwortung geprägten System im Hinblick auf eine bessere Überschaubarkeit auch im Interesse der Versicherten sein.[1046]

Der Gesetzgeber hat im GKV-WSG und GKV-OrgWG den Grundstein für die kassenartübergreifende Fusionsmöglichkeit und die Insolvenzfähigkeit der gesetzlichen Krankenkassen gelegt (vgl. Abschnitte F. III und F. VIII.). Dies ist zu begrüßen und fördert den Wettbewerb der Kassen bereits zum jetzigen Zeitpunkt. Hieran muss selbstredend festgehalten werden. Gleichwohl muss der Wettbewerb vor dem Entstehen marktbeherrschender Stellungen geschützt werden. Da bisher eine gewisse Rechtsunsicherheit über die Frage herrscht, ob die Fusionskontrollvorschriften der §§ 35 ff. GWB auf kassenartübergreifende Fusionen anwendbar sind[1047], bedarf es im Rahmen der kommenden Reform einer entsprechenden gesetzlichen Klarstellung, welche die Anwendbarkeit der vorgenannten Normen statuieren muss.

3. Notwendige Veränderung der Finanzierung des Systems der gesetzlichen Krankenversicherung

Die oben angeregte Schaffung von Preisanreizen im System der gesetzlichen Krankenversicherung zur Förderung des Mitgliederwettbewerbs zwingt automatisch zu weitergehenden Veränderungen in der Finanzierung des Gesamtsystems „*gesetzliche Krankenversicherung*". Auch an dieser Stelle kann und soll nur auf die im Rahmen der kommenden Reform(en) zu verändernden Eckpunkte und nicht auf die jeweiligen Feinmechanismen der Finanzierungsweise des gesetzli-

---

1045 *Wiss.-Beirat*, Gutachten, S. 8.

1046 *Wiss.-Beirat*, Gutachten, S. 13.

1047 Vgl. *Abschnitt F. VIII.*

chen Krankenversicherungssystems eingegangen werden. Ziel des Gesetzgebers war es schon im Rahmen der Gesundheitsreform 2007, eine nachhaltige, langfriste, generationenübergreifende, demografiefeste, gerechte und solidarische Finanzierungsweise der gesetzlichen Krankenversicherung zu entwickeln. Hierfür veränderte er das vormalige Finanzierungssystem der gesetzlichen Krankenversicherung grundlegend.

a) Eckpfeiler des derzeitigen Finanzierungssystems

Die Ausgestaltung der derzeitigen Finanzierung der gesetzlichen Krankenversicherung ist das Ergebnis eines großkoalitionären Kompromisses. Da die Regierungsparteien CDU/CSU und die SPD mit ihren Reformmodellen *„solidarische Gesundheitsprämie"* und *„Bürgerversicherung"* die angestrebten Ziele auf diametrale Weise verfolgten, fiel das Ergebnis dementsprechend aus und wurde vielfach kritisiert.[1048]

aa) Gesundheitsfonds

Den Hauptfinanzierungsmechanismus stellt der schon mehrfach erwähnte *Gesundheitsfonds* dar. Dieser erhält die durch ihn an die einzelnen gesetzlichen Kassen zu verteilenden Gelder aus zwei verschiedenen Quellen. Zum einen werden die *einkommensabhängigen* Beiträge der Versicherten und ihrer Arbeitgeber in den Fonds eingezahlt und zum anderen erhält dieser staatliche Zuschüsse aus Steuermitteln, die bis auf 14 Mrd. Euro ansteigen sollen.

bb) Morbiditätsorientierter Risikostrukturausgleich

Zwar wird im derzeitigen System die Umverteilung zwischen einkommensstarken und einkommensschwachen Beitragszahlern zum Großteil schon durch die Einkommensabhängigkeit der Beiträge realisiert, gleichwohl bedarf es noch eines weiteren Mechanismus, der dem oben bereits angesprochenen unerwünschten Werben der Kassen allein um „gute Risiken" mit hohem Einkommen entgegenwirkt und den Sozialcharakter des Systems der gesetzlichen Krankenversicherung dadurch aufrechterhält, dass er die ungleiche Verteilung der Risiken

---

1048 *Sachverständigenrat* (Fn. 756), Rn. 674 ff.; Der Vorsitzende des Sachverständigenrats *Rürup* meinte, dass das gefundene Ergebnis nur die Nachteile der beiden Systeme kombiniere; *Neumann*, Gesundheitsfonds kann so nicht funktionieren, *www.welt.de/politik/article 1879442/gesundheitsfonds_kann_so_nicht_funktionieren.html* (08.04.2008); siehe auch *Rebscher* (Fn. 1014).

kompensiert. Dies gewährleistet im derzeitigen System ein morbiditätsorientierter Risikostrukturausgleich. Die Verteilung aus dem Gesundheitsfonds erfolgt grundsätzlich nach der Zahl der Versicherten, das heißt, dass jede Kasse für jeden Versicherten einen pauschalen Betrag aus dem Fonds erhält, der die durchschnittlichen Pro-Kopf-Ausgaben eines Versicherten in der gesetzlichen Krankenversicherung decken soll. Jedoch würden allein durch diese Verteilungsweise die unterschiedlichen Risiken nicht ausgeglichen. Daher wird die vorgenannte Grundpauschale durch ein System von Zu- und Abschlägen angepasst: Die Versicherten werden nach verschiedenen Kriterien, wie Alter, Geschlecht, Bezug einer Erwerbsminderungsrente und darüber hinaus – und das ist neu – nach ihrem Morbiditätsrisiko eingeteilt. Durch letztgenannte Komponente wird so auch die anhand von 80 ausgewählten Krankheiten gemessene Krankheitslast der Krankenkassen berücksichtigt, was letztendlich zur Folge hat, dass die Krankenkassen für Versicherte mit einer höheren Morbidität sodann höhere Leistungen aus dem Fonds erhalten.[1049]

cc) Zusatzbeitrag

Nachdem die gesetzlichen Kassen ihre Zuweisungen aus dem Gesundheitsfonds erhalten haben, kann nach Abschluss eines Geschäftsjahres eine Re-Finanzierung der Kassen bei ihren Versicherten in dem Fall erfolgen, dass die Zuschüsse aus dem Fonds die erwarteten Ausgaben nicht decken sollten.[1050] Dieser *Zusatzbeitrag* ist wohl das Element, das von der solidarischen Gesundheitsprämie der CDU/CSU übrig geblieben ist. Die *Einkommensabhängigkeit* der Beiträge, die in den Gesundheitsfonds einzuzahlen sind, ist dagegen ein Element, was dem Modell der Bürgerversicherung der SPD entstammt

b) Notwendige Veränderungen

aa) Verlagerung der Einkommensumverteilung und des Solidarausgleichs in das Steuer-Transfersystem

Schon seit vielen Jahren besteht die Forderung, die auf solidarischen Erwägungen fußende Einkommensumverteilung zwischen einkommensstarken und ein-

---

1049 Vgl. zur Funktionsweise des RSA im Einzelnen: *Bundesversicherungsamt*, Wie funktioniert der neue RSA im Gesundheitsfonds, zuletzt eingesehen am 10.01.2010 unter: *http://www.bundesversicherungsamt.de/cln_151/nn_1046668/DE/Risikostrukturausgleich/Wie__funktioniert__Morbi__RSA.html.*

1050 Vgl. zum Zusatzbeitrag schon die Ausführungen unter *Abschnitt G. IV. 2. a) ee).*

kommensschwachen Mitglieder der gesetzlichen Krankenversicherung aus diesem System auszunehmen und in das Steuer- und Transfersystem zu verlagern; die vorgenannte Forderung besteht bis heute fort und ist auch nach der hier vertretenen Auffassung notwendig, um den Preiswettbewerb zwischen den Kassen durch unverzerrte Preisanreize zu fördern und die nachhaltige Finanzierbarkeit des gesetzlichen Krankenversicherungssystems zu gewährleisen.[1051]

An der Einkommensumverteilung im derzeitigen System wird zu Recht kritisiert, dass diese unsystematisch erfolgt.[1052] Denn die Einkommensbezieher jenseits der Versicherungspflichtgrenze von § 6 Abs. 1 i. V. m. Abs. 6 SGB V werden nicht in die Finanzierung der gesetzlichen Krankenversicherung mit einbezogen. Ebenso verhält es sich bei den Beamten und einem großen Teil der Selbständigen, diese sogar unabhängig von der Höhe ihres Einkommens.

Kritikwürdig ist außerdem, dass in den gesetzlichen Krankenversicherungen nicht nur von den einkommensstärksten Haushalten des Systems zu den einkommensschwächsten umverteilt wird, sondern die Umverteilung linear zwischen Besser- und Geringverdienern erfolgt, ohne dass es auf die absolute Einkommenshöhe ankommt. Demzufolge erhält jeder Haushalt, der unter dem Durchschnittseinkommen liegt, „Zuschüsse" von den Haushalten, die mehr als das Durchschnittseinkommen verdienen.[1053]

Da diese Umverteilung hohe Effizienzopfer für den wünschenswerten und angestrebten Wettbewerb zwischen den gesetzlichen Kassen mit sich bringt, ist die Forderung nach einer Verlagerung der Umverteilung in das Steuer- und Transfersystem berechtigt. Dieser Forderung wurde bisweilen entgegengehalten, dass eine steuerliche Bezuschussung nicht die nötige Zuverlässigkeit und Nachhaltigkeit der Finanzierung garantiere, da sie letztendlich der Haushaltsentscheidung des Bundestages unterliege[1054] und daher stets abhängig von anderen wirtschaftlichen Faktoren sei. Darüber hinaus belaste sie den Steuerzahler in einem zu hohen Maße.

1051 Vgl. schon *Zweifel/Breuer* (Fn. 1041); *Ulrich*, Kurzgutachten im Auftrag der VfA, 2004, S. 11 ff., zuletzt eingesehen am 10.01.2010 unter: http:*//www.vfa.de/download/SHOW/de/politik/artikelpo/ulrich-gutachten.html/ulrich-gutachten.pdf*; *Wiss-Beirat*, Gutachten, S. 9; *FDP*-Antrag vom 28.06.2006, BT-Drucks. 16/1997, S. 3 (Ziffer 8.); *Eeckhoff et al*, Die Bürgersozialversicherung; Programm der *FDP* zur Bundestagswahl 2009, „Die Mitte stärken. Deutschlandprogramm 2009, S. 18; zuletzt erneut *Sachverständigenrat* (Fn. 756), Rn. 676.

1052 *Wiss.-Beirat*, Gutachten, S. 9. Die Kritik des wissenschaftlichen Beirats erfolgte zwar noch zum Umverteilungssystem vor der Gesundheitsreform 2007, da jedoch an der Einkommensabhängigkeit der Beiträge festgehalten wurde, bestehen diese Kritikpunkte bis heute fort und können bei der Forderung nach einer weiteren Reform erneut rekrutiert werden.

1053 *Wiss.-Beirat*, Gutachten, S. 9.

1054 *Orlowski/Wasem*, Gesundheitsreform 2007 (GKV-WSG), 2007, S. 47 ff.; *Hajen*, in: Auswirkungen des GKV-WSG auf Versorgungsstruktur und Wettbewerbsordnung, S. 32 und 48.

Bei genauerer Betrachtung zeigt sich jedoch, dass die Umstellung auf ein solidarisch flankiertes Prämienmodell weitestgehend kostenneutral möglich wäre und mithin den Staat bzw. den Steuerzahler nicht unvertretbar belasten würde. Denn der Finanzierungsbedarf, der durch eine vollständige Auslagerung des sozialen Ausgleichs aus dem Krankenversicherungs- in das Steuer-Transfer-System entsteht, kann im Wesentlichen durch zwei Maßnahmen gedeckt werden: *Erstens* würde die im Rahmen beider Reformmodelle geforderte Auszahlung des Arbeitgeberbeitrags an den Versicherten der Besteuerung unterliegen und auf diese Weise ein immenses Steuermehraufkommen einbringen.

Zweitens würde der Abbau heutiger Subventionszahlungen anderer Sozialversicherungsträger an die gesetzliche Krankenversicherung nochmal ein Einsparvolumen in zweistelliger Milliardenhöhe mit sich bringen.[1055] Rechnet man die im derzeitigen System ohnehin vorgesehene anwachsende steuerliche Bezuschussung in Höhe 14 Mrd. Euro hinzu, wären die finanziellen Mittel für eine Steuerfinanzierung des Sozialausgleichs, also die Sicherstellung der Familienmitversicherung sowie die Absicherung der sozial schwächer Gestellten, bereits ausgemacht.

Ohnehin würden die Durchschnittskosten der über die Einheitsprämie und Steuersubventionen finanzierten *solidarischen Grundversorgung*, welche in dem vom Verfasser angeregten freiheitlichen und von Eigenverantwortung geprägten System gewährleistet wäre, nicht länger so hoch sein, wie es die Durchschnittskosten eines Versicherten im derzeitigen System sind. Grund hierfür ist, dass weniger Leistungen durch die solidarische Grundversorgung abgedeckt würden. Mit dem Umfang der Leistungen fallen auch die Kosten.

Zwar wird mit dem Rückgang des Leistungsumfangs die Höhe der „Kopfprämie“ sinken, da die Versicherten in der Regel noch Geld für Zusatzversicherungen werden aufwenden müssen. Gleichwohl wird dieses System die Finanzierbarkeit erleichtern, da im Rahmen der gewährleisteten Grundversorgung ohnehin regelmäßig nicht so hohe Kosten entstehen, wie bei preisintensiven Zusatzbehandlungen, die beispielsweise aufgrund von chronischen Erkrankungen entstehen, die fortan größtenteils über Zusatzversicherungen abzusichern wären.[1056] Die Verlagerung der Umverteilung in das Steuersystem wäre die erste und entscheidende Komponente einer nachhaltigen Finanzierbarkeit der gesetzlichen Krankenversicherung.

1055 Vgl. hierzu *Ulrich* (Fn. 1051), S. 10.

1056 Unumgänglich ist es jedoch auch die Grundversorgung eines chronisch Kranken über die soziale Mindestversorgung abzusichern oder Instrumente zu schaffen, die sozial Benachteiligte, die sich Zusatzversicherungen nicht leisten können, gleichwohl einer angemessen Versorgung zuzuführen. Die Finanzierung dieser Instrumente hat dann ebenfalls über das Steuer-Transfersystem zu erfolgen.

Darüber hinaus muss jedoch noch ein weiterer Mechanismus installiert werden, der diese Nachhaltigkeit generationenübergreifend und demografiefest absichert und dennoch den Wettbewerb zwischen den Kassen nicht behindert, indem er ihn – wie das derzeitige System – größtenteils auf gute Risiken begrenzt.

bb) Aufbau von Kapitalrückstellungen und Risikostrukturausgleich

Im heutigen System erfolgt die Umverteilung zwischen den verschiedenen gesetzlichen Krankenkassen über den vorbezeichneten morbiditätsorientierten Risikostrukturausgleich. Auch wenn die Aufnahme der „Morbiditätsorientierung" in den Ausgleichsmechanismus begrüßenswert ist, hat dieser gleichwohl nicht die positiven Effekte auf den Wettbewerb gehabt, die man sich von ihm erhofft hatte. Die Kassen werben primär um „*gute Risiken*" mit *hohem Einkommen*. Durch die in dem hier vorgestellten Reformmodell B erwogene Entkoppelung der Finanzierung von der Einkommenshöhe wären die Fehlanreize in dieser Hinsicht beseitigt, da eine pauschale Prämie für die soziale Grundversorgung unabhängig vom Einkommen erhoben würde. Für die Finanzierung der Zuwahlleistungen wird es den Kassen dann nicht mehr auf die Einkommenshöhe ankommen, da sie die Kosten dieser Leistungen vorher mit den Versicherten aushandeln und dann über Kontoeinzüge erhalten würden. Der wettbewerbsverzerrende Faktor „Einkommenshöhe" wäre somit beseitigt.

Die derzeitige Form des morbiditätsorientierten Risikostrukturausgleichs ist zwar dazu geeignet, die Risikoselektion abzumildern, er beseitigt sie jedoch nicht langfristig. Die Anwerbung vornehmlich guter Risiken folgt auch aus dem Umstand, dass in der Regel die für sie zugewiesenen Gelder aus dem Gesundheitsfonds die tatsächlich angefallenen Kosten ihrer Behandlungen überschreiten. Auf den Punkt gebracht: Die Kassen erzielen Überschüsse mit „guten Risiken", während sie bei „schlechten Risiken", trotz der durch den Risikostrukturausgleich bedingten Sonderbezuschussung Gefahr laufen, nicht mit den zugewiesenen Beträgen auszukommen und so Fehlbeträge erzielen. Dies ist bedingt durch die Tatsache, dass die Kosten für Versicherte, die an einer der 80 ausgewählten Krankheiten erkrankt sind, exponentiell steigen und die Kassen erfahrungsgemäß die anfallenden Kosten selbst mit den erhöhten Zuschüssen nicht decken können. Diese wettbewerblichen Fehlanreize werden durch den morbiditätsorientierten Risikostrukturausgleich somit nicht hinreichend kompensiert.

Alternativ wurde schon vor der Gesundheitsreform von 2007 die schrittweise Einführung einer Pflicht der Kassen zur Bildung von Kapitalrücklagen diskutiert[1057] und gefordert[1058]. Die vergangene Reform berücksichtigte diesen Vor-

1057 *Wiss.-Beirat*, Gutachten, S. 11.

schlag des Wissenschaftlichen Beirats und der FDP-Fraktion (damals in der Oppositionsfraktion) im GKV-WSG jedoch nicht. Die vorgenannte Forderung besteht fort[1059] und ist sinnvoll, da hierdurch die durch unterschiedliche Gesundheitsrisiken bedingten Fehlanreize zunächst verringert und langfristig gesehen beseitigt werden können.

Eine entsprechende gesetzliche Verpflichtung der Kassen für jeden Versicherten von seinem erwarteten Krankheitsrisiko abhängige Kapitalrückstellungen zu bilden, würde dazu führen, dass beim Wechsel eines Mitglieds von einer Versicherung zu einer anderen diese Kapitalrückstellungen transferiert werden könnten, um so die finanziellen Konsequenzen morbiditätsbedingter Risikounterschiede auszugleichen und die Fehlanreize „schlechter Risiken" zu kompensieren.[1060] Infolgedessen würden „schlechte Risiken" bei einem Versicherungswechsel hohe Kapitalrückstellungen und „gute Risiken" niedrige Kapitalrückstellungen zu ihrer neuen Versicherung mitnehmen können. So würden die aufnehmenden Versicherungen für die Risikoübernahme kompensiert und hätten daher keinen Anreiz mehr zu selektieren.

Im Gegensatz zu dem derzeitigen morbiditätsorientierten Risikostrukturausgleich wären die Kapitalrückstellungen transparenter und könnten so den Wettbewerb der Kassen stimulieren. Zwar bringt diese Komponente der Finanzierung die Schwierigkeit mit sich, dass die Bestimmung des erforderlichen Kapitalbedarfs für spezifische Risiken eine komplexe Aufgabe wäre, gleichwohl würde bei einer Unterschätzung des Kapitalbedarfs eine Entlastung bewirkt, da zumindest ein Teil der Kosten durch die Kapitalrückstellungen abgedeckt werden könnte.

Darüber hinaus würden Kassen, die ein Mitglied verlieren, an geringen Kapitalrückstellungen und Kassen, die ein Mitglied anwerben an möglichst hohen Rückstellungen interessiert sind. Um die durch den vorgenannten Umstand bedingten, unterschiedlichen Anreize auszugleichen, müssten daher Standards für die jährliche Berechnung und Ausweisung der Risikorückstellungen festgelegt werden.[1061] Da bisher im Umlageverfahren der gesetzlichen Krankenversicherung keine nennenswerten Rückstellungen gebildet worden sind, hält es der Wissenschaftliche Beirat für erforderlich, mit dem Aufbau risikoäquivalenter Rückstellungen in zunächst bescheidenem Umfang zu beginnen.[1062]

1058 Antrag der *FDP-Fraktion* vom 28.06.2006, BT-Drucks. 16/1997, S. 3 (6.).

1059 *Sachverständigenrat* (Fn. 756), Rn. 676 (6. Spiegelstrich); Programm der *FDP* zur Bundestagswahl 2009, „Die Mitte stärken. Deutschlandprogramm 2009, S. 21; *Bahr* in: KrV 2009, 130, 131.

1060 *Wiss.-Beirat*, Gutachten, S. 12.

1061 *Wiss.-Beirat*, Gutachten, S. 12.

1062 *Wiss.-Beirat*, Gutachten, S. 12.

Zugegeben werden muss allerdings, dass durch den eingeschränkten Ansatz zu risikoäquivalenter Kapitaldeckung zwar die Fehlanreize der Risikoselektion nicht vollständig aufgehoben würden, da Rückstellungen nur einen Teil der Risiken kompensieren könnten, gleichwohl würden sie deutlich verringert, was den Wettbewerb unstreitig fördern würde.[1063] Im Rahmen folgender Reformschritte könnte dann die Vorsorgekomponente angehoben werden und in absehbarer Zeit von einem Risikostrukturausgleich vollständig abgesehen werden. Durch die Bildung von Kapitalrückstellungen würde zudem gewährleistet, dass jede Generation vom Grundsatz her die von ihr verursachten Gesundheitskosten über die gesamte Lebenszeit selbst tragen müsste. Auf diesem Weg könnte also eine generationenübergreifende, nachhaltige und demografiefeste Finanzierung abgesichert werden.[1064]

4. Veränderungen im Vertragswettbewerb

Die angestrebten wettbewerblichen Neuerungen im Wettbewerb der Kassen um Mitglieder müssen von Regelungen flankiert werden, die es den Kassen ermöglichen, einen erhöhten Vertragswettbewerb unter den Leistungserbringern zu generieren. Denn das gesetzgeberische Ziel der Effizienzsteigerung des Gesundheitswesens durch Implementierung wettbewerblicher Mechanismen kann nur dann gelingen, wenn die gesetzlichen Krankenkassen effiziente Leistungserbringer belohnen und ineffiziente sanktionieren können.[1065]

Darüber hinaus ist auch ein auf die Bedürfnisse der Versicherten ausgerichtetes Leistungsspektrum ein entscheidender Wettbewerbsfaktor. Hierzu gehören insbesondere Festlegungen über Art und Weise sowie Qualität der Leistungserbringung gegenüber ihren Versicherten.[1066] Die Möglichkeit der gesetzlichen Kassen, sich durch ein attraktives Leistungsangebot von der Konkurrenz abzuheben, muss folglich erweitert werden. Da die wichtigsten Vertragspartner für die Kassen die ärztlichen Leistungserbinger sowie die Pharma- und Hilfsmittel-

1063 *Wiss.-Beirat*, Gutachten, S. 12.

1064 So auch *Oberender/Zerth* in: Die BKK 2008, 202, 209.

1065 Vgl. hierzu schon die *Abschnitt A. IV. 1. a) cc)* dieser Arbeit.

1066 Vgl. *Krogull*, Wettbewerbsstrukturen im System der gesetzlichen Krankenversicherung, S. 64; *Reile*, Gestaltungsoptionen von Krankenkassen bei staatlichen Systemvorgaben, S. 106 ff.

lieferanten sind, sollten die bereits zuvor (Abschnitt F. II.) benannten einzelvertraglichen Gestaltungsmöglichkeiten ausgeweitet und verbessert werden.[1067]

a) Würdigung des vorhandenen Vertragswettbewerbs

Schon durch das GKV-WSG wurden die einzelvertraglichen Handlungsmöglichkeiten der Kassen, insbesondere im Bereich der ambulanten und stationären ärztlichen Versorgung, in begrüßenswerter Weise erweitert (dazu oben Abschnitte F. II.). Im Rahmen des GKV-WSG wurden für den Bereich der ambulanten und stationären ärztlichen Versorgung die Voraussetzungen dafür geschaffen, dass Krankenkassen in erweitertem Umfang mit Ärzten besondere Vereinbarungen treffen, die von der kollektivvertraglichen Versorgung abweichen oder darüber hinausgehen (Verträge der hausarztzentrierten Versorgung und der besonderen ambulanten Versorgung, §§ 73b und 73c SGB V).

Außerdem wurde die schon im Jahre 2003 in das Gesundheitswesen installierte *integrierte Versorgung* als Instrument zur besseren Verzahnung zwischen verschiedenen Leistungsbereichen und unterschiedlichen Heilberufen fortgeführt und insbesondere im Hinblick auf eine bevölkerungsbezogene Versorgung ausgebaut (§§ 140a ff. SGB V). Im Rahmen der durch das GKV-WSG verbesserten integrierten Versorgung können heute auch Krankenhäuser im Rahmen von Verträgen zur integrierten Versorgung hochspezialisierte Leistungen, Leistungen zur Behandlung seltener Erkrankungen und von Erkrankungen mit besonderen Krankheitsverläufen ambulant erbringen. Auch die einzelvertraglichen Möglichkeiten in den Bereichen ohne ärztliche Beteiligung, wurde durch die Reform des § 127 SGB V[1068] und die Einführung der Arzneimittel-Rabattvereinbarungen nach § 130a Abs. 8 SGB V zunehmend gestärkt.[1069] Die durch das GKV-WSG bedingten Veränderungen waren schon nicht der erste, sondern nur ein weiterer Schritt in die *richtige* Richtung.

Begrüßenswert ist auch die Einführung des § 126 Abs. 1a SGB V durch das GKV-OrgWG. Hierdurch wurde ein so genanntes Präqualifizierungsverfahren für Leistungserbringer eingeführt, in dessen Rahmen generell vorab die Eignung

---

1067 Vgl. hierzu die instruktiven Ausführungen der *Monopolkommission*, 18. Hauptgutachten, S. 495 ff.

1068 Vgl. zur Reform des § 127 SGB V ausführlich schon *Abschnitt F. II. 2 a).*

1069 Die Tatsache, dass in der derzeitigen Rechtslage der § 69 SGB V für erhebliche Probleme in der wettbewerblichen Regulation sorgt, wurde im Rahmen dieser Arbeit hinreichend erörtert und aufgezeigt. Wenn in diesem Abschnitt nunmehr konkret die Forderung nach einer erneuten Ausweitung der einzelvertraglichen Möglichkeiten gefordert wird, muss meines Erachtens nochmals auf die Notwendigkeit der Abschaffung der in § 69 SGB V verankerten teilweise Bereichsausnahme vom deutschen Wettbewerbsrecht hingewiesen werden.

der vertragswilligen Leistungserbringer zur Versorgung der Versicherten festgestellt wird. Auf diese Weise wird sichergestellt, dass nicht nur Leistungserbringer, die schon durch bestehende Vertragsschlüsse zur Versorgung zugelassen worden sind, sondern darüber hinaus sich auch diejenigen Leistungserbringer, die noch keinen Vertragsschluss, also streng genommen auch noch keine Zulassung vorweisen können, berechtigt sind, Versorgungsleistungen zu erbringen.

Der Vorteil gegenüber dem vorherigen Rechtszustand ist, dass die Leistungserbringer nicht zwingend auf irgendeinen Vertragsschluss mit einer gesetzlichen Kasse angewiesen sind, um ihre Zulassung zu erhalten. Es stand nämlich zu befürchten, dass die gesetzlichen Kassen so möglicherweise Druck auf die Leistungserbringer ausüben könnten, die auf einen Vertragsschluss angewiesen sind, um überhaupt eine Zulassung zu erlangen. Diesem Verhandlungsungleichgewicht beugt der „neue“ § 126 Abs. 1a SGB V nunmehr vor.

Darüber hinaus wird durch das generelle Präqualifizierungsverfahren unnötiger bürokratischer und kostenträchtiger Aufwand auf Seiten der gesetzlichen Krankenkassen vermieden, da die Prüfung zentralisiert durch „geeignete Stellen“ erfolgt.[1070] Mit der kommenden Reform sollte der künftige Gesetzgeber diesen Weg der schrittweisen Abkehr vom Kollektiv- hin zum Selektivvertragssystem konsequent weitergehen und die Möglichkeiten zum Abschluss individueller Verträge erweitern und verfeinern, um sie den wettbewerblichen Veränderungen im Finanzierungssystem effektiv anzupassen.

Gleichwohl muss dies nicht bedeuten, dass kollektivvertragliche Regelungen gänzlich abgeschafft werden müssen, denn für die Sicherstellung der medizinischen Versorgung im ländlichen, also spärlich besiedelten Raum, sind kollektivvertragliche Regelungen weiterhin sinnvoll, um eine qualitativ hochwertige und wohnortnahe Versorgung gewährleisten zu können.[1071] Vor allem wird es Aufgabe des Gesetzgebers sein, das Nebeneinander von Selektiv- und Kollektivverträgen weiterzuentwickeln und konfliktfrei zu gestalten, wobei der Selektivvertrag unstreitig weiter zu stärken ist.

b) Vorschläge zur Effektivierung und Ausweitung der einzelvertraglichen Handlungsmöglichkeiten

Im Folgenden werden teils punktuelle und teils generelle Möglichkeiten beispielhaft aufgezeigt, durch die der künftige Gesetzgeber den Forderungen nach

1070 Vgl. *Knispel* in: GesR 2009, 236, 239.

1071 Vgl. Regierungsprogramm der *CDU* „Wir haben die Kraft –gemeinsam für Deutschland“, S. 23.

Stärkung und Ausweitung des selektiven Vertragswettbewerbs nachkommen könnte. Diese Aufzählung erhebt keinen Anspruch auf Vollständigkeit. Mit Sicherheit sind noch zahlreiche weitere Reformpotentiale denkbar bzw. vorhanden, die jedoch im Rahmen dieser Arbeit nicht alle aufgeführt werden können. Veränderungen bzw. Verbesserungen können meines Erachtens an vier verschiedenen „Stellen" erzielt werden. Erstens besteht die Möglichkeit, die bestehenden einzelvertraglichen Möglichkeiten auszuweiten bzw. die vorhandenen (finanziell) zu fördern (Abschnitt aa)). Zweitens erscheint es angezeigt, Regelungen zu beseitigen oder zu überarbeiten, die den Nutzen der vorhandenen Einzelverträge behindern (Abschnitt bb)). Drittens bieten sich in diesem Rahmen auch institutionelle Veränderungen an, durch die ein selbstständigeres Vorgehen der einzelnen Akteure erleichtert wird (Abschnitt cc)). Viertens sind die Vergütungsmöglichkeiten bzw. die Art und Weise der Vergütung zu überdenken. Auch in diesem Bereich sind wettbewerbsschärfende Veränderungen durchaus wünschenswert (Abschnitt dd)).

Nachfolgend wird für jeden der vorgenannten vier Bereiche exemplarisch ein Beispiel herausgegriffen. In diesem Zusammenhang werden Verbesserungs-/ Veränderungsmöglichkeiten summarisch dargestellt. Die Auswahl dieser Beispiele erfolgte nicht willkürlich, sondern anhand der entscheidenden Bedeutung, die ihnen im jeweiligen Bereich meinem Erachten nach zukommt.

aa) Integrierte Versorgung und Anschubfinanzierung

Die integrierte Versorgung stellte in den Jahren nach ihrer Einführung das „beliebteste" einzelvertragliche Instrument der gesetzlichen Kassen im Vertragswettbewerb dar und erzielte auch wünschenswerte Erfolge in Bezug auf eine Verbesserung der Qualität und Effizienz der Patientenversorgung. So gaben im Rahmen einer Studie 70% der befragten Patienten, die an integrativer Versorgung teilnahmen, an, dass sie mit ihrer Versorgung zufriedener sind als vor ihrem Eintritt in das jeweilige Programm.[1072] Durch das GMG 2003 wurde ab dem Jahre 2004 mit dem § 140d SGB V die so genannte Anschubfinanzierung für die integrierte Versorgung eingeführt. Diese hat sich in den folgenden Jahren nachweislich als wesentlicher „Motor" für einen Ausbau selektivvertraglicher Regelungen erwiesen.[1073]

1072 Vgl. zum Nutzen der integrierten Versorgung *Wagner/Ackerschott/Lenz*, S. 323 ff.

1073 *Cassel* et al., Weiterentwicklung des Vertragswettbewerbs in der gesetzlichen Krankenversicherung. Vorschläge für kurzfristig umsetzbare Reformschritte, S. 73; vgl. hierzu auch *Monopolkommission*, 18. Hauptgutachten, S. 469 ff., die die integrierte Versorgung als den „fortgeschrittensten und den aussichtsreichsten Bereich selektiver Kontrakte in der ärztlichen Versorgung" bezeichnet.

Entgegen der Forderungen der Krankenkassen wurde die Anschubfinanzierung durch das GKV-WSG für die kommenden Jahre nicht über ihr 1%-Niveau hinaus ausgebaut, sondern sogar ab dem Jahr 2009 eingestellt (§ 140d Abs. 1 SGB V). Ferner ist ab dem 1. Januar 2009 der Behandlungsbedarf nach § 87a Abs. 3 Satz 2 SGB V entsprechend der Zahl und der Morbiditätsstruktur der an der integrierten Versorgung teilnehmenden Versicherten sowie dem im Vertrag nach § 140a SGB V vereinbarten Versorgungsbedarf zu bereinigen (§ 140d Abs. 2 S. 2 SGB V). Hieran wurde seitens der Krankenkassenverbände kritisiert, dass der Gesetzgeber die oben genannten Erfolge der integrierten Versorgung weder anerkannt noch honorierte und so die gewonnene Motivation der Kassen zum Abschluss von Einzelverträgen eindämpfte.[1074]

Zum einen aufgrund der zu erzielenden Anreizwirkung und zum anderen wegen der herausgehobenen Bedeutung der integrierten Versorgung und ihrer Erfolge im Bereich der Einzelverträge sollte die Anschubfinanzierung wieder *aufgenommen*, *prozentual ausgeweitet* und darüber hinaus ebenfalls auf *sektorspezifische* Einzelverträge für anwendbar erklärt werden. Bisher galt die Anschubfinanzierung nur für sektorübergreifende Einzelverträge, so dass es häufig zu Unsicherheiten kam, ob es sich im konkreten Fall überhaupt um einen anschubfinanzierten, sektorübergreifenden Vertrag handelte oder nicht.[1075] Zudem könnten so Wirtschaftlichkeitspotenziale innerhalb der einzelnen Versorgungssektoren genutzt werden, die durch die Vertragspartner derzeit noch nicht hinreichend erschlossen werden.[1076]

bb) Streichung des § 71 Abs. 5 SGB V

Problematisch und dem Grundsatz der Vertragsfreiheit der Einzelverträge zuwider läuft die derzeitige Regelung des § 71 Abs. 5 SGB V. Diese ordnet an, dass die von den Kassen geschlossenen Einzelverträge im Rahmen der integrierten Versorgung, der Hausarztverträge und der besonderen ärztlichen Versorgung den jeweiligen Aufsichtsbehörden der Länder zur Überprüfung vorzulegen sind. Der Sinn dieser Norm liegt wohl darin, die durch den derzeitigen § 69 SGB V weitestgehend ausgeschlossene wettbewerbsrechtliche Kontrolle zu kompensieren. Gleichwohl wirkt eine solche Verpflichtung hemmend auf die einzelvertragliche Gestaltung in den vorgenannten Bereichen, denn die ständige Unsicherheit in

1074 Vgl. *Pfeiffer* in: ZMGR 2007, 119, 121.

1075 Vgl. hierzu ausführlich: *Cassel* et al., Weiterentwicklung des Vertragswettbewerbs in der gesetzlichen Krankenversicherung. Vorschläge für kurzfristig umsetzbare Reformschritte, S. 74 ff.

1076 Vgl. *Cassel* et al., Weiterentwicklung des Vertragswettbewerbs in der gesetzlichen Krankenversicherung. Vorschläge für kurzfristig umsetzbare Reformschritte, S. 11.

Bezug auf die Wirksamkeit der geschlossenen Verträge verringert tendenziell die Motivation der Kassen, sich des Einzelvertrags zu bedienen.[1077] Im Rahmen einer kommenden Reform sollte diese Regelung daher gestrichen werden. Wettbewerbsrechtliche Kontrolle sollte vielmehr über eine eigenständige Wettbewerbsordnung im Gesundheitsrecht erzielt werden.

cc) Rolle des Spitzenverbandes Bund überdenken

Der neu gegründete Spitzenverband „Bund" der gesetzlichen Krankenkassen als Körperschaft des öffentlichen Rechts (§ 217 a SGB V) hat die bisherigen Bundesverbände der Krankenkassen abgelöst. Diese wiederum sind in Gesellschaften des bürgerlichen Rechts umgewandelt worden. Die vom Spitzenverband „Bund" abgeschlossenen Verträge und seine sonstigen Entscheidungen gelten für alle gesetzlichen Krankenkassen sowie deren Landesverbände. Der Spitzenverband „Bund" unterstützt die gesetzlichen Krankenkassen und ihre Landesverbände bei der Erfüllung ihrer Aufgaben und bei der Wahrnehmung ihrer Interessen (§ 217 f Abs. 2 SGB V). Demzufolge werden derzeit beinahe 70 Prozent der Aufgaben[1078] (§ 217 f Abs. 1 SGB V) der gesetzlichen Krankenversicherung durch den *Spitzenverband Bund* wahrgenommen. Dieser regelt zentralisiert, das heißt für alle Kassen gemeinsam, beispielsweise die Vergütungsstruktur im ärztlichen und zahnärztlichen Bereich, die Erstellung des Bundesleistungsverzeichnisses Zahntechnik bzw. Höchstpreise für zahntechnische Leistungen, die Definition, wann bei Arzneimitteln eine Befreiung von der Zuzahlung erfolgen kann, die Rahmenvorgaben für Arzneimittelvereinbarungen, den Abschluss und Kündigung von Versorgungsverträgen mit Krankenhäusern, Rehabilitationseinrichtungen und Einrichtungen des Mütter-Genesungswerkes, den Abschluss zweiseitiger und dreiseitiger Verträge über die Krankenhausbehandlung bzw. über Kooperationsverträge zwischen Krankenkassen, Krankenhäusern und Vertragsärzten, Rahmenempfehlungen für Heilmittel und Rahmenverträge über die Arzneimittelversorgung.

Mit dieser umfangreichen Aufgabeneröffnung des Spitzenverbands Bund haben die Spitzenverbände der Krankenkassen stark an Bedeutung verloren. Folglich stehen die Leistungserbringer derzeit eher einem Monopolisten, nämlich dem Spitzenverband Bund, als einer Vielzahl von Marktteilnehmern gegenüber, was zu dem eigentlich angedachten Weg, im Sinne des Wettbewerbs möglichst

1077 Vgl. *Pfeiffer* in: ZMGR 2007, 119, 121.

1078 Eine vollständige Auflistung der von ihm als „wettbewerbsneutral" bezeichneten Aufgaben findet sich unter: *https://www.gkv-spitzenverband.de/upload/Aufgaben_GKV-Spitzen verband_-Liste-_1321.pdf,* zuletzt eingesehen am 10.01.2010.

wenige Aufgaben im Gesundheitswesen einheitlich und gemeinsam erledigen zu lassen und stattdessen den einzelnen Kassenarten oder den einzelnen Kassen größere Spielräume zu geben, zuwiderläuft. Die gesetzlichen Kassen haben in den vorgenannten Bereichen im Grunde nur das auszuführen, was ihnen zentralisiert vorgegeben wird. Der freie Wettbewerb in diesen Bereich wird hierdurch massiv erschwert. Es entstehen gleichgeschaltete Vertragsstrukturen, die das Ziel dezentraler Wettbewerbsprozesse behindern.[1079]

Die Rolle sowie die Aufgabenfülle des Spitzenverbandes Bund sollte in einer kommenden Reform hinsichtlich seiner Zweckmäßigkeit überdacht werden. Der Wunsch nach mehr Vertragswettbewerb durch einzelvertragliche Regelungen kann nicht erfüllt werden, wenn zahlreiche Aufgaben nur zentralisiert wahrgenommen werden können.

dd) Veränderungen bei der Vergütung der Leistungserbringer

aaa) Freies Aushandeln im Einzelvertrag

Ein weiterer Ansatzpunkt für die anstehende Reform wäre, den Kassen und den Leistungserbringern selbst zu überlassen, mit welcher Vergütungsform (z.B. Einzelleistungsvergütung oder pauschale Honorarformen) die erbrachten Leistungen honoriert werden sollen. Denn gerade der „Preis" der Leistung ist das mitentscheidend prägende Element des Einzelvertrags, welches gerade zur Disposition der Parteien stehen sollte.

Darüber hinaus ist das Wissen, welche Vergütungsform jeweils die Effizienz am ehesten fördert, weder bei Politikern noch bei Aufsichtsbehörden, sondern nur bei den Vertragsparteien vorhanden. Daher ist der Versuch, „effiziente" Vergütungsformen gesetzlich zu regeln, zum Scheitern verurteilt.[1080]

bbb) Pay For Performance

Kumulativ oder alternativ könnten auch Vergütungsmöglichkeiten entwickelt werden, die an der Ergebnisqualität der Leistungen anknüpfen und nach dem „angloamerikanischen" Grundsatz *pay for performance* vergüten. Ansatzpunkte hierfür stellt im kollektivvertraglichen Bereich bereits der § 136 Abs. 4 SGB V dar, hinter dem die Idee des pay for performance bereits steht.[1081] Auch im ein-

1079 Vgl. *Oberender/Zerth* in: Die BKK 2008, 203, 207; ebenfalls kritisch *Pfeiffer (*derzeit die Vorstandsvorsitzende des Spitzenverbands Bund*)* in: ZMGR 2007, 119, 120.

1080 *Wiss.-Beirat*, Gutachten, S. 14.

1081 Siehe zu dieser kaum beachteten Vorschrift ausführlich *Rixen* in: MedR 2009, 697 ff.

zelvertraglichen Bereich sind entsprechende Regelungen durchaus denkbar. In diesem Rahmen wäre ferner über eine Angleichung der Vergütungssysteme im ambulanten und stationären Sektor nachzudenken, um für dieselbe Leistung auch dasselbe Geld zu bezahlen.[1082]

V. Schlussbetrachtung/Thesen

Fest steht, dass dem GKV-WSG weitere einschneidende Gesundheitsreformen folgen müssen. Der Gesetzgeber steht vor der Aufgabe, das derzeitige Gesundheitssystem durch weitere Reformschritte an das Idealbild eines effizienten, demografiefesten und qualitativ hochwertigen Gesundheitssystems schrittweise anzunähern. Ihm stehen auf den verschiedenen Wettbewerbsebenen zahlreiche Reformpotentiale zur Verfügung. Es lassen sich umfassende Veränderungen, vor allem in der Finanzierungsordnung des gesetzlichen Krankenversicherungssystems, nicht länger vermeiden. Sowohl der Preiswettbewerb zwischen den gesetzlichen Kassen als auch der Vertragswettbewerb auf dem Markt der Selektivverträge müssen gestärkt und ausgeweitet werden. Welche der zahlreichen Optionen der Gesetzgeber in der neuerlichen Reform nutzen wird, bleibt abzuwarten. Gleichwohl wird er sich den Forderungen nach einer Ausweitung des Wettbewerbs nicht entziehen können. Im Rahmen dieser Reform sollte dann ebenfalls nicht vergessen werden, dass *„wer Wettbewerb sät, auch Wettbewerbsrecht ernten muss"*.[1083] Eine umfassende Novellierung des § 69 SGB V in dem oben (Abschnitt G. III. 5.) beschriebenen Sinne ist ebenfalls unumgänglich.

Zusammenfassend lassen sich als wesentliches Ergebnis dieser Arbeit folgende *Thesen* aufstellen:

1. § 69 Abs. 1 SGB V entfaltet, neben seinen unstreitigen prozessualen Auswirkungen, materiellrechtlich die Wirkung einer wettbewerbsrechtlichen Bereichsausnahme. Denn auch wenn es hierfür an einer ausdrücklichen Klarstellung des Gesetzgebers fehlt, lässt sich dies durch eine Auslegung anhand der herkömmlichen Auslegungsmethoden belegen.

2. Eine anderweitige verfassungskonforme Auslegung des § 69 SGB V verbietet sich schon aufgrund des eindeutig feststellbaren Willens des Gesetzgebers, diese materiellrechtliche Bereichsausnahme zu schaffen.

1082 Vgl. *Oberernder/Zerth* in: Die BKK 2007, 203, 204.
1083 *Kingreen* in: ZESAR 2007, 139, 149.

3. Durch das Einfügen des § 69 Abs. 2 S. 1 SGB V hat der Gesetzgeber eine Teilrückkehr des deutschen Kartellrechts, nämlich der §§ 19 bis 21 GWB, in den Bereich der Rechtsbeziehungen in der gesetzlichen Krankenversicherung bewirkt und so bewusst Abstand von einer vollständigen Bereichsausnahme genommen.

4. Die im Rahmen des GKV-OrgWG getroffene Regelung des § 69 Abs. 2 S. 1 Halbs. 2 SGB V, welche die Anwendbarkeit der kartellvergaberechtlichen Vorschriften auf die Rechtsbeziehungen in der gesetzlichen Krankenversicherung anordnet, ist rein deklaratorisch, da die Anwendung dieser Vorschriften das Ergebnis der nationalen Umsetzung unionsrechtlichen Richtlinienrechts ist. Die Vorschriften des Kartellvergaberechts stehen für den Gesetzgeber ohnehin nicht zur Disposition.

5. § 69 SGB V verletzt weder die Vertragsärzte noch die privaten Krankenversicherungsunternehmen in ihren Grundrechten, insbesondere nicht in ihrem Recht auf Gleichbehandlung aus Art. 3 Abs. 1 GG. Die vorgefundenen Ungleichbehandlungen lassen sich alle mit beachtlichen Gemeinwohlinteressen rechtfertigen.

6. Sowohl § 53 SGB V als auch die Regelungen zum Basistarif mit Kontrahierungszwang sind vom Bundesverfassungsgericht zu Recht als verfassungsgemäß beurteilt worden. Die für die privaten Krankenversicherungsunternehmen teils belastenden Auswirkungen lassen sich mit beachtlichen Gemeinwohlinteressen rechtfertigen.

7. § 69 SGB V hat die Unanwendbarkeit der kartellrechtlichen Generalklausel (§ 1 GWB) auf die dort genannten Rechtsbeziehungen, insbesondere auf die Rabattvereinbarungen der Krankenkassen mit den Pharmaunternehmen nach § 130a Abs. 8 SGB V, zur Folge. Einzig die Missbrauchskontrolle der §§ 19 bis 21 GWB ist seit dem GKV-WSG wieder anwendbar.

8. Obwohl keine klarstellende gesetzliche Regelung existiert, sind für die Kontrolle und die Verfolgung von kartellrechtlichen Verstößen gegen die §§ 19 bis 21 GWB bereits nach derzeitiger Gesetzeslage die Kartellbehörden zuständig. Der Gesetzgeber wollte durch die Wiedereinführung der §§ 19 bis 21 GWB die machtbegrenzende Funktion des Kartellrechts im Bereich der Rechtsbeziehungen der gesetzlichen Krankenversicherung reaktivieren. Die Kontrolle und eigenständige Verfolgung der Kartellbehörden von Amts wegen ist Teil dieser machtbegrenzenden Funktion.

9. Die Schadensersatznormen der §§ 33 ff. GWB sind, obwohl auch hierfür eine ausdrückliche Klarstellung im Gesetz fehlt, ebenfalls anwendbar.

10. Der Gesetzgeber sollte die bestehende Rechtsunsicherheit bezüglich der Thesen 9. und 10. durch entsprechende klarstellende gesetzliche Anordnungen positiv klären.

11. Rechtsschutz gegen die Entscheidungen der Kartellbehörden ist aufgrund der unveränderten abdrängenden Sonderzuweisung des § 51 SGG (i. V. m § 87 S. 3 GWB) vor den Sozialgerichten zu suchen.

12. Für den Rechtsschutz gegen kartellbehördliche Maßnahmen sollte aber der Rechtsweg zur ordentlichen Gerichtsbarkeit eröffnet sein. Erstens sind die Sozialgerichte ohnehin mit den übrigen sozialrechtlichen Problemen überlastet, zweitens bieten die auf das Kartellrecht spezialisierten Spruchkörper der ordentlichen Gerichtsbarkeit eine höhere Gewähr für kartellrechtlich richtige Entscheidungen.

13. § 69 SGB V ist unionsrechtskonform. Durch die Anwendbarkeit der §§ 19 bis 21 GWB und die entsprechende Kontrolle durch die Kartellbehörden, die auch bei etwaigen Verstößen gegen europäisches Kartellrecht einschreiten, ist ein ausreichendes kartellrechtliches Schutzniveau erreicht. Insbesondere verfängt der Einwand, es existiere kein effektiver einstweiliger Rechtsschutz in diesem Bereich, nicht länger.

14. Die deutschen gesetzlichen Krankenkassen sind nach der Rechtsprechung der europäischen Gerichte keine Unternehmen im Sinne des europäischen Kartellrechts. In Konstellationen, in denen das deutsche Wettbewerbsrecht über § 69 SGB V ausgeschlossen ist, ist somit keine „Hilfe“ vom europäischen Recht zu erwarten. Eine anderslautende Beurteilung durch die europäischen Gerichte erscheint vor dem Hintergrund der erfolgten und der beabsichtigten Veränderungen bei der Finanzierungsweise der gesetzlichen Krankenversicherung als durchaus möglich und ist nach der hier vertretenen Auffassung sogar angezeigt.

15. Gesetzliche Krankenkassen sind schon jetzt als Unternehmen im Sinne des deutschen Kartell- und Lauterkeitsrecht anzusehen. Denn sie sind in zahlreichen Bereichen des öffentlichen Gesundmarkts, wie zum Beispiel bei den freiwillig Versicherten und den Zuwahlleistungen frei wirtschaftlich tätig. Im Übrigen besteht auch im Pflichtversicherungssegment ein erheblicher (Verdrängungs-)Wettbewerb der gesetzlichen Kassen um Mitglieder. Hierdurch treten sie auch nach Außen hin eher als Unternehmen auf, die im Wettbewerb zueinander stehen, denn als Organisationen, die im Sinne ihrer gemeinsamen öffentlichen Aufgabe kooperieren. Schließlich droht den gesetzlichen Kassen bei wirtschaftlichem Misserfolg die Insolvenz. Der

Grundgedanke der Solidarität verliert immer mehr an Bedeutung bzw. ist zumindest nicht mehr so prägend, wie er es einmal war. Angesichts dieser Entwicklungen hin zu marktwirtschaftlichen bzw. wettbewerblichen Strukturen erscheint die Qualifizierung der gesetzlichen Kassen als Unternehmen daher als angezeigt.

16. Die deutschen gesetzlichen Krankenkassen wurden vom EuGH in seiner Entscheidung „Oymanns“ anhand der von ihm zu beurteilenden deutschen Rechtslage zu Recht als öffentliche Auftraggeber qualifiziert.

17. Die kommenden Gesundheitsreformen werden die Finanzierung der gesetzlichen Krankenversicherung, also auch der gesetzlichen Krankenkassen an sich, grundlegend reformieren müssen. Hiernach wird wohl keine überwiegende Finanzierung durch den Staat mehr gegeben sein. Um Irritationen hinsichtlich der Anwendbarkeit der kartellvergaberechtlichen Vorschriften sowie eine Überregulation zu vermeiden, sollte der Gesetzgeber die gesetzlichen Krankenkassen zu Unternehmen im Sinne des deutschen und europäischen Rechts ausformen, die sich dann nicht mehr gleichzeitig als öffentliche Auftraggeber einordnen lassen.

18. Die Bereichsausnahme des § 69 SGB V erfasst auch das Lauterkeitsrecht. Folglich ist nach derzeitiger Rechtslage die Anwendung des UWG in „*Angelegenheiten der gesetzlichen Krankenversicherung*“ ausgeschlossen. Soweit die gesetzlichen Krankenkassen im Rahmen ihres öffentlichen Versorgungsauftrags handeln, ist es den potentiell von unlauteren (Werbe)maßnahmen Betroffenen also verwehrt, sich auf das UWG zu berufen.

19. Gesetzlichen Krankenkassen sind -entgegen der Auffassung des Gesetzgebers – Unternehmen im Sinne des UWG.

20. Aufgrund des nachweislich vorhandenen Wettbewerbs zwischen gesetzlichen Krankenkassen um Mitglieder kommt es verstärkt zu unlauteren Verhaltensweisen, insbesondere im Bereich der Mitgliederwerbung. Allerdings bedarf auch dieser Markt eines Schutzes durch das UWG. Der Gesetzgeber sollte daher die Anwendbarkeit des UWG auf sämtliche Rechtsbeziehungen im Rahmen der gesetzlichen Krankenversicherung ausdrücklich anordnen.

21. Ein funktionierender und weitreichender Wettbewerb im Bereich der Selektivverträge ist notwendig, um den gesamten Wettbewerb im Bereich der gesetzlichen Krankenversicherung voranzutreiben. Denn im öffentlichen Gesundheitssystem existiert ein vielschichtiger und stark verwobener Wettbewerb. Neben dem systeminternen Wettbewerb der gesetzlichen Kassen um Mitglieder findet ein systemübergreifender Wettbewerb der gesetzli-

chen Kassen und der privaten Versicherer im Bereich der Wahltarife statt. Schließlich besteht auch zwischen den Leistungserbringern ein Wettbewerb um Vertragsabschlüsse mit den gesetzlichen Kassen. Um ihre Attraktivität bei den Versicherten zu erhöhen, müssen die Leistungen der Kassen effizienter und hochwertiger werden. Um dies zu gewährleisten, müssen sie ebensolche Leistungserbringer an sich binden können. Die Möglichkeiten der gesetzlichen Kassen mit den Leistungserbringern Selektivverträge schließen zu können, ist daher auszuweiten.

22. Mit der Ausweitung des Wettbewerbs im Bereich der Selektivverträge muss sodann auch die Einführung des deutschen Wettbewerbsrechts einhergehen. Auch hier sollte der Wettbewerb nicht sich selbst überlassen werden, sondern gehört den bewährten wettbewerbsrechtlichen Regelungen unterworfen. Folglich sind sowohl das gesamte GWB als auch das UWG auch im Bereich der Leistungserbringer für anwendbar zu erklären.

23. Rabattvereinbarungen nach § 130a Abs. 8 SGB V, Verträge über die hausarztzentriete Versorgung, Verträge zur integrierten Versorgung und Verträge zur ambulanten ärztlichen Versorgung sind nach derzeitiger Rechtslage grundsätzlich öffentliche Aufträge im Sinne des § 99 GWB, für die das Erfordernis der Ausschreibung dem Grund nach besteht.

24. Die Einhaltung der vergaberechtlichen Grundsätze wird durch die Vergabekammern kontrolliert. Die Richtigkeit dieser Entscheidungen wird aber nicht von den Vergaberechtssenaten der Oberlandesgerichte überprüft, sondern gemäß § 29 Abs. 5 SGG von den Sozialgerichten. Diese Spaltung stellt einen Systembruch dar, den der Gesetzgeber durch die Aufhebung der Zuweisung and die Sozialgerichte auflösen sollte.

25. Die Einführung der Insolvenzfähigkeit gesetzlicher Krankenkassen ist zu begrüßen. Der Gesetzgeber sollte vor dem Hintergrund der intendierten Ausweitung wettbewerblicher Strukturen, den Vorrang des sozialrechtlichen Schließungsverfahrens vor dem Insolvenzverfahren überdenken und letztlich abschaffen.

26. § 171a SGB V ermöglicht den gesetzlichen Kassen kassenartübergreifende Fusionen. Ob auf diese Zusammenschlüsse die Fusionskontrollvorschriften der §§ 35 ff. GWB. anwendbar sind, ist gesetzlich nicht geregelt. Nach der hier vertretenen Auffassung sollte die Anwendbarkeit bereits jetzt gegeben sein. Darüber hinaus ist auch hier eine Klarstellung im Gesetzeswortlaut notwendig, um die bestehende Rechtsunsicherheit zu beseitigen.

27. Für die Kontrolle der Zulässigkeit solcher Fusionen sollte das Bundeskartellamt zuständig sein. Auch hierfür bedarf es einer gesetzlichen Klarstellung.

28. § 69 SGB V sollte nicht ersatzlos gestrichen werden. Dies würde nämlich nicht sämtliche Problemlagen beheben. Im Sinne einer dauerhaften Rechtssicherheit sollte § 69 SGB V vielmehr umfassend reformiert werden, und zwar dahingehend, dass er ausdrückliche Anordnungen zur Anwendbarkeit des deutschen Wettbewerbsrechts auf alle Rechtsbeziehungen der Akteure im Bereich der gesetzlichen Krankenversicherung enthält. Darüber hinaus sollte in diesem Rahmen auch sichergestellt werden, dass es nicht zu einer Überregulation durch die gleichzeitige Anwendung von Kartellrecht und Kartellvergaberecht kommt. Schließlich sollte der reformierte § 69 SGB V Regelungen zur Zuständigkeit der Kartellbehörden und eine Rechtswegzuweisung an die ordentliche Gerichtsbarkeit enthalten. Auch darüber hinaus gehende Änderungen außerhalb sind vom Gesetzgeber vorzunehmen, um den Einwänden der Widersprüchlichkeit der Rechtsordnung oder unionsrechtlichen Bedenken entgegenzuwirken.

29. Das derzeitige Finanzierungssystem der gesetzlichen Krankenversicherung bietet den gesetzlichen Kassen zu wenige Möglichkeiten sich durch Preisanreize im Wettbewerb zu ihren Konkurrenten, den anderen gesetzlichen Kassen, abzusetzen. Diese müssen wieder gestärkt werden.

30. Die Schaffung neuer und zahlreicher Preisanreize lässt sich insbesondere mit dem hier als Reformmodell B vorgestellten Prämienmodell (volle Gesundheitsprämie) erreichen. In jedem Fall sind aber die einheitliche Beitragserhebung und der Gesundheitsfonds aufgrund ihrer wettbewerbsverzerrenden Wirkung abzuschaffen.

31. Im Bereich des Vertragswettbewerbs sollte insbesondere die integrierte Versorgung gestärkt werden. Ferner sollten mehr Elemente der freien Vertragsgestaltung zwischen den Kassen und den Leistungserbringern etabliert werden. Schließlich bietet sich auch die Einführung des Grundsatzes „pay for performance“ an.

Peter Lang · Internationaler Verlag der Wissenschaften

Ingwer Ebsen (Hrsg.)

Vergaberecht und Vertragswettbewerb in der Gesetzlichen Krankenversicherung

Frankfurt am Main, Berlin, Bern, Bruxelles, New York, Oxford, Wien, 2009.
214 S.
Frankfurter Schriften zur Gesundheitspolitik und zum Gesundheitsrecht.
Herausgegeben von Ingwer Ebsen und Thomas Gerlinger. Bd. 10
ISBN 978-3-631-58997-7 · geb. € 35.–*

Im April 2008 fand in der Goethe-Universität eine vom Institut für europäische Gesundheitspolitik und Sozialrecht (ineges) veranstaltete Tagung über „Vergaberecht und Vertragswettbewerb in der GKV" statt, deren Vorträge und Kommentare in diesem Sammelband zusammengefasst sind. Ziel der Tagung war es, ein wissenschaftliches Forum für die unterschiedlichen Perspektiven des Wettbewerbsrechts und des Sozialrechts auf das Vergaberecht – und zwar dasjenige der selektiven Leistungserbringungsverträge – zu schaffen und dies auch in den Vorträgen und Kommentaren zu dokumentieren. In der Zwischenzeit hat sich der Gesetzgeber der Materie angenommen, indem in das Gesetz zur Weiterentwicklung der Organisationsstrukturen in der gesetzlichen Krankenversicherung (GKV-OrgWG) einschlägige Bestimmungen aufgenommen wurden. Zur Zuordnung dieser neuen Rechtslage hat der Herausgeber dieses Bandes einen Beitrag verfasst, der nicht zu den Vorträgen der Tagung gehörte.

Aus dem Inhalt: Verhältnis von europäischem und nationalem Vergaberecht zu den selektivvertraglichen Beziehungen von Krankenkassen zu den Leistungserbringern der Gesetzlichen Krankenversicherung · Anwendbarkeit des Vergaberechts: etwa im Bezug auf Verträge der integrierten Versorgung sowie der Heilmittel- und Arzneimittelrabattverträge

Frankfurt am Main · Berlin · Bern · Bruxelles · New York · Oxford · Wien
Auslieferung: Verlag Peter Lang AG
Moosstr. 1, CH-2542 Pieterlen
Telefax 0041(0)32/3761727

*inklusive der in Deutschland gültigen Mehrwertsteuer
Preisänderungen vorbehalten

Homepage http://www.peterlang.de

For the avoidance of doubt, input of the whole or any part of this publication into any generative artificial intelligence model, chatbot, program, software or technology is expressly prohibited without the prior written consent of the publisher.